Studientexte zur Soziologie

Reihe herausgegeben vom Institut für Soziologie der FernUniversität in Hagen, repräsentiert durch
D. Funcke, Hagen, Deutschland
F. Hillebrandt, Hagen, Deutschland
U. Vormbusch, Hagen, Deutschland
S. M. Wilz, Hagen, Deutschland

Die „Studientexte zur Soziologie" wollen eine größere Öffentlichkeit für Themen, Theorien und Perspektiven der Soziologie interessieren. Die Reihe soll in klassische und aktuelle soziologische Diskussionen einführen und Perspektiven auf das soziale Handeln von Individuen und den Prozess der Gesellschaft eröffnen. In langjähriger Lehre erprobt, sind die Studientexte als Grundlagentexte in Universitätsseminaren, zum Selbststudium oder für eine wissenschaftliche Weiterbildung auch außerhalb einer Hochschule geeignet. Wichtige Merkmale sind eine verständliche Sprache und eine unaufdringliche, aber lenkende Didaktik, die zum eigenständigen soziologischen Denken anregt.

Reihe herausgegeben vom Institut für Soziologie der FernUniversität in Hagen, repräsentiert durch
Dorett Funcke
Frank Hillebrandt
Uwe Vormbusch
Sylvia Marlene Wilz
FernUniversität in Hagen, Deutschland

Weitere Bände in der Reihe http://www.springer.com/series/12376

Uwe Vormbusch

Wirtschafts- und Finanzsoziologie
Eine kritische Einführung

Uwe Vormbusch
FernUniversität in Hagen – Institut für Soziologie
Hagen, Deutschland

Studientexte zur Soziologie
ISBN 978-3-658-22355-7   ISBN 978-3-658-22356-4   (eBook)
https://doi.org/10.1007/978-3-658-22356-4

Die Deutsche Nationalbibliothek verzeichnet diese Publikation in der Deutschen Nationalbibliografie; detaillierte bibliografische Daten sind im Internet über http://dnb.d-nb.de abrufbar.

Springer VS
© Springer Fachmedien Wiesbaden GmbH, ein Teil von Springer Nature 2019
Das Werk einschließlich aller seiner Teile ist urheberrechtlich geschützt. Jede Verwertung, die nicht ausdrücklich vom Urheberrechtsgesetz zugelassen ist, bedarf der vorherigen Zustimmung des Verlags. Das gilt insbesondere für Vervielfältigungen, Bearbeitungen, Übersetzungen, Mikroverfilmungen und die Einspeicherung und Verarbeitung in elektronischen Systemen.
Die Wiedergabe von Gebrauchsnamen, Handelsnamen, Warenbezeichnungen usw. in diesem Werk berechtigt auch ohne besondere Kennzeichnung nicht zu der Annahme, dass solche Namen im Sinne der Warenzeichen- und Markenschutz-Gesetzgebung als frei zu betrachten wären und daher von jedermann benutzt werden dürften.
Der Verlag, die Autoren und die Herausgeber gehen davon aus, dass die Angaben und Informationen in diesem Werk zum Zeitpunkt der Veröffentlichung vollständig und korrekt sind. Weder der Verlag noch die Autoren oder die Herausgeber übernehmen, ausdrücklich oder implizit, Gewähr für den Inhalt des Werkes, etwaige Fehler oder Äußerungen. Der Verlag bleibt im Hinblick auf geografische Zuordnungen und Gebietsbezeichnungen in veröffentlichten Karten und Institutionsadressen neutral.

Springer VS ist ein Imprint der eingetragenen Gesellschaft Springer Fachmedien Wiesbaden GmbH und ist ein Teil von Springer Nature
Die Anschrift der Gesellschaft ist: Abraham-Lincoln-Str. 46, 65189 Wiesbaden, Germany

Inhaltsverzeichnis

1 **Einführung** 1
  1.1 Aufbau des Buches 2
  1.2 Wirtschaft, Kapitalismus und die soziologische Klassik 4
  1.3 Zum Verhältnis von Arbeits-, Wirtschafts- und Finanzsoziologie... 16
  1.4 Die neue Wirtschaftssoziologie: „anything but …" 18

2 **Wirtschaftssoziologie** 25
  2.1 Märkte als Netzwerke und die Einbettung wirtschaftlichen
     Handelns 28
    2.1.1 Mark Granovetter: Die Stärke schwacher Bindungen 30
    2.1.2 Harrison White: Märkte als Nischen der Selbstbeobachtung.. 35
    2.1.3 Ronald Burt: Regenmacher und strukturelle Löcher 37
    2.1.4 Netzwerke in der Wirtschafts- und der allgemeinen
        Soziologie 40
  2.2 Karl Polanyi: Wirtschaft und Gesellschaft stehen Kopf 42
  2.3 Markt und Marktkritik 48
  2.4 Ökonomischer und soziologischer Institutionalismus 54
    2.4.1 Ökonomischer Institutionalismus und
        Transaktionskostentheorie 54
    2.4.2 Der soziologische Neo-Institutionalismus 57
  2.5 Märkte und Wirtschaft als Kultur 65
  2.6 Multiple Bewertungsregister: Die Ökonomie der Konventionen
     und die Soziologie der Kritik 75
  2.7 Die Kleider der Kritik und der neue Geist des Kapitalismus 91

3 Die politische Ökonomie der Finanzmärkte ... 99
3.1 Eigentum, Kontrolle und die Auflösung der ‚Deutschland AG' ... 105
3.2 Finanzmarktkapitalismus ... 111
3.3 Der Aufstieg einer neuen Finanzdienstklasse ... 114
3.4 Shareholder value als Bindeglied zwischen Real- und Finanzwirtschaft ... 118
3.5 Finanzkrisen ... 120
3.6 Finanzmarktkapitalismus, Krise, Unsicherheit ... 123

4 Finanzsoziologie und Social Studies of Finance ... 129
4.1 Die Ursprünge der Finanzsoziologie in Wissenssoziologie, Wissenschafts- und Technikforschung ... 129
4.2 Global Microstructures und die Mikrosoziologie der Finanzmärkte ... 141
4.3 Die Performativität finanzwissenschaftlicher Modelle und ökonomischen Handelns ... 150
4.4 Evaluative Unordnung: Heterarchie im *Trading Room* ... 165
4.5 Praktiken des Repräsentierens im Portfoliomanagement ... 169
4.6 Fakten und Fiktionen: Erwartungen und Erzählungen auf den Finanzmärkten ... 173

5 Digitalisierung ... 177
5.1 (Krisen-)Szenarien ... 179
5.2 Digitalisierung, Disruption und der Geist des digitalen Kapitalismus ... 183
5.3 Arbeit 4.0, Plattformunternehmen und Datenökonomie ... 187
5.4 Digitalisierung und die Geburt romantischer Märkte ... 195

6 Erträge, Grenzen und Perspektiven der Wirtschafts- und Finanzsoziologie ... 201

Literaturverzeichnis ... 205

Einführung

"It's the economy, stupid!" Dieser Slogan verhalf Bill Clinton 1992 zum Sieg in den US-amerikanischen Präsidentschaftswahlen. Die fundamentale Bedeutung der Wirtschaft für die Gesellschaft mag rhetorisch überhöht werden, bestritten wird sie von niemandem. Von Adam Smith bis Karl Marx, von Friedrich August von Hayek bis John Maynard Keynes, von links bis rechts und in der Mitte sowieso steht die Wirtschaft im Zentrum politischer Gestaltung und begrifflich-theoretischer Anstrengungen. Auf der Grundlage von Arbeit als Ausdruck der *conditio humana* ist Wirtschaft die gesellschaftliche Form, welche menschliche Kollektive ihrer Auseinandersetzung mit der äußeren Natur geben, historisch zunächst als Ökonomien des Mangels, in den westlichen Gegenwartsgesellschaften mittlerweile als eine Ökonomie des Überflusses und der wachsenden Ungleichheit zugleich: Auf der einen Seite drängen sich nicht mehr unmittelbar benötigte Waren und Dienstleistungen geradezu auf, so dass das ‚Downshifting' im Sinne eines bewussten Verzichts auf das ‚Immer mehr' der Wachstumsgesellschaft in privilegierten Schichten als Lebensstilalternative – womöglich aber auch nur als eine neue Distinktionsstrategie – propagiert wird. Auf der anderen Seite bleiben wachsende Bevölkerungsschichten von den gesellschaftlichen Reichtümern zunehmend ausgeschlossen. Die gesellschaftlichen Ungleichheiten nehmen im Weltmaßstab, aber auch innerhalb der Gesellschaften des Westens weiter zu (vgl. Credit Suisse 2017). Die Logik des Fahrstuhleffekts, die laut Beck (1986: 122, kursiv im Orig.) seit den 1960er Jahren einem großen Teil der Bevölkerung „ein *kollektives Mehr* an Einkommen, Bildung, Mobilität, Recht, Wissenschaft, Massenkonsum" bescherte, operiert in den gespaltenen Ökonomien der Gegenwart gewissermaßen nach oben *und* nach unten. Dass also die *Relationen* sozialer Ungleichheit konstant geblieben seien, so wie Beck (ebd.) es in den 1980er und 1990er Jahren noch annahm, behauptet heute kaum mehr ein wissenschaftlicher Beobachter. So gehen kritische Ökonomen wie Piketty (2014) von einer langfristigen Zunahme der gesellschaftlichen Ungleichgewichte aus, die er insbesondere auf die strukturell ungleiche Entwicklung von Einkommen und Kapitalerträgen seit den 1970er Jahren zurückführt.

Über die Fragen nach der empirischen Entwicklung von wirtschaftlichen Verhältnissen, Wohlstand und sozialer Ungleichheit hinaus sind – jenseits des vortheoretischen Bekenntnisses zur generellen Bedeutung der Wirtschaft – die fundamentalen Unterschiede in den Auffassungen unübersehbar, was unter ‚Wirtschaften' überhaupt zu *verstehen* sein soll, wie sich ‚Wirtschaft' also von anderen gesellschaftlichen Feldern und Praxisformationen *abgrenzen* lässt, an welche *Voraussetzungen* in Form von Ressourcen und Interessen, Strategien und Netzwerken, Begierden und Leidenschaften, Normen und Praktiken sie gebunden, und welche *Folgen* in Form von Teilhabe und Ausgrenzung, Wohlstand, Ungleichheit und Konflikten, von sozialer Mobilität, Anerkennung und Missachtung sie produziert. Diesen unterschiedlichen Auffassungen werden wir im Folgenden anhand der soziologischen Beschäftigung mit den zentralen Phänomenen und Problemen des Wirtschaftens aus Sicht der Wirtschafts- und Finanzsoziologie nachgehen.

1.1 Aufbau des Buches

Jede Einführung in einen Teilbereich der Soziologie muss Schwerpunkte setzen, die – sicher zu Unrecht – vieles von dem, was sonst noch gesagt werden könnte, abschatten und der Aufmerksamkeit der Leserin entziehen. Auch das hier vorliegende Buch kann und will keine vollständige Darstellung der theoriegeschichtlichen Grundlagen sowie der empirischen Forschung im Feld der ökonomischen Soziologie leisten. Die Darstellung beginnt mit den Klassikern der neuen Wirtschaftssoziologie aus der Netzwerktheorie und dem soziologischen Neo-Institutionalismus. Diese begründen die Renaissance der Wirtschaftssoziologie seit den 1980er Jahren. Es ist eine schöne Entwicklung, dass diese, vorwiegend dem US-amerikanischen Raum entstammenden Ansätze seit einigen Jahren eine Ergänzung in Gestalt eines Forschungszusammenhangs ursprünglich französischer Provenienz erfahren. Dementsprechend wird eine Skizze dieser ‚Ökonomie der Konventionen' und ihrer Auffassung von Wirtschaft als einer letztlich moralischen Ordnung das zweite, das Grundlagenkapitel dieser Einführung abschließen.

1.1 Aufbau des Buches

Dies ist meines Wissens die erste Einführung überhaupt, die explizit Fragen der Wirtschafts- *und* der Finanzsoziologie behandelt. Dementsprechend sind das dritte und vierte Kapitel den Finanzmärkten gewidmet, jeweils aus einer sehr unterschiedlichen Perspektive:

Im dritten Kapitel werden die Finanzmärkte im Sinne einer *politischen Ökonomie der Finanzmärkte* untersucht. Diese wendet sich vor allem der krisenhaften Dynamik der Weltfinanzmärkte, ihren Zusammenhängen mit Formen der wirtschaftlichen Kooperation und des Regierens sowie ihren Folgen für die Entwicklung sozialer Ungleichheiten zu. Im Mittelpunkt dieses Kapitals steht der Begriff der *Krise*.

Im vierten Kapitel stehen Finanzmarktpraktiken dagegen als Praktiken ökonomischen Wissens im Mittelpunkt, mit anderen Worten: die *doings* von Finanzmarktakteuren. Diese greifen auf Technologien, Formeln und Algorithmen zurück, um finanzmarktspezifische Entscheidungen zu treffen. Eine sich so verstehende und mittlerweile populäre *Finanzsoziologie* ist an dem *Wissen*, der *Performativität* und der *Materialität* der Finanzmärkte interessiert. Im Mittelpunkt dieses Kapitel steht dementsprechend der Begriff der *Finanzmarktpraxis*.

Im fünften Kapitel geht es um die Digitalisierung von Wirtschaft und Gesellschaft. Die Digitalisierung steht im Zentrum einer Dynamik, die sowohl die politische Ökonomie als auch die Lebensweisen in den modernen Gesellschaften verändert. Schon heute sind Politik, Kultur und Ökonomie der Gegenwartsgesellschaften ohne ihre digitale Vermittlung nicht mehr vorstellbar. Dementsprechend werden die Konzepte der Arbeit bzw. Industrie 4.0 erläutert und Unternehmensplattformen als Zentren eines digitalen Produktionsmodells vorgestellt. Diese im engeren Sinne ökonomischen Transformationen werden am Anfang und am Ausgang des fünften Kapitels gerahmt durch eine Skizze soziokultureller Umbrüche, die sich ebenso in einem ‚Geist des Solutionismus' wie in neuen, digital vermittelten Liebesformen zeigen. In diesem Sinne soll versucht werden, Digitalisierung als Zusammenhang zwischen digitaler Kultur und digitaler Ökonomie zu verstehen.

In Hinblick auf Theorietraditionen, Erkenntnisinteresse und Forschungsbestand existieren deutlich sichtbare Trennungen zwischen der Arbeits- und Industriesoziologie auf der einen, der Wirtschaftssoziologie auf der anderen Seite. Dieses Buch ist eine Einführung in die Wirtschafts- und Finanzsoziologie. Dennoch werden die angesprochenen Trennungen an verschiedenen Stellen zur Sprache kommen, nicht in der Absicht, sie aufzuheben, sondern in der Absicht, der Leserin die Hintergründe bestimmter Differenzen näher zu bringen, die angesichts des von beiden Seiten geteilten Themas – der Wirtschaft – ja durchaus überraschen könnten. Darüber hinaus geht die Trennung zwischen Arbeits- und Industriesoziologie einerseits, der Wirtschaftssoziologie andererseits aufgrund berufsbiografischer

Prägungen in gewisser Weise mitten durch den Autor hindurch. Dies war für mich ein weiterer Grund, an wichtigen Stellen weiterhin stereoskopisch, also mittels zweier, durchaus nicht deckungsgleicher Optiken zu beobachten.

Die Darstellung folgt innerhalb der Kapitel einem konstanten Muster. Zunächst wird das grundsätzliche Erkenntnisinteresse in den jeweiligen Feldern herausgearbeitet: Was ist zum Beispiel das Besondere an der Finanzsoziologie im Vergleich zur allgemeinen Wirtschaftssoziologie oder im Verhältnis zur wirtschaftswissenschaftlichen Beschäftigung mit den Finanzmärkten? Sodann werden die zentralen Begriffe und Konzepte des jeweiligen Feldes erläutert: Welche Ansätze arbeiten mit welchen Begriffen? Welche Unterschiede bringt das hervor? Im Anschluss hieran werden ausgewählte, wegweisende Studien vorgestellt und diskutiert. Was ist beispielsweise gewonnen, wenn technische Artefakte in die Analyse von Märkten einbezogen werden?

Für Anschlussfragen, die sich aus der Lektüre zwangsläufig ergeben werden, liegen eine Reihe von Einführungswerken (Maurer 2008a, Funder 2011; Hedtke 2014, Sparsam 2015; Maurer/Mikl-Horke 2015), Sammelbänden (Beckert/Diaz-Bone/Ganssmann 2007a, Knorr Cetina/Preda 2005; Beckert/Deutschmann 2009; Kraemer/Nessel 2012; Kalthoff/Vormbusch 2012a; Maurer 2017), konzeptionell (Diaz-Bone 2015 zur Ökonomie der Konventionen) und thematisch (Aspers 2015 zu Märkten) fokussierte Einführungen sowie Synopsen grundlegender Werke (Smelser/Swedberg 1994; Kraemer/Brugger 2017a) vor, die einen vielschichtigen und vertiefenden Überblick über den erreichten Forschungsstand geben. Hierauf werde ich an den geeigneten Stellen immer wieder verweisen.

1.2 Wirtschaft, Kapitalismus und die soziologische Klassik

Bestimmten Auffassungen des Wirtschaftens liegen immer auch bestimmte Auffassungen des Menschen und menschlicher Sozialität, gesellschaftlicher Fairness und Gerechtigkeit zugrunde. So begriff der für die Entstehung der modernen Wirtschaftssysteme so bedeutsame klassische Liberalismus den Markt als ein „System fruchtbarer Schädlichkeiten" (Vogl 2010: 37 unter Bezug auf die Bienenfabel Mandevilles; vgl. Herzog/Honneth 2014: 28 ff.) und gesellschaftlichen Wohlstand wiederum als Effekt der „unsichtbaren Hand" dieses Marktes[1]. Diese unsichtbare

---

[1] Dies gilt selbst dann, wenn, wie Ronge (2015: 291) bemerkt, die Metapher der unsichtbaren Hand nur an einer einzigen Stelle in „The Wealth of Nations" erwähnt wird. In den Wirtschaftswissenschaften wird sie dennoch als der zentrale Mechanismus identi-

1.2 Wirtschaft, Kapitalismus und die soziologische Klassik

Hand transformiere hinter dem Rücken der beteiligten Subjekte deren ureigene egoistische Interessen in einen von den Einzelnen nicht intendierten, gleichwohl genau deshalb Wohlstand und gesellschaftliche Harmonie begründenden Überschuss. Das klassische Zitat des schottischen Moralphilosophen und Begründers der klassischen Nationalökonomie Adam Smith (1723-1790) aus dem ‚Wohlstand der Nationen' lautet hierzu:

> „Nicht von dem Wohlwollen des Fleischers, Brauers oder Bäckers erwarten wir unsere Mahlzeit, sondern von ihrer Bedachtnahme auf ihr eigenes Interesse. Wir wenden uns nicht an ihre Humanität, sondern an ihre Eigenliebe, und sprechen ihnen nie von unseren Bedürfnissen, sondern stets von ihren Vorteilen." (Smith 1905: 20)

Und Smith (a.a.O.: 230) ergänzt in Hinblick auf die Handlungsorientierung des Gewerbetreibenden bzw. des „Kapitalisten" (ein Begriff, den er durchaus bereits verwendet):

> „Wenn dieser den „Gewerbfleiß so lenkt, daß sein Produkt den größten Wert erhält, so bezweckt er lediglich seinen eignen Gewinn und wird in diesem wie in vielen anderen Fällen von einer unsichtbaren Hand geleitet, einen Zweck zu befördern, der ihm keineswegs vorschwebte. [...] Oft fördert er durch die Verfolgung seines eignen Interesses das der Gesellschaft weit wirksamer, als wenn er es zu befördern wirklich beabsichtigte".

Adam Smith hatte dementsprechend in seiner Betrachtung von Märkten nicht nur die Umwandlung des Motivs des Eigennutzes in gesellschaftliche Wohlfahrt vor Augen, sondern ebenso deren befreiende (‚liberalisierende') Wirkungen auf Einzelne und auf die Gesellschaft insgesamt. Die Freiheit des Einzelnen, Tauschpartner selbst wählen zu dürfen und nicht mehr durch feudale Abhängigkeitsverhältnisse gefesselt zu sein, bedeutet für ihn einen gewaltigen gesellschaftlichen Fortschritt:

> „Jeder für sich betrachtet, trägt jedoch nur sehr wenig zum Unterhalt des einzelnen Handwerkers oder Händlers bei, der ja nicht von einem einzigen Kunden lebt, sondern von 100 oder 1000. Obwohl allen verpflichtet, ist er von keinem völlig abhängig." (Smith 2018: 265)

---

fiziert, mittels dessen die egoistischen Absichten Vieler in gesellschaftliche Nützlichkeiten überführt werden können.

Die durch den Markt begründeten Wahlmöglichkeiten garantieren also nicht allein wirtschaftliche Wohlfahrt, sondern stellen die unabdingbare Voraussetzung bürgerlicher Freiheit dar, d.h. im Gegensatz zum Feudalismus „von keinem völlig abhängig" zu sein. Die für jede gesellschaftliche Ordnung notwendigen Grenzen dieser neuen Freiheiten des Einzelnen muss dabei nach Smiths Auffassung kein allmächtiger Leviathan durchsetzen, wie dies bei Thomas Hobbes gut einhundert Jahre vorher noch gedacht war, sondern dies bewirke der Markt selbst. Wohlfahrtssteigerung ist nur auf der Grundlage individueller Freiheit zu haben. Aus den Zwängen, die das Marktsystem den einzelnen Akteuren auferlegt, entsteht eine ökonomische und gesellschaftliche Ordnung, die individuelles Eigeninteresse in eine durch Freiheit und formale Gleichheit charakterisierte Gesellschaft übersetzt. Überlegen ist der freie Markt dabei vor allem dem feudalen Lehnssystem und der durch Zünfte und Stände begründeten sozialen Schließung des gesellschaftlichen Verkehrs, kurz: den Basisinstitutionen der feudalen Gesellschaft. Smith glaubte auf der Grundlage von Arbeitsteilung, Tausch und individueller Freiheit eine Befreiung aus den Fesseln des Feudalismus und die Durchsetzung einer ‚commercial society' als fortschrittlichste Stufe der gesellschaftlichen Entwicklung sehen zu können. Allerdings zeigt die neuere Smith-Forschung, dass gesellschaftliche Ordnung für Smith nicht nur das Ergebnis der *Marktdisziplin* ist. Zwar ist die Verfolgung des Eigeninteresses ein wesentliches Motiv für wirtschaftliches Handeln, gleichzeitig wird dieses immer durch die Spielregeln der *Moral* und der *Sitte* gerahmt. Die ökonomische Sphäre ist für Smith lediglich derjenige gesellschaftliche Handlungsbereich, in dem Menschen am deutlichsten ihrem Eigennutz nachgehen. Dies können sie jedoch selbst in der Wirtschaft nicht ohne Einschränkungen:

> „Mag es darum auch wahr sein, dass jedes Individuum in seinem Herzen naturgemäß sich selbst der ganzen Menschheit vorzieht, so wird es doch nicht wagen, den anderen Menschen in die Augen zu blicken und dabei zu gestehen, dass es diesem Grundsatz gemäß handelt" (Smith 1985: 123). Um also die Zustimmung der Mitmenschen zu seinem Handeln zu erlangen, müsse der Einzelne „… bei dieser, wie bei allen anderen Gelegenheiten die Anmaßung seiner Selbstliebe dämpfen und diese auf jenen Grad herabstimmen, den andere Menschen noch nachzuempfinden vermögen" (Smith 1985: 123).

Das Handeln der Menschen – auch das wirtschaftliche Handeln – ist also nicht nur durch Eigennutz und Gewinnstreben bestimmt, sondern auch durch den Wunsch, „die Zustimmung der Mitmenschen zu seinem Handeln" und damit moralische Anerkennung zu erlangen. Für Smith sind deshalb Handel und wirtschaftlicher Verkehr nicht ohne die Orientierung an ‚moral sentiments' denkbar.

1.2 Wirtschaft, Kapitalismus und die soziologische Klassik

Adam Smith's Hauptwerke, die ‚Theory of Moral Sentiments' (1759) und die ‚Inquiry into the Nature and Causes of the Wealth of Nations' (1776) wurden etwa ein Jahrhundert vor Marx' ‚Kapital' (erster Band im Jahre 1867) geschrieben[2]. Marx war deshalb nicht allein mit dem Untergang des Feudalismus, sondern auch bereits mit den tiefen sozialen Spaltungen des Frühkapitalismus und der Formierung einer kapitalistischen Klassengesellschaft vertraut. Gegenüber der liberalistischen Tradition betonen Marx (1818-1883) und einige Jahrzehnte später Weber (1864-1920) in je unterschiedlicher Weise den Charakter der Ökonomie als Tauschkampf, der auf systematischen Formen der sozialen Schließung beruht (auf Klassen bei Marx, auf Klassen und Ständen bei Weber). „Von einem Markt soll gesprochen werden, sobald auch nur auf einer Seite eine Mehrheit von Tauschreflektanten um Tauschchancen konkurrieren.", so klingt das bei Max Weber (1980: 382). Während Marx jedoch aus den seiner Beobachtung der Industriellen Revolution nach zunehmenden Antagonismen dieses Tauschkampfes die Überzeugung ableitete, dass der Kapitalismus an seinen eigenen Widersprüchen zugrunde gehen werde, zieht Weber ein halbes Jahrhundert später und vor dem Hintergrund der empirisch für ihn evidenten Kompromissbildungen gesellschaftlicher Klassen und ihrer Untergruppen (der Bauern, der Handwerker, der Fachintelligenz, der einfachen und der Facharbeiter) die Schlussfolgerung, dass von einer strukturellen und zwangsläufigen Zuspitzung der Klasseninteressen keine Rede sein könne. Gesellschaftliche Klassenlagen sind für ihn deshalb nicht strukturell und antagonistisch, sondern ausschließlich empirisch zu bestimmen (Kreckel 2009: 148). Sie stehen darüber hinaus in einem historisch variablen Verhältnis zu den ebenfalls zu beachtenden Formen der Vergemeinschaftung (den Ständen) und der kapitalistischen Kultur (so z.B. den Wirtschaftsethiken der Weltreligionen). Bestimmte Sondererscheinungen des okzidentalen Kapitalismus wie die ‚Protestantische Ethik', aber auch die dem wirtschaftlichen Tauschkampf innewohnende, auf Dauer gestellte Konkurrenz führen bei Weber dazu, dass die irrationalen Leidenschaften, der blinde und kurz-

---

2   Das Verhältnis dieser beiden Hauptwerke ist der Gegenstand der lesenswerten Studie von Ronge (2015). Diese Studie zeigt, dass Smith nie der Vertreter eines nutzenorientierten und egoistischen Wirtschaftssubjekts war, wie es die Lektüre von „The Wealth of Nations" für viele Interpreten nahelegte. So taucht der Begriff „self-interest" nur ein einziges Mal im Text auf (Ronge a.a.O.: 12), ganz im Unterschied zum Begriff der „self-love". Letztere meint dabei nicht einfach Egoismus und Selbstinteresse. Es bezeichnet vielmehr das „governing principle in the intercourse of human society" (so Adam Smith, zitiert nach Ronge ebd.). Smith „versteht darunter die natürliche Neigung, sich um sich selbst und um seinen sozialen Nahbereich, um seine Lebenspartner, seine Kinder, Verwandte und Freunde, zu sorgen" (Ronge a.a.O.: 12, Hervorhbg. im Orig.).

sichtige Eigennutz unter die Kuratel eines rational temperierten Eigeninteresses gestellt werden: Wirtschaftsethik und Marktzwänge üben auf die Marktsubjekte eine disziplinierende, temperierende und rationalisierende Wirkung aus. Ökonomische Konkurrenz wird hierbei nicht nur über Produkte, sondern auch über die die soziale Reputation der Produzenten ausgetragen, Erfolg in der Wirtschaft erfordert eine bestimmte Ethik der Lebensführung:

> „Der Schlag deines Hammers, den dein Gläubiger um 5 Uhr morgens oder um 8 Uhr abends vernimmt, stellt ihn auf sechs Monate zufrieden; sieht er dich aber am Billardtisch oder hört er deine Stimme im Wirtshause, wenn du bei der Arbeit sein solltest, so lässt er dich am nächsten Morgen um die Zahlung mahnen, und fordert sein Geld, bevor du es zur Verfügung hast." (Weber 1963: 41)

So wie die Genese immer komplexerer Handlungsketten zu einer kulturellen Formung und Regulierung der Triebstruktur des Menschen führt (so Norbert Elias (1997) zum ‚Prozess der Zivilisation'), so trägt auch die Ausdifferenzierung einer gegenüber anderen gesellschaftlichen ‚Wertsphären' (so Weber) eigenständigen Sphäre der Ökonomie zur Rationalisierung und Temperierung des Handelns bei. Weber verdanken wir hierbei tiefgreifende Einsichten in den Zusammenhang von religiösen Weltbildern und weltlichem, hier: wirtschaftlichem Handeln. Noch die kleinsten alltäglichen Handlungen der Wirtschaftssubjekte stehen im Kontext moralisch-ethischer Überzeugungen, die Weber im Weltmaßstab historisch vergleichend untersuchte. Es sind historisch und kulturell variable Wirtschaftsethiken, welche in Gestalt protestantischer Sekten oder des Hinduismus die 'praktischen Antriebe zum Handeln' bilden. In Europa und Nordamerika gilt dies zumindest für die Phase der Durchsetzung des Kapitalismus. In seiner voll entwickelten Form jedoch verhärte der okzidentale Kapitalismus zu einer strukturell geronnenen Hülle:

> „Für Weber löst sich die religiös begründete Praxis innerweltlicher Askese im Zuge der Rationalisierung von ihrem religiösen Herkunfts- und Begründungskontext und verselbständigt sich gegenüber den Gesellschaftsmitgliedern als ein gesellschaftliches Zwangsverhältnis, als »ehernes Gehäuse der Hörigkeit«. Innerweltliche Askese als Erkenntnismöglichkeit des individuellen Gnadenstandes und der Auserwähltheit, als rastlose Berufsarbeit zu Ehren Gottes, reduziert sich auf den weltlichen Sinn des »immer mehr«, der rastlosen und nicht enden dürfenden Akkumulation von ökonomischem und symbolischem Kapital. Der moderne Kapitalismus, erst durch seinen Geist mit befeuert, bedarf dieses Geistes nicht mehr, im Gegenteil, sein wissenschaftlich-bürokratischer Rationalismus zerstört denselben, ein historisches Paradebeispiel unintendierter Handlungsfolgen." (Vormbusch 2012a: 66)

1.2 Wirtschaft, Kapitalismus und die soziologische Klassik

In einer anderen Weise hat Karl Marx wiederum in seiner Kritik der politischen Ökonomie eine dem Liberalismus gegenüber pointierte Gegenposition eingenommen, indem er den Klassen- und Ungleichheitscharakter des entstehenden Kapitalismus vor allem auf ökonomische Ursachen zurückführte: „In allen Gesellschaftsformen ist es eine bestimmte Produktion, [... die allen übrigen Verhältnissen ...] Rang und Einfluss anweist." Und Marx präzisiert für den sich vor seinen Augen verfestigenden Kapitalismus: „Das Kapital ist die alles beherrschende ökonomische Macht der bürgerlichen Gesellschaft." (Marx 1961: 637) Die Klasse der Kapitalbesitzer übt eine auf der Verfügung über die Produktionsmittel beruhende Herrschaft über die Klasse der Lohnabhängigen aus. Das Bürgertum bildet keinen Stand im Sinne der feudalen Ordnung, zu deren Untergang sie entscheidend beitrug, sondern stellt auf der Grundlage der kapitalistischen Produktionsverhältnisse die dominante gesellschaftliche Klasse. Marx konzentriert sich in der gesellschaftlichen Entwicklungstheorie des Historischen Materialismus weder auf die Arbeitsteilung der frühliberalen Freihandelsgesellschaft noch auf die hieraus ableitbare Idee eines ebenso unintendierten wie unvermeidbaren Interessenausgleichs (wie Adam Smith). Ganz im Gegenteil hebt er den antagonistischen Interessengegensatz von Kapital und Arbeit und die sich hieraus entspinnende konflikt- und krisenhafte Entwicklungsdynamik hervor. Dieser strukturell angelegte Interessengegensatz bestimmt die kapitalistische Klassengesellschaft, innerhalb derer die Arbeitskraft den Charakter einer auf Märkten handelbaren Ware annimmt. Als Silberstreif am Horizont der Entwicklungsgeschichte des Kapitalismus muss vor diesem Hintergrund bereits Marx' Überzeugung gelten, dass sich der Kapitalismus aufgrund seiner inneren Widersprüche selbst zerstören werde.

Die Denkfigur einer Selbstzerstörung des Kapitalismus finden wir im Übrigen auch bei anderen soziologischen Klassikern, welche ansonsten eher als Kritiker von Marx aufgefasst werden. Bei Max Weber und Werner Sombart, welche beide in ihren frühen Arbeiten von Marx' Werk beeinflusst sind und sich über weite Strecken ihres Werkes im Verhältnis zu ihm positioniert haben, wird revolutionäre Selbstzerstörung allerdings in einen historischen Prozess der schleichenden Selbstzersetzung umgedeutet, welcher den Kapitalismus zwar transformieren, aber nicht mehr zerstören kann. Bei ihnen wird eine so gedachte Selbstzersetzung dementsprechend nicht auf sich zuspitzende materielle Widersprüche zurückgeführt, die irgendwann zum Kollaps des Kapitalismus führen werden, sondern auf die Erosion unternehmerisch-dynamischer Antriebe (so Werner Sombart) bzw. auf die Mutation zentraler Momente des gesellschaftlichen Rationalisierungsprozesses zu einem „stahlharten Gehäuse" der Hörigkeit (so Max Weber). Die gesellschaftlichen Entwicklungsprognosen Webers und Sombarts sind dabei trotz ihrer je unterschiedlichen Begründungen von vergleichbar ausgeprägtem Pessimismus: Bei Weber „löst sich die religiös begründete Praxis innerweltlicher Askese im Zuge der Rationalisierung von ihrem religiösen Herkunfts- und Begründungskontext und verselbständigt sich gegenüber den Gesellschaftsmitgliedern als ein gesellschaftliches Zwangsverhältnis" (Vormbusch 2012a: 66). Werner Sombart wiederum formuliert die These einer „beinahe zwangsläufigen Erosion der den Kapitalismus begründenden Mentalitätsstrukturen" (ebd.) aufgrund zunehmender Bürokratisierung, Verbeamtung und – so Sombart – „Erschlaffung". Die Zerstörung der dynamischen Potenzen des Kapitalismus ist für ihn dabei – zentrale Annahmen Joseph Schumpeters vorwegnehmend – gleichbedeutend mit der Zerstörung des Kapitalismus selbst.

Generell haben die soziologischen Klassiker die kapitalistische Dynamik des 19. Jahrhunderts also nicht nur in ihrer revolutionären Kraft gewürdigt, sondern im selben Zuge ihre gesellschaftlichen Auswirkungen ausgesprochen kritisch beurteilt. Man darf hierbei nicht vergessen, dass die Soziologie als Disziplin erst recht spät damit begonnen hat, das Verhältnis von Ökonomie, Kultur und Gesellschaft zu ihrem Gegenstand zu machen. Während die klassische Nationalökonomie, allen voran Adam Smith, bereits im 18. Jahrhundert die Auflösungstendenzen des Feudalismus reflektierte, so reagierten die soziologischen Klassiker zu einem viel späteren Zeitpunkt auf die unübersehbaren Folgen, welche das Ende des Feudalismus, die Liberalisierung der Märkte und die Durchsetzung des Kapitalismus auf das gesellschaftliche Leben bereits hatten. Die Folie ihrer Kritik stellte in der Regel die traditionale Gesellschaft und ihre durch Kapitalismus und Moderne ausgelösten Zerfallserscheinungen dar.

Die soziologische Klassik zwischen 1860 und 1920, die durch Theoretiker wie Marx (1818-1883), Durkheim (1858-1917), Tönnies (1855-1936), Weber (1864-1920), Sombart (1863-1941) und Simmel (1858-1918) repräsentiert wird, eint – bei aller Unterschiedlichkeit in Zugang und theoretischer Ausrichtung – die Orientierung an einer Differenz: der „Differenz zwischen der sogenannten »modernen« und der nicht-modernen, traditionalen Gesellschaft" (Bonacker/Reckwitz 2007: 7). Aber auch innerhalb der Gruppe der soziologischen Klassiker gibt es kohortenspezifische Unterschiede: Während Marx, Spencer und Durkheim im 19. Jahrhundert die Durchsetzung des Marktes und des Kapitalismus *in situ* beobachten konnten, war die Soziologie seit der Jahrhundertwende, waren Sombart, Simmel und Weber bereits mit den Auswirkungen einer fest im Sattel sitzenden kapitalistischen Marktwirtschaft konfrontiert: „Von Max Weber bis Jürgen Habermas sind Märkte dabei – neben der Bürokratie – als typische Formen verselbständigter Handlungssphären analysiert worden, die – wenn sie erst einmal etabliert sind – einer eigenen Logik folgen, die durch soziale und kulturelle Einwirkung nicht umstandslos zu beeinflussen ist." (Neckel 2005: 203) Der entstehende kapitalistische Markt führt dabei ebenso (durch die Auflösung feudaler Abhängigkeiten) zu wirtschaftlichen und politischen Freiheiten, wie er die Einzelnen aus solidaritätsstiftenden Zusammenhängen reißt und historisch immer stärker *als Einzelne* den Kräften des Marktes aussetzt, wie vor allem Individualisierungstheoretiker betonen: Am Ende ist im voll entfalteten Kapitalismus das moderne Individuum „zur Sicherung seiner Existenz auf sich selbst und sein persönliches Arbeitsmarktschicksal verwiesen" (Beck 1983: 55).

Die Soziologie hat sich also seit ihren Anfängen mit wirtschaftlichen Fragen als Teil der gesellschaftlichen Ordnungsbildung, als Motor gesellschaftlicher Dynamik und Basis sozialer Umwälzungen auseinandergesetzt. Die Behauptung ist nicht übertrieben, dass die Soziologie mit den einschlägigen Studien Durkheims zur Sozialen Arbeitsteilung (1893), Simmels zur Philosophie des Geldes (1900) und Max Webers zur Protestantischen Ethik (1906) und zu ‚Wirtschaft und Gesellschaft' (1922 posthum) entstanden ist.[3] Nicht überraschend nehmen zentrale Begriffe der ökonomischen Klassik wie derjenige der Arbeitsteilung (bei Marx und Durkheim) oder des Unternehmers (bei Sombart, Weber und Schumpeter) im Kontext der Soziologie eine eigene Bedeutung an; sie zielen nicht allein auf die Entwicklung von Wirtschaft und Markt, sondern auf die Verfasstheit der ganzen Gesellschaft. So wird bei Durkheim Arbeitsteilung weniger in Hinblick auf die Steigerung der ökonomischen Effizienz und die Herausbildung von Märkten, sondern in Hinblick auf ihre Bedeutung für die soziale Integration und die Herausbildung einer für moderne Gesellschaften charakteristischen Moral untersucht. Bei Marx wiederum steht die Arbeitsteilung im Mittelpunkt des Formwandels der Arbeit, mithin des sich verändernden Verhältnisses von lebendiger Arbeit, Maschinensystem und Organisation. Damit ist die zunehmende Arbeitsteilung für Marx sowohl Grundlage der gesellschaftlichen Dynamik und des Wohlstands als auch – in ihrer kapitalistischen Organisationsform – Grundlage der ‚reellen Subsumtion' der Arbeit unter das Kapital und damit der Herrschaft einer gesellschaftlichen Klasse über die andere. Und auch Simmel hebt in der 1900 veröffentlichten ‚Philosophie des Geldes' die Bedeutung der gesellschaftlichen Arbeitsteilung

---

3   Und es sind genau diese Autoren, die Swedberg (2008a: 39 ff.) als die eigentlichen Klassiker der Wirtschaftssoziologie hervorhebt. Interessanterweise nennt er in diesem Zusammenhang auch Alexis de Tocqueville als „Wegbereiter der Wirtschaftssoziologie" (a.a.O.: 40). Vor allem sein Werk *Democracy in America* gilt Swedberg als tiefgreifende Analyse der amerikanischen Wirtschaftskultur. Wie dem auch sei – Tocqueville ist, zu Recht oder zu Unrecht, von der Wirtschaftssoziologie bislang ignoriert und seine Schriften kaum rezipiert worden. Sein Werk habe, wie auch Swedberg (a.a.O.: 40) feststellt, in der Wirtschaftssoziologie „nahezu keinerlei Aufmerksamkeit auf sich gezogen".

hervor. Arbeitsteilung, Rollen- und Funktionsdifferenzierung sind für ihn die drei Momente des gesellschaftlichen Differenzierungsprozesses, durch welche erst die Chancen zur „Ausbildung einer eigenständigen Individualität" gegeben sind (Müller 1993: 132).

In welchem Verhältnis stehen die Klassiker der Soziologie nun zum Gegenstand dieser Einführung, der neuen Wirtschafts- und Finanzsoziologie? Wenn wir hier zunächst eine ganz allgemeine Definition der neueren Wirtschaftssoziologie verwenden, dann die, dass sie wirtschaftliche Phänomene *in Strukturanalogie zu anderen sozialen Phänomenen* empirisch erforscht und in den Kontext weiterer gesellschaftlicher Ordnungsdimensionen wie Kultur, Raum und Zeit stellt. Wirtschaftssoziologie untersucht dementsprechend „wirtschaftliche Sachverhalte als soziale Erscheinungen" (Beckert u.a. 2007b: 19). Das hat einerseits zur unmittelbaren Folge, dass auch der Träger ökonomischer Handlungen nicht als ein zeitlich, räumlich und kulturell unveränderlicher *homo oeconomicus* aufgefasst wird, sondern dass dieser von weiten Teilen der Wirtschaftssoziologie als eingebunden in gesellschaftliche Werte, Normen, Netzwerke und Institutionen verstanden wird.[4] Die Wirtschaftssoziologie geht also erstens davon aus, dass wirtschaftliches Handeln soziales Handeln ist. Und zweitens lassen sich die Handlungen und Entscheidungen von Akteuren niemals nur auf ein einziges Prinzip wie das der Nutzenmaximierung zurückführen. Sie sind stattdessen in komplexerer Weise und im Kontext allgemeinerer gesellschaftlicher Strukturen wie Institutionen und der Kultur zu betrachten. Der Wirtschaftssoziologie geht es also nicht um eine Beschreibung der Wirtschaft unter wirtschaftlichen Gesichtspunkten (der Effektivität und Effizienz, der Kosten und Profite, der Marktchancen, der Innovation und des Wachstums), sondern um die zusammenhängende Entwicklung wirtschaftlicher und gesellschaftlicher Verhältnisse.

In dieser Perspektive, Wirtschaft im Kontext von Gesellschaft zu sehen und ausschließlich im Kontext von Gesellschaft verstehen zu können, schließt die

---

4   Dabei gibt es durchaus unterschiedliche Auffassungen über die Konstitution des ökonomischen Akteurs. Denn auch innerhalb der Soziologie wird die These eines durch Normen und Kultur ‚übersozialisierten' Akteurs bisweilen entschieden abgelehnt, am prononciertesten in der Akteur-Netzwerk Theorie: Wenn wir im Rahmen der Ökonomie tatsächlich auf Figuren träfen, die sich im Sinne des *homo oeconomicus* beschreiben ließen, dann, so Callon (1998: 22) ebenso provokativ wie ironisch, nicht, weil der *homo oeconomicus* die zeit- und kulturunabhängige Natur des Menschen auf den Begriff bringe, sondern vielmehr, weil dieser durch die ökonomische Theorie erst hervorgebracht und in seiner Existenz fortlaufend performativ bestätigt werde. *Homo oeconomicus* „is the result of a process of configuration and is formatted, framed and equipped with prostheses which help him in his calculation"; mehr hierzu in Kap. 4.3.

1.2 Wirtschaft, Kapitalismus und die soziologische Klassik

moderne Wirtschaftssoziologie explizit an die soziologische Klassik an. Andererseits gibt es erhebliche Differenzen zu den Arbeiten der soziologischen Klassiker, die von manch prominentem Vertreter der neuen Wirtschaftssoziologie zunehmend auch als Defizite wahrgenommen werden. Der vielleicht bedeutendste Unterschied besteht darin, dass die Wirtschaft für die Klassiker immer nur ein Aspekt innerhalb einer insgesamt wesentlich breiter und tiefer angelegten *Theorie der Gesellschaft* darstellte. Demgegenüber ist die neue Wirtschaftssoziologie bislang vor allem als eine empirische Wissenschaft hervorgetreten, die recht selektiv auf die Konzepte der soziologischen Klassik zurückgreift. Dies gilt insbesondere für ihren Bezug auf das Werk Max Webers, dessen Rezeption durch Parsons und Smelser, später dann durch Richard Swedberg gewissermaßen die erste Geburtsstunde der neuen Wirtschaftssoziologie markiert. Als zweite Geburtsstunde gilt, darauf kommen wir später zurück, der einflussreiche Aufsatz *Economic Action and Social Structure: The Problem of Embeddedness* des amerikanischen Soziologien Mark Granovetter (1985), der das Thema der Einbettung sozialen Handelns in der Wirtschaftssoziologie populär gemacht und ihr damit einen konzeptionellen Anker für ihre weitere Entwicklung gegeben hat. Granovetter wiederum bezieht sich auf das bislang noch nicht erwähnte Werk Karl Polanyis, der im engeren Sinne nicht zur soziologischen Klassik gehört, gleichwohl er eine immense Bedeutung für die Soziologie und speziell die Wirtschaftssoziologie hat. Polanyi war Wirtschaftshistoriker und Sozialwissenschaftler, hat aber in Gestalt seiner Studie *The Great Transformation* (während des Zweiten Weltkriegs geschrieben, aber erst 1957 publiziert) ein für die Sozialgeschichte und die Sozialwissenschaften allgemein sehr einflussreiches Werk geschrieben. Es ist Polanyi, auf den das ursprüngliche Konzept der Einbettung zurückgeht, das einen bedeutsamen Beitrag zum Wiederaufleben wirtschaftssoziologischer Forschung geleistet hat (vgl. Swedberg 2009: 59 ff.). Polanyi wird in Swedbergs Sequenzierung der historischen Entwicklung der Wirtschaftssoziologie in jene Zwischenphase von 1920 bis zur Mitte der 1980er Jahre eingeordnet, in der diese an gesellschaftlicher Bedeutung und öffentlicher Resonanz verloren habe. In diese Zwischenphase aber gehören die drei wichtigen Autoren Joseph A. Schumpeter (1883-1950), Karl Polanyi (1886-1964) und Talcott Parsons (1902-1979). Der Ökonom Joseph Schumpeter wird von Swedberg (2008a: 57) dabei als eine Art Brückenbauer zwischen Soziologie und Ökonomie, aber auch zwischen zwei Zeitabschnitten der Ökonomie betrachtet: „den Zeitraum um die Jahrhundertwende, als die Ökonomie geboren wurde, und den Zeitabschnitt einige Jahrzehnte später, als sie mathematisiert wurde …" (auf diese Mathematisierung der Ökonomie werden wir insbesondere in dem Abschnitt über die Finanzsoziologie noch zurückkommen). Schumpeter hatte in den 1930er und 1940er Jahren engen

Kontakt mit dem amerikanischen Soziologen Talcott Parsons. Dieser wiederum hat durch seine folgenreiche Übersetzung und Popularisierung des Werks Max Webers in Amerika (vor allem dessen Protestantismusthese sowie der vergleichenden religionssoziologischen Arbeiten; vgl. Parsons 1967: 500 ff.) den Grundstein für die spätere Renaissance der Wirtschaftssoziologie gelegt.

Bislang lassen sich also drei Phasen der Entwicklung der Wirtschaftssoziologie unterscheiden: ihre durch die Klassiker begründete Konstitutionsphase zwischen 1890 und 1920, ihre Renaissance als ‚neue' Wirtschaftssoziologie seit den 1980er Jahren, und eine Art Tauchphase dazwischen. Sparsam (2015: 67) weist auf zwei in diesem Zusammenhang bedeutsame Narrative hin, mittels derer sich die gegenwärtige Wirtschaftssoziologie in diese historische Entwicklung einzuordnen versuche: das der „Erbschaft" und das des „Revivals". So verweisen einige der Hauptvertreter der neueren Wirtschaftssoziologie auf die Kontinuität zu den soziologischen Klassikern sowie darauf, deren Erbe in einem erneuerten und modernisierten Gewand anzutreten. Das Narrativ des „Revival" ist an diese Vorstellung der Erbschaft gebunden und verweist gleichzeitig über diese hinaus. Denn, so die Vertreter der neuen Wirtschaftssoziologie, es sei an der Zeit, die Usurpation durch die Wirtschaftswissenschaften – „Parsons's Pact", so Stark (2009:7[5]) – zu beenden und selbstbewusst die Wirtschaftswissenschaften auf dem von ihnen zu Unrecht monopolisierten Terrain herauszufordern.[6]

---

5   Stark (ebd.) deutet Parsons Pakt mit den Wirtschaftswissenschaften folgendermaßen: "You, economists, study value; we, the sociologists, will study values. You will have claim on the economy; we will stake our claim on the social relations in which economies are embedded." Die Soziologie und die Wirtschaftswissenschaften untersuchen demzufolge analytisch klar trennbare Handlungsbereiche und erheben auf den jeweils ihrigen einen Monopolanspruch der Erklärung. Die Wirtschaftssoziologie blieb damit für lange Zeit – mit wichtigen Ausnahmen wie der neomarxistisch orientierten Industrie- und Arbeitssoziologie in Deutschland – ein Randbereich soziologischer Forschung.

6   Sparsam (2015: 67) weist allerdings auch auf die Schwierigkeiten einer solchen Rückeroberung hin, wenn man sich – wie er es der Wirtschaftssoziologie unterstellt – mit der selbst behaupteten Legitimationsgrundlage einer solchen Herausforderung – den eigenen Klassikern nämlich – nicht ausreichend beschäftigt habe. Sparsam selbst klopft die verschiedenen Stränge der neuen Wirtschaftssoziologie auf tieferliegende Begründungszusammenhänge ab. In dieser Weise versucht er, eine Genealogie der Neuen Wirtschaftssoziologie zu erarbeiten. Er misst die Neue Wirtschaftssoziologie dabei an ihrem eigenen, von Protagonisten wie Mark Granovetter und Jens Beckert formulierten Anspruch, mehr zu sein als eine Ansammlung empirischer Untersuchungen, sondern vielmehr eine „allgemeine Wirtschaftssoziologie" sein zu wollen, die das Verhältnis von Wirtschaft und Gesellschaft grundsätzlich untersuchen will.

Die Wirtschaftssoziologie ist in gewisser Weise dabei, neu durchzustarten, und hieran ist nicht allein die erfolgreiche Legitimation durch die Klassiker der Soziologie verantwortlich. Auch reale gesellschaftliche Strukturveränderungen wie der Bedeutungsgewinn der Märkte, die Vermarktlichung der Unternehmen und die Entgrenzung der Arbeit, die allesamt in das Gegenstandsfeld der Wirtschaftssoziologie fallen, sind hieran nicht ganz unschuldig.

Trotz des immensen Erfolgs und der großen Aufmerksamkeit, die die empirische Wirtschaftssoziologie seit ihrer Neukonstituierung in den späten 1980er Jahren in Deutschland erzielen konnte, mehren sich in den letzten Jahren Zeichen einer gewissen theoretischen Ungeduld: der zweifellos vorhandenen Innovativität und Breite der empirischen wirtschaftssoziologischen Forschung stehen bislang nur als Fragmente wahrgenommene Brücken zur soziologischen Theorie, zur politischen Soziologie, zur Ungleichheitsforschung und zur Gesellschaftstheorie gegenüber. So sind zwar vor dem Hintergrund der radikalen wirtschaftlichen und gesellschaftlichen Transformationen der vergangenen Jahrzehnte der Markt, seine Voraussetzungen, Formen und Folgen zu Recht zu einem der Schwerpunkte wirtschaftssoziologischer Expertise geworden. In diesem Zusammenhang wird konstatiert, dass vor dem Hintergrund der „Entfesselung" der Märkte „die soziologische Erforschung dieses für die Erwirtschaftung und Verteilung gesellschaftlichen Reichtums zentralen Mechanismus [des Marktes; U.V.] noch drängender" geworden sei (Aspers/Beckert 2008: 242). Gleichwohl fehlen bislang systematische Arbeiten zur Einbindung des erreichten Forschungsstandes in die allgemeine soziologische Theorie und Gesellschaftsdiagnose bzw. „eine auf gesellschaftliche Entwicklungsprozesse insgesamt gerichtete Perspektive" (Beckert 2009: 183). Folgerichtig wird wachsende Kritik am bislang Erreichten laut:

> „Eine wichtige Herausforderung der Marktsoziologie besteht zweifellos darin, die gewonnenen empirischen Erkenntnisse stärker zu synthetisieren und allgemeine Theoreme aufzustellen. An der Frage, ob und wie dies gelingen kann, wird sich die Zukunft der Marktsoziologie entscheiden. Eine zweite Herausforderung besteht darin, Untersuchungen zur Funktionsweise von Märkten stärker mit gesellschaftstheoretischen Fragen der Entwicklung moderner Gesellschaften zu verbinden. Nur wenn dies gelingt, wird die Marktsoziologie – und die Wirtschaftssoziologie insgesamt – über den Status einer Bindestrichsoziologie hinauskommen und erneut die paradigmatische Bedeutung in der Soziologie erlangen, die sie für die Klassiker des Fachs hatte." (Aspers/Beckert 2008: 242)

Ergänzend sieht Hedtke (2014: 3) „gravierende Defizite der Marktsoziologie": ihren „engen Objektbereich", ihre „konzeptionelle und theoretische Borniertheit" sowie ihre „unzureichende Theoriefähigkeit". Es sei der Marktsoziologie „bisher nicht gelungen, Grundzüge einer soziologischen Markttheorie zu entwickeln" (a.a.O.: 4; ähnlich Fligstein 2011: 25 ff.). Ist die Wirtschaftssoziologie immer noch eine ‚sociology in the making'?

1.3 Zum Verhältnis von Arbeits-, Wirtschafts- und Finanzsoziologie

Die Wirtschaftssoziologie in Deutschland erlebte ihre Renaissance vor allem als eine empirisch vorgehende Marktsoziologie. Die Finanzsoziologie (die in Deutschland als Teil der Wirtschaftssoziologie organisiert ist) beschäftigt sich wiederum mit sehr spezifischen Märkten und verschiebt hierbei den Fokus stärker in Richtung der Betrachtung von *Wissenspraktiken* und von *Artefakten* als Mitträger von Handlungszusammenhängen. Die politische Ökonomie der Finanzmärkte untersucht Märkte und gesellschaftliche Regulierungsformen als Politiken und als historisch veränderliche Institutionen, kann aber nicht zum theoretisch-konzeptionellen Kern der neueren Wirtschaftssoziologie gezählt werden. Gerade weil sie in bisherigen Einführungen in die Wirtschaftssoziologie eher marginal behandelt wurde, kann die Untersuchung der Finanzmärkte in dieser Einführung zwei große Kapitel beanspruchen, die einen jeweils unterschiedlichen Zugang zum Gegenstand repräsentieren: die Finanz*soziologie* und die *politische Ökonomie* der Finanzmärkte. Das thematische Spektrum der Wirtschaftssoziologie reicht also von der Bedeutung des Geldes, der Finanzmärkte und ihrer Krisendynamik über die Veränderung der Arbeit sowie wirtschaftlicher Institutionen wie Märkten und Organisationen bis zur Untersuchung wirtschaftlicher Kulturen, der Bedeutung ökonomischer Konventionen, des Wissens und der technologischen Artefakte für ökonomische Praktiken.

Die neue Wirtschaftssoziologie unterscheidet sich in Hinblick auf die Form ihrer soziologischen Kritik von der deutschen Arbeits- und Industriesoziologie. Deren jeweils recht unterschiedliche Zugänge zum Phänomenbereich der Wirtschaft und der gesellschaftlichen Arbeit beruhen auf theoretischen Traditionen und Erkenntnisinteressen, welche in Gestalt zweier getrennter Sektionen innerhalb der Deutschen Gesellschaft für Soziologie institutionalisiert sind. Diese theoretisch-konzeptionelle und organisatorische Trennung ist vor dem Hintergrund der von beiden Sektionen geteilten Thematik zunächst überraschend. Allerdings steht die deutsche Arbeits- und Industriesoziologie viel stärker in der Tradition einer kritischen Gesellschaftstheorie, die sie seit den 1970er Jahren vor allem in einer an Marx orientierten Auseinandersetzung mit Formen betrieblicher Herrschaft und Kontrolle sowie mit den Möglichkeiten der Autonomie und der Emanzipation in und durch Arbeit entfaltet hat. Die Arbeits- und Industriesoziologie hat also – insbesondere in der Phase ihrer größten Wirksamkeit in den 1970er und 1980er Jahren – ein Programm verfolgt, das seiner Stoßrichtung nach über Fragen einer graduellen Reform wirtschaftlicher Organisationsformen und der gesellschaftlichen Arbeit weit hinausging. Vielmehr standen umfassende Gesellschaftsreformen – ausgehend und basierend auf der Emanzipation der Arbeit und der Einforderung normativer Ansprüche im Wirtschaftsleben – auf ihrer Agenda. Ihr empirischer Bezugspunkt ist und bleibt dabei die Fallstudie auf betrieblicher, später auch überbetrieblicher und Branchenebene (vgl. zur Bedeutung des Instruments der Fallstudie im Kontext der Arbeits- und Industriesoziologie Pflüger/Pongratz/Trinczek 2010 sowie Nies/Sauer 2010). Im Gegensatz zu dieser immer noch spürbaren gesellschaftskritischen Ausrichtung „scheint in weiten Teilen der Wirtschaftssoziologie Marx kaum noch eine Rolle zu spielen" (Kühl 2008: 124), und auch Peetz (2013: 289) beobachtet in vielen wirtschaftssoziologischen Ansätzen eine „gesellschaftstheoretische Zurückhaltung". Das mag, wie Kraemer/Brugger (2017b: 19) formulieren, mit den „Unzulänglichkeiten der auf Karl Marx (1983[1867]) zurückgehenden Ausbeutungstheorie von Lohnarbeit" zu tun haben, aber ich halte einen solchen Erklärungsversuch für unbefriedigend, zumindest unvollständig. Denn auch in den 150 Jahren nach Marx hat es nicht an eigenständigen Ansätzen gemangelt, Wirtschaft und ihre Folgen im Kontext gesellschaftlicher Herrschaftsbeziehungen und der Gesellschaft insgesamt zu untersuchen – die Klassiker der Soziologie, auf die sich die neuere Wirtschaftssoziologie so gerne beruft, sind das beste Beispiel dafür. Eher hat es etwas mit professionspolitischen Entscheidungen zu tun, genauer gesagt mit der schwierigen Situation der neuen Wirtschaftssoziologie, sich in einer doppelten Frontstellung etablieren zu müssen: einerseits in der immer wieder betonten Differenz zur ökonomischen Orthodoxie, andererseits aus der Differenz zu der als allzu kapitalismuskritisch geltenden deutschen Arbeits- und Industriesoziologie. Dies hat unter anderem zur Konsequenz, dass die gegenwärtige Wirtschaftssoziologie in weiten Bereichen weiterhin getrennt ist von der Forschung zu sozialer Ungleichheit und zur kritischen Gesellschaftstheorie im Allgemeinen.

Die neue Wirtschafts- und Finanzsoziologie bezieht sich auf andere, in der deutschen Arbeitssoziologie wiederum wenig relevante theoretische Traditionen. Gleichzeitig stand sie von Beginn an in institutioneller und theoretischer Konkurrenz zu dieser:

„In Deutschland fiel der Gegenstand ‚Wirtschaft' vor allem in das Tätigkeitsfeld der an neomarxistischen Ansätzen orientierten Arbeits-, Betriebs- und Industriesoziologie (die hierzulande, im Unterschied zu den USA, nach wie vor Gewicht hat) und späterhin auch in die Organisationssoziologie (die über den Umweg USA zurückkam als kritische Rezeption von Rationalitätskonzepten à la Weber)." (Maurer 2008b: 12)

Tatsächlich ist diese ‚neue' Wirtschafts- und Finanzsoziologie in Deutschland erst seit den 1980er Jahren entstanden (und konnte nicht entstehen, bevor sie sich nicht eine Thematik und ein Programm gegeben und durch den Bezug auf soziologische Klassiker legitimiert hatte). Bis zu diesem Zeitpunkt befand sie sich im Schatten der etablierten Arbeits- und Industriesoziologie. Dies lag vor allem daran, dass letztere über einen konzeptionell und personell sowie über gemeinsame Forschungsinteressen und Schwerpunktprogramme abgesicherten Zugang zur Analyse der Gesellschaft verfügte. Dies ändert sich seit den 1980er Jahren. Seitdem zählt die Wirtschaftssoziologie auch in Deutschland „zu den sich am stärksten entwickelnden Teilen der Soziologie" (Mikl-Horke 2008: 19). Sie befindet sich, so Sparsam (2015: 11), „in anhaltender Goldgräberstimmung". Dies liegt, so möchte ich behaupten, nicht nur *erstens* an der erfolgreichen Legitimation, die die Wirtschaftssoziologie durch ihren Bezug auf die Klassiker, allen voran Max Weber, herzustellen vermochte. Es liegt *zweitens* auch an Veränderungen der kapitalistischen Wirtschafts- und Gesellschaftsordnung selbst, durch welche Märkte und marktorientierte Prozesse in den Mittelpunkt der Aufmerksamkeit und des Problembewusstseins rückten: genau jene Phänomene also, welche die Wirtschaftssoziologie zum Kern ihres empirischen Interesses erklärt hat. Und es liegt *drittens* an der weitverbreiteten Ablehnung solcher Positionen in der empirischen Forschung, die in die Nähe von Strukturtheorien wie den (Neo-)Marxismus oder den Strukturfunktionalismus gerückt werden können. Diesbezüglich nimmt die neue Wirtschaftssoziologie durch ihren konstitutiven Bezug auf Ansätze mittlerer Reichweite eine vergleichsweise unproblematische wissenschaftspolitische Form an, die es ihr gleichzeitig erlaubt hat, eine thematisch differenzierte empirische Forschung zu entwickeln.

1.4 Die neue Wirtschaftsoziologie: „anything but ..."

Der Begriff einer Wirtschaftssoziologie bzw. der *economic sociology* wurde interessanterweise von einem der Mitbegründer der Grenznutzentheorie und damit der neoklassischen Wirtschaftstheorie Ende des 19. Jahrhunderts ins Spiel gebracht, William Stanley Jevons (1835-1882). Die neoklassische Wirtschaftstheorie, die bis heute die Wirtschaftswissenschaften dominiert, geht auf die Arbeiten von Léon Walras (1834-1910), William Jevons (1835-1882) und von Carl Menger (1840-1921) zurück. Modelltheoretisch zeichnet sie sich dadurch aus, die Handlungen ökono-

1.4 Die neue Wirtschaftssoziologie: „anything but ..."

mischer Akteure und ökonomische Prozesse in mathematischen Gleichungen auszudrücken. Damit klammert sie im Kern die (aus ihrer Sicht) nicht-ökonomischen Aspekte des Wirtschaftens aus und gelangt gerade hierdurch zu einem ebenso formalen wie engen Begriff dessen, was als ökonomisch gilt. Im Zentrum steht dabei nicht länger, wie in der klassischen Ökonomie und noch bei Marx, der Arbeitsprozess und die durch ihn geschaffenen Werte, sondern eine subjektive Werttheorie. Diese rückt erstens den ‚Nutzen', den ein Gut für einen Wirtschaftsakteur hat, in den Mittelpunkt der Analyse. Zweitens geht sie davon aus, dass dieser Nutzen abnimmt, je mehr jemand von einem Gut konsumiert. Der subjektive Nutzen einer jeden konsumierten Kugel Eiscreme nimmt also immer weiter ab, bis er unter den verlangten Preis fällt: *rien y va plus* (dass diese grenznutzentheoretische Überlegung selbst an Grenzen stößt, wird z.B. deutlich, wenn wir über den Nutzen eines weiteren gelesenen Buches nachdenken). Im Zentrum der so genannten marginalistischen Revolution in den Wirtschaftswissenschaften steht also der *Grenznutzen*. Insbesondere William Jevons vertrat bereits ab den 70er Jahren des 19. Jahrhunderts ein „reines" Modell des Marktes und argumentierte für dessen Befreiung von allen Beimischungen gesellschaftlich-historischer und politisch-praktischer Art, die er kurzweg anderen Fächern zuwies, etwa einer, wie er formulierte, „economic sociology" (Jevons 1871: I. 25). Da dieser Begriff bei ihm vermutlich zuerst auftauchte, liegt paradoxerweise gerade in Jevons Ablehnung der Idee einer sozialen Einbettung bzw. sozialen Strukturiertheit der Ökonomie der Ursprung der Wirtschafts*soziologie*. Dieser Begriff geriet allerdings zunächst in Vergessenheit und wurde auch von den Klassikern, auf die sich die neue Wirtschaftssoziologie heute beruft, zu ihrer Zeit nicht verwendet.

Tatsächlich stellt die neue Wirtschaftssoziologie in weiten Teilen den Versuch dar, die modelltheoretischen Sackgassen, in welche die Wirtschaftswissenschaften ihrer Ansicht nach durch den rigiden und weltfremden Formalismus der Neoklassik geraten sind, aufzuzeigen. Diesbezüglich stützt sie sich vor allem auf zwei theoretische Ansätze: erstens auf soziale Netzwerke und die Einbettung wirtschaftlichen Handelns in dieselben, zweitens auf die verschiedenen Spielarten des soziologischen Institutionalismus (Beckert 2007a: 11). Sparsam (2015: 56 ff.) skizziert diesbezüglich, wie sich das Verständnis dessen, was unter der neuen Wirtschaftssoziologie zu begreifen ist, seit den späten 1980er Jahren gewandelt und immer stärker in Richtung der Analyse von Netzwerken und Märkten verschoben hat. *Konzeptionell*, so Sparsams nicht unkritische Zusammenfassung, dominierten in der Wirtschaftssoziologie die Einbettungs- und Netzwerkperspektive (z.B. die prominenten Arbeiten von Mark Granovetter, Harrison White und Ronald Burt) und die neo-institutionalistische Organisationsforschung (grundlegend Meyer/Rowan 1977 sowie Dimaggio/Powell 1983), *thematisch* die Analyse von Märkten.

Theoriegeschichtlich befindet sich die neue Wirtschaftssoziologie nach eigener Lesart in ihrer dritten Entwicklungsphase:

„In der Kurzfassung periodisiert die *New Economic Sociology* Wirtschaftssoziologie insgesamt in zwei Prosperitätsphasen, die durch die unmittelbare Nachkriegssoziologie getrennt werden: die Pionierarbeit der Klassiker, ihren Stillstand während der soziologische Mainstream in den USA strukturfunktionalistisch ausgerichtet war und schließlich die *New Economic Sociology*, die den Faden der Klassiker wieder aufgenommen habe." (Sparsam 2015: 65)

Die neue Wirtschaftssoziologie habe ihre durch die „Pax Parsoniana" (Stark 2000; 2009: 7; Beckert u.a. 2007b: 31) begründete Krise hinter sich gelassen und befinde sich in einem anhaltenden Wachstums- und Aufmerksamkeitsschub. Dieser ist m.E. jedoch nicht allein auf innerwissenschaftliche Ursachen, d.h. auf eine sich verändernde Arbeitsteilung zwischen Ökonomie und Soziologie zurückzuführen, sondern auf fundamentale Verschiebungen in der Funktionsweise der kapitalistischen Gegenwartsgesellschaften. Dies gilt insbesondere für die zentrale Rolle, welche die Märkte in den post-fordistischen Krisengesellschaften faktisch einnehmen (von den Arbeits- über die Güter- bis zu den Finanzmärkten, sowie im Kontext marktorientierter Reorganisationen auch die „Vermarktlichung" der Unternehmen und der staatlichen Verwaltungen, dort wiederum am prominentesten in den Feldern von Gesundheit und Bildung). Die gegenwärtige Gesellschaft zeichnet sich demzufolge durch ein Vordringen marktförmiger bzw. marktähnlicher Steuerungsmechanismen aus, so dass – zugespitzt – auch von einer ‚Marktgesellschaft' gesprochen werden kann (vgl. Hedtke 2014: 197 ff.).

Entscheidenden Einfluss auf die Wiederbelebung einer eigenständigen wirtschaftssoziologischen Forschung hatte die Rezeption soziologisch relevanter Klassiker (vor allem von Max Weber und Karl Polanyi) und die diesbezügliche Publikationstätigkeit bekannter AutorInnen wie Neil Smelser, Mark Granovetter und Richard Swedberg, in Deutschland u.a. von Jens Beckert, Andrea Maurer, Christoph Deutschmann und vieler anderer. Die Aneignung von Traditionslinien, welche in der deutschen Industrie- und Arbeitssoziologie bemerkenswerterweise lange verschüttet waren, wurde um die Jahrtausendwende herum in einem wachsenden Korpus von Überblicksliteratur, Handbüchern und Sammelbänden dokumentiert (Smelser/Swedberg 1994; Beckert/Diaz-Bone/Ganßmann 2007a; Maurer 2008a; Kraemer/Brugger 2017a). Dabei bildet den kleinsten gemeinsamen Nenner der Wirtschaftssoziologie die Vorstellung, ökonomisches Handeln als soziales Handeln zu verstehen und damit soziologisch zu untersuchen. „Economic Sociology – to use a term that Weber and Durkheim introduced – can be defined simply as

1.4 Die neue Wirtschaftsoziologie: „anything but ..."

the sociological perspective applied to economic phenomena"(Smelser/Swedberg 1994: 3; Hervorhbg. im Orig.). Das ist offensichtlich eine sehr allgemeine und damit einerseits offene, andererseits unbefriedigende Definition. Und auch die direkt im Anschluss von Smelser und Swedberg vorgenommene Aufzählung, was hier als „soziologische Perspektive" gelten könne, ist eher additiv als theoretisch-konzeptionell. Denn unter diese spezifisch soziologische Perspektive subsumieren sie zunächst „personal interaction, groups, social structures (institutions), and social controls (among which sanctions, norms, and values are central)", um dann mit "social networks, gender, and cultural contexts" fortzufahren (ebd.). "Anything goes", könnte man denken, solange eben *nicht* eine an Gleichgewichtspreisen, Markträumung, vollständiger Information und Grenznutzen orientierte Perspektive eingenommen wird. Henry Ford (1923) zitiert sich in seiner Autobiografie selbst mit den Worten, dass die Kunden sein berühmtes Model T in (fast) jeder Farbe bekommen könnten: „any colour, as long as it is black" (in der dt. Übersetzung: „Jeder Kunde kann seinen Wagen beliebig anstreichen lassen, wenn der Wagen nur schwarz ist."; Ford 1923: 83). In ähnlicher Weise scheint für die neue Wirtschaftssoziologie zu gelten: „anything, as long as it is not neoclassical ...". Diese (negative) Abgrenzung zum dominanten Paradigma innerhalb der Wirtschaftswissenschaften ist zunächst zu etwas wie einem Mantra der entstehenden neuen Wirtschaftssoziologie geworden. Der Beitrag von Smelser und Swedberg im Handbuch für Wirtschaftssoziologie ist im Übrigen dennoch lesenswert, weil er einen guten Überblick über das ihr zugrundeliegende Akteurs- und Handlungsmodell sowie die Klassiker der ökonomischen Soziologie (hier: Marx, Weber, Durkheim, Simmel) gibt.

In Deutschland haben vor allem Untersuchungen zu den Praktiken des Entscheidens unter Unsicherheit, zur Einbettung ökonomischer Praktiken in formale und informelle Institutionen, in soziale Netzwerke und Handlungskonventionen sowie seit neuestem zur Performativität wirtschaftlichen Handelns das Erscheinungsbild der Wirtschaftssoziologie geprägt. Die neue Wirtschaftssoziologie entwickelt hierbei eine Sichtweise ökonomischen Handelns in der Gesellschaft, die sich sowohl von der Kapitalismus- und Gesellschaftskritik der Arbeits- und Industriesoziologie als auch dem methodologischen Individualismus und dem mathematischen Formalismus der neoklassischen Ökonomie bzw. der modernen Wirtschaftswissenschaften unabhängig macht. Aus der Frontstellung zur neoklassischen Wirtschaftstheorie gewinnt die Wirtschaftssoziologie explizit einen Teil ihrer disziplinären Identität. Aber auch die Abgrenzung zu soziologischen Großtheorien und solchen Ansätzen, die Gesellschaft und Ökonomie als Ganze in den Blick zu nehmen versuchen, ist – ganz in der Linie des von Granovetter begründeten Netzwerkansatzes (s.u.) – prägend für das Selbstverständnis und das methodische Vorgehen weiter Teile der Wirtschaftssoziologie. Gleichwohl hat die neue Wirtschaftssoziologie dazu beigetragen, den Horizont des Denkens über ökonomische Institutionen in der Gegenwartsgesellschaft zu erweitern, vor allem indem sie einen schnell wachsenden Korpus eigener empirischer Studien hervorgebracht hat. Der Preis hierfür – um in wirtschaftlichen Kategorien zu sprechen – ist allerdings, dass das Interesse an der sozialen Konstitution ökonomischer Institutionen und Entscheidungen dasjenige an ihrer Kritik und Veränderung bislang bei weitem überwiegt. Beckert (2009: 184) konstatiert dementsprechend, dass „der heutigen Wirtschaftssoziologie das Interesse an gesellschaftlichen Entwicklungsprozessen abhandengekommen ist". Er plädiert dafür, dass „eine Konzeption gesellschaftlicher Entwicklung den Ausgangspunkt der Dynamik moderner Gesellschaften in der Funktionsweise der kapitalistischen Ökonomie lokalisieren sollte" (ebd.) und vertritt in diesem Zusammenhang selbst eine konflikttheoretische Perspektive. Ökonomie solle als das „Resultat sozialer und politischer Kämpfe" verstanden werden (ebd.).

Dass die Wirtschaftssoziologie in den 1980er Jahren ihren bis heute anhaltenden Aufschwung erlebte, ist kein Zufall, sondern kann im Kontext breiterer gesellschaftlicher Veränderungen nachvollzogen werden. Denn ihr dezidiertes Interesse an der Verbreitung und den Funktionsbedingungen von Märkten entwickelte sich parallel zum Bedeutungsgewinn ‚realer' Märkte in den kapitalistischen Gesellschaften. Dieser gesellschaftliche Transformationsprozess wurde von der deutschen Arbeits- und Industriesoziologie auf der betrieblichen und auf der Ebene des Arbeitsprozesses kritisch im Sinne einer „Vermarktlichung" (z.B. Kratzer 2005), „Subjektivierung" (Moldaschl/Voß 2002) und „Entgrenzung" (Voß 2007) von Arbeit untersucht. Darüber hinaus wurde er als eine der Ursachen der Zunahme sozialer Unsicherheit (Sennett 1998 a, b) und der Durchsetzung eines neoliberalen Marktregimes und prekärer Verhältnisse (Dörre 2001, 2009 a/b) in seinen gesamtgesellschaftlichen Auswirkungen analysiert. Die Vermarktlichung von Arbeit und Unternehmen bedeutet in dieser Perspektive, die Unterbestimmtheit und Unsicherheit marktlicher Anforderungen in Unternehmen zum generellen „Organisationsprinzip von Arbeit" zu machen und die Beschäftigten hiermit unter verschärften Konkurrenzdruck zu setzen (Bechtle/Sauer 2003: 47). Die Kritik der Arbeits- und Industriesoziologie basiert darauf, von Anfang an eine andere, in fast allen Hinsichten den Wirtschaftswissenschaften entgegengesetzte Beobachtungsoptik zu verwenden. Diese Kritik untersucht die Form und die Ergebnisse der Anwendung ökonomischen Wissens im Sinne einer gesellschaftlichen Herrschaftspraxis, die maßgeblich zu sozialer Schließung und Ungleichheit, zu struktureller Vermachtung und Prekarisierung beiträgt. Der Ansatz der Wirtschafts- und Finanzsoziologie ist ein anderer. Man kann sagen, dass er *komplementär* zur Arbeits- und

Industriesoziologie operiert. Die Wirtschafts- und Finanzsoziologie geht die Wirtschaftswissenschaften gewissermaßen direkt an, selbst wenn ihr Ansatz aufgrund ihrer Distanz zur Gesellschaftskritik zunächst weniger radikal erscheint: Anstelle die zunehmende Ungleichheit als *Folge* bestimmter ökonomischer Praktiken zu kritisieren, thematisiert sie die Grundlagen der ökonomischen Theorie und das Wissen der ökonomischen Akteure selbst. Zugespitzt formuliert, ist sie weniger an den Ergebnissen ökonomischer Praxis auf der Ebene gesellschaftlicher Makrophänomene interessiert als vielmehr an den *Grundlagen der ökonomischen Praxis selbst*. Sie fordert die Wirtschaftswissenschaften damit auf ihrem ureigenen Terrain heraus, indem sie behauptet, einen umfassenderen und zunehmend auch: weniger ideologisch gefärbten Blick auf diese Praxis zu ermöglichen. Interessant ist, dass der ursprünglich an die Soziologie adressierte Vorwurf, normativ zu argumentieren, damit an die Wirtschaftswissenschaften zurückgereicht wird: diese seien es, die Wirtschaft ideologisch betrachteten, indem sie erstens zweifelhafte anthropologische Grundannahmen (*homo oeconomicus* etc.) und zweitens irreale, wirklichkeitsverzerrende (mathematische) Modelle verwendeten. Gerade ihre formal-mathematische Hermetik erschwere es den Wirtschaftswissenschaften, die aktuellen Finanz- und Wirtschaftskrisen empirisch wie konzeptionell konsequent zu reflektieren. Im Grunde kehrt hier eine Kritik zurück, die bereits Emile Durkheim (1981: 31f.) mit Blick auf die Ökonomie seiner Zeit formulierte und die wörtlich wiederzugeben auch heute noch lohnt:

„Aber die Ökonomen haben die Realität eingeengt, um die Dinge zu vereinfachen. Sie haben nicht nur von allen Umständen der Zeit, des Ortes und des Volks abgesehen, um sich den abstrakten Typ des Menschen im Allgemeinen vorstellen zu können, sondern sie haben außerdem in diesem Idealtyp selbst alles das vernachlässigt, was sich nicht strikt auf das individuelle Leben beziehen lässt, so dass ihnen von Abstraktion zu Abstraktion nichts weiter in Händen geblieben ist als das traurige Bild eines reinen Egoisten."

Historisch führt Beckert (2007b: 6) den Aufstieg der Wirtschaftssoziologie auf drei Entwicklungsprozesse zurück: erstens auf den Anstieg von Inflation und Arbeitslosigkeit bei gleichzeitiger Abschwächung des Wirtschaftswachstums seit den 1970er Jahren, zweitens auf die ‚Entdeckung' wirtschaftlicher Organisationszusammenhänge, die durch das ökonomische Standardmodell nicht erklärt werden konnten, wie den Aufstieg Japans und den Erfolg industrieller Distrikte, sowie drittens auf den radikalen Politikwechsel in den 1980er Jahren, der – beginnend mit den Regierungen Thatcher und Reagan in Großbritannien bzw. den USA – die neoliberale Revolution einläutete und den Markt in den Mittelpunkt wirtschaftlicher und gesellschaftlicher Steuerungsversuche stellte. Heute verfügt die Wirtschaftssoziologie in Hinblick auf ihren privilegierten Untersuchungsgegenstand, den Markt, gewissermaßen über einen doppelten Hebel: Ebenso wie an den Finanzmärkten mittels Optionen bei steigenden ebenso wie bei fallenden Kursen Gewinne erzielt werden können (*puts* und *calls*), so hat die Wirtschafts- und Finanzsoziologie die Option, an der positiven wie der negativen Konjunktur der Märkte innerhalb der Gesellschaft zu partizipieren – an ihrem Aufstieg ebenso wie an den durch sie ausgelösten gesellschaftlichen Krisen.

Wissenschaftspolitisch führt Beckert den Bedeutungsgewinn einer soziologischen Perspektive auf wirtschaftliche Prozesse darüber hinaus zum einen auf eine gewachsene Sensibilität ökonomischer Theoriebildung für die institutionellen Rahmenbedingungen ökonomischen Handelns, zum anderen auf eine wissenschaftsinterne Gegenbewegung zum ökonomischen Imperialismus zurück, in deren Rahmen nunmehr die Soziologie behauptet, auch in den Kernfeldern ökonomischer Erklärungen zu besseren Ergebnissen gelangen zu können als die orthodoxe Ökonomie. Auch hier ist also wieder die Rede davon, die vor allem durch Parsons etablierten Demarkationslinien zwischen Soziologie und Wirtschaftswissenschaften nicht mehr länger akzeptieren zu wollen.

Die Soziologie selbst versteht sich seit ihren Anfängen als eine Krisenwissenschaft, die versucht, Antworten auf gesellschaftliche Umbrüche zu finden. Da die Wirtschaftssoziologie ihren Aufschwung im Kontext der gesellschaftlichen Ausdehnung der Märkte, der Entfaltung des Neoliberalismus und der damit einhergehenden sozialen Verwerfungen erlebte, wäre es vor diesem Hintergrund plausibel anzunehmen, dass sie auch Antworten in Hinblick auf die damit aufgeworfenen Problemlagen formuliert. Diese Annahme trifft aber nur begrenzt zu. Das „Licht der großen Kulturprobleme", so Max Weber, fällt in der Wirtschafts- und Finanzsoziologie auf sehr spezielle Rezeptoren. Insbesondere die Finanzsoziologie hat mit dem starken Einfluss der *science & technology studies* sowie der Wissenssoziologie nicht nur viel gewonnen, sondern auch einiges verloren, so vor allem ihren Bezug zu Fragen der sozialen Ungleichheit sowie der kritischen Auseinandersetzung mit gesellschaftlichen Makrostrukturen überhaupt.

Wirtschaftssoziologie 2

Die Wirtschaftssoziologie ist ein vergleichsweise junges und ausgesprochen dynamisches Forschungsfeld. Womit beschäftigt sie sich empirisch? Beckert und Besedovsky (2009: 13) kommen in ihrer Auswertung der in den sechs wichtigsten deutschen und US-amerikanischen soziologischen Fachzeitschriften vertretenen Themen zu dem Ergebnis, dass innerhalb der Forschung zu *wirtschaftlichen Themen in der Soziologie* in den vergangenen vierzig Jahren die Kategorien „Arbeit und industrielle Beziehungen" sowie „Unternehmen" dominierten. Während dieser Zeit gibt es jedoch signifikante *Verschiebungen*: Die Beschäftigung mit Unternehmen (hierunter fallen die Unterkategorien Arbeits- und Produktionsstruktur, Management, Unternehmensstrategie, Unternehmenskultur, Eigentums- und Verflechtungsstrukturen) konnte zunächst kontinuierlich an Bedeutung gewinnen (1974/75 23,5%, 1984/85 36,4%, 1994/95 45,5% (!) der Veröffentlichungen), um dann 2004/05 auf nur noch 14,6% (!) abzusinken (a.a.O.: 14). Diese Entwicklung ähnelt derjenigen in den USA, allerdings mit einem zeitlichen Nachlauf von etwa zehn Jahren. Beckert und Besedovsky suchen die Ursache hierfür in der anfänglich recht starken Bindung der Wirtschaftssoziologie an die Organisationssoziologie. Die Abnahme von Untersuchungen, die sich mit dem Themenkreis „Unternehmen" beschäftigen, führen sie auf eine professionspolitische Strategie zurück, sich durch die Abgrenzung von konkurrierenden Subdisziplinen eine eigene Identität zu geben.

Verwendet man eine ‚weite' Definition wirtschaftssoziologischer Forschung (hierbei wurden von Beckert/Besedovsky alle Artikel einbezogen, die sich überhaupt mit wirtschaftlichen Phänomenen beschäftigen, ohne sich zwangsläufig der engeren Wirtschaftssoziologie zuzurechnen), so verdreifachte sich ihr Anteil an den soziologischen Publikationen insgesamt von Mitte der 1970er Jahre bis zum Jahr 2004/05. In Deutschland setzt diese Konjunktur der Wirtschaftssoziologie wiederum etwa zehn Jahre später als in den USA ein: In den USA liegt die höchste Steigerungsrate im Jahrzehnt zwischen 1974 und 1985, in Deutschland zwischen 1984 und 1995. Beckert/Besedovsky (a.a.O.: 11) ziehen aus diesen Daten den Schluss, „dass kein anderer Gegenstandsbereich der Soziologie eine ähnliche quantitative Bedeutung hat." Gleichzeitig betonen sie (2009: 18), dass die soziologische Beschäftigung mit der Wirtschaft insgesamt eine „größere Themenvielfalt aufweist" als Swedberg dies mit seiner Hervorhebung von Unternehmen und Märkten als Kerngegenstandsbereiche einer *New Economic Sociology* impliziere. So spielten insbesondere Beiträge zum Bereich der Erwerbsarbeit und zu den Industriellen Beziehungen auch heute noch eine große Rolle. Allerdings werden diese „nicht als Kernbereich wirtschaftssoziologischer Forschung wahrgenommen. Die Programmatik der neuen Wirtschaftssoziologie entspricht damit nicht der tatsächlichen Themenbreite soziologischer Forschung zur Wirtschaft." (a.a.O.: 18) Diese Verengung des Blickfeldes ist – so kann vermutet werden – dem Versuch geschuldet, der neuen Wirtschaftssoziologie eine wahrnehmbare Identität in klarer Abgrenzung einerseits zur Ökonomie, andererseits zur Organisationsforschung und Arbeitssoziologie zu geben.

Dass in der aktuellen wirtschaftssoziologischen Forschung Märkte im Mittelpunkt stehen, ist allerdings auch theoretisch gut begründet. Denn moderne kapitalistische Ökonomien zeichnen sich, so Aspers und Beckert (2008: 225), strukturell durch die Dominanz des Markttausches aus. Welche Minimalanforderungen müssen erfüllt sein, um wirtschaftssoziologisch von Märkten sprechen zu können?

Erstens haben Märkte, ebenso wie Medaillen, immer *zwei Seiten*: die Angebots- und die Nachfrageseite. Wo eine dieser Seiten über längere Zeit ausfällt, sind die Stabilität des Marktes und schließlich seine Existenz bedroht.

Zweitens müssen, und diese Vorstellung geht bereits auf Max Weber zurück, auf einem Markt auf zumindest einer der beiden Seiten „eine Mehrheit von Tauschreflektanten um Tauschchancen konkurrieren" (Weber (1980[1922]: 382). Mit anderen Worten: eine Dyade kann kein Markt sein. Es muss zu einer Situation der *Konkurrenz* um das zu tauschende Gut kommen, und sei es auch nur – wie bei Monopolen – auf der Nachfrageseite.

Drittens muss es ein *Gut* geben, um das die Tauschreflektanten konkurrieren. Dieses Gut kann selbstverständlich auch immateriell sein: eine Dienstleistung etwa oder gar ‚Liebe' (vgl. Kap. 5.4).

Viertens findet auf Märkten – und auch dies geht auf Max Weber zurück – eine *formal friedliche* Konkurrenz um Tauschchancen statt. Die gewaltsame Aneignung eines Gutes ist kein Markttausch, sondern ein Raubüberfall.

Das führt unmittelbar zu der fünften Voraussetzung von Märkten, der prinzipiellen Anerkennung von *Eigentumsrechten* und der Praxis, dass diese Rechte auf Märkten von einem Marktteilnehmer auf den anderen legal übergehen.

Dass der Tausch auf Märkten unter prinzipiell asymmetrischen Bedingungen stattfinden kann, wie z.b. auf Sklavenmärkten, Monopolmärkten, Arbeitsmärkten, Organmärkten oder auch dem globalen Markt für Flucht und Vertreibung, ist ein wesentliches Motiv der soziologischen Beschäftigung mit den Voraussetzungen, Funktionsweisen und Folgen von Märkten. So stellt Aspers (2015: 21) fest: „Menschen können mehr oder weniger gezwungen sein, Güter, und selbst ihre Organe oder Kinder, auf einem Markt zu verkaufen." Illegale Märkte (Beckert/Wehinger 2013) sind dabei ebenso das Ergebnis einer ungerechten und strukturell asymmetrischen Wirtschaftsordnung, wie sie auf die Grenzen zwischen Markt und Moral verweisen: Nicht alles soll und darf auf Märkten getauscht werden (Sandel 2012, Satz 2013) und die Beschäftigung mit der Verschiebung und/oder Verletzung dieser Grenze ist ein wichtiger Gegenstand der soziologischen Marktkritik (s.o.) und der *valuation studies* (s.u.).

Empirisch existiert eine große Vielfalt von Märkten. Neben den für die moderne Gesellschaft so wichtigen Märkten wie dem Arbeitsmarkt, dem Gütermarkt und dem Finanzmarkt gibt es eine Reihe von Koordinationsprozessen, die ebenfalls im Sinne eines ‚Marktes' untersucht werden. Hierunter fallen interessanterweise gerade auch menschliche Nah- und Intimbeziehungen wie der ‚Heiratsmarkt' (Blossfeld/Timm 2003) oder Online-Partnermärkte (Illouz 2011; vgl. Kap. 5.4).

Bestechung, Korruption, Betrug und Fälschung sind Stichworte, mit denen sich die Soziologie illegaler Märkte erst seit kurzem auseinandersetzt. So schätzen (und notwendigerweise kann i. d. Zshg. aufgrund der Spezifität illegaler Transaktionen nur geschätzt werden) Beckert und Dewey (2017: 1) die Höhe illegaler Transaktionen im Jahr 2013 weltweit auf etwa 653 Mrd. US-$.

Die (gewaltsame) Entstehung von Märkten für Arbeitskraft im Anschluss an den Feudalismus sowie die Herausbildung des „doppelt freien Lohnarbeiters" (Marx) stellen entscheidende historische Schritte zur Durchsetzung des kapitalistischen Markt*systems* dar, das dementsprechend nicht als ein einziger großer Markt zu interpretieren ist, sondern als ein Zusammenhang miteinander verflochtener Märkte, die sich in Ausdehnung, Funktionsweise und Relevanz historisch stark verändern. Aufgrund der großen Relevanz des Markttausches ist es zunächst auch recht plausibel, dass es die Märkte sind, „die im Mittelpunkt des Forschungsinteresses der neuen Wirtschaftssoziologie stehen" (Aspers/Beckert 2008: 234). Aspers und

Beckert (ebd.) unterscheiden im Folgenden drei grundlegende analytische Ansätze innerhalb der Wirtschaftssoziologie: Märkte als Netzwerke, Märkte als Institutionen und die Performativität des ökonomischen Wissens. Ich werde im Folgenden zunächst die beiden ersten Ansätze vorstellen und diskutieren. Das dritte Konzept der Performativität werde ich dagegen im Kontext der neuen Finanzsoziologie (Kap. 4) einführen, da es in einer engen Verbindung mit den virtuellen Produkten des Finanzmarktes und den Praktiken ihrer Darstellung und Bewertung steht.

2.1 Märkte als Netzwerke und die Einbettung wirtschaftlichen Handelns

Bereits im Jahr 1992 behauptete Renate Mayntz, eine der bekanntesten deutschen Organisationssoziologinnen: „Die Welt setzt sich aus Netzwerken, nicht aus Gruppen zusammen ..." (a.a.O.: 19). Das Aufkommen interorganisatorischer Netzwerke sei sogar ein „Grundmerkmal gesellschaftlicher Modernisierung" (a.a.O.: 21). Sie konnte in den 1990er Jahren nicht mehr damit rechnen, für diese Annahme entschiedenen Widerspruch zu ernten. Warum? Weil die Erkenntnis, dass ein Großteil des menschlichen Handelns und auch der wirtschaftlichen Aktivität in personale und organisatorische Netzwerke eingebunden ist, seit den 1970er Jahren sukzessive akzeptiert (und erst später wiederum durch die Akteur-Netzwerk Theorie relativiert) wurde. Einen besonderen Anteil am Erfolg der Netzwerk- und Einbettungsthese haben zwei Autoren, die zu ganz unterschiedlichen Zeiten gelebt haben (bzw. leben): Karl Polanyi (1886-1964) und Mark Granovetter (*1943). Insbesondere Granovetter ist eine für die heutige Wirtschaftssoziologie prägende Sichtweise auf Märkte zu verdanken, welche diese als ein Geflecht sozialer Beziehungen auffasst, in welches ökonomische Handlungen *eingebettet* sind. Das Verhältnis von Handeln und Netzwerken wird dabei rekursiv gedacht. Das bedeutet, dass die für ökonomisches Handeln relevanten Netzwerke ebenso durch dieses Handeln hervorgebracht werden wie sie eine Ressource für Anschlusshandeln darstellen.

Granovetters einflussreicher Aufsatz „Economic Action and Social Structure: The Problem of Embeddedness" erschien 1985 im *American Journal of Sociology* und markiert wie kein anderes Einzelereignis die Geburtsstunde der neueren Wirtschaftssoziologie (vgl. Swedberg 2008b: 49). In diesem Aufsatz formuliert der amerikanische Soziologe und Netzwerkforscher den Anspruch einer *neuen Wirtschaftssoziologie.*[7] Diese stehe mithilfe des Konzepts der Einbettung auf den

---

7 Angeblich geht der Begriff der *New Economic Sociology* auf eine Bemerkung Mark Granovetters beim Mittagessen einer Konferenz der *American Sociological Associa-*

Schultern klassischer Ansätze, vor allem auf jenen Karl Polanyis[8]. Granovetter lehnt jedoch Polanyis und Parsons' (aus seiner Sicht) ‚übersozialisierte' Auffassung des Menschen ebenso ab wie die ‚untersozialisierte' Vorstellung wirtschaftlichen Handelns, wie sie die Wirtschaftstheorie, insbesondere die ökonomische Neoklassik zugrunde lege. Er plädiert im Spannungsfeld dieser beiden seines Erachtens irreführenden Auffassungen für eine Art Mittelweg in Gestalt des Versuchs, die Handlungen Einzelner nicht aus präexistenten gesellschaftlichen Normen lediglich *abzuleiten*, und sie auch nicht auf ein individuelles Interessenkalkül zu *reduzieren*, sondern diese *einzubetten* in die konkreten sozialen Beziehungen, innerhalb derer Einzelne handeln:

> „In this article, I have argued that most behavior is closely embedded in networks of interpersonal relations and that such an argument avoids the extremes of under- and oversocialized views of human action." (Granovetter 1985: 504)

Menschliches Handeln ist also in soziale Netzwerke eingebunden und ohne diese Netzwerke nicht zu verstehen. Im Unterschied zur „undersocialized conception of man" der Neoklassik werden soziale Beziehungen also explizit nicht aus der Betrachtung ausgeschlossen. Sie stellen im Gegenteil „erst die Ressourcen bereit, die Akteure benötigen, um ihre Zwecke im Rahmen kollektiver Aktionen verfolgen zu können" (Schmid 2008: 81). In Netzwerken stellen Informationen, Kontakte, geteilte Normen oder auch Vertrauen Ressourcen dar, die beispielsweise opportunistisches Verhalten eindämmen können (und damit – aus der Perspektive der ökonomischen Vertragstheorien – Transaktionskosten minimieren).

Soziale Beziehungen stellen für Granovetter sowohl das Ergebnis von Handlungen als auch gleichzeitig Ressourcen für Handeln dar. Granovetter kritisiert dabei die angesprochene ‚undersocialized conceception of man' in den Wirtschaftswissenschaften, insofern diese von rationalen, selbst-interessierten Akteuren ausgehe, deren Verhalten nur minimal durch soziale Beziehungen und Beziehungsnetzwerke beeinflusst werde. Dies jedoch sei ein gravierendes Missverständnis. Es beruhe auf zwei Annahmen: erstens auf der Annahme, dass nur in vormodernen Gesellschaften die Ökonomie in soziale Beziehungsnetzwerke,

---

tion zurück, bei dem er von einer „new economic sociology of life" gesprochen haben soll, so Swedberg (1991: 268).

8 Swedberg (2008: 50) merkt allerdings kritisch an, dass Granovetters Aufsatz trotz der Hommage an Polanyi mehr von Weber als von Polanyi inspiriert sei. Dies zeige sich vor allem auch an dessen recht freihändigem Bezug auf Polanyis Konzept der Einbettung.

Traditionen und Reziprozitätsstrukturen eingebettet gewesen sei. Und zweitens auf der Annahme, dass im Zuge der gesellschaftlichen Modernisierung sich immer mehr eine Form des Tausches auf Märkten etabliert habe, welche *frei sei von den Begrenzungen durch Tradition, Sitte, Moral und Reziprozität*: der atomisierte und anonyme Marktmechanismus, der im Mittelpunkt der Formalisierungsbemühungen der Wirtschaftswissenschaften steht.

„It has long been the majority view among sociologists, anthropologists, political scientists, and historians that such behavior was heavily embedded in social relations in premarket societies but became much more autonomous with modernization. This view sees the economy as an increasingly separate, differentiated sphere in modern society, with economic transactions defined no longer by the social or kinship obligations of those transacting but by rational calculations of individual gain." (Granovetter 1985: 482)

Diese Auffassung aber sei falsch und irreführend. *Alle* Formen wirtschaftlichen Handelns, auch in der modernen Wirtschaft, seien in soziale Netzwerke als Bedingungen ihrer Möglichkeit eingebettet.

2.1.1 Mark Granovetter: Die Stärke schwacher Bindungen

Vorbereitet wurde dieser Ansatz bereits in dem ebenso berühmten Aufsatz „The strentgh of weak ties" (Granovetter 1973). Hier entwickelt Granovetter eine Analyse sozialer Netzwerke, mittels derer die Mikro- und Makroebene soziologischer Theoriebildung verknüpft werden soll. Er formuliert die kontraintuitive, aber zentrale Einsicht, dass es weniger die *starken* als vielmehr die *schwachen* Bindungen („*weak ties*") seien, die einen wichtigen Beitrag zur gesellschaftlichen Integration leisteten. Denn nur die schwachen Bindungen ermöglichten gesellschaftlichen Zusammenhalt über die Grenzen der Interaktion in sozial geschlossenen Kleingruppen hinweg. Erst durch interpersonale Netzwerke werden persönliche bzw. Kleingruppen-Interaktionen in größere gesellschaftliche Muster übersetzt (Granovetter 1973: 1360). Mit der Analyse sozialer Netzwerke soll die Mikro- und Makroebene soziologischer Theoriebildung verknüpft werden. Granovetter geht hierbei von den folgenden Modellannahmen aus:

1. Wenn A und B befreundet sind, und C ist mit A befreundet, so ist die Wahrscheinlichkeit vorhanden, dass B auch mit C befreundet ist. Die Überlappung der Freundeskreise von A und B ist umso größer, je stärker ihre Freundschaft ist und am geringsten, wenn sie nicht befreundet sind.

2. Wenn A und B stark verbunden sind, und ebenso A mit C, dann ist es sehr unwahrscheinlich, dass es keine Verbindung zwischen B und C gibt (a.a.O.: 1363). Granovetter behauptet sogar, dass eine solche Konstellation niemals auftaucht („forbidden triad").

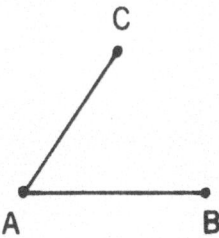

FIG. 1.—Forbidden triad

Abbildung 1   Granovetter 1973: 1360

3. Granovetter definiert eine "Brücke" zunächst allgemein als "a line in a network which provides the only path between two points" (a.a.O.: 1364). Damit ist eine Brücke (im Schaubild 2a unten zwischen „A" und „B") der einzige Weg, auf dem Information oder Einfluss zwischen den Netzen fließen können. Daraus folgt weiterhin: "No strong tie is a bridge." (ebd.) Denn: Wenn A und B starke Bindungen haben, so werden sie mit hoher Wahrscheinlichkeit auch gemeinsame Bekannte haben. Damit ist die Verbindung zwischen A und B nicht exklusiv, sondern nur eine unter mehreren. Damit aber kann die starke Beziehung keine Brücke in Granovetters Sinn sein, sondern nur die „schwache" Beziehung: "Weak ties suffer no such restriction, though they are certainly not automatically bridges. What is important, rather, is that *all bridges are weak ties*" (a.a.O.: 1364).
4. In größeren Netzwerken (siehe Schaubild 2b unten) ist es eher unwahrscheinlich, dass eine Einzelverbindung als die *einzig mögliche* Verbindung zwischen zwei Punkten oder Gruppen von Personen dient. Meistens gibt es mehr als eine Querverbindung oder „Brücke". Deshalb führt Granovetter die Funktion einer „lokalen Brücke" ein. Auch hier gilt: "only weak ties may be local bridges" (a.a.O.: 1365). In Fig. 2 (a.a.O.: 1365) wird gezeigt, dass es mehrere lokale Brücken zwischen den Gruppen gibt, die lokale „schwache Bindung" also keine *exklusive* Möglichkeit der Kommunikation bzw. der Einflussnahme darstellt. Für bestimmte Netzwerkmitglieder sind bestimmte lokale Brücken jedoch besser als andere, weil sie die effizienteren Pfade darstellen, oder – aufgrund von

Informationsverlusten über mehrere Stationen bzw. Personen hinweg – die einzige *praktikable* Möglichkeit der Überbrückung der sozialen Entfernung zwischen zwei Gruppen.

The Strength of Weak Ties

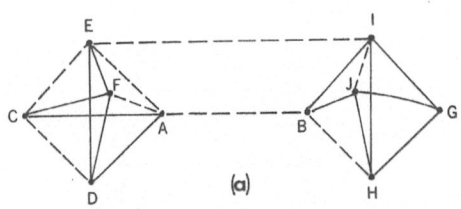

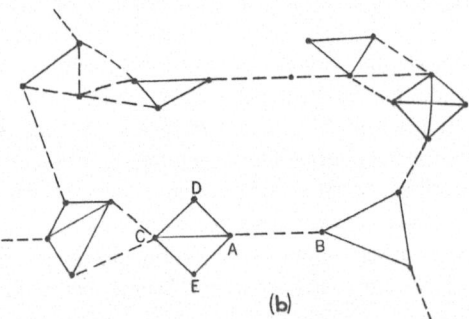

Fig. 2.—Local bridges. *a*, Degree 3; *b*, Degree 13. ——— = strong tie; – – – – = weak tie.

Abbildung 2   Granovetter 1973: 1360

Da Informationen, die über *strong ties* weitergegeben werden, ausschließlich in der engeren Gruppe zirkulieren, sind *weak ties* die beste Möglichkeit, Informationen und Einfluss über größere soziale Entfernungen diffundieren zu lassen:

> "...whatever is to be diffused can reach a larger number of people, and traverse greater social distance (i.e., path length), when passed through weak ties rather than strong. If one tells a rumor to all his close friends, and they do likewise, many will hear the rumor a second and third time, since those liked by strong ties tend to share friends." (Granovetter 1973: 1366).

2.1 Märkte als Netzwerke und die Einbettung wirtschaftlichen Handelns

Im Falle starker Beziehungen zirkulieren Informationen nur in der engeren Gruppe (einer „Clique"): „bridges will not be crossed". Daraus folgt u.a.: "The fewer indirect contacts one has the more encapsulated he will be in terms of knowledge of the world beyond his own friendship circle" (a.a.O.: 1371). Granovetters zieht hieraus die Schlussfolgerung, dass es weniger die starken als vielmehr die schwachen Bindungen sind, die die Diffusion von Wissen, Kommunikation und die Ausübung von Einfluss über Kleingruppengrenzen hinweg ermöglichen. Wenn wir an dieser Stelle leicht vorgreifen zum dritten Kapitel, dann sehen wir, dass das Modell der ‚Deutschland AG' ein hoch integriertes Netzwerk mit relativ wenigen „schwachen Beziehungen" darstellt, die im Sinne von Brücken den Informationsfluss über Cliquengrenzen hinweg ermöglichen würden. Der koordinierte Kapitalismus stellt also einen Fall dar, in dem sich eine eng venetzte Wirtschaftselite über die intensiven personellen Verflechtungen in Aufsichtsrat und Vorständen in Form einer Clique von Insidern selbst kontrolliert (ausführlich: Windolf 1995, 1997). Und wenn wir uns weiterhin aktuelle Diskussionen über soziale Netzwerke im Internet anschauen, z.B. über die Rolle von *facebook* bei den US-amerikanischen Präsidentschaftswahlen 2016, dann zeigt sich, dass es in diesem Kontext leicht zur Entstehung von Ego- bzw. Filterblasen kommt, d.h. von sozialen Netzwerken, die sich durch eine hohe soziale Ähnlichkeit ihrer Mitglieder auszeichnen und relativ wenige „schwache Brücken" zu Netzwerken mit Mitgliedern anderer Überzeugungen aufweisen, ganz wie Granovetters Netzwerkansatz das erwarten lässt:

> "It follows, then, that individuals with few weak ties will be deprived of information from distant parts of the social system and will be confined to the provincial news and views of their close friends." (Granovetter 1983: 202)

Weak ties können also Brücken zwischen ansonsten getrennten sozialen Beziehungsnetzwerken darstellen. Damit tragen sie zur sozialen Kohäsion bei: "Weak ties are more likely to link members of different small groups than are strong ones, which tend to be concentrated within particular groups" (Granovetter 1973: 1376; kursiv im Orig.). Die Verbindung von Mikro- und Makrosoziologie in Gestalt der Netzwerkanalyse beinhaltet also ein Paradox: schwache Bindungen, oft als eine der Ursachen von sozialer Entfremdung betrachtet, werden in diesem Ansatz als konstitutiv für die kommunikativen Möglichkeiten der Subjekte, für die Möglichkeiten der Innovation, sowie für die gesellschaftliche Integration angesehen. *Strong ties* dagegen, die lokal integrieren, führen auf aggregiertem Niveau, d.h. über die Kleingruppe hinaus, zu sozialer Fragmentierung (a.a.O.: 1378).

Empirisch hat Granovetter (1974) die Fruchtbarkeit dieser Perspektive u.a. am Beispiel der Arbeitsplatzsuche („Getting a job") expliziert. Dabei zeigte sich, dass ein Großteil der untersuchten Stellensuchenden (Untersuchungsgrundlage waren knapp 300 Interviews mit männlichen US-amerikanischen Angestellten, die kürzlich ihren Arbeitgeber wechselten) ihre neue Stelle nicht etwa über enge Freunde und Verwandte (d.h. starke Beziehungen), sondern über schwache Brücken: Freunde von Freunden, entfernte Verwandte, Arbeitskollegen etc. gefunden hatten. Jobrelevante Informationen konnten in Netzwerken, die über schwache Brücken miteinander verbunden sind, weiter fließen als in solchen, wo dies nicht der Fall war.

Der von Granovetter eingeschlagene methodologische Mittelweg zwischen Mikro- und Makroanalysen hat für die Wirtschaftssoziologie bis heute erhebliche Konsequenzen:

> „Auch wenn mit dem Einbettungsansatz das Primat der Struktur betont und keine eigenständige Handlungstheorie formuliert wurde, wird in vielen Studien zur Rolle von Beziehungsnetzwerken in der Wirtschaft eine pragmatische Orientierung offenbar, in deren Folge die Wettbewerbsvorteile in Form von Informationen, Vertrauen und Einfluss besonders betont werden (vgl. Burt 1992)." (Mikle-Horke 2008: 37)

Die Orientierung an sozialen Netzwerken ermöglichte also die konzeptionelle Emanzipation der wirtschaftssoziologischen Forschung von den Wirtschaftswissenschaften einerseits, dem zur damaligen Zeit in der Soziologie vorherrschenden Strukturfunktionalismus Parsonsscher Prägung andererseits. Mehr noch: Die Perspektive auf soziale Netzwerke bildet ihrem eigenen Anspruch nach selbst eine Brücke zwischen bis dahin unverbundenen und sich gegenüberstehenden Theorien, konkret der Soziologie und der Ökonomie. Die These der Stärke schwacher Bindungen ist damit gewissermaßen ihr eigener Beleg. Sie öffnet den Blick auf das praktische Tun der Wirtschaftssubjekte, ohne dass dieses aus ökonomischen ‚Gesetzen' oder einer übergreifenden gesellschaftstheoretischen Perspektive abgeleitet würde. Andererseits fehlt dem Netzwerkansatz der analytische Horizont ‚großsoziologischer' Ansätze, die nicht nur direkte soziale Beziehungen in interpersonalen Netzwerken, sondern auch die Bedeutung von Institutionen, deren historische Formierung und Umbrüche (vgl. Fligstein 2011), oder gar die gesamte Gesellschaft in den Blick nehmen, wie dies die Kritische Soziologie der Frankfurter Schule oder auch die soziologische Differenzierungs- und Systemtheorie beabsichtigen. Eine der Konsequenzen dieses von vornherein auf mittlere Reichweite ausgelegten Ansatzes ist, dass selbst heute noch – dreißig Jahre nach der Initialzündung durch Granovetters Aufsatz – eine „stärkere Einbindung der Wirtschaftssoziologie in die allgemeine Soziologie und deren Theoriediskussion gefordert" wird (Mikl-Horke 2008: 38; vgl. Maurer 2008b: 13, die eine stärkere

„Einbettung in allgemeine theoretische Programme" sowie eine „Rückbindung an soziologische Grundfragen" anmahnt).

2.1.2 Harrison White: Märkte als Nischen der Selbstbeobachtung

„Getting a job" entstand, das ist nicht ganz unwichtig für die Entwicklung der wirtschaftssoziologischen Netzwerkforschung, als Dissertation Granovetters am Lehrstuhl Harrison Whites an der Harvard University. White war von der Ausbildung her sowohl Physiker als auch Soziologe, einer der Mitbegründer der soziologischen Netzwerkforschung in den 1960er Jahren und einer der ersten Soziologen, der sich aus einer Netzwerkperspektive mit wirtschaftlichen Phänomenen auseinandersetzte. So überrascht es nicht, dass auch White bereits die sozialen Beziehungen der Marktteilnehmer als Ausgangspunkt seiner Untersuchungen wählte. Märkte sind für ihn dementsprechend als spezifische soziale Strukturen zu betrachten. Konstitutiv für diese soziale Struktur sind die Produzenten – die Angebotsseite des Marktes also – und die Art der Beziehungen, die diese Produzenten eingehen. Märkte sind für White in diesem Sinne „cliques of producers observing each other" (White 1981: 543). Im Mittelpunkt seines Marktkonzepts stehen also die Produzenten, nicht die Konsumenten. Whites wirtschaftssoziologische Netzwerktheorie ist deshalb häufig als eine Produktionsmarktsoziologie charakterisiert worden. White geht zunächst von der Beobachtung aus, dass Märkte nicht – wie die neoklassische Theorie annehmen würde – aus atomistischen Anbietern und Nachfragern besteht, die einen Markt homogener Güter zu Gleichgewichtspreisen räumen. Die meisten Gütermärkte weisen stattdessen eine hoch asymmetrische Struktur auf: „... many of our industrial markets have a dozen or so member firms, several of which produce substantial shares of the total output" (White 1981: 517). Diese ebenso schlichte wie fundamentale Beobachtung werde von der neoklassischen Theorie nicht erklärt, weshalb er dieselbe in eine „soziologische Perspektive auf Märkte" („a sociological view of markets"; a.a.O.: 518) „einbetten" wolle:

> „Markets are self-reproducing social structures among specific cliques of firms and other actors who evolve roles from observations of each other's behavior. I argue that the key fact is that producers watch each other within a market." (a.a.O.: 518)

Güterproduzenten versuchen in Whites Modell Nischen im Markt zu besetzen, die a) dem von ihnen angebotenen Preis-Qualitäts-Mix entsprechen, und durch die sie sich b) vor einem direkten Wettbewerb mit z.B. Produzenten höherer Qualität oder niedrigerer Preise schützen können. Um diese Nischen zu erkennen bzw. herzustellen, beobachten die Produzenten weniger die Konsumenten als vielmehr ihre potentiellen Konkurrenten. Auf die heutige Zeit übertragen, lautet das Argument also, dass Anbieter wie Samsung beispielsweise weniger ihre Konsumenten beobachten, sondern dass die Dynamik des Marktes vor allem daraus entsteht, dass sie beobachten bzw. Erwartungen darüber ausbilden, welche Attribute Apples neues *iphone* hat bzw. haben wird, und dies in Strategien umsetzen, welche Marktnischen ihre eigenen Produkte (hier: Smartphones) besetzen sollen. Märkte sind für White also Netzwerke sich wechselseitig beobachtender Produzenten. Diese beobachten sich nicht nur, sondern senden auch Signale über die von ihnen eingenommene Marktposition aus (durch z.B. Marketingstrategien, am deutlichsten jedoch über ihre Produkte selbst). White bezieht sich hier sowohl auf die Signaltheorie von Akerlof (1970, 1976) als auch auf biologische Evolutionstheorien:

„In my view, firms seek niches in a market in much the same way as organisms seek niches in an ecology. Because each firm is distinctive, they are engaged not in pure competition but in finding and sustaining roles with respect to one another given an environment of discerning buyers." (a.a.O.: 520)

Märkte stabilisieren sich demgemäß, wenn die Anbieter sich auf der Grundlage ihrer wechselseitigen Beobachtungen und der auf dieser Basis von ihnen jeweils gefundenen Nische reproduzieren können. Auch wenn White sich in seiner Arbeit stärker an der Ökonomie seiner Zeit als an der soziologischen Theorie orientierte, so lautet seine Kritik an der ökonomischen Gleichgewichtstheorie dennoch, dass Märkte nicht durch die Abstimmung von Angebot und Nachfrage auf der Grundlage feststehender Nutzenfunktionen von Anbietern und Nachfragern entstehen, sondern durch wechselseitige Beobachtung der Anbieter und die Suche nach einer adäquaten Nische, in der dann auch nicht mehr der gesamte Markt, sondern nur Teile hiervon bedient werden (vgl. Mützel 2008). „In der Neoklassik reagieren Unternehmer auf Preissignale, bei White reagieren Unternehmen aufeinander." (Brugger 2017: 250) Der Markt ist also eine soziale Struktur, in dem die Produzenten ihre Rolle durch den Austausch und Empfang relevanter Signale finden – und kein abstrakter Mechanismus des Ausgleichs von Angebot und Nachfrage, in dem atomisierte Akteure anonymen Preissignalen folgen. Unternehmen werden von White vordringlich in ihrer Marktrolle untersucht: als Akteure auf Märkten, die Nischen kreieren und stabilisieren und sich hierfür wechselseitig beobachten. Die konkrete Funktionsweise dieser Unternehmen, ihre interne Organisation einschließlich der sozialen Organisation der Akteure innerhalb des Unternehmens, wird ausgeklammert. Damit aber übersieht White eine Vielzahl von sozialen, organisatorischen und mikropolitischen Faktoren, die über die kontinuierliche Beobachtung von Konkurrenten hinaus darüber entscheiden, welche Marktstrategie Unternehmen tatsächlich verfolgen. Auf der einen Seite hat White die wirtschaftssoziologische Netzwerkanalyse durch eine Vielzahl von Anschlussstudien stark geprägt, auf der anderen Seite ignoriert sein Ansatz soziologisch entscheidende Fragen nach Konflikten, Macht, Kultur und Institutionen. In diesem Sinne stellt Whites Ansatz bestenfalls eine halbierte Soziologie der Wirtschaft dar – eine Kritik, der sich auch die ‚neue' Wirtschaftssoziologie zunehmend stellen muss (vgl. Kraemer/Brugger 2017b).

2.1.3 Ronald Burt: Regenmacher und strukturelle Löcher

Ronald Burt ist – zusammen mit White und Granovetter – einer der Hauptvertreter des Netzwerkansatzes in der Wirtschaftssoziologie. Burt (1992) argumentiert dabei in seinem Hauptwerk „Structural Holes: The Social Structure of Competition" ganz ähnlich wie Granovetter. Auch er betont, dass wirtschaftlich relevante Informationen vor allem an den Schnittstellen zwischen den Netzwerken, aus denen die ökonomische Welt aufgebaut ist, entstehen. Nicht unbedingt diejenigen Marktakteure mit den absolut größten Netzwerken können hieraus die größten Wettbewerbsvorteile ziehen, sondern diejenigen, die so genannte strukturelle Löcher überwinden. Burt geht wie Granovetter davon aus, dass innerhalb in sich homogener Netzwerke vor allem redundante Informationen fließen (Informationen also, die die Mitglieder mehrfach bekommen und die deshalb wenig Neuigkeitswert besitzen). Nicht redundante Informationen, die Neuigkeitscharakter aufweisen, entstehen demgegenüber durch so genannte Vermittler, die getrennte Netzwerke miteinander in Verbindung bringen. Wer bei der Rolle von Vermittlern an soziales Kapital denkt, liegt richtig. Denn an anderer Stelle hat Burt (2001) das Konzept des Sozialkapitals als eine notwendige Vervollständigung des Humankapitalansatzes eingeführt. Anstatt zu behaupten, dass Leistung und Erfolg eine Folge individueller Begabung und Anstrengung sind, konzentriert sich Burt auf den Aspekt, „that the people who do better are somehow better connected. [...] Holding a certain position in the structure of these exchanges can be an asset in its own right." (Burt 2001: 202)

Ein ökonomischer Akteur, in Burts Worten ein „Spieler", bringe drei Arten von Kapital in die Wirtschaft ein: Humankapital, Finanzkapital und Sozialkapital. Erst sein Sozialkapital versetze den Spieler in die Lage, sein Human- und Finanzkapital wirtschaftlich zu nutzen. Es eröffne „opportunities to use his or her financial and human capital"(Burt 1992: 58). Burt unterscheidet zwei Arten von

Akteuren. Die einen bringen Finanz- und Humankapital in eine Unternehmung ein: Geld und Fähigkeiten also. Die anderen bringen ihr Sozialkapital ein, d.h. vor allem ihre Kontakte und ihre Fähigkeit, Kontakte herzustellen. Erstere werden für ihre Arbeit geschätzt (wörtlich: „people valued for their ability to deliver a quality product"). Letztere bezeichnet Burt als "Rainmakers", "valued for their ability to deliver clients. The former do the work and the latter make it possible for all to profit from the work." (ebd.) Ohne den Einsatz von Sozialkapital können die übrigen Kapitalsorten also gar nicht in Wert gesetzt warden, oder wiederum in Burts Worten: „Social Capital is the final arbiter of competitive success." (ebd.)

Burt will nun zeigen, dass "players with well-structured networks obtain higher rates of return" (a.a.O.: 61). Deutlich wird, dass die Zentralbegriffe Burts und die Absicht, mit der er seine Analyse betreibt, eine Art netzwerktheoretische Aufklärung der Ökonomie über ihre wahren Funktionsbedingungen sind und sein wollen. Es geht auch Burt – ebenso wie White – nicht um eine soziologisch aufgeklärte Kritik der Ökonomie oder ihre Substitution durch eine genuine Wirtschaftssoziologie, sondern um ihre soziologische Verfeinerung. Weder Ziele wie die Profitmaximierung noch deren Verankerung in einem Modell rational ihre Eigeninteressen verfolgender Akteure wird in Zweifel gezogen. Gleichzeitig jedoch macht Burt deutlich, dass Märkte nicht in der Weise funktionieren, wie die orthodoxe Ökonomie sich das vorstellt. Vor allem sind Märkte Mechanismen, die sich durch eine regional sehr unterschiedliche Dichte von Interaktionen auszeichnen. Burt geht es vor dem Hintergrund dieser Beobachtung um die ökonomischen Opportunitäten, die sich Akteuren in der Ausbeutung solcher unterschiedlichen Interaktionsdichten ergeben. Strukturelle Löcher sind dabei „das Nadelöhr, über das Informationen zwischen zwei entfernten Gruppen fließen können" (Lutter 2017: 271). Strukturelle Löcher „create an advantage for an individual whose network spans the holes"(Burt 2001: 208). Diese Personen sind hierdurch in der Lage, den Informationsfluss zwischen zwei Gruppen zu gestalten. Im Anschluss an eine Skizze verschiedener Netzwerktypen gibt Burt (1992: 67 ff.) sogar ganz konkrete Hinweise, wie die Effektivität und die Effizienz sozialer Netzwerke gesteigert werden kann, um das Verhältnis von ‚Gewinnen' und ‚Verlusten' („gains and losses") des ökonomischen Spielers zu maximieren:

> "… you should maximize the number of nonredundant contacts in the network to maximize the yield in structural holes per contact. […] There is little gain from a new contact redundant with existing contacts. Time and energy would be better spent cultivating a new contact to unreached people"(ebd.).

Burt illustriert dabei genau, was er sich unter effizienter Netzwerkarbeit vorstellt:

2.1 Märkte als Netzwerke und die Einbettung wirtschaftlichen Handelns 39

„With a little network surgery, the sixteen contacts can be maintained at one-fourth of the cost. As illustrated in Figure 2-3, select one contact in each cluster to be a primary link to the cluster. Concentrate on maintaining the primary contact, and allow direct relationships with others in the cluster to weaken into indirect relations throuth primary contact." (a.a.O.: 68)

Durch ein wenig „network surgery" können Akteure also ihre Informationsgewinne maximieren und auch Kontrolle ausüben, ein Aspekt, der Burt ebenso wichtig ist wie derjenige der Information. Für Burt ist die Fähigkeit, strukturelle Löcher zu überbrücken, darüber hinaus ein wesentlicher und konstitutiver Aspekt der Figur des Unternehmers, seiner Auffassung nach „a person who adds value by brokering connections between others" (Burt 2001: 210). Die Figur des Unternehmers wird hier wie bei Joseph Schumpeter mit der Durchsetzung neuer Kombinationen verbunden, aber es sind vor allem neue soziale Kombinationen, die ihn als Unternehmer erfolgreich werden lassen. Und auch Sozialkapital definiert Burt nicht einfach als die Menge an Personen, die man kennt, sondern spezifischer als die Fähigkeit, strukturelle Löcher zu überbrücken. Das Konzept der strukturellen Löcher erinnert damit zunächst stark an Granovetters Unterscheidung von „schwachen" und „starken" Bindungen. Lutter (2017: 273) argumentiert jedoch, dass die Unterschiede zwischen Granovetter und Burt größer sind als auf den ersten Blick ersichtlich. Denn Burts strukturelle Löcher machten deutlich, dass der mögliche Informationsgewinn durch schwache Bindungen „eher Korrelat als Kausalwirkung" darstelle. Der eigentliche Grund, warum schwache Beziehungen überhaupt erst die ihnen zugeschriebenen Informations- und Integrationswirkungen entfalten könnten, seien die dahinterliegenden strukturellen Löcher. Für wie relevant auch immer man diese Unterscheidung halten mag: Burt ebenso wie Granovetter haben ganz entschieden auf die soziale Netzwerkstruktur des wirtschaftlichen Wettbewerbs hingewiesen und damit die Durchsetzung einer eigenständigen Wirtschaftssoziologie stark befördert. Burt erörtert dabei anders als Granovetter nicht die Konsequenzen unterschiedlicher Interaktionsdichten bzw. starker und schwacher Bindungen für die gesellschaftliche Integration – ein soziologisch ja nicht ganz unbedeutender Aspekt. Für ihn stehen – und diesbezüglich ist er vermutlich den Arbeiten Harrison Whites näher als denjenigen Granovetters – die ökonomischen Chancen struktureller Löcher und die unternehmerische Tätigkeit der strategischen Entwicklung von Kontakten und Netzwerken, die dem ‚Broker' Einfluss und Macht beschert, im Vordergrund. Wo es White allerdings um die Ausbildung von Märkten als Nischen der Selbstbeobachtung von Produzenten geht, da geht es Burt – kongenial und komplementär – um die Mechanismen, wie die ‚Löcher' zwischen diesen Nischen überwunden werden können und hierdurch zu einer eigenen Quelle der Wertschöpfung avancieren. Führen Whites Produzenten einen nach innen gewendeten Tanz auf, der ihre Handlungen über den Austausch relevanter Symbole miteinander koordiniert, so sind Burts *Rainmaker* diejenigen ökonomischen Zauberlehrlinge, die auf mehr als einer Hochzeit tanzen – und dafür geschätzt werden.

2.1.4 Netzwerke in der Wirtschafts- und der allgemeinen Soziologie

Die im Kontext der neueren Wirtschaftssoziologie vorgestellten Netzwerkansätze von Granovetter, White und Burt unterscheiden sich in mindestens zwei Hinsichten fundamental von den Sozialkapitalkonzepten James Colemans und Pierre Bourdieus. *Erstens* konzentrieren sich Coleman und Bourdieu auf *dichte* Netzwerke als Voraussetzung der Entstehung von Sozialkapital: Bei Bourdieu ist es die gegenwärtige und insbesondere auch die intergenerationale Dichte von Netzwerken, die den Aufbau und die Weitergabe von Sozialkapital (an die Kinder der ‚herrschenden' Klasse vor allem) möglich macht: Je ‚dichter' das Netzwerk, umso erfolgreicher können sich seine Angehörigen von den Mitgliedern anderer sozialer Klassen abgrenzen und Erträge über Generationen hinweg akkumulieren. Dem steht die Konzentration von Granovetter und Burt auf die unternehmerische Ausnutzung struktureller Löcher und schwacher Beziehungen klar entgegen (vgl. Walker/Kogut/Shan 1997). *Zweitens* betont vor allem Bourdieu die Herrschaftseffekte des Sozialkapitals und der Bildung von Netzwerken, sie stellen für ihn die Grundlage einer kritischen Soziologie dar. Bis auf Granovetter, der zumindest auf den überraschenden Beitrag schwacher Bindungen für die soziale Intergration hinweist, sind die übrigen Beiträge der US-amerikanischen Ideengeber der neueren Wirtschaftssoziologie frei von solchen gesellschaftskritischen Überlegungen.

In Hinblick auf das konkrete Verhältnis von Arbeits- und Industriesoziologie einerseits, der Wirtschaftssoziologie andererseits ist es darüber hinaus erstaunlich, dass die ebenso einfachen wie überzeugenden Argumente Granovetters zur Einbettung und zur Stärke schwacher Bindungen nicht über den im engeren Sinne wirtschaftssoziologischen Kontext hinaus wirksam geworden sind. Zwar gehört die Formulierung der „Stärke schwacher Bindungen" zu den meistzitierten in der Soziologie überhaupt, dennoch ist ihr konkreter Beitrag zur Regionalisierungs- und Globalisierungsforschung sowie zur Arbeits- und Industriesoziologie – über ihre ritualisierte Zitation hinaus – wenig sichtbar. In der Industriesoziologie wurden dagegen – vor allem in den 1990er Jahren – insbesondere zwei Netzwerktypen stark beachtet:

Der erste Netzwerktypus organisiert so genannte „Produktions- und Wertschöpfungsketten" und "pyramidale Netzwerke" mit einem "fokalen Unternehmen" an der Spitze (beispielhaft: Bieber/Sauer 1991; Sauer/Döhl 1994a). In diesen Analysen spielen Fragen der Macht und der Beherrschung der Unternehmen eine wichtige Rolle, ebenso die Auswirkungen der zwischenbetrieblichen Vernetzung auf die Qualität der Arbeit und die Arbeitsbeziehungen. Recht pauschal gesagt, sind die genannten Ansätze wie der Großteil der industriesoziologischen Forschung stärker kontrolltheoretisch und herrschaftskritisch orientiert und stehen damit in einem gewissen Kontrast zu einer an Granovetter und White angelehnten Netzwerkforschung. In der industriesoziologischen Forschung wird dementsprechend hervorgehoben, dass der Aufbau von zwischenbetrieblichen Netzwerken nicht mit einem Verlust, sondern mit einem Formwandel der Kontrolle einhergeht: aus hierarchischer Kontrolle wird „Kontrolle durch Autonomie" (Sauer/Döhl 1994b). Die über die zumindest thematisch verwandten Arbeiten aus der Netzwerkforschung und der Transaktionskostentheorie in diese Analysen eingeflossenen Aspekte der Koordination via Vertrauen sind hier eher marginal geblieben.

Der zweite Netzwerktypus wurde vor allem im Umfeld der Debatte über die so genannte „Flexible Spezialisierung" diskutiert (Piore/Sabel 1985). Hier geht es um die Einbettung überbetrieblicher Netzwerke in Normen der Kooperation, die auf Verwandtschaft, regionaler Nähe und Vertrauen beruhen. Piore und Sabel beschreiben das Produktionsmodell einer flexiblen Spezialisierung als Grundlage von Industriedistrikten, die arbeitsteilig miteinander kooperieren. Langfristige Kooperationen werden in diesen industriellen Distrikten zum einen durch informelle Normen, eine gemeinsame kulturelle Identität sowie Beschränkungen der Konkurrenz untereinander über selbstgesetzte und kollektiv sanktionierte Normen, zum anderen durch die Arbeit von Handelskammern, regionalen Banken oder öffentlichen Einrichtungen der Wirtschaftsförderung sichergestellt. Formelle und informelle Institutionen sind in diesem Zusammenhang also von hoher Bedeutung. In dieser Forschungslinie wird zumindest auf die Arbeiten Granovetters rekurriert, um den Zusammenhang von regionalen Institutionen und regionalen Organisations- und Wirtschaftsbeziehungen zu untersuchen. Innerhalb der spezialisierten Regionen und zwischen ihnen haben informelle Kontakte und „schwache Brücken" im Sinne Granovetters eine wichtige Rolle für die Koordination verteilter und nicht hierarchisch integrierter Produktionsprozesse.

Eine praxis- und kultursoziologische Kritik der in der Wirtschaftssoziologie vorherrschenden Netzwerkanalyse äußert Kalthoff (2004: 157). Er verweist auf all diejenigen Komponenten sozialen (und also auch wirtschaftlichen) Handelns, die im Netzwerkansatz keine ausreichende Berücksichtigung finden: „… die Materialität der Produktionsanlagen, Verfahren, Standards, zeitliche Strukturen und auch Gefühle …". Erst durch die Einbeziehung dieser Aspekte könne der „Kontext, in dem das Soziale stattfindet" (ebd.), angemessen berücksichtigt werden. Diese praxissoziologische Kritik, die u.a. auf die Integration von technischen Artefakten, Berechnungsverfahren, Modellen und der elektronischen Infrastruktur in die Analyse des sozialen Geschehens abzielt, mündet in eine stärker wissenssoziologische Betrachtung ökonomischen Handelns, wie sie in der Finanzsoziologie und den *social studies of finance* vorherrscht (vgl. Kapitel 4).

2.2 Karl Polanyi: Wirtschaft und Gesellschaft stehen Kopf

Karl Polanyi prägte den Ausdruck der „Great Transformation". Dieser bezeichnet den Übergang von "integrierten" zu nicht integrierten Formen der Gesellschaft. Für Polanyi ist die liberale Marktökonomie der Kronzeuge für den letzteren Typus. In integrierten Gesellschaften sind die wirtschaftlichen Aktivitäten der Individuen nach Ansicht von Polanyi in einen übergreifenden kulturellen Zusammenhang eingebettet: in Sitte und Moral, Tradition und Familie. Im liberalen Kapitalismus kehrt sich dieses Verhältnis nach Ansicht von Polanyi um. Dessen Ökonomie sei "autonom" gegenüber allen übrigen sozialen Bereichen und Bedürfnissen. Und nicht nur das: der liberale Kapitalismus beginne, sich alle übrigen Gesellschaftsbereiche zu unterwerfen. Die damit gemeinte Verselbständigung der Ökonomie führe im strikten Gegensatz zur integrierten Gesellschaft dazu, dass nicht länger die Ökonomie in die Gesellschaft integriert sei, sondern im Gegenteil die Gesellschaft ein Anhängsel der Ökonomie werde[9]. Dieses Konzept Polanyis wird heute insbesondere im Zuge der Kritik am Neoliberalismus wieder stark rezipiert. Gleichzeitig kann die Vorstellung der Einbettung der Wirtschaft in soziale Beziehungen und Netzwerke mit Fug und Recht als die für die neue Wirtschaftssoziologie prägendste Denkfigur überhaupt gelten. Dies, so Beckert (a.a.O.: 8), sei jedoch nicht ohne Ironie:

> That "embeddedness" should become the central concept of the new economic sociology with reference to the works of Karl Polanyi is ironic given the limited significance the term has in the works of the author himself. This irony, however, is complemented by a second incongruity: The understanding of embeddedness advocated by Mark Granovetter (1985), which led to the widespread use of the term in the new economic sociology, differs fundamentally from the meaning of the term in the work of Karl Polanyi."

---

9 Eine Idee übrigens, die Michel Callon mit seiner These der Performativität des Ökonomischen auf das Verhältnis von Ökonomie und ökonomischem Wissen übertragen hat (vgl. Kap. 4.3).

Dementsprechend entzünden sich seit einigen Jahren Debatten innerhalb der neuen Wirtschaftssoziologie in Hinblick auf die Konsequenzen eines ganz spezifischen Einbettungsbegriffs, der – wie bei Granovetter – vordringlich auf interpersonale Netzwerke abstellt und damit die ursprüngliche Bedeutung des Begriffs bei Polanyi nur eingeschränkt aufnimmt. Jens Beckert (2007b: 3) hat hervorgehoben, „wie das von Karl Polanyi in dem Buch The Great Transformation angeführte Konzept der Einbettung in seiner Adaption durch die neue Wirtschaftssoziologie selbst eine „große Transformation" erfuhr: wichtige Bedeutungen des Konzepts verschwanden, andere kamen hinzu."

Während es bei Polanyi um eine kritische Analyse des Zeitenbruchs im Übergang von Feudalismus zum Kapitalismus und der diesen Bruch begleitenden sozialen Kämpfe geht, wird das Konzept der Einbettung im wirtschaftssoziologischen Normalgebrauch auf die Einbettung wirtschaftlichen Handelns in personale Netzwerke zurückgestutzt. Der kritische und gesellschaftsdiagnostische Gehalt des ursprünglichen Konzepts geht dabei verloren. So ist das in der heutigen Wirtschaftssoziologie vorherrschende Verständnis der Einbettung besser zu begreifen als eine negative Abgrenzung von der Ausgrenzung sozialen Handelns aus den Wirtschaftswissenschaften und der von ihnen betriebenen Formalisierung – und weniger als eine positive Bezugnahme auf den ursprünglichen (gesellschaftskritischen) Gehalt von Polanyis Ansatz. Es kommt hinzu, dass die soziale Netzwerkanalyse selbst Teil einer rationalen Handlungstheorie ist, in dem die sozialen Bindungen rationale Entscheidungen der Akteure (z.B. bei der Arbeitsplatzsuche) lediglich rahmen. Die Vorstellung rationaler Wahlen aber wird von anderen wichtigen Spielarten der Wirtschaftssoziologie, vor allem der neo-institutionalistischen Organisationsforschung (vgl. Meyer/Rowan 1977) und einer stärker kultursoziologisch orientierten Strömung innerhalb der Wirtschaftssoziologie (vgl. Zelizer 1979) entschieden abgelehnt (und von Michel Callon und der Akteur-Netzwerk Theorie aus anderen Gründen sowieso). Hier wird argumentiert, dass die Vorstellung einer schlichten Einbettung wirtschaftlichen Handelns in soziale Beziehungen entweder zu schwach oder – wie im Fall der Akteur-Netzwerk Theorie – überhaupt falsch sei. Die Vorstellung rationalen Handelns müsse stattdessen durch ein Konzept des Handelns ersetzt werden, das stärker an kultureller Legitimität orientiert und deshalb im Rahmen utilitaristischer und individualistischer Akteurmodelle nicht rekonstruierbar sei (vgl. Kapitel 2.4). Dementsprechend wird in neueren Diskussionen gefordert, „die Eindimensionalität des Blicks auf Netzwerke durch die Berücksichtigung multipler Einbettungsformen ökonomischen Handelns zu durchbrechen" (Sparsam 2015: 74).

Scharfe Kritik an der eigenwilligen Vereinnahmung Karl Polanyis durch die Wirtschaftssoziologie wird auch von Soziologen geäußert, die eher einer Kritischen Theorie der Gesellschaft nahestehen und damit eine Nähe zu dem ursprünglichen gesellschaftskritischen Gehalt von Polanyis Werk aufweisen. Anstatt eine umfassende eigene Perspektive auf Wirtschaft und Gesellschaft zu entwickeln, beiße sich die Wirtschaftssoziologie zu sehr an ihrem disziplinären Gegner, den Wirtschaftswissenschaften und der von ihnen mit durchgesetzten Marktorthodoxie fest: „Ein Großteil der Wirtschaftssoziologie", so Neckel (2005: 202), bemühe „sich anhaltend um den Nachweis, dass die reine Marktgesellschaft ohnehin eine Fiktion sei, die eher dem Modellplatonismus der ökonomischen Neoklassik als der gesellschaftlichen Wirklichkeit entspräche". Das Argument in diesem Zusammenhang sei immer wieder: „Ohne soziale Netzwerke, kulturelle Normen und sozialmoralische Ressourcen wie etwa Vertrauen" gehe gar nichts. Auch wenn dies nicht falsch sei, so sei es doch nur ein Aspekt dessen, was mittels des Einbettungskonzepts kritisch beobachtet werden könne. Die Perspektive der mittlerweile etablierten Wirtschaftssoziologie laufe dementsprechend auf eine „Normalisierung" der gegenwärtigen Umbrüche, insbesondere der Finanzmärkte hinaus (a.a.O.: 203). Neckel kritisiert also unter anderem, dass sich die Wirtschaftssoziologie stärker um ein rein begrifflich erweitertes Verständnis wirtschaftlicher Prozesse als um deren soziologische Kritik bemühe. Auf der einen Seite sei es zwar durchaus sinnvoll, „den illusionären Charakter all jener ökonomischen Handlungsmodelle nachzuweisen, die von der Annahme eines rationalen Akteurs ausgehen" und damit „den konstitutiv sozialen Charakter von Ökonomie nicht preiszugeben" (a.a.O.: 205). Auf der anderen Seite sei mit dieser Analyse der den Markt erst ermöglichenden sozialen Voraussetzungen noch gar nicht dasjenige Problem adressiert, das Karl Polanyi – immerhin eine der zentralen Figuren, auf die sich die Wirtschaftssoziologie immer wieder beruft – mit seiner Kritik des liberalen Wirtschaftsmodells und der Auswirkungen expandierender kapitalistischer Märkte im ausgehenden 18. Jahrhundert im Auge hatte. Denn die Frage der Einbettung der Wirtschaft in soziale Praktiken und Reziprozitätsnormen war für ihn vor allem deshalb interessant, weil er hiermit die Vorstellung einer sukzessiv erodierenden Begrenzung von Märkten und der Durchsetzung einer neuen Gesellschaftsformation verband. Nach der Einbettung von Märkten zu fragen, hieß für ihn also nicht nur danach zu fragen, wie Märkte in einem erweiterten soziologischen Verständnis funktionieren, sondern nach den konkreten sozialen Auswirkungen und den Grenzen einer von ihm als *destruktiv* angenommenen Marktvergesellschaftung zu forschen. Ähnlich argumentiert Beckert (2007b: 17), der in seiner Rekonstruktion der Aneignung Karl Polanyis durch die Neue Wirtschaftssoziologie kritisch anmerkt: „Polanyi did not aim to understand the functioning of market exchange in order to explain the social preconditions for market efficiency". Im Gegenteil sei die Auseinandersetzung mit der Einbettungs-Entbettungs-Matrix für ihn lediglich

2.2 Karl Polanyi: Wirtschaft und Gesellschaft stehen Kopf

die Voraussetzung dafür gewesen, den liberalen Kapitalismus als ein System zu kritisieren, in dem der Markt vollständig der sozialen Kontrolle und Einhegung entglitten ist. Dieses kritische Erkenntnisinteresse aber sei der neuen Wirtschaftssoziologie in ihrer am Verstehen des tatsächlichen Ablaufs des Marktgeschehens orientierten Perspektive zu großen Teilen abhandengekommen. Denn die neue Wirtschaftssoziologie interpretiert die Einbettung jeglichen wirtschaftlichen Handelns als dessen eigentliche und unhintergehbare Voraussetzung – auch im Falle hoch automatisierter Märkte wie der Finanzmärkte; das Problem dabei ist, dass sie oftmals nicht über das Ziel eines vertieften Verständnisses wirtschaftlicher Prozesse hinausdenkt und die für die Klassiker noch selbstverständliche gesellschaftliche Kritik aus den Augen verliert. „Embeddedness is then reduced to the optimal design of network structures for economic gain or of efficient economic institutions" (Beckert a.a.O.: 18). Und Neckel resümiert ähnlich: „Die normalisierende Interpretation der Marktgesellschaft gewinnt ihre grundsätzlichen Einsichten über die stets notwendige soziale Rückkoppelung ökonomischer Vorgänge um den Preis einer Umdeutung der sozialen Einbettung von Märkten." (a.a.O.: 208) Einbettung als zentrales Konzept einer normativen Kritik des liberalen Kapitalismus und seiner gegenwärtigen Widergänger wird zu einer schlichten Voraussetzung ökonomischer Effizienz umgedeutet.

Worin diese Umdeutung konkret besteht, wird deutlich, wenn man sich Polanyis ursprüngliches Konzept der Einbettung näher anschaut. Polanyi (1978: 75) geht zunächst ganz grundsätzlich davon aus, dass

> „die wirtschaftliche Tätigkeit des Menschen in seine Sozialbeziehungen eingebettet ist. Sein Tun gilt nicht der Sicherung seines individuellen Interesses an materiellem Besitz, sondern der Sicherung seines gesellschaftlichen Rangs und seiner gesellschaftlichen Wertvorstellungen".

Das Geschehen auf Märkten und in der Wirtschaft allgemein kann also nicht durch ein eng ausgelegtes Prinzip der individuellen Nutzenmaximierung verstanden werden. Es hängt vielmehr ab von sozialen Normen, dem Streben nach Rang (Status, Prestige) sowie praktischer Bemühungen zur Aufrechterhaltung einer als legitim erachteten normativen Ordnung, wozu z.B. etablierte Reziprozitätsnormen, Gerechtigkeits- und Anstandsvorstellungen gehören. In diesem Sinne ist das wirtschaftliche Geschehen ‚eingebettet' in die Prinzipien der Reziprozität und der Redistribution.

Dies gilt Polanyi zufolge zumindest bis zu jenem historischen Wendepunkt („Great Transformation"!), an dem der liberale Kapitalismus zum ersten Mal in der Geschichte marktförmige Bewertungen auf die Produktionsfaktoren Arbeit und Boden ausdehnt. Empirisch bezieht sich Polanyi bei seiner Untersuchung auf die radikalen Marktreformen, die im England Mitte des 19. Jahrhunderts ein neues Wirtschaftssystem etablierten und deren Ziel es war (theoretisch an dieser Stelle abkürzend), durch Arbeitsrecht- und Bodenreformen alle gesellschaftlichen Ressourcen als marktgängige Güter bewert- und tauschbar zu machen. Polanyi untersucht diese Veränderungen u.a. an der Durchsetzung von Einfriedungen im England der frühen Tudorzeit, mittels derer bislang frei bewirtschaftbares Ackerland in Weideland für die Vieh-, vor allen Schafwirtschaft umgewandelt wurde. Diese Einfriedungen seien einerseits durchaus nicht in all ihren praktischen Auswirkungen zu verurteilen (1978: 54). Insgesamt aber seien sie als eine „Revolution der Reichen gegen die Armen" zu charakterisieren (a.a.O.: 55):

> „Die Lords und Adeligen erschütterten die soziale Ordnung, brachen altes Gesetz und Sitte, manchmal mit Gewalt, häufig durch Druck und Einschüchterung. Sie beraubten buchstäblich die Armen ihres Anteils am Gemeindeland, rissen die Häuser nieder, die die Armen nach bis dahin niemals gebrochenem Gewohnheitsrecht als ihr und ihrer Nachkommen Eigentum betrachtet hatten."

Eine ‚autonome' Sphäre des Marktes ist für Polany dementsprechend nicht das Ergebnis der überlegenen Effizienz des Markttausches, sondern radikaler politischer Reformen und Herrschaftsstrategien. Die sukzessive Durchsetzung dieser Reformen habe am Ende dazu geführt, dass sich das Verhältnis von Gesellschaft und Wirtschaft in folgenreicher Weise umkehre. Nicht länger ist die Wirtschaft in die Gesellschaft eingebettet, sondern letztere wird zu einem Anhängsel und einer Ressource für erstere (vgl. Polanyi 1978: 106 ff.). War die Wirtschaft vorher in die Gesellschaft integriert, so ist sie in der Marktgesellschaft „nicht mehr in die sozialen Beziehungen eingebettet, sondern die sozialen Beziehungen sind in das Wirtschaftssystem eingebettet" (Polanyi 1978: 88 f.). Diese Umstülpung der sozialen Verhältnisse vollzieht sich vor allem dadurch, dass auch Boden und Arbeit in Waren transformiert und als solche auf Märkten handelbar werden; die sozialen Schranken des Marktverkehrs brechen. Diese Heraushebung des Marktes als scheinbar eigenlogische Sphäre ist nach Polanyi keine naturwüchsige oder alternativlose Entwicklung, sondern an den Aufstieg des politischen Liberalismus gebunden. Die liberale Wirtschaftstheorie sei dementsprechend auch nur so lange eine halbwegs plausible Erklärung realwirtschaftlicher Vorgänge, wie die Gesellschaft vom Liberalismus, seinen dominanten Deutungsmustern und Institutionen beherrscht werde. Mit anderen Worten: Die Wirtschaft und Gesellschaft der sich industrialisierenden Staaten mussten sich zunächst einmal in einer Weise ändern, dass sie von einer Theorie, die auf der Isolierung wirt-

2.2 Karl Polanyi: Wirtschaft und Gesellschaft stehen Kopf

schaftlicher Motive von sonstigen ‚sozialen' Motiven insistierte, überhaupt beschreibbar wurde. Polanyi, so Honneth (2014: 167), sei letztlich zu der Überzeugung gelangt, dass der liberale Kapitalismus „ein von allen normativen Einschränkungen losgelöstes System des Marktverkehrs, welches die Tendenz hat, alle sozialen Verbindlichkeiten, Verlässlichkeiten und Ehrvorstellungen der Lebenswelt zu zerstören", zur Durchsetzung bringe. Diese Vorstellung der Autonomisierung des Wirtschaftssystems ermöglicht zum einen erst moderne Beschreibungen der Gesellschaft, wie sie heute in der Systemtheorie vorherrschen – als ein Zusammenhang funktional differenzierter und ihren je eigenen Codes folgender funktionaler Systeme (Luhmann 1984, 1994), die nur selektiv auf ihre Umwelt zugreifen. Auf der anderen Seite rückt sie Polanyis Werk in eine enge Verwandtschaft zu den kulturpessimistischen Studien Horkheimers und Adornos und der von ihnen in derselben Zeit (1944) publizierten „Dialektik der Aufklärung". Dieses Hauptwerk der Kritischen Theorie der Frankfurter Schule entstand im Übrigen ebenso wie Polanyis „Great Transformation" im Exil. Anders als Horkheimer und Adorno allerdings sieht Polanyi dem Kapitalismus inhärente Tendenzen einer „Rückeinbettung" des Marktes in soziale Institutionen. Denn eine selbstregulierte Wirtschaft ist für Polanyi ganz im Gegensatz zur liberalen Auffassung ein System, das kein Gleichgewicht kennt und damit auf eine „Utopie" mit zerstörerischen praktischen Folgen hinausläuft. Die Folge der Ausdehnung des Geldnexus auf Arbeit und Boden ist nicht etwa die Maximierung des kollektiven Nutzens, sondern der Niedergang des sozialen Lebens und die Zerstörung der Natur (ebd.: 102 f., 186) – Zeitdiagnosen, die nichts an Aktualität eingebüßt haben. Polanyi interpretiert den liberalen Kapitalismus als einen kolossalen historischen Betriebsunfall, der fundamentale sozialanthropologische Voraussetzungen des Wirtschaftslebens in Frage stellt und daher zwangsläufig gesellschaftliche Gegen- und „Selbstschutzbewegungen" elementarer Art mobilisieren muss. Diese Gegenbewegungen, die nach seiner Auffassung historisch so unterschiedliche Formen wie den Faschismus, den Wohlfahrtsstaat oder den Bolschewismus annehmen können, zielen allesamt darauf, die Märke wieder gesellschaftlich einzubetten und institutionellen Regulierungen zu unterwerfen.

Während Granovetter und die sich auf ihn berufende Schule von Netzwerktheoretikern also lediglich davon ausgehen, dass wirtschaftliches Handeln ebenso wie alle anderen Formen des Handelns immer in soziale Netzwerke eingebettet ist, besteht der tiefere Gehalt von Karl Polanyis Gesellschaftsdiagnose darin, dass der liberale Kapitalismus im Kern eine pathologische Gesellschaftsformation darstellt, in der diese notwendige Einbettung umgekehrt wird: nicht mehr ist die Wirtschaft in die Gesellschaft, sondern gewissermaßen andersherum sind die Gesellschaft und die sozialen Beziehungen in die Wirtschaft funktional integriert: Wirtschaft und Gesellschaft stehen Kopf. Statt Netzwerke also in ihrer historisch konkreten Bedeutung für soziales Handeln zu untersuchen, absolutiert die soziale Netzwerkanalyse diese als einen immer – in allen Formen der Gesellschaft – notwendigen Rahmen sozialen Handelns. Die allgemeine Funktion sozialer Netzwerke wird ihr an der Untersuchung konkreter Probleme wirtschaftlichen Handelns deutlich, aber ohne dies mit einer soziologischen Kritik der Gegenwartsgesellschaft zu verbinden. Damit aber lässt sie die Gelegenheit aus, kritische Gesellschaftsdiagnosen mithilfe einer historisch spezifischen Analyse sozialer Netzwerke zu erarbeiten.

2.3 Markt und Marktkritik

Der Aufstieg der Neuen Wirtschaftssoziologie steht in einem engen Zusammenhang mit dem faktischen Bedeutungsgewinn von Märkten in den kapitalistischen Gegenwartsgesellschaften. Märkte sind zwar nicht das einzige Untersuchungsfeld der neuen Wirtschaftssoziologie, insofern die Entwicklung der Arbeit und ihrer institutionellen Regulierung, des Staates und der vergleichenden Kapitalismusforschung durchaus eine Rolle spielen. Hedtke (2014:27 f.) weist dementsprechend darauf hin, dass sich die neue Wirtschaftssoziologie seit ihren Anfängen durch eine enorme Breite auszeichnet, die sich auch in der thematischen Spannweite des einflussreichen „Handbook of Economic Sociology" widerspiegele (Smelser/Swedberg 1994). Dass aber die Auseinandersetzung mit Märkten eine besondere Bedeutung für den Aufstieg der neuen Wirtschaftssoziologie seit den 1980er Jahren hat, ist unbestritten und bedarf der Erklärung. Denn im Unterschied hierzu hat sich – zumindest in Deutschland – die Arbeits- und Industriesoziologie als Schwesterdisziplin immer in besonderer Weise für den Betrieb und den Arbeitsprozess interessiert und tut dies auch heute noch. Die Arbeits- und Industriesoziologie hat, um eine alte Unterscheidung von Alfred Sohn-Rethel (1972) ins Gedächtnis zu rufen, ihre Aufmerksamkeit stärker auf die „Zeitökonomie" des kapitalistischen Wirtschaftsbetriebs gerichtet als auf die „Marktökonomie" der Zirkulationssphäre. Die Zeitökonomie, so Sohn-Rethel in einer subsumtionslogischen Interpretation von Marx, drücke sich paradigmatisch im Taylorismus aus. Sie führe zu einer immer stärkeren Integration des Arbeitsprozesses, seiner zeitlichen Durchoptimierung und letztlich dazu, dass die lebendige Arbeit zu einem Anhängsel des automatisierten und verwissenschaftlichen Produktionsprozesses werde. Demgegenüber betonte z.B. Brandt (1990: 361 ff.), dass die zeitökonomischen Anforderungen erstens immer auf den Markt als gesellschaftlichen Ort der Wertrealisation bezogen seien, und dass zweitens in den bereits in den späten 1980er Jahren zu beobachtenden neuen Managementstrategien der Flexibilisierung, der systemischen Integration und der

2.3 Markt und Marktkritik

schlanken Produktion (Womack u.a. 1990) die zeitökonomische Optimierung der Produktion zunehmend aktiv und systematisch auf marktökonomische Anforderungen bezogen werde. Die flexible Integration von markt- und zeitökonomischen Anforderungen wird dabei auf der Organisationsebene durch Dezentralisierung, Vernetzung und den Aufbau fokaler Unternehmen angestrebt (Sauer/Döhl 1994 a/b), auf der Ebene der Arbeitsorganisation durch auch heute noch aktuelle Formen der Selbststeuerung wie Gruppen- und Teamarbeit (Vormbusch 2002).

Wenn die Wirtschaftssoziologie sich für die Funktionsweise von Märkten interessiert, dann steht sie in einer langen und im übrigen – so würde man zumindest heute formulieren – ‚interdisziplinären' Tradition: Seit den Anfängen der politischen Ökonomie, seit den Arbeiten von Adam Smith und David Ricardo, aber auch seit der von Karl Marx formulierten Kritik der politischen Ökonomie, gelten Märkte als spezifische Mechanismen, mittels derer Wirtschaftssubjekte sich zum einen durch den Tausch miteinander in Beziehung setzen und dabei zum anderen sich hinter dem Rücken der Akteure von den konkreten Tauschakten emanzipierende Strukturen etablieren. Im wirtschaftlichen Liberalismus ist dies die bereits angesprochene ‚unsichtbare Hand' des Marktes, welche die eigentlich egoistischen Interessen der Tauschreflektanten in ein von den Einzelnen gar nicht intendiertes Gemeinwohl überführt. In Marx' Kritik der Warenform und des Fetischcharakters der Ware allerdings führt der Tausch nicht nur zur Realisation des Warenwertes. Er führt auch nicht nur zu jener beispiellosen Gesellschaftsdynamik, die Marx an der Bourgeoisie und am Kapitalismus bewunderte. Der Warentausch ist für Marx vielmehr auch Ausdruck eines bestimmten Verhältnisses der Menschen zueinander – einer bestimmten Produktionsweise. Der Tausch von Waren im Rahmen der kapitalistischen Wirtschaftsordnung führt zu einer Veränderung der Verhältnisse der Menschen zueinander. Mit dem Begriff des Warenfetischismus hat Marx eine die ‚wahren' gesellschaftlichen Verhältnisse verbergende Eigenschaft des Warentausches bezeichnet: dass nämlich die gesellschaftlichen Verhältnisse die Form eines ‚Verhältnisses von Dingen' annehmen und damit die kapitalistischen Produktionsbedingungen, vor allem die ihnen inhärenten Aspekte der Ausbeutung und der Entfremdung verschleiern. Wer einmal die Schlangen vor einem *applestore* während des Verkaufsstarts eines neuen *iphone* gesehen hat, mag die Idee zumindest nicht mehr vollständig abwegig finden, dass im entwickelten Kapitalismus die Waren mystifiziert werden und dass sich die Menschen im Medium des Warentausches zueinander ins Verhältnis setzen.

Gleichviel, ob der Tausch als ‚freiwillig' im Vollzug des Eigeninteresses der Tauschsubjekte betrachtet wird, oder aber unter dem Gesichtspunkt der Asymmetrie gesellschaftlich verfestigter Produktions- und Herrschaftsstrukturen, immer wird der Tausch auf Märkten als eine der Grundformen wirtschaftlicher Koordination betrachtet (vgl. Aspers 2015: 33 ff.). Märkte können dabei unter ganz unterschiedlichen Eigentumsbedingungen ein Instrument zur Koordination wirtschaftlicher Transaktionen darstellen; Markt ist also nicht gleich Kapitalismus, das wird in der heutigen Zeit angesichts der scheinbaren Alternativlosigkeit des kapitalistischen Gesellschaftssystems oftmals vergessen. Dass hier aber die Rede von lediglich einer Grundform wirtschaftlichen Handelns ist, verweist auf die soziale Vielfältigkeit des wirtschaftlichen Handelns. Polanyi (1979: 219 ff.) hat diesbezüglich drei Grundformen unterschieden: Redistribution, Reziprozität und (Markt-)Tausch.

Redistribution kennzeichnet bei ihm ein Modell, in dem die produzierten Güter durch eine zentrale Instanz (den Staat beispiels- und in der modernen Gesellschaft: typischerweise) verteilt werden. Für Redistribution ist „das Vorhandensein eines gewissen Maßes von Zentralität" (Polanyi 1979: 219) die Voraussetzung. Für die konkrete Form und das Ausmaß der Verteilung spielen Aspekte der sozialen Bedürftigkeit und der Gerechtigkeit eine Rolle. Der moderne Wohlfahrtsstaat in seinen verschiedenen historischen und institutionellen Ausprägungen (vgl. Hall und Gingerich 2004; Esping-Andersen 1990) wäre hierfür das Paradebeispiel.

Reziprozität stellt demgegenüber eine Form des Tausches dar, die die Verpflichtung zu einer späteren Erwiderung beinhaltet. Wichtig hierbei ist, dass Zeitpunkt und Inhalt dieser Erwiderung nicht exakt festgelegt, sondern durch Sitte und Tradition bestimmt werden (vgl. ausführlich Hillebrandt 2016). Reziprozität spielt eine besondere Rolle in Gemeinschaften wie Verwandtschaft, Nachbarschaft und Vereinen, hat aber immer auch empirische Anteile am Handeln in modernen Organisationen und selbst dem Markttausch.

Der *Markttausch* schließlich spielt seit den Anfängen der kapitalistischen Gesellschaftsformation eine immer größere Rolle. Zentral für den Markttausch ist, dass Güter nicht auf der Grundlage zeitlich und sachlich unbestimmter Reziprozitäten, und auch nicht auf der Grundlage von Bedürftigkeit und Tradition, sondern auf der Grundlage exakter Äquivalente getauscht werden. Der Markttausch beruht also auf der unbedingten Notwendigkeit, Wertgleichheiten zu bestimmen. In der Regel erfolgt die Feststellung von Wertgleichheiten über die Preisbildung. Austausch erfordert, so Polanyi (1979: 219) „ein System preisbildender Märkte". Polanyi interessierte sich dabei nicht nur für die im engeren Sinne ökonomische Funktion des Tausches, sondern für die Art und Weise, in der jede der Grundformen des Wirtschaftens je verschiedene Formen der sozialen Integration hervorbringt. Er geht davon aus, dass die Grundmuster des Wirtschaftens je spezifische Formen der „Geschlossenheit und Stabilität" erzeugen, sie führen mithin zu typischen „Formen der Integration" (ebd.).

2.3 Markt und Marktkritik

Auch die zeitgenössische Wirtschaftssoziologie betrachtet Märkte als „zentrale Institution kapitalistischer Ökonomien" (Beckert 2007a: 5). Gleichzeitig verfolgt sie ein gegenüber der Wirtschaftstheorie diametral entgegengesetztes Programm. Als Folge der „marginalistischen Revolution", die mit den Arbeiten von Jevons, Walras und anderen im späten 19. Jahrhundert einsetzte, wurde die Arbeitswertlehre durch Grenznutzenkonzepte ersetzt. Ging die klassische ökonomische Theorie noch von einem „natürlichen" Preis aus, der vor allem durch die in das zu tauschende Gut geflossene Arbeitsleistung definiert war, so wird dies in der Neoklassik durch die Vorstellung eines Gleichgewichtspreises ersetzt, dem nichts Natürliches mehr anhaftet und der auch von jeder Spur menschlicher Bedürfnisse gereinigt ist.

„Der Markt erscheint vielmehr als Mechanismus zur Ermittlung des Werts eines Guts, der nichts anderes ist, als der sich aus den subjektiven Nutzeneinschätzungen der Akteure ergebende Gleichgewichtspreis. Gemeint ist damit der Preis, bei dem Angebot und Nachfrage nach dem Gut ausgeglichen sind und es zu einer effizienten Allokation der Güter kommt." (Aspers/Beckert 2008:231)

Dabei wird davon ausgegangen, dass alle für die Preisbildung relevanten Informationen den Akteuren zugänglich sind. Der neoklassischen allgemeinen Gleichgewichtstheorie von Märkten fehlt aus der soziologischen Perspektive allerdings ein differenziertes Verständnis für die empirische Funktionsweise von Märkten jenseits ihrer mathematischen Formalstruktur (Beckert 2007a: 6). Der neoklassischen Theorie, so die oftmals wiederholte Kritik, lägen zu anspruchsvolle Annahmen zugrunde: die vollkommene Information aller Marktteilnehmer, vollständige Rationalität der Akteure, eindeutige Nutzenfunktionen, die Transitivität der Nutzenordnung etc. Wenn diese unrealistischen Prämissen aber aufgegeben werden (und das muss man für die Analyse der realen Funktionsweise von Märkten und konkreter Tauschpraktiken tun), dann „kehrt das zuvor „gelöste" Problem der Ordnung von Märkten zurück" (Beckert a.a.O.: 8).

Märkte sind dabei an komplexe Voraussetzungen gebunden: „Jeder Austausch auf Märkten ist Handel, aber nicht jeder Tausch findet auf Märkten statt." (Aspers 2015: 22) Während ein Handel einfach darin bestehen kann, dass Käufer und Verkäufer die Verfügungsrechte eines Gutes und eine spezifizierte Gegenleistung tauschen, so ist ein Markt hierüber hinaus durch Wettbewerb, Äquivalenzprinzip und die Austauschbarkeit von Käufer- und Verkäuferrollen gekennzeichnet. Im neueren ökonomischen Institutionalismus (wozu u.a. die Property-Rights Theorie und die Transaktionskostentheorie gehören) wird der Markttausch begrifflich dabei weniger von Reziprozität oder staatlicher Redistribution unterschieden, sondern gegenüber Hierarchien (Unternehmen bzw. Organisationen) und Netzwerken abgegrenzt (z.B. aus Sicht der Transaktionskostentheorie Williamson 1975, 1990). Obwohl wir vom Alltagsverständnis wohl darin übereinstimmen würden, dass Märkte in vielen Bereichen unser Leben bestimmen (der Arbeitsmarkt; der Konsumgütermarkt; der Finanzmarkt ...), stellen sie nach Ansicht von Aspers (2015: 51) auch heute noch die wohl „am wenigsten erforschte Koordinationsform" wirtschaftlichen Handelns dar. Dies scheint sich gegenwärtig zu ändern, nicht zuletzt aufgrund der einschlägigen wirtschaftssoziologischen Forschung. Die Schwierigkeit einer zufriedenstellenden Analyse von Märkten könnte u.a. darin begründet liegen, dass das Markthandeln eine verteilte und auf viele Akteure aufgeteilte Tätigkeit darstellt und damit der soziologischen Beobachtung nur vergleichsweise schwer zugänglich ist. Es fehlt im Vergleich zur Organisationsforschung an ‚Übersicht' über die im Markttausch relevanten Rollen und Rollenträger, könnte man in Anlehnung an Robert K. Merton (1957) formulieren. Die empirische Forschung zu Märkten steht dabei – selbst wenn sie in den vergangenen Jahren stark zugenommen hat – im Vergleich zu der langen Tradition industrie-, arbeits- und organisationssoziologischer Forschung zu Arbeit und Betrieb immer noch am Anfang.

Wenn es um Marktkritik und damit um eine kritische soziologische Auseinandersetzung mit Märkten geht, dann stehen nicht vordringlich Fragen nach der Funktionsweise von Märkten, nach Wettbewerbshindernissen und ökonomischer Effizienz im Mittelpunkt. Denn eine kritische soziologische Betrachtung von Märkten konzentriert sich entweder auf die Untersuchung der sozialen Praktiken des Markthandels oder aber auf die strukturellen und institutionalisierten Ungleichgewichte, die aus der Verfasstheit des kapitalistischen Wirtschaftssystems, des Wirtschaftsbetriebes und der gesellschaftlichen Arbeit resultieren. Die erste Linie ist prominent in Teilen der neueren Finanzsoziologie, die zweite in der Industrie- und Arbeitssoziologie.

Insbesondere nach der letzten Wirtschafts- und Finanzkrise in den Jahren seit 2008 wird zunehmend die Frage der sozialen Folgen von Marktaktivitäten sowie ihrer (Verteilungs-)Gerechtigkeit gestellt. Die Philosophin Debra Satz hat in ihrer breit rezipierten Diskussion der Frage, „warum manche Dinge nicht zum Verkauf stehen sollten" (so der deutsche Buchtitel) diese doppelte (in Hinblick auf Effizienz ebenso wie auf Gerechtigkeit) Betrachtungsweise von Märkten in dem Urteil zusammengefasst:

> „Effizienz ist eindeutig nicht der maßgebliche Wert zur Beurteilung von Märkten: Wir müssen die Auswirkungen prüfen, die Märkte auf die soziale Gerechtigkeit haben sowie darauf, wer wir sind, wie wir uns zueinander verhalten und welche Art von Gesellschaft wir gestalten können. Selbst wenn Märkte für Kinderarbeit effizient wären, so gäbe es immer noch gute Gründe, sie abzulehnen, ..." (Satz 2013: 11).

Mit dieser normativen Perspektive zeigt Satz die zentralen Probleme auf, um die es auch Teilen der soziologischen Kritik der Märkte geht: In welcher Weise bestimmen ökonomische Mechanismen unser Leben und in welcher Weise sind diese in gesellschaftliche Strukturen, Normen und Werte eingebettet?

Noch breitere Aufmerksamkeit hat in der jüngsten Vergangenheit die empirische Wirtschafts- bzw. Ungleichheitsforschung auf sich gezogen. So hat Thomas Piketty eine aufsehenerregende Längsschnittuntersuchung zur Entwicklung der ökonomischen Ungleichheit in den westlichen Kapitalismen während der letzten hundert Jahre vorgelegt. Die Ergebnisse, die eine bereits um 1950 herum beginnende strukturelle Verschiebung im Verhältnis von Einkommen und Vermögen belegen, haben weltweit Furore gemacht (Piketty 2014). Piketty hat mit seiner umfassenden empirischen Forschung den alten Streit um die Frage, ob die kapitalistische Dynamik langfristig zu immer größerem Wohlstand für alle gesellschaftlichen Gruppen oder aber zu einer immer stärkeren Konzentration von Reichtum und Macht führe, neu entfacht. Seine Diagnose fällt, obwohl er sich selbst nicht in der marxistischen Tradition verortet, sehr skeptisch aus: Wenn die Kapitalrendite, die auf den Finanzmärkten erzielbar ist, dauerhaft höher ist als die Wachstumsrate von Produktion und Einkommen, was bis zum 19. Jahrhundert der Fall war und im 21. Jahrhundert wieder zur Regel zu werden droht, erzeuge der Kapitalismus „automatisch inakzeptable und willkürliche Ungleichheiten, die das Leistungsprinzip, auf dem unsere demokratischen Gesellschaften basieren, radikal infragestellen" (Piketty 2014: 14).

Märkte als zentrale Mechanismen der Verteilung von Ressourcen und Erträgen wirtschaftlichen Handelns haben deshalb schon immer gesellschaftliche Kritik auf sich gezogen (Honneth 2014: 155 ff.). Diese Kritik findet nach den letzten Finanz- und Wirtschaftskrisen zu Recht verstärkte Resonanz. Die klassischen Ökonomen entwickelten ihre Markttheorien im Kontext der Klassenstrukturen ihrer Gegenwartsgesellschaft. Für Smith z.B. war die Frage der Verteilung des Reichtums zwischen Kapitalisten, Grundbesitzern und Arbeitern in der Entwicklung seiner Produktionskostentheorie durchaus relevant (vgl. Satz 2013: 72 ff., 84 f.). Erst durch die marginalistische Revolution in den Wirtschaftswissenschaften seit den 1870er Jahren und die zunehmende Dominanz der formalen Wirtschaftsmathematik kam es „zu einer dramatischen Verschiebung, die praktisch zur Aufgabe der Produktionskostentheorie der klassischen Ökonomie, zu einer Verdrängung der Klassenverhältnisse aus dem Zentrum der ökonomischen Analyse …" führte (Satz 2013: 80). Auch wenn in der heutigen Zeit wenige ökonomische Sonntagsreden ohne Verweis auf die angeblich von Smith und anderen geforderte „Freiheit der Märkte" auskommen, so wird in der mathematisch formalisierten Ökonomie dieses von den Klassikern ganz selbstverständlich thematisierte Verhältnis von Ökonomie und Gesellschaft marginalisiert.

2.4 Ökonomischer und soziologischer Institutionalismus

Die bisherige Diskussion des Einbettungstheorems legte den Eindruck nahe, bei der neuen Wirtschaftssoziologie handele es sich vor allem um eine soziologische Analyse von Märkten. Sparsam (2015: 58) hebt jedoch zu Recht hervor, dass die neuere Wirtschaftssoziologie neben ihrem *thematischen* Schwerpunkt in der Marktanalyse zwei *konzeptionelle* Standbeine aufweist: die Netzwerkanalyse und die – vor allem neo-institutionalistisch geprägte – Organisationstheorie. Auf die Netzwerkanalyse sind wir bereits eingegangen. Im Folgenden wird es dementsprechend um den soziologischen Neo-Institutionalismus gehen, in dessen Rahmen in Anschluss an Max Weber die *Organisation* als das zentrale Merkmal der modernen Gesellschaft gilt. Institutionen werden dabei in einem weiten Sinne als „institutionalisierte Regeln, Erwartungen oder Vorstellungssysteme bzw. Interpretationsschemata" aufgefasst (Walgenbach/Meyer 2008: 55).

Zunächst sollte zwischen einem ökonomischen und einem soziologischen Neoinstitutionalismus unterschieden werden. Diese stehen sich konträrer gegenüber als die ähnliche Namensgebung des ‚Institutionalismus' es vermuten lässt. „Lange Zeit", so Maurer (2001: 59), „war das Verhältnis zwischen soziologischer und ökonomischer Organisationstheorie durch wechselseitige Ignoranz geprägt". Dabei gehen Schmid und Maurer (2003) davon aus, dass die Theoriebildung in den beiden Disziplinen zwar durchaus sehr verschiedenen Grundannahmen folgt, dabei aber gerade der soziologische und der ökonomische Institutionalismus Strömungen darstellen, in welchen die theoretische Grundspannung zwischen den Disziplinen produktiv bearbeitet wird. Hier gehe es mithin weniger um Abgrenzung als um die Auslotung gemeinsamer Perspektiven. Schmid und Maurer (ebd.) lehnen damit die so genannte Inkommensurabilitätsthese (die These einer Unvereinbarkeit ökonomischer und soziologischer Grundannahmen) ab.

2.4.1 Ökonomischer Institutionalismus und Transaktionskostentheorie

Der ökonomische Institutionalismus, zu dessen Hauptvertretern Ronald Coase, Oliver E. Williamson und Douglass North gehören, stellt in seinem Akteursmodell (individuelle Nutzenmaximierer, beschränkt rationales Entscheidungskalkül) und in seiner grundsätzlichen Effizienzorientierung nur eine moderate Modifikation klassischer und neoklassischer Theorieansätze dar. So wird vor allem davon ausgegangen, dass ökonomische Institutionen wie der Markt und das Unternehmen nur so lange existierten, wie sie effizient sind. Charakteristisch für den ökonomi-

2.4 Ökonomischer und soziologischer Institutionalismus

schen Institutionalismus ist, dass er vergleichend danach fragt, welche Institutionen (Märkte, Unternehmen oder ‚hybride' Arrangements wie Netzwerke) unter gegebenen historischen Bedingungen die *effizienteste* Form des Tausches darstellen.

Die Wirtschaftswissenschaften, so Ronald Coase bereits in den 1930er Jahren, nimmt zunächst ganz pauschal an, dass ökonomische Transaktionen am besten über Märkte organisiert werden. Dann aber stelle sich die Frage: „Why is there any organisation?" (Coase 1937: 18). Und auch Oliver E. Williamson, der seit den 1970er Jahren an diese Frage anschließt, beginnt mit der Annahme, „... that in the beginning there were markets, progressively more ramified forms of internal organization have successively 'evolved'." (Williamson 1975: 132) Aber auch Märkte sind für den ökonomischen Institutionalismus nicht in jedem Fall der effizienteste Mechanismus zur Koordination des Tausches. Vielmehr sind sie in Hinblick auf ihre *relative Effizienz* im Vergleich zu anderen institutionellen Arrangements zu untersuchen. Und Coase fragt nicht nur danach, warum es überhaupt Unternehmen gibt, sondern in einer Umdrehung der Fragerichtung auch, warum es *denn überhaupt Märkte gebe*: „... why, if by organizing one can eliminate certain costs and in fact reduce the cost of production, are there any market transactions at all? Why is not all production carried on by one big firm? "(ebd.: 23) Coase hinterfragt damit die bis dato implizit gebliebenen Annahmen der Wirtschaftswissenschaften und widmet seine Aufmerksamkeit den *relativen Kosten* verschiedener institutioneller Arrangements zum Austausch von Gütern, vor allem von ‚Markt' und ‚Hierarchie'. Nochmals also: Warum sollte es überhaupt Firmen geben, wenn Märkte doch so effizient sind wie immer behauptet wird? Die provisorische Antwort von Coase:

> „The main reason why it is profitable to establish a firm would seem to be that there is a cost of using the price mechanism. " (Coase 1937: 21)

Coase nennt diese Kosten des ökonomischen Tauschs „Transaktionskosten". Er hat damit der klassischen und neoklassischen Konzentration auf die Produktionskosten eine äußerst relevante neue Kategorie von Kosten hinzugefügt und u.a. hierfür 1991 den Nobelpreis für Wirtschaftswissenschaften erhalten. Die folgende Darstellung konzentriert sich ausschließlich auf den Transaktionskostenansatz als eine der wichtigsten Strömungen innerhalb des ökonomischen Institutionalismus bzw. der ‚Neuen Institutionellen Ökonomie'. Weiterentwicklungen wie der Property-Rights-Ansatz (Theorie der Verfügungsrechte) oder die Principal-Agents-Theorie können an dieser Stelle nicht berücksichtigt werden.

Märkte, Organisationen und hybride Arrangements wie Netzwerke weisen also allesamt – wenn auch verschiedenartige – Transaktionskosten auf (Kosten für die Suche nach dem richtigen Vertragspartner, Vertragsabschlusskosten, Kosten für transaktionsspezifische Investitionen, z.B. in technische Systeme, Infrastruktur und Datenverarbeitung, Kontrollkosten, Kosten für die Durchsetzung resp. Änderung von Verträgen etc.). Analog zu den bekannten ‚economies of scale' weisen Organisationen dabei laut Coase „diminishing returns on management" auf. Es gibt also so etwas wie abnehmende Skalenerträge, wenn Organisationen zu groß und unübersichtlich werden. Der ökonomische Institutionalismus folgt dabei in seiner Produktionskostentheorie der Marginalitäts- bzw. Grenzproduktivitätsannahme der Neoklassik. Folgerichtig fragt Coase im weiteren Verlauf seiner Argumentation nach dem Gleichgewichtspunkt, d.h. nach dem Punkt, an dem die Kosten für die Erstellung eines Produkts in einer Firma und auf dem Markt gleich groß sind: „At the margin, the costs of organizing within the firm will be equal either to the cost of organizing in another firm or to the costs involved in leaving the transaction to be „organized" by the price mechanism." (ebd.: 30)

Aber: wo liegt dieser Punkt, und was sind die Kriterien, anhand derer man ihn bestimmen kann?

An dieser Stelle kommen die Arbeiten von Oliver Williamson ins Spiel. Williamson hat im Laufe der Zeit eine ausgearbeitete ‚Transaktionskostenökonomie' entwickelt. Diese zielt in ihrem Kern auf den Kostenvergleich alternativer institutioneller Arrangements zur Produktion und zum Austausch von Gütern. Ihre analytische Basiseinheit ist die Transaktion. Jede Transaktion, so die Annahme, beruht auf einem Vertrag. Dieser kann ex-, aber auch impliziter Art sein. Die Frage, welche die Transaktionskostentheorie stellt, lautet: Unter welchen institutionellen Bedingungen wird ökonomischer Tausch jeweils am vorteilhaftesten organisiert? Märkte und hierarchische Organisationen werden in diesem Kontext als funktionale Äquivalente für die Abwicklung und Sicherung freiwilliger Vertragsbeziehungen betrachtet. Beide haben bestimmte Vor- und Nachteile. Diese wiederum sind nicht kontextunabhängig vorhanden, stattdessen bestimmen die Eigenheiten der Tauschsituation, des Produktes und der involvierten Transaktionspartner darüber, welche institutionelle Form die jeweils beste ist.

Zusammengefasst, ist die Transaktionskostentheorie zwar mikroökonomisch fundiert, gleichzeitig aber ‚institutionell aufgeklärt':

Sie basiert *erstens* auf der Analyse der relativen Kosten verschiedener institutioneller Arrangements.

Zweitens geht sie mit ihrem Bezug auf die verhaltenswissenschaftliche Entscheidungstheorie (Simon 1976; zusammenfassend March 1990) von einem realistischeren Modell individuellen Entscheidungsverhaltens aus als die Neoklassik und gelangt damit zu realistischeren Auffassungen der Bedeutung von Vertrauen, Kontrolle und der Ausgestaltung von Verträgen als die Neoklassik.

2.4 Ökonomischer und soziologischer Institutionalismus

Drittens verbleibt sie mit ihrer Vorstellung nutzenmaximierender, beschränkt rationaler Akteure im Paradigma des methodologischen Individualismus. Sie unterscheidet sich insofern grundsätzlich von soziologischen Erklärungsversuchen, welche in der Regel von der Geltung kollektiver Normen als Rahmung individuellen Handelns ausgehen.

Viertens kann sie deshalb die Entstehung basaler transaktionsrelevanter Handlungsdimensionen wie Vertrauen, Geltung geteilter Normen und Werte, welche alle einen Einfluss auf die von ihr untersuchten vertraglichen Arrangements haben, mithilfe ihrer mikroökonomischen Begrifflichkeit nicht klären. Mit anderen Worten: die „nicht-vertraglichen Grundlagen des Vertrags" (Durkheim 1977: 155) liegen außerhalb ihrer theoretischen Reichweite.

Sie bezieht *fünftens* institutionelle Arrangements zwar ein. Deren Entstehung ist für sie jedoch das Ergebnis funktionaler Anforderungen (der Minimierung von Transaktionskosten). Insofern argumentiert sie funktionalistisch: dasjenige institutionelle Arrangement mit den jeweils niedrigsten Transaktionskosten setzt sich auch durch.

Zusammengefasst, untersucht die Transaktionskostentheorie konkurrierende institutionelle Arrangements des Tauschens und fragt nach deren relativer Effizienz. Die Annahme, dass die Wahl bestimmter Vertrags- und Organisationsformen strikt effizienzorientierten Abwägungen folgt, wird dann wiederum eine der am häufigsten geäußerten Kritiken an der Transaktionskostentheorie als eine der wichtigsten Ausprägungen des ökonomischen Institutionalismus (vgl. z.B. Granovetter 1985).

2.4.2 Der soziologische Neo-Institutionalismus

Mit der für den ökonomischen Institutionalismus entscheidenden Frage: „Why is there any organization?" verabschieden sich die Wirtschaftswissenschaften von der Annahme, dass der Markttausch ohne Kosten für dessen Durchführung zu haben sei und generell das effizienteste Tauscharrangement darstelle. Der soziologische Institutionalismus schließt kritisch hieran an und fragt: Wie kommt es denn eigentlich, dass auch solche Organisationen überleben, welche *nicht* effizient sind? Und gar nicht schlecht, wenn wir uns die Universität, die UNO, die Organisation ‚Kirche' ansehen ... Was ist an diesen Organisationen eigentlich ‚effizient'? Und steht Effizienz überhaupt im Vordergrund ihrer Aktivitäten? Ist Effizienz der gesellschaftliche Maßstab, anhand dessen die Legitimität dieser Organisationen bestimmt wird?

Im folgenden Abschnitt steht in diesem Sinne der soziologische Neo-Institutionalismus im Mittelpunkt. Dieser bricht radikal mit dem den Wirtschaftswissenschaften zugrundeliegenden Effizienzpostulat und dem methodologischen Individualismus (der Annahme also, dass wirtschaftliches Handeln auf die voneinander unabhängigen Nutzenkalküle individueller Akteure zurückgehe). Im Gegensatz hierzu betont er die Orientierung ökonomischer Akteure an institutionalisierten Mustern des richtigen und legitimen Handelns. Diese institutionalisierten Muster werden dabei als kognitive Verfestigungen verstanden, welche den Akteuren ganz spezifische Deutungen ihrer Umwelt nahelegen und erst hierdurch die Koordination von Einzelhandlungen ermöglichen. Um also überhaupt entscheiden zu können, müssen ökonomische Akteure auf solche, aufgrund ihrer Routinisierung, Habitualisierung und eben ‚Institutionalisierung' für sie kaum mehr erkennbaren und im Alltag noch weniger hinterfragten Muster der Wahrnehmung und der Legitimation von Handeln zurückgreifen. Die Ausgangsüberlegung von Meyer/Rowan (1977) besteht darin, dass Organisationen ihre formalen Strukturen entsprechend den Erwartungen und „Rationalitätsmythen" in ihrer institutionellen Umwelt gestalten. Diese Muster werden in der gesellschaftlichen Umwelt der Organisation erzeugt und stabilisiert. Meyer und Rowan (1977: 341) formulieren das in ihrem für den soziologischen Neo-Institutionalismus impulsgebenden Aufsatz „Institutionalized Organizations: Formal Structure as Myth and Ceremony" folgendermaßen:

> „This paper argues that the formal structures of many organizations in postindustrial society (Bell 1973) dramatically reflect the myths of their institutional environments instead of the demands of their work activities".

Die Orientierung an den institutionalisierten Handlungserwartungen der Umwelt verschafft der Organisation Legitimität. Legitimität wiederum ist eine zentrale Ressource, welche das Überleben der Organisation sichert. Es gibt hier zwar keine eindeutige Kausalbeziehung zwischen Organisation und Umwelt (im Sinne eines klaren „Wenn ... dann"), gleichwohl sind es die in der Umwelt von Organisationen bereits bestehenden Rationalitätsvorstellungen, auf die hin Organisationen sich orientieren müssen. Nicht rationale Entscheidungen zur Optimierung des Arbeits- und Produktionsprozesses, und auch keine individuellen Nutzenkalküle, sondern „Mythen", die in der gesellschaftlichen Umwelt der Organisation vorherrschen, bestimmen darüber, welche Strukturen sich Organisationen geben. Als ‚Mythen' bezeichnen Meyer und Rowan im Sinne der Wissenssoziologie nicht mehr hinterfragte Arten und Weisen, die Dinge ‚richtig' zu tun. Damit wird auch deutlich, dass der soziologische Neo-Institutionalismus „gegenüber dem lange Zeit dominierenden Paradigma der Rationalität von Organisationen eine kritische Position" einnimmt (Matys 2014: 73), indem er eine enge Vorstellung von Zweck-Mittel Relationen ablehnt. Als funktional oder ‚modern' gilt eine Organisation stattdessen,

2.4 Ökonomischer und soziologischer Institutionalismus

wenn sie die in einen unreflektierten Glauben (an die Datenverarbeitung, an flache Hierarchien, an die operative und/oder strategische Dezentralisierung, an Shareholder-Value-Konzepte, an den Aufbau von Netzwerken, und schließlich an die Digitalisierung und die Umsetzung von ‚Industrie 4.0') gegossenen Erwartungen der Umwelt glaubhaft in ihrer Struktur umsetzt. Erst diese glaubhafte Entsprechung von institutionalisierten Umwelterwartungen und Organisationsstruktur entscheidet darüber, ob die Organisation Legitimität für sich beanspruchen und damit auch Ressourcen aus der Umwelt für sich reklamieren kann.

Der Begriff der Institution gehört seit Durkheims Ausführungen in „Die Regeln der soziologischen Methode" (1895 im Original) zu den unbestrittenen Grundbegriffen der Soziologie. Durkheim definiert Soziologie hier als die „Wissenschaft von den Institutionen, deren Entstehung und Wirkungsart" (1976: 100). Leider geht mit der Zentralstellung von Institutionen in der Soziologie keineswegs eine entsprechende begriffliche Klarheit einher. ‚Institution' ist vielmehr einer der schillerndsten Begriffe in der Soziologie überhaupt. Der soziologische Neo-Institutionalismus bezieht sich in Hinblick auf die Vorstellungen eines ‚institutionalisierten' Handelns sowohl auf Grundgedanken Durkheims, der individuelles Handeln als durch übergeordnete gesellschaftliche Regelwerke (die berühmten „sozialen Tatsachen") geprägt ansah, als auch auf die Arbeiten von Peter L. Berger und Thomas Luckmann (1969: 24) zur gesellschaftlichen Konstruktion der Wirklichkeit. In deren Vorstellung zeigt sich die Wirklichkeit als eine *institutionalisierte* Ordnung, als „eine Anordnung der Objekte, die schon zu Objekten deklariert worden waren, längst bevor ich [der Handelnde, der Einzelne also; U.V.] auf der Bühne erschien". Diese in Institutionen geronnene Welt wird vom Einzelnen in seinem alltagsweltlichen Vollzug der Dinge „als Wirklichkeit hingenommen": „Obgleich ich in der Lage bin, ihre Wirklichkeit auch in Frage zu stellen, muss ich solche Zweifel doch abwehren, um in meiner Routinewelt existieren zu können." (a.a.O.: 26) Menschliches Handeln basiert damit nicht auf objektiver und vollständiger Information und orientiert sich auch nicht an rationalen Kalkülen, sondern an den im Alltag – und hierzu gehört für den Institutionalismus auch der Organisationsalltag – unhinterfragten Vorstellungen des richtigen Verhaltens, die historisch aufgeschichtet und damit für mich als Ganze nicht einsehbar sind. Institutionalisierung ist dann der Prozess, in dem „habitualisierte Handlungen durch Typen von Handelnden reziprok typisiert werden. Jede Typisierung, die auf diese Weise vorgenommen wird, ist eine Institution." (a.a.O.: 58) In diesem Sinne fassen Walgenbach/Meyer (2008: 55) in einem organisationstheoretischen Kontext Institutionen als „verfestigte soziale Erwartungsstrukturen" und erläutern dies am Beispiel eines Arztbesuches, in dem von der behandelnden Ärztin ebenso wie vom Patienten wechselseitig bestimmte Handlungsmuster erwartet werden. Diese Erwartungs- und Handlungsmuster sind so weit typisiert, dass sie nicht nur ein einer konkreten Praxis, sondern mehr oder weniger in allen, und das bedeutet: allen ‚typischen' Arztpraxen die Handlungsgrundlage bzw. – mit Goffman – den ‚Rahmen' des Handelns und Denkens abgeben.

Ein zweiter wichtiger Bezugspunkt im Rahmen des Institutionalismus ist Max Webers Auffassung von Organisationen als Dreh- und Angelpunkt der kapitalistischen Wirtschaft und der gesellschaftlichen Herrschaft (vgl. Türk 1995). Hierbei nimmt der soziologische Neo-Institutionalismus in der Regel allerdings weniger die Herrschaft von Organisationen über ihre Umwelt als vielmehr die Prägung der Organisation durch die Institutionen ihrer Umwelt in den Blick.

Aus den ersten beiden Punkten leitet sich beinahe zwangsläufig ein dritter Punkt ab: Im Mittelpunkt des soziologischen Neo-Institutionalismus steht ganz generell das Verhältnis von Organisation (bzw. Entscheidungen in Organisationen) und Gesellschaft. Die Umwelt einer Organisation wird dabei durch institutionalisierte Erwartungen bestimmt, in der Sprache des Neo-Institutionalismus „rationalisierte Mythen", an welche unreflektiert geglaubt wird. Solche Mythen können z.B. der Glaube an die Effizienz des Computers oder an die Überlegenheit flacher Hierarchien sein. Diese institutionalisierten Erwartungen üben einen strukturierenden Einfluss auf die Organisation aus, dem diese sich – bei Strafe des Untergangs bzw.: bei Strafe des Entzugs gesellschaftlicher Legitimität – nicht entziehen kann. Der soziologische Neo-Institutionalismus argumentiert damit auf einer Mesoebene zwischen Struktur- und Handlungstheorie: Erstens sind Organisationen nicht determiniert durch die gesellschaftliche Struktur (insofern es *die eine* gesellschaftliche Struktur nicht gibt bzw. die Gesellschaft im Zuge ihrer Ausdifferenzierung in Teilbereiche zerfällt, welche nach je eigenen, durchaus konkurrierenden Rationalitätsprinzipien organisiert sind). Zweitens sind sie aber auch nicht durch das Handeln individueller Akteure bestimmt, welche ihren je eigenen Nutzenkalkülen und Rationalitätsabwägungen folgen würden.

Organisationen sind also den in ihrer Umwelt vorherrschenden Rationalitätsmythen nicht hilflos ausgeliefert. Stattdessen entwickeln sie raffinierte Strategien, wie die realen Abläufe innerhalb der Organisation einerseits, die in scheinbarer Befolgung rationaler Imperative errichteten „Legitimationsfassaden" andererseits voneinander entkoppelt werden können. Nach außen orientiert sich die Organisation damit an gesellschaftlich geforderten ‚rationalen' Handlungsweisen (und investiert beispielsweise in die *Cloud*, weil das gegenwärtig den *dernier cri* darstellt), nach innen wird weiter gewerkelt wie bisher (vgl. Meyer/Rowan 1977: 356 ff.). Die realen Organisationsstrukturen und die gesellschaftlichen Erwartungen werden entkoppelt, gleichzeitig wird die Passung von Organisation und Umwelt aber über symbolische Handlungen und Rituale wie die Auszeichnung von Mitarbeitern, die

2.4 Ökonomischer und soziologischer Institutionalismus

sich um Innovationen oder die kontinuierliche Verbesserung der Organisationsprozesse verdient gemacht haben, oder die Teilnahme an Ausschreibungen für Umweltpreise legitimatorisch aufrechterhalten.

Meyer/Rowan stellen die Form der Legitimitätsbeschaffung dabei in den übergreifenden Kontext des gesellschaftlichen Wandels. Diesen beschreiben sie in Anlehnung an Daniel Bell (1973) als Übergang in die „postindustrielle Gesellschaft" (der Aufsatz ist nur wenige Jahre nach Bells Buch erschienen). Weiterhin gehen sie – mit der Differenzierungstheorie – von einer zunehmenden Ausdifferenzierung der Gesellschaft in Teilbereiche aus, welche ihre je eigenen institutionalisierten Rationalitätsvorstellungen aufweisen. Das Unternehmen (bzw. das Theater, die Klinik, die Schule als bevorzugte Forschungsgegenstände in der frühen Phase des soziologischen Neo-Insitutionalismus), sieht sich also je spezifischen und in der Regel widersprüchlichen Anforderungen der Umwelt gegenüber. Meyer/Rowan (1977: 340 f.) gehen dabei davon aus, dass Umwelterwartungen auf der einen Seite, die internen funktionalen Anforderungen der Organisation (in Hinblick auf Technikwahl, Arbeitsorganisation, Hierarchiestufen, professionsspezifische Zusammensetzung des Vorstands etc.) auf der anderen Seite in der Regel weit auseinanderklaffen. Dieses Problem verschärft sich, je stärker sich die moderne Gesellschaft ausdifferenziert. Es entstehen eigenlogische Bereiche (nicht nur Recht, Wirtschaft, Staat, Religion, sondern innerhalb dieser Bereiche das Umweltrecht, das Strafrecht, das Arbeitsrecht etc.), in denen jeweils spezifische institutionalisierte Verhaltenserwartungen und „Rationalitätsmythen" vorherrschen. Diese ergänzen sich nicht schlicht, sondern stehen oftmals in Widerspruch zueinander, wodurch die Organisationen mit strukturell inkompatiblen gesellschaftlichen Ansprüchen konfrontiert werden. So können in der Universität die Anforderungen des Bologna-Prozesses (wie z.B. die internationale *Vergleichbarkeit* von Studienleistungen und Studiengängen) im Widerspruch zu der von anderen (vor allem nationalstaatlichen) Akteuren geforderten *Profilbildung* in Lehre und Forschung stehen, die es gerade nötig macht, unverwechselbare Studiengänge aufzubauen. Um die Widersprüche zwischen Umweltanforderungen und Formalstruktur einerseits, die Widersprüche zwischen inkompatiblen Umweltanforderungen andererseits aufzulösen, entwickeln Organisationen eine Art „Dr. Jekyll und Mr. Hyde" Identität. Sie entkoppeln ihre tatsächlichen Arbeitsstrukturen, Prozesse und Ziele von ihrem „Image", d.h. ihrer Kommunikation gegenüber externen Anspruchsgruppen. Mit anderen Worten: sie bauen „Legitimitätsfassaden"auf:

> "Institutionalized products, services, techniques, policies, and programs function as powerful myths, and many organizations adopt them ceremonially. But conformity to institutionalized rules often conflicts sharply with efficiency criteria and, conver-

sely, to coordinate and control activity in order to promote efficiency undermines an organization's ceremonial conformity and sacrifices its support and legitimacy. To maintain ceremonial conformity, organizations that reflect institutional rules tend to buffer their formal structures from the uncertainties of technical activities by becoming loosely coupled, building gaps between their formal structures and actual work activities." (Meyer/Rowan 1977: 340 f.)

Neben dieser Entkopplung von Formalstruktur und Legitimationsfassade kennt der soziologische Neo-Institutionalismus noch einen weiteren Mechanismus, wie sich Organisationen in Hinblick auf ihre relevanten Umwelten verhalten können. Dieser Mechanismus beruht auf der generellen Annahme, dass sich Organisationen wechselseitig beobachten (DiMaggio/Powell 1983: 150; vgl. die Ausführungen zu Harrison White und Ronald S. Burt) der mit dem Begriff der „institutionellen Isomorphie" (frei übersetzt: auf der Grundlage institutionalisierter Erwartungen ausgelöster Angleichungsprozess) belegt wird. DiMaggio/Powell (1983) als zwei weitere Hauptvertreter des soziologischen Neo-Institutionalismus fragen dabei vor allem danach, warum Organisationen innerhalb eines organisatorischen Feldes (der Hochschulen beispielsweise oder der Automobilproduzenten oder auch der Nicht-Regierungs-Organisationen) so ähnlich sind: „Why is there such a startling homogeneity of organziational forms and practices?" (DiMaggio/Powell 1983: 147 f.) Sie identifizieren in diesem Zusammenhang drei idealtypische Formen der Strukturangleichung, die sie als ‚Isomorphie' bezeichnen (a.a.O.: 150 ff.):

1. Isomorphie durch Zwang: Hiermit ist die Orientierung der Organisation entweder an kulturell bedingten Erwartungen (wie den oben diskutierten Rationalitätsmythen) sowie an rechtlichen Vorgaben gemeint. Es sind i.d.Z. zuallererst der Staat und supranationale Institutionen wie die EU, die die rechtliche Umwelt von Organisationen gestalten, z.B. in Form des Aktienrechts, des Steuerrechts, des Vertragsrechts etc.
2. Isomorphie durch mimetische Prozesse: Angleichung durch Mimesis ist insbesondere in solchen Situationen wichtig, die sich durch Unsicherheit und Uneindeutigkeit auszeichnen. Das Management von Organisationen orientiert sich unter diesen Bedingungen, v.a. aus Gründen der Risikovermeidung, an als erfolgreich wahrgenommenen Organisationen und Prozessen im Feld (‚best-practice').
3. Isomorphie durch normativen Druck: Diese Form der Isomorphie steht in einem engen Zusammenhang mit der Bildung professioneller Berufsgruppen in der modernen Gesellschaft, die einerseits über wissenschaftliches Spezialwissen und andererseits über berufsgruppenspezifische Deutungsmuster verfügen. Die Mitglieder der einzelnen Professionen (der Personalwirtschafter, der Mar-

ketingspezialisten, der Wirtschaftsprüfer und Accountants, der Ingenieure etc.) verfügen über ein je spezifisches professionelles Deutungswissen. Indem sie nun – je professionsspezifisch ausgebildet und trainiert – in ganz verschiedenen Organisationen tätig werden, tragen sie zur Durchsetzung ähnlicher Deutungsmuster in ganz verschiedenen organisatorischen Feldern und damit zur Angleichung formaler Organisationsstrukturen bei.

Der mimetische und der normative Isomorphismus sind im übrigen ausgesprochen wichtige Denkfiguren, um auch das Herdenverhalten von Investoren auf den Finanzmärkten zu erklären: „Imitation ist immer dann ein naheliegender Handlungsmodus, wenn Marktteilnehmer nicht wissen (können), woran sie sich orientieren sollen, wenn die Wertsubstanz immaterieller Vermögenswerte (intangible assets) kaum messbar ist" (Kraemer 2010: 187).

Innerhalb des soziologischen Neo-Institutionalismus gibt es – wie nicht anders zu erwarten – bedeutende Unterschiede, so z.B. zwischen dem macht- und kontrolltheoretischen Ansatz Neil Fligsteins einerseits, dem stärker an kulturellen Mustern des Geglaubten und des Rationalen orientierten Ansatz von Meyer und Rowan andererseits.

Neil Fligstein (2011: 13) als ein weiterer Hauptvertreter des soziologischen Neo-Institutionalismus argumentiert in diesem Zusammenhang für eine soziologische Wirtschaftstheorie, „deren Kernelemente soziale Beziehungen, Macht und Sinn sind". Die Fruchtbarkeit dieser Perspektive hat er vor allem in seinen Untersuchungen zur Entstehung der großen amerikanischen Kapitalgesellschaften demonstriert (Fligstein 1990). Fligstein wird einerseits dem soziologischen Neo-Institutionalismus zugeordnet (ausführlich Sparsam 2015: 209 ff.), andererseits kritisiert er am soziologischen Neo-Institutionalismus und explizit den Arbeiten von Meyer/Rowan (1977), dass diese im Grunde über kein soziologisches Erklärungsmodell wirtschaftlichen Handelns verfügten. Dies helfe „bei dem Versuch, das Handeln in Unternehmen zu verstehen, nicht viel weiter" (Fligstein 2011: 26). Stattdessen basierten große Teile der Wirtschaftssoziologie auf Forschungen zu einzelnen Märkten. Es fehlten „Bemühungen um ein allgemeineres Verständnis dieser Dynamik, das von den Besonderheiten einzelner Märkte abstrahiert" (ebd.). Angesichts dieser Defizite sei es schwierig, überhaupt „eine von der Ökonomie unabhängige Marktsoziologie" zu begründen (ebd.). Um zu einem solchen Modell zu gelangen, verfolgt Fligstein im Gegensatz zu vielen anderen Neo-Institutionalisten ein explizit macht- und konflikttheoretisches Konzept und nennt dieses einen „politisch-kulturellen Ansatz" (a.a.O.: 28 ff.). Er bezieht sich auf Bourdieu, wenn er konstatiert, dass soziales Handeln in *Feldern* stattfindet, in denen kollektive Akteure „ein Herrschaftssystem zu etablieren versuchen" (ebd). Innerhalb dieser Felder existieren feldspezifische Kulturen, mittels derer die Beziehungen zwischen den Akteuren definiert werden. Es können sich lokale oder auch globale Marktordnungen bilden, für die der Staat, die Unternehmen, sowie formale und informelle Regeln konstitutiv sind. Fligstein lehnt sich hier zum Teil an das bereits skizzierte Konzept Harrison Whites an und geht davon aus, dass Unternehmen sich wechselseitig beobachten, um Hinweise zu erhalten, wie Unsicherheiten in Hinblick auf den Markt zu bewältigen sein könnten. Das Ziel der Unternehmen besteht dabei primär in ihrer Bestandssicherung und dann erst in der Profitmaximierung – eine weitere Differenz zur ökonomischen Neoklassik. Märkte benötigen einerseits eine mehr oder weniger geteilte Kultur, damit sich die Handlungen der Marktakteure sinnvoll aufeinander beziehen können. Diese *cultural frames* lassen bestimmte Handlungen, Produkte und Strategien erst als sinnvoll erscheinen (vgl. Fligstein 2011, Kap. 7, in welchem er den Aufstieg eines um den *Shareholder Value* kreisenden Kontrollkonzepts in US-amerikanischen Unternehmen beschreibt). Andererseits kämpfen Unternehmen mit Macht um die Vorherrschaft in ihrem Feld. Insbesondere wollen die etablierten Unternehmen („incumbents" in seiner Terminologie) die von ihnen geprägte und sie deshalb auch bevorzugende wirtschaftliche Ordnung aufrechterhalten, während Herausforderer („challenger") diese Ordnung umstürzen wollen, um eine für sie vorteilhaftere Ordnung zu etablieren. Ein Markt wird in diesem Modell nicht einfach durch den singulären Austausch eines Gutes begründet, sondern basiert auf kontinuierlichen Tauschprozessen. Mit anderen Worten: ein Markt hat eine Geschichte, seine Akteure teilen bestimmte Orientierungen und Sinnvorstellungen, und gleichzeitig kämpfen sie um die Hegemonie auf diesem Markt. Insgesamt erinnert Fligsteins Konzept des ökonomischen Feldes damit an Pierre Bourdieus Arbeiten, selbst wenn Kämpfe hier weniger auf der Ebene von Einzelnen und Klassen, sondern auf der Ebene von korporativen Akteuren, also von Organisationen beschrieben werden. Fligstein betont die Kämpfe um die Vorherrschaft innerhalb organisierter Felder. Damit betreibt er eine feld- und konflikttheoretische Erweiterung des soziologischen Neo-Institutionalismus.

Der soziologische Neo-Institutionalismus ist aus zumindest zwei Gründen für die neue Wirtschaftssoziologie von besonderer Bedeutung: Erstens rückt er das Phänomen ‚Organisation' in das Zentrum seiner Überlegungen und bildet damit einen wichtigen Komplementäransatz zu der Wirtschaftssoziologie als Marktsoziologie. Zweitens verbinden sich in ihm organisationstheoretische Ansätze mit Theorien gesellschaftlicher Entwicklung wie der Differenzierungstheorie, der These der Wissensgesellschaft und der Professionssoziologie. Damit bietet er Anknüpfungspunkte für eine konzeptionelle Erweiterung der Wirtschaftssoziologie und für die Arbeit an einem ihrer größten Kritikpunkte, der mangelnden gesellschaftlichen Einordnung. Wichtig erscheinen drittens der konsequente Abschied von einem ökonomistischen Effizienzgedanken und die gleichzeitige Aufrechterhaltung eines abgeschwächten Rationalitätsbegriffs in Gestalt der rationalen Orientierung an Umwelterwartungen. Und viertens trägt die Orientierung an ‚Legitimität' als zentrale Ressource zum Verständnis empirischer Organisationsprozesse bei und verbindet deren Analyse mit den normativen und institutionellen Wandlungsprozessen moderner Gesellschaften.

2.5 Märkte und Wirtschaft als Kultur

Aspers und Beckert (2008) unterscheiden drei Marktkonzepte in der Wirtschaftssoziologie: Märkte als Netzwerke, als Institutionen und als Produkt performativen Wissens. Dabei subsumieren sie kultursoziologisch ausgerichtete Studien wie die von Zelizer (1979) und von Abolafia (1996) unter einen weiten institutionalistischen Marktbegriff. Das ist insofern plausibel, als der Begriff der Institution nicht nur die formale Regulierung des Verhaltens von Marktteilnehmern durch Gesetze (Arbeitsrecht, Wettbewerbsrecht etc.) umfasst, sondern auch informelle Institutionalisierungen wie Gebräuche, Sitten und Tabus sowie die im vorigen Kapitel diskutierten Rationalitätsmythen, die von den Marktteilnehmern ihrem Handeln und ihren Deutungen unhinterfragt zugrunde gelegt werden. Gleichwohl unterscheiden sich die makro-institutionalistischen Arbeiten Fligsteins zum Wandel der Unternehmensstrategien und die große Mehrheit des soziologischen Neo-Institutionalismus einerseits, stärker ethnografisch und mikrosoziologisch orientierte Kultursoziologien der Märkte so stark, dass es mir wenig sinnvoll erscheint, diese unter der Rubrik eines weit gefassten Institutionalismus zu versammeln. So setzt der Neo-Institutionalismus die Existenz von Institutionen und insgesamt von 'Kultur' beispielsweise *voraus*, während es das Anliegen kultursoziologischer Studien gerade ist, zu untersuchen, wie Kulturen im Handeln der Marktakteure praktisch wirksam werden und sich gleichzeitig verändern: hier werden kulturelle Praktiken im Vollzug beobachtet. Die Gesamtheit dieser kulturellen Praktiken kann auch keineswegs auf das Entscheidungsverhalten innerhalb von Organisationen beschränkt werden. *Damit verliert der Organisationsbegriff seine für den Neo-Institutionalismus zentrale Stellung.* Stattdessen nehmen viele eher kultursoziologisch informierte Studien die Gesamtheit der marktrelevanten Deutungen und Praxisformen in den Blick – auch die außerhalb von Organisationen. Das lässt eine Einordnung in die neo-institutionalistische Organisationsforschung eher problematisch erscheinen. Weil sie sich hinsichtlich Erkenntnisinteresse und methodischem Vorgehen, aber auch hinsichtlich ihrer Konzepte von ‚Kultur' so stark unterscheiden, und weil es durch den Aufschwung pragmatistischer Ansätze immer mehr kultursoziologisch orientierte Studien im Feld der Wirtschafts- und der Finanzsoziologie gibt, erscheint es sinnvoll, hier eine vierte Kategorie ‚Märkte als Kulturen' innerhalb der Wirtschaftssoziologie einzuführen.

Zunächst ist der hierbei zugrunde gelegte Kulturbegriff zu klären. Von vornherein muss man sich damit vertraut machen, dass in diesem Zusammenhang in der Regel ein umfassender Kulturbegriff verwendet wird, der so weit wie möglich von ‚alten' Vorstellungen einer Trennung von Produktion und Kultur, Basis und Überbau, Materialität und Kulturalität, ‚harten' und ‚weichen' sozialen Tatsachen befreit werden muss. Die neuere Kultursoziologie (vgl. Moebius/Albrecht 2014) fasst Kultur als Gesamtheit der Sinnzusammenhänge, Deutungsmuster, kognitiven und symbolischen Ordnungen, einschließlich ihrer Entstehungsmuster, der Praktiken ihrer Aufrechterhaltung und Veränderung, der hierfür relevanten Akteure und ihrer apparativen bzw. medialen Ausstattung. Kultur ist also keineswegs als Gegenbegriff zu den Produktivkräften bzw. der materiellen Basis einer Gesellschaft zu verstehen, wie es eine an Marx orientierte Deutung nahelegen könnte. Kultur ist auch nicht als Gegenbegriff zu Materialität zu verstehen, denn seit einiger Zeit ist die Kultursoziologie – ebenso wie die Soziologie allgemein – durch eine pragmatische, den Körper, körperliche Handlungsvollzüge ebenso wie Artefakte und die Materialitäten des Handelns integrieren wollende Praxiswende gekennzeichnet (vgl. Hillebrandt 2014). Der Bedeutung der Körperlichkeit und der Materialität von Kultur wird deshalb verstärkt Aufmerksamkeit gewidmet (vgl. Kalthoff/Cress/Röhl 2016). Entsprechend wird angestrebt, die unproduktive Verengung, die Kultur ausschließlich auf Symbolsysteme und ihre Deutung reduziert, sukzessive zu überwinden. Insbesondere die Finanzsoziologie arbeitet mit einem ebenso kultur- wie technik- und wissenssoziologisch geprägten Begriff von ‚Kultur'. Im Zentrum ihrer Untersuchungen stehen Finanzmarktpraktiken als technisch und medial vermittelte Wissenspraktiken. Handeln auf den Finanzmärkten ist einerseits immer Handeln an und mit Darstellungssystemen – Artefakten also, die die Deutung abstrakter Wissensobjekte wie z.B. von Kursen und Graphen sowohl ermöglichen als auch erfordern. Diese Artefakte werden – in der mikrosoziologischen Forschungstradition (vgl. Kap. 4.2) ebenso wie in der an die Akteur-Netzwerktheorie angelehnten Forschung (vgl. Kap. 4.3) als Teil der materialen Kultur der Finanzmärkte untersucht. Handeln auf Märkten ist dann Handeln *mit* und Handeln *durch* Artefakte. Es wäre allerdings falsch zu behaupten, *alle* wirtschaftssoziologischen Studien, die den Aspekt der Kultur hervorheben, würden im gleichen Maße die Materialität des Handelns und die apparative Ausstattung der Handelnden betonen. Denn es gibt genügend Ansätze wie z.B. die Arbeiten von Viviana Zelizer, die Kultur eher traditionell als kollektiv gültige Ordnungen des Wissens, Denkens und Fühlens, also

2.5 Märkte und Wirtschaft als Kultur

als symbolische Ordnung verstehen, die vor allem von Menschen gemacht und reproduziert wird (und nicht etwa von Dingen). In den im Folgenden diskutierten Forschungen ist das „making markets" (Abolafia 1996) immer auch als ein „doing culture" zu verstehen: Märkte sind als Ausdruck eines weiter gefassten kulturellen Geschehens zu fassen und zu untersuchen. Wenn man von Kulturen spreche, dann, so Knorr Cetina, sei damit immer eine gewisse „Dichte und Reichhaltigkeit der Untersuchungsphänomene" gemeint, „die sich auch in einer adäquaten Beschreibung dieser Phänomene wiederfinden muss" (Knorr Cetina 2002: 21): „Der Kulturbegriff fügt also dem Praxisbegriff Sensibilität für Symbole und Bedeutungen hinzu; ..." (a.a.O.: 22). Dies wiederum legt ethnografische oder gar „technografische" (Rammert/Schubert 2006) Untersuchungsmethoden nahe und schließt rein statistische bzw. quantitative Untersuchungsverfahren im Grunde aus. Welche Ansätze von ‚Ökonomie als Kultur' können nun unterschieden werden?

1) Ein für die Soziologie immer schon zentraler Strang der Untersuchung von Kultur und Wirtschaft beschäftigt sich mit dem *soziogenetischen Zusammenhang* von Religion und Ökonomie. Hierunter fallen ganz offensichtlich die Arbeiten Emile Durkheims zu Moral und Religion in der modernen Gesellschaft, sowie seine Studie zum Selbstmord (1897). Hierzu gehören selbstverständlich ebenso die vergleichenden religionssoziologischen Studien Max Webers (Weber 1966), deren berühmteste „Die Protestantische Ethik und der Geist des Kapitalismus" ist (Weber 1963). Hier deutet Weber die Berufsethik des asketischen Protestantismus als eine der Triebkräfte der Durchsetzung des modernen Kapitalismus. Insbesondere der Calvinismus, der Methodismus und der Puritanismus hätten zur Durchsetzung einer innerweltlichen Disziplin beigetragen, welche die kapitalistische Entwicklung enorm beflügelte (vgl. Schulz-Schäffer 2010). Diese Studie hat bis heute große Wirkung entfaltet – ja, sie ist vielleicht die mit am breitesten rezipierte Studie zu den kulturell-religiösen Grundlagen der Wirtschaft und der gesellschaftlichen Dynamik überhaupt. Aus der Perspektive der noch zu besprechenden Soziologie der Kritik könnte man sagen: Die Kritik an einer verweltlichten und moralisch fragwürdigen Amtskirche – wie sie Luther in Deutschland beispielhaft am Ablasshandel skandalisierte – hat eine religiöse Radikalisierung ins Leben gerufen, in deren Folge der Glaube von einem Gegenspieler des Kapitalismus zu seiner ethisch-moralischen Stütze wurde. Diese Volte im Verhältnis von Kapitalismus und Religion ist allerdings schon etwas her. In der jüngeren Vergangenheit erfreut sich die Analyse des Verhältnisses von Religion und gesellschaftlichem Wandel wieder größerer Aufmerksamkeit, insbesondere in Debatten um einen Formwandel des Religiösen im Zuge gesellschaftlicher Differenzierung und Individualisierung. Deutschmann (2012b: 5 ff.) rekapituliert für die Gegenwartsgesellschaft die

drei theoretischen Hauptpositionen bezüglich des Verhältnisses von Religion und Kapitalismus: die ‚Säkularisierung', die ‚Rückkehr der Religion' und die These einer ‚Transformation des Religiösen' in der Moderne.

Im engeren Feld der Wirtschaftssoziologie sind Untersuchungen zum Zusammenhang von Religion und Kapitalismus eher randständig. Das mag etwas mit dem stärker angelsächsisch ausgerichteten ‚Erbe' der Wirtschaftssoziologie zu tun haben (s.o.) oder aber mit der schon angesprochenen Distanz zu gesamtgesellschaftlichen Theorien. Analysen wie die von Christoph Deutschmann (2008 b), der sich unter Bezug auf Marx, Weber, Simmel und Schumpeter mit dem Zusammenhang von „Kapitalismus, Religion und Unternehmertum" auseinandersetzt, sind rar. In der heutigen Forschung hat die These, dass der Kapitalismus eine moralische Ordnung ist, mit der Studie von Boltanski/Chiapello „Der neue Geist des Kapitalismus" (vgl. ausführlich Kapitel 2.7.1) ein großartiges Comeback erlebt. Allerdings geht es hier nicht um den Einfluss der Religion auf die Wirtschaftskulturen im engeren Sinne, sondern um Wirtschaft als eine moralische Ordnung in einem weiteren Sinne. Insbesondere wird das Thema des ‚Geistes des Kapitalismus', das zunächst Werner Sombart und kurz darauf Max Weber in die Soziologie einführten (vgl. Vormbusch 2012a: 65 ff.), wiederaufgenommen.

2) Eine der einflussreichsten Vertreterinnen einer kultursoziologisch orientierten Wirtschaftssoziologie, Viviana Zelizer, hat sich in einer Reihe von Studien mit der historisch variablen *Grenzziehung* zwischen Moral und Markt auseinandergesetzt. Wenn von einer Grenze zwischen moralischer Infrastruktur und Ökonomie gesprochen wird, so verweist dies für viele LeserInnen vermutlich auf die Arbeiten von Jürgen Habermas zum Verhältnis von System und Lebenswelt bzw. der „Kolonialisierung der Lebenswelt" (Habermas 1981). Zelizers Stossrichtung ist eine andere. Ihr geht es weniger um das Eindringen systemischer Steuerungsmedien wie Geld, Recht und Macht in eine der Idee nach kommunikativ strukturierte und an Verständigung orientierte Lebenswelt. Zelizer erweitert diese Fragestellung, ja dreht sie im Grunde um. Ihr geht es um einen zur Kolonialisierung gewissermaßen komplementären Prozess: Sie fragt danach, wie historische Veränderungen der moralischen Infrastruktur einer Gesellschaft *Ermöglichungsbedingungen für ökonomisches Handeln* darstellen. Sie trennt sich damit von einer einseitigen Vorstellung eines Imperialismus der instrumentellen Vernunft, die sich zersetzend auf immer mehr gesellschaftliche Lebensbereiche auswirke, und versucht, wechselseitige Prozesse der Ermöglichung im Grenzbereich von Moral und Markt in den Blick zu nehmen. So untersucht sie beispielsweise, wie die Liberalisierung religiöser Überzeugungen in den USA seit den Anfängen des 19. Jahrhunderts überhaupt erst die Möglichkeit eröffnete, menschlichem Leben in Form von Lebensversicherungen einen ökonomischen Wert zuzuweisen (Zelizer 1979). Wurde der Tod bis dahin als

2.5 Märkte und Wirtschaft als Kultur

etwas Sakrales und Inkommensurables, mithin nicht quantifizierbares und schon gar nicht monetarisierbares aufgefasst (a.a.O.: 42 ff.), so begann diese Grenze für die Ökonomisierung des Lebens im Laufe des 19. Jahrhunderts aufzuweichen. Zelizer untersucht die zunehmende Verbreitung von Lebensversicherungen empirisch im Spannungsfeld religiöser Vorstellungen, der Erosion tradierter Formen der Absicherung des Todes im Zuge der Urbanisierung, und der aktiven Strategien von Versicherungsunternehmen, die finanzielle Absicherung des Todes kulturell neu zu rahmen, und zwar als legitimer Ausdruck familärer Solidarität und Pflichten (Zelizer 2011: 64 f.). In einer weiteren Studie untersucht sie den Zusammenhang zwischen dem moralischen und dem Marktwert von Kindern („relationship between the human and the market value of children"; Zelizer 1981: 1036). Ihr Augenmerk liegt dabei auf den kulturellen Konflikten zwischen den Befürwortern und Gegnern einer neuen ökonomischen Praxis, die sich in den USA etwa seit dem letzten Viertel des 19. Jahrhunderts verbreitete: der Ausstellung von Lebensversicherungen für Kinder und damit die Berechnung ihres ökonomischen Wertes. Es seien nicht allein ökonomische, sondern „broader changes in the value of childrens' lives" (a.a.O.: 1050), die das Kind in ein "economically ‚worthless' but emotionally ‚priceless' child" (a.a.O.: 1037) verwandeln. Das „unproduktive Kind", das Kind also, das nicht bereits mit zehn oder noch weniger Jahren zum Lebensunterhalt der Eltern beitragen muss, ist für sie nicht nur das Ergebnis ökonomischer Umbrüche, sondern vor allem auch ein Produkt veränderter normativer Konzepte der Kindheit. Das Kind und die Kindheit insgesamt werden „sakralisiert", womit Zelizer einen historischen Prozess bezeichnet, in dem die Kindheit neu gerahmt und „erfunden" wurde: von einem Zustand ökonomischer Nützlichkeit und schwacher emotionaler Bindungen zu einem Zustand ökonomischer Wertlosigkeit und emotionaler Unbezahlbarkeit. Erst als solches: als einzigartiger Träger der emotionalen Liebe seiner Eltern konnte das Kind paradoxerweise zu einem Objekt versicherungstechnischer Kalkulationen werden. Zelizer zeigt, dass es vor allem normative Umbrüche sind, die eine bestimmte ökonomische Praxis möglich machen. Die (historisch variable) Grenze zwischen dem, was legitimerweise Objekt ökonomischer Kalkulation sein darf, und dem, was außerhalb des Geldnexus verbleiben soll, spielt hierbei eine entscheidende Rolle. Die Kalkulation von ökonomischem Wert setzt in dieser Perspektive moralische Urteile über die ‚Güter', die bewertet werden sollen, *voraus*.

3) Eine dritte Form der Thematisierung von Kultur und Ökonomie findet sich in neueren Arbeiten zum Verhältnis von ökonomischem Wert und Praktiken der Bewertung. Die letzte Finanz- und Wirtschaftskrise hat verdeutlicht, wie problematisch Fragen der Bewertung in einer von den Finanzmärkten bestimmten Wirtschaft geworden sind. Die Unsicherheit hinsichtlich des Werts gilt über die Finanzmärkte hinaus für viele sich neu herausbildende Märkte, beispielsweie für das

geistige Eigentum an digitalen Publikationen oder virtuelle Währungen wie *Bitcoins*. Damit kann die Unsicherheit über den „Wert der Dinge" (Beckert/Aspers 2011) als der Ausdruck einer fundamentalen Verschiebung der Wertbasis des gegenwärtigen Kapitalismus interpretiert werden. Es ist deshalb von großer Wichtigkeit, dass in den transdisziplinären *valuation studies* (Lamont 2012) die Frage nach der konkreten Praxis von Bewertungsprozessen aufgeworfen wird. Die Untersuchung dieser Praktiken der Bewertung in Form einer entstehenden Soziologie der Bewertung bildet eine hoch interessante Schnittstelle zwischen der allgemeinen Soziologie und der Wirtschaftssoziologie. In den letzten Jahren hat sich innerhalb der Soziologie eine interdisziplinäre Forschungsrichtung etabliert, die diese und ähnliche Grenzziehungen untersucht und damit der Frage nachgeht, in welcher Weise Dingen überhaupt ein ökonomischer Wert zugewiesen werden kann. Das, was die Neoklassik als gegeben voraussetzt, dass Menschen als wirtschaftlich Handelnde eine klare Vorstellung des mit bestimmten Gütern verbundenen subjektiven Nutzens haben, steht hier im Mittelpunkt der Forschungen. So schlägt beispielsweise Muniesa (2012) in Anschluss an die Social Studies of Finance vor, sich überhaupt von der Vorstellung einer Substanz von Wert zu lösen. Er begreift Bewertung demgegenüber als ein praktisches Tun, das ein Netzwerk von Akteuren und Dingen voraussetzt. In den *valuation studies* (vgl. Fourcade 2011; Lamont 2012; Nicolae u.a. 2018) wird also die konkrete Praxis der Bewertung untersucht. Dabei geht es oftmals um alltägliche, nichtsdestoweniger aber komplexe Bewertungsprozesse von Dingen, über deren Wert wir kaum nachdenken. Heuts/Mol (2013) fragen in diesem Sinne: „What is a good Tomato?" und identifizieren fünf verschiedene Bewertungsregister, die auf diese Frage eine Antwort geben. Der Preis stellt dabei nur eine Bewertungsdimension dar, die sinnliche Attraktivität der Tomate und ihr zugeschriebene Prädikate wie das ihrer „Natürlichkeit" sind andere. Folgerichtig untersuchen Heuts und Mol auch die Widersprüche und Spannungen, die sich aus diesen fünf Bewertungsregistern ergeben und die dem, was im Zentrum der orthodoxen ökonomischen Theorie steht, dem Preis nämlich, *vorgängig* sind. Auch hier zeigt sich, dass sich ein Preis für ein Gut nur finden lassen wird, wenn sich die relevanten Akteure über die Bewertungsdimensionen von Objekten, die zum Tausch stehen, geeinigt haben. Erst hierdurch wird aus einer konkreten Tomate ein marktgängiges Gut, dem ein Preisschild umgehängt werden kann. Im Gegensatz hierzu unterstellen die neoklassischen Markttheorien, „dass die Probleme der Qualität bereits gelöst sind" (Eymard-Duvernay 2012: 40; zitiert nach Diaz-Bone 2015: 329).

In diesem neuen Forschungsfeld der „valuation studies", welches Adkins und Lury (2012: 21) als eine „sociology in the making" bezeichnen, wird dementsprechend der Frage nachgegangen, in welcher Weise „objects become amenable to va-

2.5 Märkte und Wirtschaft als Kultur

luation and trade through the market" (Lamont 2012: 203). Neben einer komplexen Auffassung und Neukonzeptualisierung solcher Dinge, die schon lange Warencharakter aufweisen, konzentrieren sich diese soziologischen Studien zur Bewertung vor allem auf die Untersuchung solcher Prozesse „through which something that stands normally outside market exchange comes to be attributed an economic (monetary) value" (Fourcade 2011: 1723). „Bewertung" meint hier nicht soziale Wertschätzung im Sinne eines normativ abgestützten Urteils über die Wünschbarkeit eines Gutes oder das Prestige einer Person. Allerdings kommt Bewertung ohne die praktischen und moralischen Urteile der Akteure nicht weit: sie sind die Grundlage alltäglicher (Beispiel „Tomate") oder auch formalisierter bzw. institutionalisierter Aushandlungen (Beispiel „Umweltschäden"; Fourcade 2011) über die Bewertungsregister und die praktischen Aushandlungen, die dem Wert von Dingen zugrunde liegen. Als Bewertung muss also als derjenige (mehrdimensionale) Prozess verstanden werden, mittels dessen Entitäten ein ökonomischer Wert und damit ein Preis angehängt werden kann. Was und wie hoch ist der Wert eines Apfels, eines Hauses, eines Kinobesuchs, einer Gesetzesvorlage, einer Berufsausbildung, eines Radiobeitrags, des Humankapitals, einer digitalen Veröffentlichung, der Profile von Milliarden Facebook-Nutzern? Bewertung wird in diesem Kontext also im Sinne vielschichtiger sozialer Praktiken aufgefasst, welche in vielen Fällen die Grenzen zwischen Ökonomie und Kultur verschieben und damit bislang Unbewertbares in ökonomische Kategorien überführen.

Kritisch wird die Ausdehnung des Verwertungszusammenhangs auf bislang nicht oder nicht vollständig ökonomisierte Felder thematisiert, an deren Grenzen Auseinandersetzungen darüber stattfinden, welche ‚Dinge' (im weitesten Sinne) zum Gegenstand von ökonomischen Bewertungen gemacht werden dürfen. So untersucht Vormbusch (2016) am Beispiel der Selbstvermessung die Ausdehnung quantifizierender Bewertungen auf den menschlichen Körper, alltägliche Lebensvollzüge und die Selbstwahrnehmung. Mithilfe von *wearables*, am Körper getragener Sensoren, des Smartphones und spezifischer Apps zielt diese Form der Quantifizierung auf die Vermessung der sozialen Welt der Beziehungen und der subjektiven Welt der Gefühle, Wünsche und Motive. Bewertung wird hier als eine Kulturtechnik der Konstruktion und Zuweisung von Wert begriffen. *Ökonomisch* dient sie der Inwertsetzung bislang nicht quantifizierbarer Aspekte des Selbst, *kulturell* der Bewältigung der gesellschaftlichen Norm, nicht nur man selbst zu sein, sondern sich selbst zu entdecken. Die Ausweitung quantifizierender Bewertungen auf die soziale und die subjektive Nahwelt verschiebt die Grenze zwischen dem Kalkulierbaren und dem bislang Nicht-Kalkulierbaren und bringt spezifische Möglichkeiten der In-Wert-Setzung körper- und erfahrungsgebundener Kapitalien mit sich. Ein Aspekt solcher Formen der ‚Soziokalkulation' stellen Versuche zur

Quantifizierung von Gefühlen dar. Gefühle sind – hierauf wird der folgende Abschnitt aus einem anderen Blickwinkel eingehen – Teil des immateriellen Kapitals eines die ‚ganze Person' in den Blick nehmenden Arbeitskraftunternehmers (Voß/Pongratz 1998) bzw. des „unternehmerischen" Selbst (Bröckling 2002). Durch Praktiken der Selbstvermessung können Gefühle quantifizier- und bewertbar und damit zum Gegenstand einer durch Zahlen vermittelten Selbstsorge werden, die nicht zuletzt auf die Entwicklung subjektiver Kompetenzen im Kontext eines flexibilisierten Kapitalismus zielt (vgl. Kappler/Vormbusch 2014; Noji/Vormbusch 2018).

4) Die ebenso konstitutive wie oft übergangene Bedeutung von Gefühlen für ökonomisches Handeln repräsentiert einen bislang kaum erforschten Aspekt des Zusammenhangs von Ökonomie und Kultur. Dass Gefühle für wirtschaftliche Entscheidungen keine Rolle spielen sollen, ist eine weitere Konsequenz einer reduktionistischen Vorstellung rationalen Entscheidens in den Wirtschaftswissenschaften. Leistung, Emotionen und Gesundheit sind jedoch, so Neckel (1991, 2005) nicht voneinander zu separierende Aspekte der „Erfolgskultur" der Gegenwart. Spiegelbildlich gilt das auch für die ‚dunkle Seite' des Zusammenhangs von Leistung und Gefühlen: die emotionale Erschöpfung, die in den letzten Jahren vor allem am Beispiel des *Burnouts* diskutiert worden ist (vgl. Neckel/Wagner 2013). Während der Zusammenhang von flexiblem Kapitalismus und gesellschaftlicher Subjektivität (vgl. Sennett 1998a/b) bis vor wenigen Jahren eine eher akademisch diskutierte Frage war, wird mittlerweile von den Krankenkassen, den Tarifpartnern und den Unternehmen selbst das Phänomen einer wachsenden Überforderung in und durch Arbeit kritisch reflektiert. Paradoxerweise reagieren Beschäftigte dabei auf steigende Anforderungen in der Erwerbsarbeit zum Teil mit Strategien der „Krankheitsverleugnung" (Kocyba/Voswinkel 2007) und Mustern der „interessierten Selbstgefährdung" (Krause u.a. 2012). Die Mischung aus betriebsfunktionalen Anforderungen einerseits, Selbstverwirklichungsansprüchen andererseits führt dazu, dass sie selbst dann zur Arbeit erscheinen, wenn sie krank sind. Im Feld der Erwerbsarbeit durchdringen sich damit eigene und Fremdanforderungen in einer ambivalenten Weise.

Im Kontext der Entgrenzung der Arbeit und der Ökonomisierung der „ganzen Person" (Voß 2007; Voß/Pongratz 1998) geht es nicht mehr allein darum, Gefühle einfach zu haben, sondern darum, diese in Arbeit und Organisation einzubringen und sie damit als eine im Gebrauch zu entfaltende Ressource zu betrachten. Die amerikanische Soziologin Arlie Hochschild (2002) hat schon in den 1990er Jahren in einer empirischen Studie die gelingende Befriedigung von Interaktionsbedürfnissen am Arbeitsplatz mit der zeitökonomischen Durchrationalisierung des Alltags kontrastiert. Ihre Ergebnisse bringt sie mit der Formulierung auf den

2.5 Märkte und Wirtschaft als Kultur

Punkt: „When Work becomes Home and Home becomes Work." M.a.W.: Die als autonome Arbeit mit Ergebnisverantwortung, als Projekt- und Kreativarbeit reorganisierte und „subjektivierte" Arbeitswelt entspreche in stärkerem Maße den normativen Ansprüchen der Subjekte (bietet also mehr Ausdrucks-, Selbstverwirklichungs- und Freiheitsmöglichkeiten) als die mittlerweile nach den Maßstäben des Industriekapitalismus reorganisierte Sphäre der Familie und des „Lebens". Auf der anderen Seite ist die Kommerzialisierung von Gefühlen eine der Folgen der wachsenden Durchdringung von Gefühlen und Kapitalismus in Form emotionaler Arbeit (Hochschild 1990).

Insbesondere Sighard Neckel widmet sich aus einer gegenwartsdiagnostischen Perspektive der kritischen Untersuchung des Zusammenhangs von ökonomischen Strukturveränderungen, Emotionshaushalt und Kultur des Gegenwartskapitalismus. So untersucht er (2011: 39) in Anschluss an die letzte Finanzkrise die „Gier" als funktionalen Bestandteil des neuen, kulturellen Kapitalismus. Diese ist für ihn allerdings weniger als „individuelle Gier" oder als „ontologisierte Gier" wie in der Hirnforschung interessant, sondern als ein „Strukturprinzip des finanzökonomischen Handelns", dessen Verbreitung an spezifische institutionelle Voraussetzungen gebunden ist.

Neckel beginnt seine Ausführungen mit einer Kritik der diskursiven Behandlung dieses Themas in der öffentlichen Debatte direkt nach der Finanz- und Wirtschaftskrise 2008. In diesem Zusammenhang komme „dem Rekurs auf Emotionen als Ursachen wirtschaftlicher Krisen dann allein die Bedeutung zu, Akteure von Verantwortung zu entlasten …", (a.a.O.: 42), indem Gier beispielsweise als natürliche Eigenschaft des Menschen naturalisiert werde. Unter Rekurs auf Simmel arbeitet Neckel (a.a.O.: 47) die Qualität von Gier als „Erwartungslust" heraus. Diese falle umso stärker aus, je mehr sie „durch die Vorstellung unbegrenzter Möglichkeiten angeregt wird" – eine Bedingung, die er vor allem im gegenwärtigen Finanzsystem als fest institutionalisiert betrachtet. Deshalb sei, wie bereits Simmel erkannte, Geld der extreme Fluchtpunkt der Habgier, bei der „jeder erreichte Punkt eigentlich nur als Durchgangsstadium zu einem darüber hinaus liegenden Definitivum empfunden wird" (Simmel 1999: 303, zitiert nach Neckel ebd.). Neckel geht es vor allem um eine De-Ontologisierung der Gier, darum, dass die modernen Finanzmärkte genau jene institutionellen Bedingungen bereitstellen, die die Gier im Sinne einer weitgehend entgrenzten und an keine realökonomischen Zwänge mehr rückgebundenen Erwartungslust förderten. Es gehe mithin nicht um individuelle Gier, sondern um „einen Strukturwandel von Handlungsorientierungen im Finanzwesen, der schließlich auch die Sphäre der Gefühlsmodellierung erreicht" (a.a.O.: 49). Plakativ schildert Abolafia (1996: 94) vor diesem Hintergrund die Marktkultur von Tradern an der Wall Street:

„Traders are dying to make money. That's all they care about. Most traders don't care about the diplomacy that you see in the corporate environment. They don't care about titles. They are here to make money. They live in a four-by-four foot space and put up with all the bullshit that goes on around them. They put up with a lot, but the money is worth it."

Abolafia wie Neckel geht es in diesem Zusammenhang nicht um die Denunziation individueller Gier, sondern um die Nachzeichnung der für die heutigen Finanzmärkte dominanten Kultur, welche finanzmarktspezifische Handlungsmuster ermöglicht, nahelegt und gleichzeitig legitimiert (vgl. die faszinierende Feldstudie von Zaloom 2006). Schauen wir uns die Handlungsmöglichkeiten von Organisationen an, die in solchen Märkten agieren, so konstatiert Neckel, dass es den Banken faktisch immer weniger gelinge, der entgrenzenden Steigerungslogik der Finanzmärkte realökonomisch geerdete Organisationsziele entgegenzusetzen. Die hiermit einhergehende Entgrenzung von Risiko und Gewinn habe schließlich auch langfristige Folgen für den Gefühlshaushalt ihres Personals. Dies wiederum liegt u.a. daran, dass die Banken im Sinne der noch zu skizzierenden These des ‚koordinierten Kapitalismus' (Kap. 3) heute eben kein ‚geduldiges Kapital' mehr repräsentieren, sondern dass ihr Hauptgeschäftsfeld das Investmentbanking und damit die Spekulation auf den globalen Finanzmärkten geworden ist.

Einen weiteren Aspekt des Zusammenhangs von Ökonomie und Moral untersuchen Czingon/Neckel (2015) am Beispiel des normativen Selbstverständnisses von Bankern als Trägerschicht des gegenwärtigen Kapitalismus. In welcher Weise hängt also die Berufsmoral der Banker mit den gegenwärtigen Strukturen eines finanzialisierten Kapitalismus zusammen? Czingon/Neckel (2015: 83) konstatieren diesbezüglich eine zunehmende gesellschaftliche *Entbettung* des Finanzhandelns in Banken. Diese führen sie auf zwei Ursachen zurück: erstens auf eine „Berufsmoral, die sich überwiegend als innengerichtet begreift", d.h. nach den Folgen des eigenen Handelns für Kunden, Kolleginnen und Mitarbeiter, nicht aber nach den Folgen für die Gesellschaft frage. Entbettung heißt unter diesem Aspekt betrachtet die Entkopplung einer professionsspezifischen Binnenmoral der Banker von den Anforderungen einer universalistischen, für alle gleichermaßen geltenden Moral „da draußen". Der zweite Aspekt der Entbettung beruht auf sozialstrukturellen Veränderungen, insbesondere der Einkommens- und Vermögenskonzentration, von der nicht zuletzt diejenigen Teile der Bankangestellten profitieren, die das globale Geschäft mit Finanzanlagen kontrollieren. Damit einher geht die zunehmende Schließung der sozialen Milieus, aus denen sich Banker faktisch rekrutieren und in denen sie leben. Einkommens- und Vermögensunterschiede bewirken in diesem Sinne nicht nur, dass materielle Konsum- und Reproduktionsmöglichkeiten in der Gesellschaft auseinanderfallen, sondern auch, dass die Lebenswelten der verschiedenen Schichten und Milieus immer weniger Berührungspunkte aufweisen. So antwortet ein leitender Bankangestellter auf die Fragen der Interviewer (a.a.o.: 81):

> „Die Gesellschaft interessiert doch keinen Mensch. Wer sieht denn in Königstein[10] 'ne Gesellschaft? Niemand." (Risikochef, 55 Jahre alt)

Granovetter sah die *Stärke schwacher Bindungen* darin, dass sie über die Grenzen kommunikativ geschlossener Kleingruppen hinweg gesellschaftliche Integration zu stiften vermögen. Die *Schwäche starker Bindungen* besteht komplementär hierzu darin, dass sie Gruppen von Menschen in Cliquen einschließt, die sich durch starke Binnenähnlichkeiten auszeichnen und damit die Wahrscheinlichkeit, mit abweichenden Meinungen und Kritik konfrontiert zu werden, minimiert.

2.6 Multiple Bewertungsregister: Die Ökonomie der Konventionen und die Soziologie der Kritik

Es ist bereits angeklungen, dass der neuen Wirtschaftssoziologie bislang eine stärkere Ausrichtung auf die Analyse gesamtgesellschaftlicher Prozesse fehlt, obwohl ihrem Selbstverständnis nach „aus der prägenden Kraft des Wirtschaftssystems [...] der gesellschaftstheoretische Primat der Ökonomie für die Erklärung der Dynamik gesellschaftlicher Ordnungsprozesse" abgeleitet werden soll (so Beckert 2009: 187). Ein wichtiger Beitrag diesbezüglich ist die französische Soziologie der Kritik und die mit ihr eng verbundene Ökonomie der Konventionen. Lange Zeit galten

> „lediglich die Innovationen aus der amerikanischen Wirtschaftssoziologie als Beiträge zu einer „new economic sociology". Auch diese Einschätzung hat sich seit einigen Jahren geändert. Mit der EC [Ökonomie der Konventionen; Anmerkung U.V.] steht ein genuin französischer Beitrag zur „new economic sociology" zur Verfügung als Ansatz für eine (re)integrierte pragmatische Analyse ..."

---

10 Königstein ist eine Taunusgemeinde im Nordwesten der ‚Global City' Frankfurts, in der viele Mitglieder der Finanzdienstleistungsklasse wohnen. Sie weist mit den naheliegenden Gemeinden Bad Homburg und Kronberg eine weit überdurchschnittliche Kaufkraft pro Einwohner auf.

der Wirtschaft (Diaz-Bone 2015: 22). Waren die hier versammelten Forschungen bis vor einigen Jahren lediglich im französischen Original und nur wenige Hauptwerke auf Englisch erhältlich, so gibt es mittlerweile eine Reihe von Übersetzungen dieser Hauptwerke (Storper/Salais 1997; Boltanski/Thévenot 2007; Boltanski/Chiapello 2003), umfassende Einführungen (Diaz-Bone 2015) sowie feldspezifische Textsammlungen (Diaz-Bone 2011; Knoll 2015 zum Verhältnis von Ökonomie der Konventionen und Organisationsforschung).

Bis zur Jahrtausendwende waren es vor allem die Arbeiten Pierre Bourdieus und Michel Foucaults, die im Mittelpunkt der Rezeption französischer Theorie in Deutschland standen. Bruno Latour, die von ihm sehr eloquent verfolgte Idee einer Hybridisierung von Natur und Gesellschaft, sowie die Akteur-Netzwerk Theorie insgesamt repräsentierten – verglichen mit diesen beiden Überfiguren der französischen Soziologie der Nachkriegszeit – schon eher einen für die Wissenschafts- und Technikforschung und die Sozialtheorie wichtigen Sonderfall. Wenn es allerdings um die Rezeption französischer Theorien innerhalb der Wirtschaftssoziologie geht, so spielen Bourdieus materialistische Kultursoziologie sowie Foucaults Studien zur Gouvernementalität und zur Subjektivierung bislang keine besondere Rolle. Bourdieus Verbindung von ökonomischer Kapitaltheorie und kritischer Kultursoziologie ist hier wesentlich weniger verbreitet als der französische Konventionalismus.

Die Ökonomie der Konventionen untersucht zunächst ganz allgemein, wie ökonomische Akteure ihre Handlungen zu koordinieren verstehen, unabhängig davon, ob diese Koordination innerhalb eines Unternehmens oder eines Marktes notwendig wird. Der Begriff der ‚Koordination' sollte in diesem Zusammenhang nicht zu eng verstanden werden. Hiermit kann sowohl der ‚Tauschkampf' um ein begehrtes Gut in Form eines Preiswettbewerbs als auch die Entwicklung eines Mobilfunkstandards oder die Kennzeichnung von Wein und Käse als regionales Produkt gemeint sein. Die EC geht dabei davon aus, dass Akteure sich auf bestimmte Standards bzw. „Qualitätskonventionen" einigen müssen, um Dinge bewerten zu können. D.h. am Anfang der ökonomischen Praxis stehen Aushandlungsprozesse darüber, wie die Vielfalt von Produkten und Tätigkeiten kategorisiert werden kann. Diese Kategorisierung, welche eine aktive Arbeit darstellt und ‚Investitionen in Formen' voraussetzt (vgl. Thévenot 1984), ist die Voraussetzung dafür, dass etwas überhaupt bewertet und anschließend getauscht werden kann. Die wirtschaftliche Neoklassik kennt nur einen Mechanismus zur wirtschaftlichen Koordination: den Preismechanismus. Dieser regelt Angebot und Nachfrage als homogen gedachter Güter im Kontext gegebener Nutzenfunktionen. Die EC setzt ‚früher' an. Sie fragt danach, welche Arbeit investiert werden muss, damit überhaupt so etwas wie Preise entstehen können und Akteure überhaupt wissen, was das für ein

2.6 Multiple Bewertungsregister: ...

Gut ist, welches sie tauschen wollen: welche Qualitäten es hat, wie sie es einordnen und schätzen können. Die EC geht also von einem ganz allgemeinen Handlungsproblem aus, dass nämlich „die Koordination menschlicher Handlungen problematisch ist" und dass Akteure nur „mit Hilfe von konventionsbasierten Rahmen die Situation und das Handeln der anderen erfassen" können (Eymard-Duvernay u.a. 2011: 203). Dieses Handlungsproblem stellt sich nicht nur auf Märkten, und deshalb ist die EC für Diaz-Bone (2011) viel mehr, nämlich eine „pragmatische Anthropologie". Die Koordination des Handelns und die Verständigung darüber, was der ‚richtige' Rahmen für die Interpretation einer Situation ist, stellt ein generelles Problem der menschlichen Interaktion dar, das bekanntermaßen auch schon Goffman beschäftigte. Im Vergleich zur Ethnomethodologie sucht die EC allerdings nach spezifischen ‚Rahmen', die über die konkrete Situation hinaus stabil sind und bezeichnet diese als ‚Konventionen' (vgl. Diaz-Bone 2015: 21 ff.). Das Maß, in dem eine Konvention auch eine übersituative Geltung beanspruchen kann, ist abhängig von so genannten Forminvestitionen. Die Reichweite einer Konvention und ihre Kapazität zur Koordination verteilter Akteure und Aktivitäten sind dabei, so Thévenot (2009: 794), wiederum abhängig von ihrer zeitlichen und räumlichen Stabilität sowie der ‚Solidität' der Objekte, durch die sie reproduziert und stabilisiert wird. Die Geltung von Konventionen hängt dementsprechend ab von:

- dem Kreis von Akteuren, für die die jeweilige Konvention gilt (ihre soziale Reichweite),
- ihrer zeitlichen Konstanz bzw. Stabilität,
- sowie der Form und Stabilität der vermessenen Objekte und der Messverfahren.

Als eine pragmatische Anthropologie ist die EC eng verbunden mit der neuen französischen Soziologie, insbesondere der Soziologie der Kritik, die deshalb hier kurz skizziert werden soll. Die Soziologie der Kritik (vgl. Boltanski/Thévenot 2007) untersucht Rechtfertigungsordnungen, auf die Menschen in Alltagssituationen zurückgreifen, wenn sie kritisiert werden und ihre Handlungen zu begründen versuchen. Kritik und Rechtfertigung sind als basale soziale Praxen zu verstehen, die für Menschen schon immer wichtig waren, um ihr Zusammenleben zu regeln (zu ‚koordinieren' also), die jedoch in modernen Gesellschaften aufgrund der Vervielfältigung funktionaler und normativer Bezüge des Handelns eine besondere Bedeutung erlangen. Konkrete Rechtfertigungen reichen beispielsweise von Alltagsfragen der Tischordnung und der sich hierin ausdrückenden ‚Wertigkeiten' der Mitglieder der Tischgesellschaft über Fragen, wie „ethische" von „traditionellen" Finanzprodukten unterschieden werden können, bis zu gesamtgesellschaftlich folgenreichen Abwägungen: Anhand welcher Kriterien sollen MigrantInnen Zugang

zu welchen gesellschaftlichen Ressourcen erlangen können? Darf abgetrieben werden und welche Grenzen sollen dem genetischen Klonen gesetzt werden?
Die Soziologie der Kritik erhebt damit den universalen Anspruch, die Dynamiken von Rechtfertigung und Kritik in allen sozialen Feldern zu untersuchen, während die Ökonomie der Konventionen – im Prinzip demselben pragmatistischen Erkenntnisprogramm folgend – sich auf Fragen der Koordination wirtschaftlichen Handelns und der Bewertung ökonomischer Güter konzentriert. Es ist wichtig herauszustellen, dass nach Ansicht der Soziologie der Kritik sich alle wertenden Urteile, von den alltäglichen Kategorisierungsleistungen in Arbeit und Alltag bis zu den gesellschaftspolitisch weitreichendsten Fragen, auf eine überschaubare, wenn auch aus prinzipiellen Erwägungen heraus nicht abgeschlossene Zahl von Rechtfertigungsordnungen beziehen. So haben Luc Boltanski und Laurent Thévenot in „Über die Rechtfertigung" (2007) sechs basale Rechtfertigungsordnungen herausgearbeitet. Diese Ordnungen beziehen sich dabei auf je spezifische Vorstellungen des Gemeinwohls und der Gerechtigkeit, die gewissermaßen den moralischen Kern der jeweiligen Rechtfertigungsordnung ausmachen. Jede praktisch wirksame Kritik muss sich auf einen solchen Rahmen beziehen. Kritik kann also nur als die praktische Auseinandersetzung über die Richtigkeit und Gerechtigkeit sozialer Normen und ihrer Anwendung in konkreten sozialen Situationen verstanden werden. Sie gründet in bestimmten moralischen Rahmenordnungen (den Rechtfertigungsordnungen). Folgerichtig hat sich die in den 1980er Jahren um Luc Boltanski und Laurent Thévenot herum gegründete Forschungszusammenhang den Namen *Groupe de sociologie politique et moral* (GSPM) gegeben. Das Subjekt wird in dieser Perspektive als ein reflexiver und kritikfähiger Akteur aufgefasst. Diese Immanenz der Kritik in der sozialen Praxis ist vielfach zum Anlass genommen worden, die „Soziologie der Kritik" von der ‚kritischen Soziologie' paradigmatisch abzugrenzen: Während die ‚kritische Soziologie' von Marx über Adorno und Horkheimer bis zu Bourdieu das Vorhandensein einer ausgearbeiteten Theorie der Gesellschaft als eine Voraussetzung von gesellschaftlicher Kritik ansehe und damit an Kritik letzlich so hohe Anforderungen stelle, dass sie zu einer Sache ausgebildeter Experten werde, besteht die Soziologie der Kritik darauf, dass die Akteure in ihren Alltagspraktiken immer schon kritikfähig und praktisch kritisch sind, ohne über einen theoretischen Standpunkt außerhalb dieser Gesellschaft verfügen zu müssen.

Die Soziologie der Kritik und die Ökonomie der Konventionen sind in expliziter Auseinandersetzung *mit* sowie Abgrenzung *von* Bourdieu entstanden. Luc Boltanski war ebenso wie Robert Castel (vgl. Castel/Dörre 2009) ein Schüler Bourdieus. Allerdings wandte er sich bereits mit seiner Dissertation über die gesellschaftliche Formierung der Führungskräfte („Lec Cadres"; dt. 1990) von Bourdieus stärker strukturtheoretischen Überlegungen ab. Insbesondere in der Kooperation mit Laurent Thévenot und der Forschungsgruppe *Groupe de sociologie politique et morale* (GSPM) an der EHESS (*École des hautes études en sciences sociales*) in Paris entstand ein empirischer Forschungszusammenhang, der in den folgenden Jahrzehnten die pragmatische Soziologie in Frankreich prägen sollte. Dabei stehen die „Soziologie der Kritik" und die ‚Ökonomie der Konventionen' in einem engen personellen, konzeptionellen und institutionellen Verhältnis zueinander. Bereits in den späten 1980er Jahren als eine gemeinsame Forschungsperspektive französischer Wissenschaftler im Großraum Paris entwickelt (vgl. Diaz-Bone 2015: 25 ff.), positionierte sie sich zunächst explizit gegen den imperialen Erklärungsanspruch der ökonomischen Neoklassik (vgl. ausführlich Eymard-Duvernay u.a. 2011). Die Ökonomie der Konventionen hat sich heute als ein innovativer Ansatz etabliert, der über eine Reihe von Grundlagenwerken (Storper/Salais 1997 sowie die für die Soziologie der Kritik entscheidende Publikation von Boltanski/Thévenot 2007) und eine Vielzahl empirischer Studien – von den Kodierpraktiken im Feld der Statistik (vgl. Diaz-Bone 2015: 80 ff.) bis zur Untersuchung von Rechtfertigungsordnungen im Feld der Arbeit und des Managements (Boltanski/Chiapello 2001, 2003) verfügt, und sich programmatisch um eine Synthese soziologischer und ökonomischer Erklärungsansätze bemüht.

Die Ökonomie der Konventionen geht zunächst davon aus, dass die Sozial- und die Wirtschaftswissenschaften durchaus ein gemeinsames Ausgangsproblem haben: die „problematische Koordination der Handlungen" (Eymard-Duvernay u.a. 2011: 208 ff.). Dabei beansprucht die Ökonomie der Konventionen, drei grundlegende Probleme, die in Hinblick auf die Koordination von Handlungen auftauchen und in den Wirtschaftswissenschaften getrennt voneinander behandelt werden, in einem gemeinsamen Analyserahmen zusammenzuführen: eine treffende Charakterisierung der handelnden *Akteure* und ihrer Motive, eine Typisierung der *Koordinationsformen* des Handelns, sowie den Einfluss von Normen und *Werturteilen* auf die Handlungen der Akteure (a.a.O.: 203). Die Ökonomie der Konventionen geht dabei von kompetenten und entscheidungsfähigen Akteuren aus, die sich erstens für ihre Handlungen rechtfertigen müssen, und sich zweitens unterschiedlichen, ja durchaus unvereinbaren Rechtfertigungskriterien gegenübersehen, die sie *praktisch gebrauchen* und im Falle von Kritik *kritisch reflektieren* müssen. Entscheidungssituationen werden in dieser Sichtweise prinzipiell von normativen Bezugssystemen (den „Rechtfertigungsordnungen") gerahmt, die – das ist wiederum ein wesentlicher Unterschied zum Situationismus z.B. der Ethnomethodologie – über die konkrete Situation hinausweisen, indem sie zum praktischen Hintergrundwissen aller Akteure in einem Kulturraum gehören, über welches dieselben zwanglos verfügen. Obwohl sich die Ökonomie der Konventionen nicht vollständig von dem die Wirtschaftswissenschaften dominierenden methodologischen Individualismus trennt (so zumindest Bessy 2011), lehnt sie die Vorstellungen individueller Präferenzen und individueller Nutzenkalküle sowie die hierauf beruhenden Vorstellungen der Konkurrenz und des Gleichgewichts als Grundlage ökonomischer Theoriebildung ab (Eymard-Duvernay u.a. 2011: 205 ff.). Sie wendet sich ebenfalls gegen einen in ihren Worten ökonomischen Imperialismus, der versucht, mittels der universellen Anwendung der Konzepte individuellen Nutzens und strategischer Spiele letztlich alle Bereiche gesellschaftlichen Handelns nach diesen Prinzipien erklären und gestalten zu wollen.

Auf der anderen (der soziologischen) Seite möchte sie aber auch dem für die neuere Wirtschaftssoziologie so zentralen Konzept der Einbettung nicht folgen. Es gehe nämlich nicht lediglich um die Erkenntnis, dass Märkte soziale Konstruktionen seien und wirtschaftliches Handeln eingebettet ist in einen mittels soziologischer Standardtheorien beschreibbaren Rahmen, sondern – wesentlich anspruchsvoller – um eine „nicht-reduzierende Integration" soziologischer und wirtschaftswissenschaftlicher *Theorien der Koordination* (Eymard-Duvernay u.a. 2011: 208 ff.). Mit diesem integrativen Rahmen sollen die Grenzen des jeweiligen fachdisziplinären Zugangs gesprengt werden – ein tatsächlich sehr ambitioniertes Projekt. Gleichzeitig soll der evidente Kampf der Wirtschafts- und der Sozialwissenschaften um die theoretisch-konzeptionelle Deutungshoheit auf eine neue Ebene gehoben werden, die es erlaube, die „Pluralität von Koordinationsweisen" zu beschreiben, die der sozialen und der wirtschaftlichen Welt zugrunde liegen. Denn die gemeinsame Frage, die in den Wirtschafts- und den Sozialwissenschaften gleichermaßen zu beantworten versucht werde, sei die der *problematischen Koordination menschlichen Handelns*. Diese Koordination könne erstens nicht durch das Verfolgen individueller Präferenzen ermöglicht werden, wie die Wirtschaftswissenschaft sich dies in ihren abstrakten Modellierungen vorstellt. Sie könne zweitens aber auch nicht durch die funktionalen Zwänge gewährleistet werden, die vor allem die klassische Soziologie in der Form von gesellschaftlichen Normen und Kräften wie der Arbeitsteilung und der Herrschaft in den Mittelpunkt ihrer Analysen gestellt habe. Desweiteren könne sie auch nicht durch mikrosoziologische Analysen von Interaktionsordnungen allein beschrieben werden, die sich auf die *situativen* Strategien der Akteure konzentrierten, im Angesicht der Unsicherheit der Situation gemeinsame Rahmen und Interpretationsordnungen herzustellen. Gegenüber diesen drei Ansätzen verfolgt die Ökonomie der Konventionen die Strategie, die öffentlichen Bewertungs- und Evaluationspraktiken zu untersuchen, die jeder Form der Koordination menschlichen Handelns zugrunde liegen. Eine Bewertung des Handelns ist somit immer in die verschiedenen Formen des Handelns eingelassen. Und Konventionen bilden die Bezugspunkte, auf die Akteure sich in ihren alltäglichen Beurteilungen berufen müssen, um zu Urteilen gelangen zu können. Es gibt also eine Ebene unter- und auch oberhalb der individuellen Entscheidungen, ohne die diese Entscheidungen gar nicht möglich wären.

Die Ökonomie der Konventionen geht davon aus, dass im Grunde alle Personen, die in einer Zeit (wie z.B. unserer Gegenwart) leben, sich in ihren Urteilen auf ein ähnliches Repertoire von Begründungsmustern des Guten und des Gerechten berufen, auch wenn diese Begründungsmuster in konkreten Situationen nicht widerspruchsfrei angewendet werden können (vgl. Dodier 2011: 79 ff.). Die Manifestation dieses „von Generation zu Generation weitergegebenen alltäglichen Gerechtigkeitssinns" (Dodier 2011: 81) in spezifischen ‚Welten'[11] sind die ‚Konventionen'. Das Handeln von Menschen steht dabei prinzipiell unter Rechtfertigungszwang: es muss jederzeit durch Rückgriff auf bestimmte Konventionen gerechtfertigt werden können, sobald es auf Kritik stößt. Boltanski/Thévenot (2007: 21) sprechen hier von der „Notwendigkeit, Gerechtigkeit zwischen Menschen herzustellen", sowie von der „Erfordernis der Abstimmung zwischen den Dingen" (a.a.O.: 28). Boltanski und Thévenot machen die „Wirtschaftsakteure zu alltagspraktischen Metaphysikern, die um philosophische Fragen des Gemeinwohls nicht herumkommen", so Knoll (2017: 152): Moralische Evaluationen rahmen nicht allein wirtschaftliche Entscheidungsprozesse, sie sind ihr Kern.

Wie sind nun diese Rechtfertigungsordnungen (die oftmals, etwas verwirrend, auch als „Welten", „cités", „Polis" oder „Konventionen" bezeichnet werden; vgl. Diaz-Bone 2015: 140 ff.) konkret aufgebaut?

Boltanski/Thévenot (2007) unterscheiden in idealtypischer Absicht sechs Welten: die Welt der Inspiration (die erleuchtete Welt), die häusliche bzw. Familien-Welt, die Welt der Meinung bzw. der Reputation, die staatsbürgerliche Welt, die Welt des Marktes und die industrielle Welt. Der Rechtfertigungsimperativ gilt in jeder dieser Welten, doch bezieht er sich auf je andere, polisspezifische Vorstellungen des Guten und des Richtigen. In jeder dieser Welten gelten andere Vorstellungen davon, was ‚wertig', ‚bedeutend', ‚gerecht', oder – in der Terminologie der Soziologie der Kritik – ‚groß' ist. Dementsprechend beziehen sich die ‚Prüfungen', mittels derer den Dingen in einer Welt ein Platz zugewiesen wird, auf je spezifische Äquivalenz- bzw. Beurteilungsprinzipien. Während das ‚Äquivalenzprinzip' in der Welt des Marktes das Einkommen bzw. der Reichtum einer Person ist, so in der Welt der Meinung die Reputation, die eine Person akkumuliert hat, und in der staatsbürgerlichen Welt die Fähigkeit, den Gesamtwillen der Mitglieder

---

11 Der Begriff der Welt und die analogen Begriffe der Polis, Rechtfertigungsordnung und Konvention dürfen nicht gegenständlich, sondern müssen idealtypisch verstanden werden.

eines Staatswesens formulieren zu können. Damit ergeben sich in praktischen Situationen zwangsläufig Widersprüche zwischen den anzuwendenden Bewertungsordnungen (wenn sich z.B. eine unterschiedliche Größe oder Wertigkeit für die situative Bewertung eine Person ergibt, je nach angewandter Konvention), die die Akteure in der konkreten Situation lösen müssen. Dabei setzt die Einigung über die Wertigkeit von Personen, Tätigkeiten und Prozessen „eine grundsätzlichere Einigung über ein Äquivalenzprinzip voraus, anhand dessen man den relativen Rang der anwesenden Personen ablesen kann" (Boltanski/Chiapello 2001: 465). Zu den ‚Welten' bzw. ‚Rechtfertigungsordnungen' im Einzelnen:

In der ersten von Boltanski und Thévenot (2007: 120 ff.) herausgearbeiteten Welt, der *Welt der Inspiration*, leitet sich der Wert einer Person von einem inneren Zustand der Gewissheit ab, der sich dem vernünftigen Denken und den Messungen der industriellen Welt verweigert. Das Beispiel hierfür in dem klassischen Referenztext, den Boltanski/Thévenot zur Herleitung dieser Welt heranziehen, dem „Gottesstaat" des Augustinus von Hippo (354-430), ist der Heilige. Der Heilige „sucht Gott tief in seinem Innern" (Augustinus, Bekenntnisse: 493; zitiert nach Boltanski/Thévenot a.a.O.: 128), meidet äußerlichen Ruhm und sucht nicht die Anerkennung durch andere Menschen. Die Inspiration als Leitgröße des Handelns sehen die Autoren in der heutigen Welt realistischerweise weniger bei christlichen Asketen und Heiligen, die radikal der diesseitigen Welt entsagen, als vielmehr in der Arbeit des schöpferischen Genies, des Künstlers, des Exzentrikers sowie solchen Vertretern der politischen Avantgarde, „die in ihren Aktivitäten häufig bis zum Martyrium gehen" (a.a.O.: 127; paradigmatisch zu denken wäre hier an ‚erleuchtete' Persönlichkeiten wie Mahatma Gandhi, aber auch an all jene Menschen, die ohne Rücksicht auf materielle, soziale oder psychische Kosten ‚ihren Weg gehen'). Inspiriertheit bedeutet dabei immer eine implizite, oftmals aber auch radikale Kritik an anderen Formen der Größe wie Reichtum, Berühmtheit oder Aktivität. Sie stellt einen radikalen Gegenentwurf zur bürgerlichen Welt, zum industriellen Unternehmen und zur staatlichen Verwaltung dar. „Die Großen in der Welt der Inspiration werden häufig von der Welt verachtet, sind arm, bedürftig, unnütz." (Boltanski/Thévenot 2007: 223) Diese Personen folgen ihrer Überzeugung, sie wollen kreativ sein und sind begeistert, wenn nicht gar besessen von ihren Ideen und Zielen (hier kommen z.B. auch die inspirierten Unternehmerpersönlichkeiten des *Silicon Valley* wie Steve Jobs oder Elon Musk ins Spiel).

Im *häuslichen Gemeinwesen* dagegen bildet ein jeder ein Glied „in einer Kette persönlicher Abhängigkeiten" (a.a.O.: 130). Das soziale Band zwischen den Menschen ist hier „dem die Generationen einer Familie einigenden Band nachempfunden". So ist im Unternehmen der Chef „für seine Untergebenen wie ein Vater" (ebd.). Die soziale Position der Menschen entspricht ihrer Stellung in dem konkreten ‚Haus', um das es jeweils geht, sei es ein Unternehmen, eine Organisation, ein Nationalstaat oder eine Region. Wichtig ist hier vor allem, seinen Platz zu kennen. Dementsprechend gilt es als massive Form der Abweichung, diesen Platz nicht zu akzeptieren bzw. sich als jemand auszugeben, der man nach der Ordnung von Tradition und Sitte nicht ist (a.a.O.: 131). Die häusliche Welt ist eine hierarchische Welt, und die „Liebe zum Vater eint die Untertanen in der Unterordnung" (a.a.O.: 136). Die häusliche Welt ist daher durch Abstammung, Tradition und eine Gewohnheit des Verhaltens und der Ansichten bestimmt, die ihren Mitgliedern durch eine frühzeitige Erziehung zwanglos erscheint. Man verhält sich respektvoll gegeneinander und die Pflicht des ‚Großen' in dieser Welt ist es, die ‚Kleinen' „ihrem *Rang* entsprechend an seiner Größe teilhaben zu lassen" (a.a.O.: 231). Kurzum: die die häusliche Welt bevölkernden Wesen sind „durch eine auf Unterordnung basierende Beziehung definiert" (a.a.O.: 234).

In der *Welt der Meinung* bzw. der Reputationspolis hängt Größe „einzig von der Meinung der anderen ab" (a.a.O.: 141). Es geht um Ehre, Ansehen und Ruhm, und diese Größen sind, wie Boltanski und Thévenot aus den einschlägigen Passagen von Thomas Hobbes ableiten, eng mit der Macht verbunden, denn „einem Mann Ehre erweisen (innere Ehre) ist, es erkennen oder anerkennen, daß er an Macht jenen überragt, der mit ihm wetteifert" (Hobbes, Naturrecht: 164; zitiert nach a.a.O.: 142). In der Konkurrenz zeigt sich eine Parallele zur Ordnung des Marktes, nur, dass die Einzelen dort in Hinblick auf Reichtum und Einkommen, hier in Hinblick auf Ehre und Ruhm in Konkurrenz zueinander treten. Im Gegensatz zur häuslichen Welt wird Größe hier nicht durch Abhängigkeit, sondern allein durch die Anzahl der Personen (in der digitale Meinungswelt unter Umständen: der ‚likes') definiert, „die einem Kredit gewähren". Ehrenhaft ist es demzufolge, „‚von vielen geehrt, geliebt oder gefürchtet zu werden' (Hobbes, Leviathan, S. 70)" (a.a.O.: 143). Die polisspezifische Größe bemisst sich damit vor allem an der Sichtbarkeit, und Macht beruht auf dem Ruf, den jemand besitzt: „‚Im Ruf von Macht stehen ist Macht.' (Ebenda, S. 66)" (a.a.O.:144) Ehre ist damit nicht ‚material' in Hinblick auf moralisch bestimmte Handlungen definiert, sondern lässt sich ganz auf das Ansehen, die Sichtbarkeit eines Wesens reduzieren. Dies drückt auch das von Boltanski/Thévenot (a.a.O.: 146) herangezogene Hobbes-Zitat aus: „Es spielt auch keine große Rolle, ob eine Handlung gerecht oder ungerecht ist, wenn sie nur groß und schwierig und folglich ein Zeichen von Macht ist." In der Welt der Meinung ist also die Gunst des Publikums ausschlaggebend, und die Menschen haben „nur eine Leidenschaft und einen Wunsch, nämlich anerkannt und geschätzt zu werden" (a.a.O.: 247). Wertlos ist im Rahmen dieser Ordnung ein Wesen, das im Resonanzraum des (medial vermittelten) Publikums völlig unbekannt ist, das kein Image hat, das nicht gesehen wird: Unternehmen, Projekte oder Personen, die schlicht *verschwinden*.

Die *staatsbürgerliche Welt*, die unter Rückgriff auf Jean-Jacques Rousseau erläutert wird, charakterisieren Boltanski und Thévenot (a.a.O.: 154) als eine Form der „Entkörperlichung" gesellschaftlicher Autorität, als Übertragung der Hoheitsgewalt „vom Körper des Königs auf einen Gemeinwillen sowie die Verwandlung des Königs in einen ganz normalen Bürger, ...". Ebenso wie in der häuslichen Welt muss Gerechtigkeit hier „durch Bezugnahme auf eine auf höherer Ebene angesiedelte Totalität vermittelt werden" (a.a.O.: 156), nur, dass diese Ebene nicht mehr länger durch Tradition und Abstammung als vielmehr durch einen Gesellschaftsvertrag begründet wird, an dem alle Bürger beteiligt sind und dessen Ausdruck das Gesetz ist, das für alle nun gleichermaßen gilt. ‚Groß' ist hier also etwas, das „sich am Gemeininteresse orientiert" (a.a.O.: 162). In erster Linie sind dies keine natürlichen Personen, sondern „Kollektivpersonen": Vereine, Parteien, Verbände und generell Organisationen, die (mehr oder weniger) einen allgemeinen Willen zu verkörpern beanspruchen. Menschen sind nur als *Mitwirkende* an der Organisation eines gemeinsamen Willens ‚groß' und relevant, nur insofern sie sich „am *kollektiven Handeln* beteiligen, weches dem Verhalten der Individuen einen Sinn und eine Rechtfertigung verleiht" (a.a.O.: 254). Die Würde der Menschen drückt sich hier in dem „Streben nach Vereinigung" aus, in dem „*Streben* nach dem, was allen *gemein* ist" (a.a.O.: 256). In ihrem Streben nach Größe konkurrieren die Menschen deshalb nicht um das, was auch alle anderen für sich begehren (wie in der Marktwelt). Stattdessen besitzen sie Größe, wenn sie mit diesen anderen solidarisch sind sowie in dem Maße, in dem sie es verstehen, etwas auszudrücken und zu vertreten, was den Willen möglichst Vieler repräsentiert. Sie sind also groß, wenn sie ihre Vereinzelung überwinden und ein allgemeines Interesse zu verkörpern verstehen. Auch wenn Boltanski und Thévenot die ‚staatsbürgerliche Welt' am Beispiel von Betriebsgruppen und Gewerkschaften erläutern, so muss der Begriff des Staatsbürgerlichen in einem weiten Sinne verstanden werden. Es geht weniger um Verdienste um den Staat oder um die Übernahme staatsbürgerlicher Pflichten als vielmehr um das Ziel, kollektive Interessen zu bündeln, aufzugreifen, zu formulieren und zu vertreten. In diesem Sinne sind alle Vereinigungen (explizit auch solche, die sich *gegen* die offizielle staatliche Politik wenden, wie Nichtregierungsorganisationen, die Friedens- und Ökologiebewegung etc.) im Sinne der staatsbürgerlichen Welt ‚groß', sofern sie mit guten Gründen als gemeinwohlorientiert oder gar ‚universalistisch' gelten können.

In der *industriellen Welt*, die Boltanski und Thévenot aus Saint-Simons (1760-1825) klassischen Arbeiten zum Industrialismus ableiten, beruht die Größe von Personen und Dingen auf ihrer Leistung und Produktivität, auf ihrer Effizienz und – ganz im Gegensatz zur erleuchteten Polis – auf „ihrer *Fähigkeit*, ein *normales Funktionieren* zu gewährleisten und *Bedürfnisse* in nützlicher Weise zu befriedigen" (a.a.O.: 278, kursiv im Orig.). Die industrielle Welt steht also mit ihren zen-

2.6 Multiple Bewertungsregister: ...

tralen Prinzipien der Organisation, der Planung, der methodischen Optimierung und der Berechenbarkeit in einer ausgeprägten Spannung zur erleuchteten Welt der ‚Künstler' und der ‚Kreativen'. Auch wenn sich ihre Geltung keineswegs auf das Unternehmen oder die Organisation beschränkt, so sind ihre Prinzipien doch vor allem mit der Form der Organisation verbunden. So gewährleisten Organisationen in der industriellen Welt eine stabile Ordnung, indem die Zukunft aus den etablierten Strukturen der Gegenwart abgeleitet (also: geplant) werden kann und damit eine Zeitlichkeit und kausale Verknüpfung von Gegenwart und Zukunft etabliert wird (ebd.). ‚Groß' im Sinne der Ökonomie der Konventionen ist in der industriellen Welt jemand, der imstande ist, „sich in die *Räderwerke* und *Getriebe* einer Organisation *einzufügen*, ..." (ebd., kursiv im Orig.) und dementsprechend z.B. eine erfolgreiche Karriere innerhalb eines Unternehmens, einer Kommune, immer aber innerhalb eines mehr oder weniger geordneten Rahmens absolviert. ‚Klein' sind die Personen, „wenn sie nichts Nützliches produzieren, *unproduktiv* sind, [...], wenn sie *nicht erwerbstätig, arbeitslos* oder *behindert* sind ..." (a.a.O.: 278). Zur industriellen Welt gehören vor allem auch die „technischen und wissenschaftlichen Objekte", auch sie sind ‚Wesen', die die industrielle Welt besiedeln. Die wissenschaftlichen und technischen Dinge sind ‚klein', wenn ihre Funktionsweise und ihre Produktivität „subjektiv sind", also nicht allgemeingültig berechnet werden können. „Vergeudung, Ausschuss, Beeinträchtigungen, Beschädigungen sind negative Anzeichen von Größe." (a.a.O.: 279) Sie stehen für die mangelhafte Beherrschung eines Prozesses oder Systems.

Boltanski und Thévenot verweisen in diesem Zusammenhang auf die große Bedeutung von Bruno Latour und Michel Callon für ihre eigenen Arbeiten, und an der Ontologie der Dinge in der industriellen Welt zeigen sich in besonderer Weise die Bezüge zur Akteur-Netzwerk Theorie und ihrem Versuch einer Symmetrisierung der technischen und der sozialen Phänomene. Die Objekte industrieller Natur konstituieren einen Raum der Berechenbarkeit und der technischen Beherrschbarkeit. Boltanski und Thévenot führen Raster, Diagramme, Organigramme, Daten, Indikatoren, Budgets und Prognosen an, die diese Welt in spezifischer Weise kalkulierbar und beherrschbar machen. Diese technisch-wissenschaftlichen Objekte dienen dazu, die Welt zu planen und zu kontrollieren, und „die Zukunft zu managen" (a.a.O.: 282). Die industrielle Welt basiert auf dem Kalkül, auf der Berechnung durch quantifizierende Variablen (ebd.). Dies führt zu einer spezifischen Gefährdung des Menschen durch die industrielle Welt in Gestalt der Entfremdung: „Die für das Menschsein charakteristische Würde gerät in der Welt der Industrie in Gefahr, wenn die Menschen wie Dinge behandelt werden." (a.a.O.: 286)

Die *Welt des Marktes* bildet – zusammen mit der industriellen Welt – eine der Grundformen der Koordination *wirtschaftlicher* Handlungen (auch wenn sich ihre

Relevanz ebenso wie die der industriellen Welt keinesfalls auf die Wirtschaft beschränkt). Boltanski und Thévenot entwickeln die Grundzüge dieser Welt unter Bezug auf Adam Smith (1723-1790). Das Handeln der Menschen ist hier durch das bestimmt, was diese ‚begehren'. Weil die Menschen knappe Güter begehren, ist das basale Koordinationsprinzip der Marktwelt die Konkurrenz. Dementsprechend sind in der Welt des Marktes diejenigen groß, die reich sind und das „*besitzen*, was andere sich *wünschen*" (a.a.O.: 268, kursiv im Orig.). Das Geld ist der Maßstab aller Dinge ..." (a.a.O.: 275). Der Wert der Menschen drückt sich in ihrem Erfolg aus. Dieser gilt im Rahmen der Marktwelt nur als ein Erfolg, wenn man ihn in Begriffen des Wettkampfes beschreiben kann (a.a.O.: 268). In der Marktwelt zählt weniger jene besondere *Leistung*, die man innerhalb eines gegebenen „Räderwerks" erbringt, sondern der *Erfolg*, den man in der Konkurrenz mit anderen erzielen kann (vgl. Neckel u.a. 2005). Damit sind diejenigen ‚klein', die in der Konkurrenz als dem basalen Koordinationsprinzip der Marktwelt verlieren oder scheitern – unabhängig davon, ob sie im Laufe ihres Lebens etwas (im Sinne der industriellen oder auch der Familienpolis) ‚geleistet' haben. Gewinner und Verlierer in der idealtypischen Welt des Marktes teilen die grundsätzlich egoistische Motivation, ihre Bedürfnisse zu befriedigen. Für Boltanski/Thévenot ergibt sich in Hinblick auf die Marktwelt damit beinahe ein Paradox; Denn damit ein idealtypisch gedachtes Gemeinwesen wie das des Hauses, des Marktes, der Inspiration, von den Menschen als gerecht empfunden werden kann, muss eine wesentliche Bedingung erfüllt sein: das Gemeinwesen muss ein ‚gemeinsames Menschsein' voraussetzen. Damit sie also in Hinblick auf die polisspezifische Dimension der Wertigkeit unterschieden und damit in eine Ordnung gebracht werden können, müssen alle Menschen zunächst als prinzipiell gleich angesehen werden. Dies gilt selbst für den schwierigen Fall der Marktpolis, wie Boltanski/Thévenot (2007: 112 ff.) erörtern. Doch auch die Marktordnung sei als eine legitime Ordnung zu betrachten. Boltanski/Thévenot beziehen sich auf das Werk Adam Smiths, um zu begründen, dass die Marktordnung a) die Vorstellung eines gemeinsamen Menschseins beinhalte, insofern „prinzipiell alle Menschen dazu in der Lage sind, sich zu bereichern", und b) insofern Adam Smith die Gemeinwohlfunktion dieser Bereicherung herausgestellt habe: Es „sind hier die Reichen, die durch ihre Geschäfte die Marktkonkurrenz beleben" und damit die Steigerung des Wohlstands aller bewirken (a.a.O.: 113). Boltanski/Thévenot (a.a.O.: 116 ff.) kontrastieren dies mit der Eugenik, die keine legitime cité sein könne, weil sie den Menschen ein gemeinsames Menschsein verweigere: Die Eugenik gehe davon aus, „dass die Menschen von Geburt an unwiderruflich ungleich sind" (a.a.O.: 117).

"Da wir als Würde die Fähigkeit bezeichnen, am Gemeinwohl teilzuhaben, ist die Tatsache, dass sie in dieser Welt tatsächlich die Gestalt eines egoistischen Wunsches annimmt, fast schon paradox. Indem sie einer Person, die ganz der Befriedigung ihrer egoistischen Neigungen ergeben ist, eine Würde zuerkannte, hat die utilitaristische Philosophie ihr Teil dazu beigetragen, die moderne Figur des [...] Individuums zu kreieren." (a.a.O.: 270)

Der Wert der diese Welt bevölkernden Wesen bestimmt sich über ihren Reichtum, der der Dinge über ihren Preis. Der Preis ist ein Indikator für die Stärke des Wunsches der Anderen, ein bestimmtes Objekt besitzen zu wollen, und dieses Tauschobjekt knüpft ein spezifisches „Band" zwischen Menschen, die idealtypisch in einer „Geschäftsbeziehung" miteinander stehen (a.a.O.: 274).

Die Grundzüge einer siebten Polis, der Projektpolis, welche die Grundlage eines neuen, flexibilisierten Kapitalismus bildet, werden im nun folgenden Unterkapitel erläutert.

Unter Rückgriff auf diese Deutungsfolie einer wirtschaftlichen ebenso wie gesellschaftlichen Ordnung, die idealtypisch in unterschiedliche Welten aufgeteilt werden kann (in dieser Hinsicht zunächst im Sinne Luhmanns (1984) eine „polyzentrische" Welt), hat die Ökonomie der Konventionen eine große Anzahl empirischer Untersuchungen durchgeführt, wie Wertigkeit in verschiedenen sozialen Feldern begründet wird und in welcher Weise ökonomische Koordination vonstattengeht. Nun sind die Konventionen als Bezugspunkte von Rechtfertigungen offensichtlich in der Welt der Familie andere als in der Welt der Produktion oder des Marktes. Das, was in der Familie als gerecht und angemessen beurteilt wird, muss es in der Sphäre des Marktes noch lange nicht sein – und umgekehrt. Deshalb sind Menschen in ihren alltäglichen Handlungen immer in verschiedenen ‚Welten' involviert, was zu Spannungen und Konflikten führt. Entscheidend ist, dass jede dieser Welten als ein Zusammenhang mit spezifischen Rechtfertigungszwängen aufgefasst wird, die innerhalb dieser Welt ein hohes Maß an Allgemeingültigkeit aufweisen müssen. Innerhalb der Welt der Familie z.B. kann die Wertigkeit einer Person nicht durch beliebige Argumente belegt werden, sondern nur durch solche, die auf Abstammung und Tradition verweisen und z.B. den Respekt vor Älteren oder den *Verzicht* auf Egoismus belegen (vgl. Boltanski/Thévenot 2007: 228 ff.). Dabei finden sich Aspekte dieser häuslichen bzw. Familienwelt durchaus auch in der Sphäre der Wirtschaft, indem auch hier Nahbeziehungen vorhanden sind, die auf Respekt, Tradition und dem Umgang mit Gleichen beruhen. Auch Unternehmen weisen also familienweltliche Aspekte auf. Das zeigt einmal mehr, dass die Polisformen bzw. Welten idealtypische Konstrukte darstellen, die in jedem empirischen Feld in je unterschiedlichen Mischungsverhältnissen und Gewichten auftreten. So weist Knoll (2012: 51) darauf hin, dass die Ökonomie der Konventionen vor allem verdeutliche, dass es keine einheitliche wirtschaftliche Rationalität gibt, welche man z.B. im Effizienzprinzip oder in der Suche nach wirtschaftlichem Profit suchen könne. Stattdessen müsse von der „Mehrdeutigkeit wirtschaftlicher Rationalität" ausgegangen werden; Wirtschaftliche Prozesse könnten immer entlang einer Logik des Marktes, der industriellen Produktion oder der häuslichen Welt rekonstruiert werden. In jeder idealtypischen Welt jedoch verbinden sich die dortigen „Wesen" (so Dodier 2011) zu einer umfassenden und exklusiven Gesamtheit, welche die Gestalt eines für sich gerechten Gemeinwesens annehmen muss, um als Welt existieren zu können. In der Regel wirken in einer konkreten Situation immer Rechtfertigungszwänge aus verschiedenen idealtypischen Welten, welche die Akteure miteinander ins Verhältnis setzen müssen. Es sind gerade die hierdurch entstehenden Konflikte, die zum Austausch von Argumenten zwingen, und die die jeweiligen Ordnungen dynamisieren. Das Handeln weist in jeder Situation vielfältige und oftmals widersprüchliche Anforderungen auf, es ist deshalb von einer grundsätzlichen Heterogenität der Ordnungen geprägt. Die Menschen verfügen jedoch aufgrund ihrer sedimentierten Erfahrungen und aufgrund ihrer Interaktion mit denjenigen ‚Wesen', die ebenfalls die Geschichte und die Bewertungsordnungen der jeweiligen Welt verkörpern, über ausgeprägte Fähigkeiten, mit mehr als einer Welt simultan in Beziehung zu treten. Sedimentierte Objekte wie Gesetze, Geschriebenes, Instrumente und Technologien dienen ihnen hierbei als externe „Stützen" (Dodier 2011). Teilweise erleichtern sie es ihnen, bestimmte Rechtfertigungen anzufertigen, teilweise lassen sie aber den Bezug auf eine bestimmte Welt und ihre Ordnung gar nicht zu, beschränken also das Handeln (ein Revolver, um ein Beispiel Bruno Latours aufzugreifen, kann zwar innerhalb der staatsbürgerlichen Ordnung Sinn machen, weniger jedoch in der Welt der Produktion oder des Marktes). Nicht nur verweist jede Handlung auf mehrere für die Handlung relevante Rechtfertigungsordnungen, auch die Menschen beherrschen eine Pluralität dieser Ordnungen und ziehen von Fall zu Fall eine Vielzahl verschiedener ‚Stützen' heran, um Dinge, Menschen oder Prozesse als mehr oder weniger „gut" bzw. ‚wertvoll' zu qualifizieren.

Während die fortgeschrittene Systemtheorie (Luhmann 1984) vor allem den Aspekt der selbstreferentiellen Reproduktion von Systemen und ihrer weitgehenden Schließung betont, geht es der Ökonomie der Konventionen und der Soziologie der Kritik ganz im Gegenteil um die argumentative Lösung von Konflikten und Spannungen, die sich gerade aus der polisspezifischen Selbstbezogenheit und der Spannung moralischer Standpunkte ergeben. Die Ökonomie der Konventionen stellt dabei den Menschen und die Rechtfertigungsordnungen selbst in den Mittelpunkt, verfolgt also keine Strategie der Dezentrierung des Menschen, wie z.B. die Ak-

2.6 Multiple Bewertungsregister: ...

teur-Netzwerk Theorie oder der Poststrukturalismus. Ihr genügen die pragmatischen Kompromisse, die Akteure in ihrem Alltag immer wieder zu bilden verstehen, um Kritik zu besänftigen und Konflikte zwischen unterschiedlichen Bewertungsprinzipien beizulegen. Die sechs Rechtfertigungsordnungen, die Boltanski und Thévenot in „Über die Rechtfertigung" (2007) ursprünglich unterschieden haben, sind allgemeiner Natur und bieten je spezifische Register der Rechtfertigung. Die Einzelnen müssen dabei in konkreten Situationen abwägen, „unter welchen Bedingungen ein Prinzip der Einigung als legitim erachtet wird" (Boltanski/Thévenot 2007: 62). Sie müssen also in Situationen der Unsicherheit (diese Unsicherheit ist für die Ökonomie der Konventionen das natürliche Kennzeichen der sozialen Welt überhaupt) ihre Handlungen unter Bezug auf überindividuelle Kategorien und Beurteilungsschemata praktisch rechtfertigen. In diesem Sinne spielt die konkrete Situation (und damit auch ihre empirische Untersuchung) eine wichtige Rolle. Celikates (2009: 136 f.) weist jedoch darauf hin, dass die Ökonomie der Konventionen gerade durch ihren Verweis auf die Allgemeinheit der Rechtfertigungsprinzipien im Vergleich etwa zur Ethnomethodologie wesentlich weniger situationistisch argumentiert. Die Akteure handeln in der Situation, müssen ihre situativen Handlungen und Entscheidungen aber unter Verweis auf übersituative normative Prinzipien rechtfertigen. Akteure sind dabei mit kritischen Fähigkeiten ausgestattet, die sie permanent anwenden. Sie „stellen sich unablässig Fragen, unterziehen die Welt immer wieder Prüfungen" (Boltanski/Thévenot 2007: 61). Diese Fragen und die daraus resultierenden Entscheidungen und Antworten können nach Überzeugung der Autoren der Ökonomie der Konventionen jedoch weder aus übergeordneten Strukturtheorien einfach deduziert noch durch ein individualistisches Handlungskalkül erklärt werden. Die Ökonomie der Konventionen fragt stattdessen danach, wie Akteure in alltäglichen Situationen ihre Handlungen und Meinungen rechtfertigen und wie sie in diesen Rechtfertigungen allgemeinen Begründungsprinzipien folgen, die sich aus kollektiven Vorstellungen eines Gemeinwohls ableiten lassen.

Die Ökonomie der Konventionen teilt mit den *valuation studies* die Überzeugung, dass grundsätzlich von einer „plurality of regimes of worth" auszugehen sei (Lamont 2012: 203). Entscheidend ist, wie Akteure, die als kompetent und urteilsfähig und nicht – wie bei Bourdieu, der den Akteuren aufgrund ihrer Gebundenheit an ihren klassenspezifischen Habitus eine autonome Urteilsfähigkeit letztlich abspricht – lediglich als Repräsentanten einer Klassenordnung wahrgenommen werden, ihre Handlungen unter Bezug auf normative Kriterien rechtfertigen. Einerseits entlasten Konventionen dabei die Akteure davon, in jeder einzelnen Situation und ständig über die Begründung ihrer Handlungen nachdenken zu müssen: auch wenn sie keineswegs eine so strukturierende Kraft entfalten wie der Bourdieusche Habitusbegriff, so haben sie doch eine im Alltag wirksame Entlastungsfunktion.

Andererseits kann aufgrund der Konfrontation mit anderen Akteuren und anderen Rechtfertigungsmustern immer und überall die Situation auftreten, dass Akteure sich rechtfertigen müssen. In diesem Sinne sind „Kritik und Rechtfertigung untrennbar aufeinander bezogen" (Celikates 2009: 140).

Auch in Hinblick auf das Problem ökonomischer Unsicherheit und der ökonomischen Qualitäten des Selbst ist die Ökonomie der Konventionen aufschlussreich, insofern sie eine spezifische Kritik an den klassischen und neoklassischen Vorstellungen zur Wertbildung formuliert. Denn ein Preis für ein Gut wird sich aus dieser Sicht nur finden lassen, wenn die Akteure sich bereits im Vorfeld über die Eigenschaften von Objekten, die zum Tausch stehen, geeinigt haben. Damit unterstellen die klassischen und neoklassischen Markttheorien, „dass die Probleme der Qualität bereits gelöst sind" (Eymard-Duvernay 2012: 40; zitiert nach Diaz-Bone 2015: 329). Für die große Mehrheit immaterieller Güter (Markenrechte wie CocaCola, der Wert sozialer Netze und des Prestiges wie bei Facebook, die Vernetzung eines hochqualifizierten Mitarbeiters etc.) im gegenwärtigen Kapitalismus gilt dies jedoch gerade nicht. So gibt es keine standardisierten Regeln, die kontextunabhängig, gewissermaßen automatisch angewendet werden könnten, um das Wissen und den Wert individueller Kompetenzen präzise bestimmen zu können (vgl. Moldaschl 2005; Vormbusch 2008a). Damit kann es auch keinen ‚Markt' für Träger dieser Kompetenzen geben, der so funktionieren würde, wie die Neoklassik sich das vorstellt. Im Kontext vor allem der modernen, auf immateriellen Gütern basierenden Ökonomie erscheint es also wesentlich, diejenigen Bewertungsordnungen zu identifizieren, die es erst im Anschluss an vollzogene Praktiken des Kritisierens und der Rechtfertigung möglich machen, die Preise bestimmter Waren zu berechnen; aus der Sicht der Ökonomie der Konventionen also die impliziten Übereinkünfte über Konventionen und ihre pragmatische und oftmals konfligierende Anwendung in wirtschaftlichen Situationen. Die Ökonomie der Konventionen fragt damit nach den Prozessen der praktischen Aushandlung jener Qualitäten, die jeder Form des ökonomischen Austauschs und der sozialen Koordination vorangehen müssen. Erst Konventionen ermöglichen „die Vergleichbarmachung, d.h. praktisch die Herstellung von Äquivalenzen zwischen vormals unvergleichbaren Objekten oder Personen" (Diaz-Bone 2015: 293).

Allerdings ist die Soziologie der Kritik und damit auch die Ökonomie der Konventionen oftmals selbst in die Kritik geraten, insofern sie die Hegemonialität bestimmter Rechtfertigungsordnungen, die „die sozial verfügbaren Möglichkeiten der Kritik einschränken", zu wenig berücksichtige (Celikates 2009: 154). Mit anderen Worten: diejenigen gesellschaftlichen Strukturen, Habitusformationen und sozialstrukturellen Unterschiede, die es Akteuren regelmäßig *nicht* erlauben, überhaupt erst in einen fairen Austausch über die Qualitäten bestimmter Güter (wie das der Nachtruhe beim Flughafenausbau, der unbeschädigten Natur bei der Erschließung neuer Ölquellen etc.) zu treten, fänden in der Ökonomie der Konventionen zu wenig Beachtung. Boltanski/Chiapello (2001: 459) versuchen (nicht nur) deshalb, in ihrer Studie „Der neue Geist des Kapitalismus" „die Kernpunkte einer kritischen mit denen der pragmatischen Soziologie zu verbinden". Für Boltanski/Chiapello ist es in dieser Studie wichtig, „den Bezug auf große Einheiten" (a.a.O.: 461) und damit meinen sie vor allem eine Analyse des Kapitalismus als Gesellschaftssystem, zu erhalten und gleichzeitig die Soziologie für die normativen Prinzipien und die Praktiken, die die Subjekte in ihrer alltäglichen Praxis in Anschlag bringen, zu sensibilisieren.

2.7 Die Kleider der Kritik und der neue Geist des Kapitalismus

„Der neue Geist des Kapitalismus" von Luc Boltanski und Ève Chiapello ist weit mehr als nur eine weitere wirtschaftssoziologische Untersuchung. Wohl selten hat eine einzelne Studie einen weitergehenden zeitdiagnostischen Anspruch vertreten. Und wohl selten ist mit einer solchen Studie ein so überzeugendes Erklärungsmodell für den Wandel kapitalistischer Gesellschaftssysteme vorgebracht worden. Konzeptionell steht dabei das dynamische Verhältnis von Kapitalismus und Kapitalismus*kritik* im Mittelpunkt. Von ihrem *methodischen* Ansatz her folgen die Autoren damit der Soziologie der Kritik und der Ökonomie der Konventionen, heben die Analyse jedoch auf die Ebene gesamtgesellschaftlicher Entwicklungen. *Empirisch* untersuchen die Autoren die Entwicklungsdynamik des Kapitalismus anhand der Veränderung von Rechtfertigungsmustern, die sich auf die Arbeit einer gehobenen Gruppe von Angestellten, den Führungskräften, beziehen, und die in der französischen Diskussion über die *cadres* schon länger eine bedeutende Rolle spielen (vgl. Boltanski 1990). Boltanski und Chiapello untersuchen den Kapitalismus als ein *dynamisches* Verhältnis, insofern erst die Spannung zwischen den Strukturen der Arbeit und der Kritik an diesen Strukturen den Kapitalismus zu einem adaptiven, selbstveränderlichen und durch diese Veränderung seinen Bestand sicherndes System macht. Der Kapitalismus ist insofern nicht etwa deshalb so erfolgreich, weil er ein unflexibles, versteinertes Herrschaftsverhältnis darstellen würde, oder etwa, weil er die Mitglieder der Gesellschaft ideologisch im Unklaren über die wahren Verhältnisse lassen würde. Er ist vielmehr erfolgreich, weil er es versteht, legitime Kritik nicht vollständig von sich zu weisen, sondern diese aufzunehmen und in veränderte Strukturen von Arbeit, Organisation und Management umzusetzen. Der Kapitalismus ist für Boltanski und Chiapello also nicht als ein reines Zwangsverhältnis zu verstehen, das die Menschen gewaltsam unterwirft, und auch nicht als eine Ideologie, als falsche Verführung also, die „der Verschleierung materieller Interessen diene" (Boltanski/Chiapello 2003: 37) und die Menschen hierdurch im unklaren über die wahren Hintergründe des Systems lässt. Der Kapitalismus ist für sie stattdessen eine Ordnung, die *erstens* – hier schließen sie an Marx und an Weber zugleich an – auf „unbegrenzter Kapitalakkumulation durch den Einsatz formell friedlicher Mittel" beruht (a.a.O.: 39, im Orig. kursiv). *Zweitens* halten die beiden Autoren materielle Belohnungen für nicht ausreichend, um ein systemkonformes Handeln breiter Bevölkerungsschichten zu gewährleisten. Dies gilt umso mehr als die materiellen Bedürfnisse breiter Bevölkerungsschichten im entwickelten Kapitalismus weitgehend gedeckt sind. Deshalb bedürfe der Kapitalismus *drittens* der normativen Legitimation. Die historisch veränderlichen Muster der Legitimation des Kapitalismus als eines Systems unbegrenzter Akkumulation bezeichnen sie in Anlehnung an Weber *viertens* als "Geist des Kapitalismus". Er umfasst all diejenigen diskursiven Rechtfertigungen, die den Kapitalismus als eine gerecht empfundene Ordnung erscheinen lässt. Im Unterschied zu Weber gehen Boltanski und Chiapello davon aus, dass nicht nur der entstehende Kapitalismus spezifischer normativer Grundlagen bedarf, um kapitalistisches Handeln zu motivieren und zu rechtfertigen, sondern dass auch der fest im Sattel sitzende Kapitalis der Gegenwart auf umfassende Rechtfertigungsordnungen zurückgreifen muss. Boltanski/Chiapello (2001: 464) unterscheiden drei historische Ausprägungen dieses Geistes, die ihnen zu einer Periodisierung der Entwicklung des Kapitalismus vom 19. Jahrhundert bis in die heutige Zeit verhelfen.

	Erster „Geist" Ende 19. Jhd.	Zweiter „Geist" 1940-1970	Dritter „Geist" Seit 1980
Formen der Akkumulation	Kleine Familienbetriebe, bürgerliches Unternehmen	Manager, Industrieunternehmen, Massenproduktion	Vernetzung der Unternehmen, Globalisierung der Finanzen, Variable Produktionen
Anreiz	Befreiung der Lokalgemeinden, Fortschritt	Karrierechancen, Machtpositionen, Effizienz	Innovation und Kreativität, ständiger Wandel, undurchsichtige Organisationsstrukturen, autoritäre Machtzentren
Gerechtigkeit	Lokale und Marktgerechtigkeit	Effizienzbestimmte Meritokratie, Zielorientierte Steuerung	Mobilität und Vernetzung werden belohnt, Projekt als Gelegenheit zur Vernetzung
Sicherheit	Eigentum, Paternalismus Fürsorge	Langfristige Planung, Karriere, Wohlfahrtsstaat	Durch Mobilität und Anpassung, coaching, Selbstkontrolle

Abbildung 3 Die drei Formen des „Geistes des Kapitalismus", Boltanski/Chiapello 2001: 464

2.7 Die Kleider der Kritik und der neue Geist des Kapitalismus

Boltanski und Chiapello ordnen einen jeweils zeitspezifischen Geist des Kapitalismus bestimmten ökonomisch-moralischen Gesellschaftskonstellationen und Praktiken der Lebensführung zu (was ein wenig an Bourdieus bekannte Kreuztabellierungen von Kapitalausstattung, sozialer Position und Lebensstilen erinnert). So korreliert der ‚erste' Geist des Kapitalismus mit der ökonomischen Produktionsform des kleinen Familienbetriebs und mit Sicherheitsgarantien, die an persönliches Eigentum ebenso wie an persönliche Beziehungen und paternalistische Reziprozitätsnormen gebunden sind. Analog hierzu arbeiten Boltanski/Chiapello die dominanten Merkmale auch des zweiten, durch industrielle Massenproduktion, Managerherrschaft und langfristige Karriere- und Lebensplanung gekennzeichneten, sowie des ‚dritten' Geistes des Kapitalismus heraus, der sich durch Globalisierung und Vernetzung auszeichnet und individuelle Flexibilität, Mobilität, Selbstverantwortung und Kreativität in einer Welt stetig wechselnder Projekte prämiert.

Eine wichtige Rolle für die historische Dynamik des Kapitalismus spielt die Praxis der Kritik. Wie wir bereits im Abschnitt über die Soziologie der Kritik gesehen haben, sind Rechtfertigung und Kritik zwei Seiten derselben Medaille. Es treten regelmäßig Situationen auf, in denen Akteure sich vor dem Hintergrund bestimmter normativer Maßstäbe rechtfertigen müssen. Auch der Kapitalismus war seit seiner gewaltsamen Entstehung immer wieder Gegenstand der öffentlichen Kritik. Die Pointe der Argumentation von Boltanski und Chiapello ist nunmehr *fünftens*, dass ‚der' Kapitalismus (die beiden Autoren haben eine ausgeprägte Neigung, den Kapitalismus sprachlich zu personifizieren), nicht etwa ein starres System darstelle, das auf der Unterdrückung von Kritik basiert, sondern dass er im Gegenteil Bestandteile der Kritik in einer Weise zu internalisieren vermag, die sein Überleben sichert. Der Kapitalismus ist so gesehen sogar auf die Kritik am Kapitalismus angewiesen, denn nur so vermag er sich veränderten historischen Herausforderungen anzupassen. Damit ist die Kapitalismuskritik *sechstens* nicht als etwas dem Kapitalismus externes zu verstehen, sondern als ein entscheidendes internes Moment seiner Dynamik. Ohne Kritik würde der Kapitalismus auf Dauer kollabieren, weil er es nicht mehr verstünde, die Menschen unter geänderten Bedingungen weiterhin an sich zu binden und sie zu überzeugen, sich in ihm und für ihn zu engagieren.

Konkret untersucht die Studie von Boltanski und Chiapello die Veränderung der Rechtfertigungsmuster des Kapitalismus anhand einer Textanalyse von Managementhandbüchern für Führungskräfte (die französichen *cadres*) aus zwei Perioden: 1959-1969 und 1989-1994. Mittels dieser Textkorpora wird die Frage untersucht, wie die Arbeit von Führungskräften so gerahmt werden kann, dass sie für diese Sinn macht und für diese Arbeit zu motivieren vermag. Es handelt sich damit um „normative Literatur", die weniger den tatsächlichen als den gewünschten Zustand von Arbeit umschreibt (a.a.O.: 92) und damit diejenigen normativen Muster freilegt, die "guter„ Arbeit in den untersuchten historischen Epochen zugrunde liegen. Anhand der Auswertung dieser Managementliteratur untersuchen Boltanski und Chiapello also die Frage, wie sich ‚der' Kapitalismus gegenüber der an ihm geübten Kritik historisch jeweils zu rechtfertigen versteht. Wie vermag er sich für wichtige Trägerschichten – und die Führungskräfte sind zweifellos eine solche – als eine legitime Ordnung darzustellen, für die es sich zu engagieren lohnt? Die Voraussetzung für diese Notwendigkeit ist natürlich, dass wir akzeptieren, dass sich der Kapitalismus überhaupt rechtfertigen muss – und nicht etwa als eine alternativlose, nicht anders mögliche Wirtschaftsordnung erscheint. In diesem Sinne wäre die so genannte „TINA"-Rhetorik („There is no alternative"; Margaret Thatcher) als Versuch zu werten, die dem Kapitalismus wie jedem anderen Gesellschaftssystem innewohnenden Zwang zur Rechtfertigung auszuhebeln, indem man auf seine vorgebliche Alternativlosigkeit hinweist. Jedoch rechtfertigt selbst die orthodoxe Wirtschaftstheorie seit ihren Anfängen die kapitalistische Wirtschafts- und Sozialordnung, zu allererst durch den Verweis auf ihre angenommene überlegene Effizienz gegenüber anderen Wirtschaftsordnungen oder auf ihre politisch befreienden Wirkungen. Tatsächlich begleitet nach Ansicht von Boltanski und Chiapello die Kritik seiner *sozialen Folgen* den Kapitalismus seit seinen Anfängen. Sie äußert sich in den Beobachtungen des Fabriksystems und des Manchesterkapitalismus, welche Marx und Engels vor bereits 150 Jahren zum Gegenstand einer umfassenden Gesellschaftskritik machten. Im Zentrum ihrer Analyse steht die materielle Ausbeutung einer Fabrikarbeiterschaft, welche sich in der Durchsetzung des Kapitalismus als homogene soziale Gruppierung erst zu formieren beginnt. Materielle Verelendung sowie der Klassenwiderspruch von Lohnarbeit und Kapital bilden die beiden Eckpfeiler ihrer Zeitdiagnose. Die *Kritik der sozialen Folgen des Kapitalismus* (Boltanski/Chiapello bezeichnen diese Form der Kritik als „Sozialkritik" und stellen sie der „Künstlerkritik" gegenüber) äußert sich im fordistischen Sozialstaat der zweiten Hälfte des zwanzigsten Jahrhunderts in veränderter Form. Die Ausweitung der industriellen, politischen und sozialen Bürgerrechte (vgl. Marshall 1992) zu jener Zeit führt zu einer insgesamt moderateren sozialen Kritik am Kapitalismus, die institutionell die Form eines sozialstaatlichen Klassenkompromisses annimmt[12]. Folgerichtig konzentriert sich

---

12 Wolfgang Bonß (1982: 23 f.) hat darauf hingewiesen, dass die Marxsche Gesellschaftsdiagnose aufgrund dieser fordistischen Einhegung des Klassenkonflikts in den modernen Industriestaaten an Überzeugungskraft verloren hat. Marx' modelltheoretische Überlegungen waren noch im späten 19. und frühen 20. Jahrhundert durch den

2.7 Die Kleider der Kritik und der neue Geist des Kapitalismus

die Kritik des Kapitalismus nicht länger auf die so genannte Systemfrage, sondern (z.B.) auf die Benachteiligung bildungsferner Schichten sowie auf die Ungleichheit im Zugang zu gesellschaftlichen Ressourcen insgesamt. Im Mittelpunkt steht die Frage danach, wie angesichts offenkundiger Fortschritte in der Integration und sozialstaatlichen Absicherung großer Teile der Bevölkerung die Stellung und die Zukunftsaussichten von Arbeitern und ihren Kindern durch institutionelle Reformen verbessert werden können. Der Zugang zu Bildung sollte *ceteris paribus* zu einer verbesserten Integration dieser Schicht führen. Hintergrund dieser Vorstellung war die Annahme eines funktionierenden ‚meritokratischen Dreiecks' von Bildung, Beruf und Einkommen: Wer über gute Bildung verfügt, werde auch eine angemessene Berufsposition einnehmen und ein entsprechendes Einkommen erzielen können. Dass die Bindung von Sozialleistungen und Statuszuweisung an das institutionelle System der Berufsarbeit wiederum neue Ungleichheiten erzeugt, z.B. in Form des dominanten *Male Breadwinner*-Modells und hierarchischer Geschlechterverhältnisse, das wurde erst später auf breiter Basis wahrgenommen und kritisiert.

Es ist die relative Sekurität der fordistischen Gesellschaft, auf deren Basis sich ein Wertewandel hin zu den so genannten post-materialistischen Werten wie Selbstverwirklichung, Kreativität, aber auch politische Freiheit, gegenseitige Achtung und sexuelle Selbstbestimmung vollzieht. Vor diesem Hintergrund bringen die Studentenbewegung und die Intellektuellen nach Ansicht von Boltanski/Chiapello eine neue Art der Kritik am Kapitalismus hervor: die „Künstlerkritik". Die genannten Gruppen kritisieren, dass die tayloristische Zurichtung des menschlichen Arbeitsvermögens nicht lediglich die materielle Teilhabe der Arbeiter begrenze. Stattdessen verkrüppele die kapitalistische Fabrikdisziplin vor allem auch die praktisch-moralischen Entwicklungsmöglichkeiten der Arbeiterschaft. Die in diesem Zusammenhang wichtigen Stichworte sind Entfremdung und Heteronomie, nicht Ausbeutung und Verelendung. Seit den 1960er Jahren beginnt sich damit eine Kritik am Kapitalismus zu formieren, welche auf die gesellschaftliche Einlösung normativer Ansprüche an individuelle Autonomie, Freiheit, Selbstverwirklichung und -verantwortung auch und gerade in der Sphäre der Arbeit pocht. Boltanski/Chiapello unterscheiden diese Form der „Künstlerkritik" idealtypisch von der nach den 1970er Jahren teil-

---

offenen Gegensatz von Lohnarbeit und Kapital für große Bevölkerungsgruppen handlungspraktisch erfahrbar und damit evident. Mit der Abmilderung der alltäglichen Erfahrung von Ausbeutung und Missachtung in der gesellschaftlichen Mitte einer wachsenden Zahl qualifizierter Arbeiter und Angestellter verlor die Marxsche Gesellschaftsdiagnose gewissermaßen ihre gesellschaftliche Basis. Stattdessen gewann sie den Status einer Strukturtheorie, deren empirische Gültigkeit erst durch vermittelnde Zusatzargumentationen sichtbar gemacht werden musste.

weise entschärften „Sozialkritik". Mit der Künstlerkritik verschiebt sich der normative Hintergrund der Gesellschaftskritik grundlegend. Die Intellektuellen und die sozialen Bewegungen als Träger der Künstlerkritik revoltieren nun dagegen, dass der Kapitalismus durch die Einrichtung eines Systems der standardisierten Produktion und Konsumtion sowie der in Beteiligungsformen und Partizipationsmöglichkeiten ebenso standardisierten Massendemokratie die Entfaltung der Individualität seiner Mitglieder behindere. Das kapitalistische Gesellschaftssystem gerät nunmehr nicht nur in Hinblick auf seine sozialen Folgen, sondern in Hinblick auf die – so der Vorwurf – Verarmung individueller Erfahrungs- und Ausdrucksmöglichkeiten unter Beschuss. Die Studierendenbewegung artikuliert dies in expressiver, ihre Kritik symbolisch vergegenwärtigender Form, durch sit-ins, libertäre Umgangs- und Lebensformen, durch die Substitution tradierter Dress-Codes an der Universität durch Schlaghose und Blumenhemd sowie durch neue Alltagsformen der Sexualität bzw. sexualisierte Protestformen (deren Folgen in Hinblick auf die Vermarktlichung und Kommerzialisierung des Sexes – gewissermaßen eine weitere Volte im Verhältnis von Kapitalismus und Kritik – wiederum erst in den anschließenden Jahrzehnten deutlich werden sollten).

Die Pointe des Buches von Boltanski/Chiapello ist, dass der Kapitalismus die geäußerte Kritik nun nicht einfach abwehrt, indem er sie diskreditiert und in den Bereich reiner Utopie abschiebt. Im Gegenteil werden die Bestandteile der Künstlerkritik in einen neuen, dritten Geist des Kapitalismus (seit etwa den 1980er Jahren) inkorporiert. Die Ansprüche an Selbstverwirklichung, Kreativität, Authentizität und Autonomie werden zu den Grundlagen eines ‚neuen' Managements umgedeutet und bilden den Kern eines ebenso neuen, projektförmigen Geistes des Kapitalismus. Damit gehen Boltanski/Chiapello auch konzeptionell über die Ursprungsarbeiten von Boltanski und Thévenot hinaus. Diese hatten wie bereits beschrieben sechs Rechtfertigungsordnungen unterschieden. Boltanski/Chiapello fügen diesen eine siebte hinzu: die projektförmige Polis bzw. Rechtfertigungsordnung (a.a.O.: 147 ff.). Diese beruht auf der Vorstellung der Sozialwelt und des Kapitalismus als eines *Netzes*, in dem die Wertigkeit der Menschen nach dem Grad ihrer Vernetzung und ihrer Fähigkeit, Netzwerke zu bilden, bestimmt wird. Temporäre Verbindungen zwischen sozialen Kreisen (oder, in der Terminologie Whites, Burts und Granovetters: Netzwerken, Cliquen) werden durch die Anbahnung von Projekten hergestellt. Derjenige, der Projekte initiieren kann und damit Menschen, Aktivitäten und Interessen zusammenbringt (der „Vermittler"), hat in der Projekt- bzw. Netzpolis (beide Bezeichnungen werden verwendet) einen hohen Wert. Die „Fähigkeit, sich in ein neues Projekt einzugliedern, bildet dabei eines der untrüglichsten Zeichen einer hohen Wertigkeit" (a.a.O.: 150; vgl. die kompakte Überblicksdarstellung in Boltanski/Chiapello 2001: 466 f.). Derjenige, der nicht aktiv, beweglich und venetzt ist, besitzt dagegen einen niedrigen sozialen Status und eine geringe Würde. Das Äquivalenzmaß, mittels dessen Personen in der Projektpolis beurteilt werden, um so ihre ‚Größe' zu bestimmen, ist der Grad der Aktivität, den sie entfalten. Dabei steht ‚Größe' in der projektbasierten Polis in einem direkten Zusammenhang mit unternehmerischem Verhalten und der Anzahl von verschiedenen Projekten, deren Teil man durch eigene Aktivität geworden ist. Wichtig hierbei ist der Aspekt der Freiwilligkeit, denn die Arbeit des Sich-Vernetzens kann innerhalb der projektbasierten Polis nicht als Fremdzwang gedeutet werden, sondern ist nur als eine selbstbestimmte Praxis anerkennungsfähig. Ausgegrenzt und entwürdigt ist der nicht Vernetzte, dies jedoch nicht aufgrund bestehender sozialer Ungleichheiten (die er nicht zu verantworten hätte), sondern aufgrund seiner mangelnden Bereitschaft, sich aktiv in Netzwerke einzubringen und am Aufbau der konnexionistischen Welt zu beteiligen.

Boltanski/Chiapello geben auf die Frage, wie der Kapitalismus die doppelte Breitseite einer Kritik an seiner wirtschaftlichen Wohlfahrtsfunktion und an seiner kulturellen Freiheitsfunktion überleben konnte, eine ausgesprochen innovative Antwort. Der Kapitalismus ist *alive and well*, weil er sich – bildlich gesprochen – die Kleider der Kritik angezogen hat. Das Management übernimmt die Maßstäbe der Künstlerkritik und beginnt nun seinerseits, Selbstverantwortung, Initiative und Kreativität als Arbeitstugenden einzufordern. Der Kaiser ist nicht mehr nackt. Die Künstlerkritik kann ihn nicht mehr bloßstellen; er trägt die Zeichen ihrer Kritik stolz und selbstbewusst. Und er ruft (im Sinne einer Anrufung des Subjekts im poststrukturalistischen Denken): „Schau her! Du kannst dich verwirklichen. Nicht jenseits von mir und nicht im Rahmen der von meinen Kritikern entworfenen, aber – sei ehrlich! – unerreichbaren und idealistischen Utopie, sondern durch mich, heute, jetzt!" An die Stelle monotoner, atomisierter, repetitiver und entfremdender Arbeit an den fordistischen Fließbändern setzt das neue Marktregime selbstbestimmte, autonome und gruppenbasierte Arbeit in den Fabriken sowie die kreative, vernetzte und projektbasierte Arbeit (schein-)selbständiger Marktsubjekte, die ihrem Beruf als einer Berufung nachgehen. An die Stelle des vor diesem Hintergrund recht verstaubt anmutenden Konzepts gesellschaftlicher Klassen setzt der neue Managementdiskurs die Überzeugung (und manchmal auch die Drohung), dass wir alle entweder Unternehmer oder Überflüssige sind. Am Ende eines langwierigen Umbaus der Legitimationsbasis des Kapitalismus erscheint Erwerbsarbeit im neuen Managementdiskurs nicht mehr als Mittel zum Zweck (also vereinfacht ein ‚arbeiten um zu leben', welches mit der Durchsetzung der unternehmerischen Rahmung von Erwerbsarbeit zunehmend als instrumentalistisches Arbeitsverständnis diffamierbar wird), sondern als ein Zweck selbst (also: „leben um zu arbeiten"). Die Formulierung ‚leben um zu arbeiten' ist allerdings bei genauerer Betrachtung immer noch Teil des aus Sicht des neuen Kapitalismus antiquierten Begriffssystems des Industriekapitalismus. Dem Netzwerkkapitalismus Boltanskis und Chiapellos ist sie in gewisser Weise wesensfremd, insofern in dieser Formulierung noch von einer kategorialen Differenz von ‚Arbeiten' und „Leben" ausgegangen wird. Doch was „Arbeit" ist und was ‚Leben', das verschwimmt in der konnexionistischen Welt des Netzwerkkapitalismus nicht nur für die Gruppe der marktorientierten Selbstunternehmer, sondern auch für Beschäftigtengruppen in den Kernsektoren der Wirtschaft. Diese, wie sie in der Arbeits- und Industriesoziologie genannt wird, „Entgrenzung der Arbeit", bildet eines der gesellschaftsbestimmenden Merkmale des flexiblen bzw. Netzwerkkapitalismus. Unter den genannten Vorzeichen tut sich die Kritik des projekt- und autonomiebasierten Kapitalismus naturgemäß schwer. Die Kritik begegnet – wo sie auch hinschaut – der Einlösung ihrer eigenen Forderungen. Es gibt dementsprechend kein ‚Außen' der Kritik mehr, kein vom Kapitalismus nicht bereits besetztes Terrain. Und selbst heute, beinahe ein Vierteljahrhundert nach der sukzessiven Einlösung einer autonomieorientierten Kritik am Kapitalismus, lässt sich noch kein erneuter Formwandel des Geistes des Kapitalismus jenseits der Künstler- und Sozialkritik ausmachen. Das bedeutet nicht, dass der Kapitalismus nicht auch gegenwärtig heftiger Kritik unterzogen wird, am deutlichsten in den Feldern der Nachhaltigkeit, der ökologischen Folgen, des Klimawandels, sowie der globalen Ungleichheiten und Ungerechtigkeiten, die er hervorbringt. Der normative Rahmen, der durch Künstler- und Sozialkritik aufgespannt wird, scheint jedoch weiter intakt zu sein.

Die Analyse von Boltanski und Chiapello ist zu Recht auch kritisiert worden. Einer der Kritikpunkte zielte auf die methodischen Beschränkungen der Studie, in der nur die Ebene des Diskurses, nicht aber die reale Veränderung kapitalistischer Erwerbsarbeit thematisiert wurde. Wenn man sich allerdings die zahlreichen industrie- und arbeitssoziologischen Untersuchungen zum Verhältnis von Subjektivität und Arbeit sowie zum Verhältnis von Arbeit und Leben ansieht, dann geht es dort um genau solche realen Veränderungen des Kapitalismus auf der Arbeits- und Organisationsebene, die Boltanski und Chiapello auf der Ebene der normativen Rechtfertigungsmuster – d.h. gewissermaßen komplementär – untersucht haben.

Die politische Ökonomie der Finanzmärkte 3

Im Folgenden wird eine bestimmte Phase in der Entwicklung der modern-kapitalistischen Gesellschaftsformation diskutiert, die aufgrund ihrer strukturellen Krisenhaftigkeit sowie eines gerade noch abgewendeten Kollapses des Weltfinanzsystems Anfang des Jahrtausends auch in der breiteren Öffentlichkeit für hitzige Debatten gesorgt hat. Die Entwertung riesiger Finanzvermögen und die hiervon ausgehenden ökonomischen Schockwellen rücken die Entwicklungsdynamik der Finanzmärkte in das Zentrum politischer Reformbemühungen und wissenschaftlicher Krisendiagnosen. ‚Finanzmarktkapitalismus' stellt eine Gegenwartsdiagnose dar, die die ökonomischen und institutionellen Umbrüche der vergangenen drei Jahrzehnte auf den Punkt bringen will. Im Mittelpunkt dieser Diagnose steht die Annahme einer globalen Dominanz des Finanzkapitals und damit der Finanzmärkte nicht nur über alle anderen gesellschaftlichen Gruppen, sondern selbst über die politische Autonomie des Nationalstaats (vgl. Streeck 2013). Das Konzept des Finanzmarktkapitalismus hat zwar enge Verbindungen zu anderen Gesellschaftsdiagnosen wie der des ‚Flexiblen Kapitalismus' (Sennett) und des Neoliberalismus (Bourdieu), argumentiert aber im engeren Sinne ökonomisch und institutionell. So stehen die Flexibilisierung der Unternehmen und der Lebensführung, die Sennett einer stärker kultursoziologisch geprägten Kritik unterwirft, in einem Zusammenhang mit der Durchsetzung finanzmarktinduzierter Steuerungsinstrumente wie des *shareholder value*. Und die These des Steuerungsverlusts der Politik hat nicht nur etwas mit der Ausbildung polyzentrischer Gesellschaften ohne hierarchisches Zentrum zu tun, wie dies in den verschiedenen Spielarten der Systemtheorie hervorgehoben wird, sondern auch mit der Entstehung einer transnationalen Finanzdienstklasse, deren Akteure die nationalstaatlich gebundenen Politiksysteme erfolgreich unter Druck zu setzen verstehen. Das Regime des Finanzmarktkapitalismus ist nicht denkbar ohne die massiven weltwirtschaftlichen Ungleichgewichte, die seit dem Ende des Zweiten Weltkriegs, also seit mittlerweile mehr als sechs Jahrzehnten, zur Bildung gewaltiger privater Kapitalvermögen führten. Dieser riesige Kapitalstock sucht – organisiert durch mächtige Finanzintermediäre wie die Banken, weltweit agierende Versicherungen und institutionalisierte Vertrauensgeber wie die Rating-Agenturen nach lukrativen Anlagemöglichkeiten, und zwar sowohl in Form von *Investitionen* als auch von *Spekulationen*. Das schiere Volumen der globalen Vermögenswerte stellt dabei eine der Grundannahmen der Wirtschaftstheorie überhaupt in Frage. Denn diese geht davon aus, dass die Knappheit der Güter das Grundproblem wirtschaftlichen Handelns darstelle. Dass in der Endphase der Immobilienblase im Jahr 2007 in den USA Kreditnehmer eine Hypothek über mehrere hunderttausend US-$ aufnehmen konnten, ohne über ausreichende Sicherheiten zu verfügen (vgl. anschaulich Blumberg u.a. 2009), verdeutlicht die spekulativen Finanzierungsmodalitäten auf dem US-amerikanischen Immobilienmarkt kurz vor dem Ausbruch der großen Finanz- und Wirtschaftskrise im Herbst 2007, die beinahe zum Zusammenbruch des globalen Geldverkehrs und (später) des Europäischen Währungssystems führte. Es verweist auf die Kreditvergabepolitik vieler an der Entstehung der Krise beteiligten Banken und ganz generell auf die Risiko- und Finanzkultur in einer spezifischen Entwicklungsphase des Kapitalismus, die bereits vor dem Ausbruch der Krise unter dem Begriff des ‚Finanzmarktkapitalismus' (Windolf 2005 a/b) kritisch diskutiert wurde. Finanzielles Kapital ist, wie bereits Deutschmann (2008a: 16) betont, im Finanzmarktkapitalismus „längst nicht mehr ‚knapp'". Im Gegenteil: Die global verfügbare Liquidität und seine möglichst gewinnbringende Anlage durch eine expandierende Klasse von Finanzmarktakteuren sind einerseits seine Grundlage, andererseits sein Hauptproblem. Die globale Überliquidität ist die potenziell (selbst-)zerstörerische Produktivkraft, der die Expansion des Finanzmarktkapitalismus zugrunde liegt, und besonders riskante Instrumente wie die berüchtigten *Junk Bonds*, die diese Überliquidität in ‚kreative' Anlageformen lenken wollen, gelten mittlerweile als ‚toxisch', als giftig für die Gesundheit des Weltfinanzsystems. Dementsprechend urteilt der Sachverständigenrat in Deutschland (2009: 36), dass „die Immobilienpreisblasen in den Vereinigten Staaten und in anderen Ländern nicht zuletzt eine Folge der üppigen globalen Liquiditätsausstattung" darstellten, mithin eines gewaltigen Überschusses Anlage suchenden Kapitals. Im Vergleich zum industriellen Kapitalismus haben sich dementsprechend das Verhältnis zwischen produktivem Kapital und Finanzvermögen sowie das Verhältnis zwischen den Unternehmen und den Akteuren der Finanzwirtschaft

3 Die politische Ökonomie der Finanzmärkte

radikal geändert. Das ökonomische und gesellschaftliche Gewicht des Geldkapitals und der dieses verwaltenden institutionellen Investoren (von den klassischen Versicherungsgesellschaften über die verschiedenen Spielarten von Investmentfonds bis zu den weitgehend unregulierten Schattenbanken[13]) hat gegenüber dem produktiven Kapital (den Unternehmen der so genannten Realwirtschaft) massiv zugenommen. Als eines der Kennzeichen und Voraussetzung des Finanzmarktkapitalismus kann deshalb ein globaler Geldüberschuss gelten, der zum einen durch eine lange Phase wirtschaftlicher Prosperität nach dem Zweiten Weltkrieg (vgl. Deutschmann 2008a), zum anderen durch die anhaltenden und zunehmenden weltwirtschaftlichen Ungleichgewichte in den Leistungs- und Kapitalbilanzen entstand (vgl. KfW 2014; Sachverständigenrat 2009: 16 ff.). Blumberg u.a. (2009) bezeichnen das Ergebnis dieser jahrelangen Leistungsbilanzungleichgewichte prägnant als den „globalen Geldtopf": die Gesamtheit des Vermögens, das in Folge dieser Ungleichgewichte akkumuliert wurde und gewinnbringend angelegt werden muss. Es gibt unterschiedliche Schätzungen über die Größe dieses globalen Geldtopfes, immer aber geht es um mehrere zehntausend Mrd. $. Während sich der industrielle Kapitalismus durch eine relative Vielfalt produktiver Investitionsmöglichkeiten einerseits, eine relative Knappheit des Anlage suchenden Finanzkapitals andererseits auszeichnete, verschiebt sich das Verhältnis von produktivem und Finanzkapital nunmehr dramatisch:

> „Nicht mehr die Unternehmer und Manager suchten Geld zur Finanzierung ihrer Investitionen, sondern die Geldbesitzer suchten nach Möglichkeiten des rentablen Finanzinvestments. In diesem veränderten ökonomischen Umfeld erhielt eine Dienstleistungsbranche zentrale Bedeutung, deren Arbeit darin besteht, das reichlich vorhandene Geld zu sammeln und systematisch zu verwerten: das Finanzinvestment." (Huffschmid 2009: 16)

Diese historische Umkehrung des Verhältnisses von kapitalsuchender Anlage und anlagesuchendem Kapital hat erhebliche Folgen für Unternehmen, Märkte, Politik und gesellschaftliche Anspruchsgruppen.

---

13 Der Finanzstabilitätsrat definiert Schattenbanken als Organisationen, die Bankfunktionen ausüben (wie z.b. die Sammlung von Kapital, die Kreditvergabe, die Finanzierung von Übernahmen etc.), aber offiziell keine Banken und damit auch nicht der Bankenregulierung unterworfen sind. Reguläre Banken, so der Finanzstabilitätsrat weiter, verlagern oftmals einen Teil ihrer Geschäfte auf nicht regulierte Zweckgesellschaften. Von dem Schattenbankensystem gehen daher große Risiken für die Finanz- und Wirtschaftsstabilität aus.

Das folgende Kapitel nähert sich der Analyse des Finanzmarktkapitalismus zunächst vor dem Hintergrund der historischen Transformationen der unternehmerischen Eigentums- und Kontrollverhältnisse seit den 1970er Jahren, um sodann die zentralen Merkmale dieser spezifischen Entwicklungsphase des Kapitalismus zu skizzieren. Beginnen muss eine solche Erörterung mit der immens gewachsenen Bedeutung der Finanzmärkte und ihrer zyklischen Krisen[14].

Im Feld der Soziologie lassen sich zwei Ansätze unterscheiden, die die Bedeutung der Finanzmärkte aus unterschiedlichen Perspektiven untersuchen: Die *Finanzsoziologie* (vgl. Kalthoff 2009; Kalthoff/Vormbusch 2012; Kraemer/Nessel 2012) sucht ein Verständnis der Märkte vor allem über die Wissens- und Entscheidungspraktiken der Akteure und über die Bedeutung von Akteur-Netzwerken zu erlangen. Hier spielen die technischen Artefakte (von Marktinformationssystemen bis zu den Algorithmen, die beständig Preise, Preisdifferenzen und Handlungsopportunitäten berechnen), die Kommunikationsmedien und das verkörperte Handeln der Marktteilnehmer eine besondere Rolle. Ganz anders gehen Untersuchungen vor, die die Krisendynamik aus einer *politökonomischen* Perspektive beleuchten. Hier wird die finanzsoziologische Mikroperspektive des Markthandelns durch eine Makro- und Mesoperspektive auf Märkte ersetzt, und Märkte wiederum ins Zentrum der gesellschaftlichen Veränderungsdynamik überhaupt gerückt. Im Mittelpunkt stehen hier also die politischen, wirtschaftlichen und institutionellen Umbrüche des globalen Kapitalismus. Dieser wird im Sinne einer neuen Entwicklungsphase als ein Kapitalismus auf der Basis entwickelter Finanzmärkte begriffen.

Dieser *Finanzmarktkapitalismus* stellt das Ergebnis einer Reihe tiefgreifender ökonomischer Umbrüche und politischer Neuregulierungen dar, die seit der Krise des Fordismus (d.h. etwa seit den 1970er Jahren) stattfanden. Hierzu zählt insbesondere eine politisch betriebene *De*regulierung der Märkte in Anschluss an die Auflösung des Bretton-Woods-Systems 1973. Diese Deregulierung ermöglichte erst jene neuen Finanzinstrumente und -praktiken, die heute als Auslöser der bislang letzten großen Finanzkrise gelten. Dass sich die heutige kapitalistische Gesellschaftsformation grundlegend vom fordistisch und wohlfahrtsstaatlich geprägten Modell des demokratischen Kapitalismus (Streeck 2013) unterscheidet,

---

14 Finanzkrisen sind keine Seltenheit. So zählte der Internationale Währungsfonds (IMF) zwischen 1970 und 2007 124 Bankenkrisen, 326 Währungskrisen und 64 Staatsverschuldungskrisen (BPB 2010a). Vgl. die klassische Studie von Kindleberger (1978) zur Geschichte der Finanzkrisen, angefangen von der Niederländischen Tulpenblase 1636 über den *Schwarzen Freitag* an der *Wall Street* im Oktober 1929 und die sich anschließende Große Depression bis zu den heutigen zyklischen Kontraktionen der Finanzmärkte; vgl. auch Kamppeter (2011).

gilt den meisten Beobachtern als ausgemacht. Ob die seit den 1970er Jahren entstehende Gesellschaftsformation als „finanzdominiertes Akkumulationsregime" (Sablowski/Alnasseri 2001), als „privatisierter Keynsianismus" (Young 2009) oder als „Postdemokratie" (Crouch 2013) kritisch untersucht wird, markiert dabei theoretische Unterscheidungen, auf die an dieser Stelle nicht weiter eingegangen werden kann. Stattdessen wird im Folgenden an eine Thematisierung der Krise und der Transformation unseres Wirtschafts- und Gesellschaftssystems angeschlossen, die sich vor allem am Wandel der Unternehmenskontrolle festmacht und damit eine Reihe von Anknüpfungspunkten an die politikwissenschaftlichen Debatten um *Governance* bietet. In Deutschland wurde die Diskussion über die politische Ökonomie der Finanzmärkte in dem hier relevanten Zeitraum (also seit den 1980er Jahren) durch Untersuchungen zur Veränderung der *Corporate Governance* und zum Umbau des „korporativen" bzw. „Rheinischen" Kapitalismus (vgl. Albert 1992; Höpner 2003; Streeck/Höpner 2003a, zur angelsächsischen Diskussion vgl. Fligstein 2011; Hall/Gingerich 2004) ausgelöst. Als *Corporate Governance* werden dabei die „Regeln, nach denen Unternehmen beherrscht werden" (Höpner 2003: 15) verstanden. Hierunter fallen

- Gesetze (Betriebsverfassungsgesetz, Mitbestimmungsrechte, Aktiengesetz, Rechnungslegungsvorschriften wie US-GAAP, HGB, IFRS[15]),
- Institutionelle Strukturen (Beteiligungsverflechtungen, Internationalisierung, Kapitalmarktstruktur),
- Informelle Netzwerke, personelle Verflechtungen,
- Leitbilder der Unternehmensorganisation (z.B. Shareholder Value, Stakeholder Ansatz),
- sowie das Verhältnis von ‚Eigentum' und ‚Kontrolle' der Unternehmen.

Die zentrale Annahme bei den Diskussionen um den Finanzmarktkapitalismus ist nun, dass die Veränderung der *Corporate Governance* eng mit dem Eintreten in eine neue Entwicklungsphase des Kapitalismus verbunden ist, dass also die Veränderung der ökonomischen Institutionen (der Eigentumsverhältnisse, der Marktregulation, der Einfluss- und Partizipationsmöglichkeiten verschiedener Gruppen von Akteuren) tiefgreifende Auswirkungen nicht nur auf die Ökonomie, sondern auf die Gesellschaft als Ganzes hat. Breit diskutiert wird dies bereits in dem Sammelband „Finanzmarktkapitalismus", der von Paul Windolf (2005a) herausgegeben wurde. Man muss sich vergegenwärtigen, dass ein kritisches Interesse an

---

15 *United States Generally Accepted Accounting Principles;* Handelsgesetzbuch; *International Financial Reporting Standards*

den Finanzmärkten (über die in Deutschland eher randständige Regulationstheorie hinaus; vgl. Esser u.a. 1994; Aglietta 2000) erst um die Jahrtausendwende einsetzt, und zwar ausgelöst *erstens* durch die im Zuge der Liberalisierung der Märkte wachsende Bedeutung der Finanzmärkte für Wirtschaft und Gesellschaft, *zweitens* durch Krisenerfahrungen wie den Börsencrash im Jahre 2002, *drittens* durch Umbrüche der Organisationsformen (Stichwörter: *shareholder value, profit center, benchmarking*, globale Stellenverlagerung, Unternehmensübernahmen) und die entsprechenden arbeitspolitischen Konsequenzen, sowie *viertens* durch einen Systemwechsel in der sozialstaatlichen Regulierung der Beschäftigungsverhältnisse und der Arbeitsmärkte (Stichworte: die durch die so genannte Hartz-Kommission vorbereiteten „Gesetze für moderne Dienstleistungen am Arbeitsmarkt", umgangssprachlich „Hartz-Gesetze"; Prekarisierung der Arbeit). Die Gesamtheit dieser Entwicklungen wird in vielfacher Weise mit der veränderten Funktionsweise der globalen Finanzmärkte in Verbindung gebracht. Dementsprechend adressiert das Konzept des Finanzmarktkapitalismus nicht lediglich die Finanzmärkte als solche, sondern untersucht in systematischer Absicht das Verhältnis von Real- und Finanzwirtschaft, Finanzmärkten und Gesellschaft. Eine zentrale Annahme lautet, dass sich die institutionelle Struktur der Finanzmärkte seit den 1980er Jahren verändert habe mit der Folge, „dass die Banken an Einfluss verloren haben und in vielen Unternehmen durch die Investment- und Pensionsfonds als Eigentümer und Kreditgeber ersetzt wurden" (Windolf 2005a: 8). Die Fonds und die Investmentbanken stellen also einen Teil jener neuen „Dienstklasse des Finanzmarktkapitalismus" (Windolf 2008) dar, die einen wachsenden wirtschaftlichen und politischen Einfluss ausübt. Die Finanzmärkte etablieren sich im Zuge dieses Prozesses als ein „globales Marktregime" (Windolf 2005a: 9). Die auf ihnen dominanten Akteure wie Pensions- und Investmentfonds beherrschen als die „neuen Eigentümer" die Unternehmen und damit die Realökonomie. Weiterhin sind im Prozess der Globalisierung in keinem anderen Feld der Ökonomie die nationalstaatlichen Grenzen für Information und Handel so niedergerissen worden wie in den Finanzmärkten. *Globale* Akteure, die mit Verweis auf die vorgeblichen ‚Sachzwänge' der internationalen Konkurrenz Interessen artikulieren, tun dies aber gegenüber einer weiterhin *nationalstaatlich* gebundenen Politik. Diese Konstellation hat Wolfgang Streeck (2013) dazu veranlasst, von einer kategorialen Unterscheidung in ein nationales „Wahlvolk" und ein globales „Marktvolk" auszugehen, eine insgesamt nicht ganz unproblematische Betrachtungsweise (vgl. Vormbusch 2014). Der Finanzmarktkapitalismus führe, so Streeck, zu einem kaum aufzuhaltenden Verfall kapitalistischer Demokratien westlicher Prägung und bedeute letztlich das Ende des ‚alten', des ‚demokratischen' Kapitalismus. Es dauerte einige Zeit, bis sich diese Umbrüche in einer Weise verdichteten, dass sie als neue

Formation – und nicht lediglich als eine Vielzahl arbiträrer Veränderungen – in den Blick gerieten. Und erst im zweiten Jahrzehnt des 21. Jahrhunderts wurden – rückblickend – Analysen möglich, die die Genese der neoliberalen Hegemonie als einen Eckpunkt des Aufstiegs der Finanzmärkte mit breiten Pinselstrichen nachzeichneten und kritisierten (vgl. Mirowski 2015). Dass eben diese breiten Pinselstriche wiederum berechtigte Kritik an der empirischen Differenziertheit der These des Finanzmarktkapitalismus auslösen (vgl. Faust/Thamm 2015; Kädtler 2017), ist normal und Teil eines produktiven wissenschaftlichen Wechselspiels zwischen generalisierenden Gegenwartsdiagnosen und empirischer Forschung. Auch dass der Aufstieg der Finanzmärkte sich nicht einer zwangsläufigen Logik verdanke, sondern sich als eine kontingente Reaktion politischer und ökonomischer Akteure auf die soziale, fiskalische und legitimatorische Krise des US-amerikanischen Wirtschafts- und Gesellschaftsmodells entwickelt habe (so Krippner 2011), stellt weniger eine Ablehnung der Generalthese dar als dass es Hinweise auf die historische Kontingenz (und möglicherweise auch das Ende) des Regimes des Finanzmarktkapitalismus geben will.

3.1 Eigentum, Kontrolle und die Auflösung der ‚Deutschland AG'

Die folgende Darstellung beschränkt sich auf die empirischen Veränderungen von Eigentum und Kontrolle im Kontext des deutschen Wirtschaftssystems. Hier spielten bis weit in die 1990er Jahre die großen Universalbanken und Versicherungsgesellschaften eine dominierende Rolle in den Aufsichtsräten und Vorständen der großen Unternehmen – und damit für die Koordination des Wirtschaftssystems insgesamt. Aufgrund der vielfältigen Verknüpfungen zwischen den Banken und Versicherungen, den großen Industrieunternehmen und den Gewerkschaften einschließlich ihrer damals noch sehr einflussreichen Beteiligungsgesellschaften galt Deutschland bereits Alfred Chandler (1990) als Paradebeispiel des „Koordinierten Kapitalismus". Bezeichnend ist der in deutschsprachigen Untersuchungen mittlerweile übliche Begriff der „Deutschland AG" (Windolf/Beyer 1995; Beyer 2006). Die Deutschland AG ist die nationale Spielart einer historischen Entwicklungsphase des Kapitalismus, die als ‚Managerkapitalismus' bezeichnet wird und auf den bis gegen Ende des 19. Jahrhunderts vorherrschenden'„Familienkapitalismus' folgt. In Hinblick auf die *corporate governance* war das konstitutive Merkmal des Familienkapitalismus die Einheit von unternehmerischem Eigentum und unternehmerischer Kontrolle. Die Eigentümerfamilien: Krupp, Thyssen, Bosch, Daimler (hier heißen die Unternehmen nach ihren Besitzern) oder auch Mohn (Mohndruck, später Bertelsmann), Quandt (BMW), Porsche und Piech (Porsche/VW) üben in den Unternehmen eine direkte Kontrolle aus, bestimmen über Strategie und operatives Geschäft und vererben Leitungsfunktionen oftmals innerhalb des weiteren Familiensystems. Mit dem Wachstum der Unternehmen und dem damit einhergehenden Finanzierungsbedarf einerseits, der zunehmenden Arbeitsteilung und damit einhergehenden Professionalisierungsprozessen andererseits wird die Ausübung der Kontrollfunktion nach dem Wechsel vom 19. in das 20. Jahrhundert jedoch immer öfter durch angestellte Manager ausgeübt, die eigene Macht- und Profitinteressen verfolgen. Die Folge ist, dass „those who legally have ownership over companies have been separated from their control", so Bearle und Means (1932)[1968] in ihrer berühmten Studie zur Verbreitung des Streubesitzes in US-amerikanischen Aktiengesellschaften. Im Managerkapitalismus findet also eine historisch spezifische Trennung von Eigentum und Kontrolle statt: die eigentlichen Eigentümer (die Anteilseigner) sind aufgrund der Zersplitterung ihrer Ansprüche nicht in der Lage, die Kontrolle ihres Eigentums effektiv durchzusetzen. Diese Kontrolllücke füllt das (formal lediglich angestellte) Management. Obwohl in der Regel ohne oder nur mit marginalen Eigentumsrechten ausgestattet (in Form von Aktien beispielsweise), übernimmt es nicht nur die operative und strategische Kontrolle über die Unternehmen, sondern kontrolliert sich über die personellen Verflechtungen in Aufsichtsrat und Vorständen in Form einer Clique von Insidern selbst (ausführlich: Windolf 1995, 1997). Der Managerkapitalismus ist also eine Spielart des Kapitalismus, in der die Eigentümer von der Kontrolle ihres Eigentums getrennt sind. Genau dieses (aus der Sicht der Anteilseigner gesehene) Kontroll*defizit* verspricht das Konzept des Finanzmarktkapitalismus zu heilen, indem er auf der *organisatorischen* Ebene das Management durch verschiedene Instrumente wie Boni, *shareholder-value* Orientierung und die Verbesserung der organisatorischen Transparenz stärker zu kontrollieren beabsichtigt, und auf der *gesellschaftlichen* Ebene „die Verwandlung der politisch tonangebenden gesellschaftlichen Mittelschichten in Aktionäre und Fondsanteil-Besitzer" (Deutschmann 2008a: 154) und damit eine Art Aktionärsdemokratie propagiert.

Wie sah das System des Kooperativen Kapitalismus Mitte der 1990er Jahre in Deutschland konkret aus? Dies veranschaulicht die folgende Grafik zu den Überkreuzverflechtungen zwischen Finanz- und Wirtschaftsunternehmen im Jahre 1996 (Höpner/Krempel 2004: 10):

3.1 Eigentum, Kontrolle und die Auflösung der ‚Deutschland AG'   107

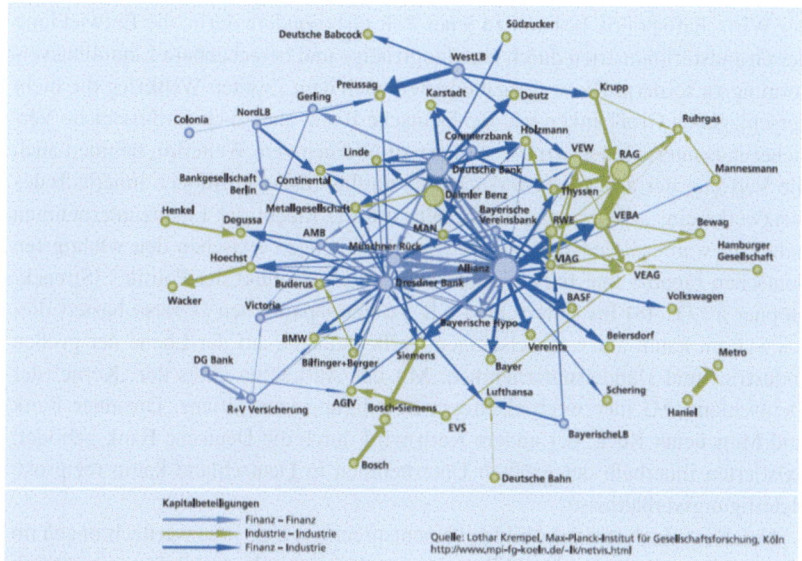

Abbildung 4   Höpner/Krempel 2004: 10

Das Schaubild zeigt deutlich, warum die nationalspezifische Ausprägung des kooperativen Kapitalismus als ‚Deutschland AG' bezeichnet wird. Abgebildet ist ein integriertes Netzwerk der größten deutschen Unternehmen mit einem Verflechtungszentrum rund um die Deutsche Bank und die ALLIANZ Versicherungen AG. Mit der branchenübergreifenden Verflechtung grosser Unternehmen aus Produktion und Finanzwirtschaft, so Höpner/Krempel (2004: 12),

> „ist ein wesentliches Merkmal des deutschen Kapitalismus erfasst: Miteinander eher kooperierende als konkurrierende Finanzunternehmen beteiligen sich an so vielen Unternehmen aus Industrie und Handel, dass sie ein Interesse an der Stabilität der Wirtschaft gewinnen. Sie organisierten das Netzwerk – in der politischen Ökonomie spricht man von „organisiertem Kapitalismus" -, führen ein intensives Monitoring über die Nichtfinanzunternehmen durch und regulieren die Konkurrenz zwischen ihnen."

Streeck/Höpner (2003b: 17 ff.) weisen auf ein weiteres Merkmal dieses Systems wechselseitiger Abhängigkeiten hin. Nicht nur zielte es auf die Abschottung vor externer Konkurrenz und auf die langfristige Stabilität des Netzwerks selbst, sondern es ermöglichte ebenso politische Einflussnahmen wie es auf politische Einflussnahme nach dem Ende des Zweiten Weltkriegs zurückzuführen ist. Das Ziel der Wirtschaftspolitik bestand zu jener Zeit insbesondere darin, die Entwicklung der Grundstoffindustrien durch eine langfristige und berechenbare Liquiditätsversorgung zu fördern. Diese Aufgabe hatten nach dem Zweiten Weltkrieg die nicht zerschlagenen Großbanken wie die Deutsche Bank, aber auch einflussreiche Versicherungsunternehmen wir die Allianz zu übernehmen. Weiterhin nahmen auch die Vertreter der großen Gewerkschaften einflussreiche Positionen innerhalb des Netzwerks ein: „Anders als die Debatte um die Macht der Finanzunternehmen nahelegt, waren die engen kooperativen Beziehungen zwischen den wichtigsten deutschen Finanz- und Industrieunternehmen ein Produkt der Politik." (Streeck/ Höpner a.a.O.: 18) Im Unterschied z.B. zu den japanischen *keiretsu* basiert dieses System kaum auf wechselseitigen Verflechtungen auf der Ebene der großen Industrie- und Handelsunternehmen. Mit der Ausnahme eines der ‚Kerne' der Deutschland AG (der wechselseitigen Beteiligung von Allianz, Dresdner Bank und Münchener Rück; der andere Kern wird durch die Deutsche Bank gebildet) existierten innerhalb der größten Unternehmen in Deutschland kaum reziproke Beteiligungsverhältnisse.

Den Kern des Netzwerks bilden dementsprechend Überkreuzverflechtungen im Finanzsektor (die Dicke der Pfeile zeigt den Anteil der Wertschöpfung an, die mit der jeweiligen Beteiligung verbunden ist). Die Finanzunternehmen beteiligen sich mithin an so vielen Unternehmen aus Industrie und Handel, dass sie ein Interesse nicht nur an diesen einzelnen Unternehmen, sondern *an der langfristigen Stabilität des gesamten Netzwerkes* gewinnen. Als oft zitiertes Paradebeispiel für diese Art der Verflechtung gilt Hermann Josef Abs, der langjährige Vorstandsvorsitzende der Deutschen Bank mit zeitweise mehr als 30 Aufsichtsratsmandaten, davon 20 Aufsichtsratsvorsitzen in deutschen Großunternehmen. Der in Deutschland realisierte Typus der Managerherrschaft zeigt dabei spezifische Ring- und Überkreuzverflechtungen und weist im Ländervergleich eine „bemerkenswert hohe Verflechtungsintensität" sowie ein Verflechtungszentrum auf, „in das die größten und bedeutsamsten Unternehmen integriert waren" (Beyer 2006: 253). Stark zentralisierte Netzwerke haben zwar auf der einen Seite Koordinationsvorteile, sind auf der anderen Seite jedoch in ihrer Existenz bedroht, wenn nur wenige der im Zentrum verflochtenen Unternehmen das Netzwerk verlassen. Die ‚Deutschland AG' beruht also auf langfristigen strategischen Kooperationen zwischen vergleichsweise wenigen korporativen Akteuren. Das Hauptgeschäftsfeld der Banken besteht hierbei in der Vergabe von Unternehmenskrediten und nicht etwa in riskanten Kapitalmarktaktivitäten wie Arbitrage oder der Ausgabe strukturierter Finanzprodukte. Ganz im Gegenteil übernehmen sie die Funktion des „geduldigen", risikoaversen Kapitals (vgl. Windolf 2005b: 22; Höpner 2003). Sie sind stärker an der langfristigen Rückzahlungsfähigkeit ihrer Schuldner als an einer kurzfristigen Profitmaximierung interessiert. Gleichzeitig kontrollieren die Banken und Versicherer im Verflechtungszentrum über Kapital- und Personalverflechtungen die produzierenden Unternehmen. Dabei konnten sich die Unternehmen auf langfristige Kredite und stabile Beziehungen zu ihren Hausbanken verlassen, die Hausbanken wiederum aufgrund ihrer Verflechtungen, ihres Insiderwissens, ihrer aktiven Industriepolitik und der Prosperität des Netzwerks insgesamt zu den einflussreichsten Organisationen inDeutschland aufsteigen, während der deutsche Staat mit seiner Wirtschafts- und Beschäftigungspolitik für stabile Rahmenbedingungen sorgte. In der aktiven Rolle und der prinzipiellen Interventionsfähigkeit des Staates liegt eine entscheidende Differenz zur Rolle des Staates in dem durch die internationalen Märkte und ihre Krisen gekennzeichneten Finanzmarktkapitalismus der Gegenwart.

Das Netzwerk der ‚Deutschland AG' wird beherrscht von einer Clique von Insidern und ist damit eine historisch spezifische Konkretisierung jenes Typus von Managerherrschaft, die Berle und Means in den 1930er Jahren bereits als eine dem Kapitalismus überhaupt „immanente Tendenz zu fortschreitender Trennung von Eigentum und Kontrolle" (Beyer 2006: 51 f.) beschrieben. Insgesamt ist der Einfluss der Finanzmärkte in dieser Konstellation im Vergleich zum Einfluss interner Koordinationsformen in Gestalt von Kapital- und Personalverflechtungen als gering einzustufen.

Wie hat sich dieses System kooperativer Insiderkontrolle nun in den vergangenen Jahrzehnten verändert? Die folgende Grafik zeigt die Verflechtungssituation im Jahre 2002 zum Vergleich (Höpner/Krempel 2004: 11):

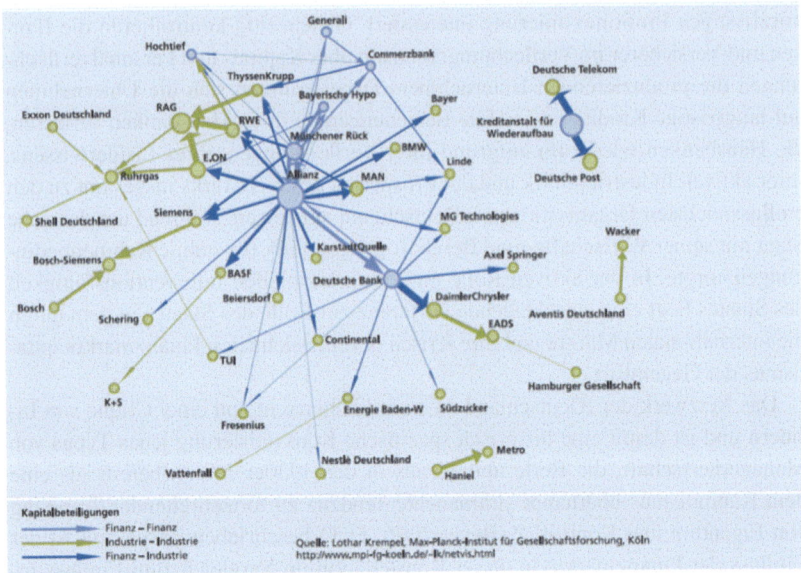

Abbildung 5   Höpner/Krempel 2004: 11

Wie man sieht, haben sich Umfang und Dichte des Netzwerks entschieden reduziert. Die Deutsche Bank hält nur noch wenige Beteiligungen, was vor allem auf die strategische Entscheidung dieser und anderer Großbanken zurückzuführen ist, vermehrt ins Investmentbanking einzusteigen und sich damit auf das Management von Fusionen, Unternehmensübernahmen, Eigengeschäfte mit Aktien und Derivaten etc. zu konzentrieren. Die Deutschland AG ist „a.D.", so Jürgen Beyer (2006). Sie ist „außer Dienst". Ihre Auflösung vollzieht sich durch:

- den Rückzug der Großbanken und deren Konzentration auf das – so schien es zum damaligen Zeitpunkt – wesentlich lukrativere Investmentbanking,
- die Kapital- und Personal*ent*flechtung, welche durch staatliche Deregulierungen sowie durch Veränderungen der Steuergesetzgebung (so die Unternehmenssteuerreform von 2001) erleichtert wird,
- den Aufstieg neuer Finanzmarktakteure wie Pensionskassen und Investmentfonds vor allem aus dem anglo-amerikanischen Raum, die kurzfristigere und riskantere Strategien bei der Anlage ihrer Gelder verfolgen als die typische Universalbank,
- die Durchsetzung neuer Unternehmensstrategien wie des *shareholder value* und die Globalisierung der Finanzmärke.

3.2 Finanzmarktkapitalismus

Die sukzessive Auflösung der Deutschland AG korrespondiert historisch mit dem Ende der Systemkonkurrenz zwischen kapitalistischen und sozialistischen Wirtschafts- und Gesellschaftssystemen. Der Fall der Berliner Mauer und die Desintegration der osteuropäischen Staaten öffnete den Weg für Debatten darüber, in welcher Weise sich auch kapitalistische Staaten synchron (also zu einem gegebenen Zeitpunkt) und diachron (also in ihrer historischen Abfolge) voneinander unterscheiden. In synchroner Perspektive hat dies die Unterscheidung von „koordinierten" und „liberalen" Kapitalismen hervorgebracht (vgl. Hall/Gingerich 2004). In diachroner Perspektive öffnete das Ende der Systemkonkurrenz den Blick auf die Veränderungen des Kapitalismus im Zeitverlauf und damit auch auf die Transformation des „Rheinischen", „koordinierten" Kapitalismus in ein stärker angelsächsisch geprägtes Modell des Kapitalismus. Für letzteren sind unterschiedliche Begriffe mit jeweils etwas anderen Konnotationen im Umlauf: „Casino-Kapitalismus" (Strange 1986); „Shareholder-Kapitalismus" (Rappaport 1994, 1999); „Financialization" (Froud et al. 2000); „finanzdominiertes Akkumulationsregime" (Sablowski/Alnasseri 2001); „exit-Kapitalismus" (Kühl 2003); und schließlich die übrigen Begriffe zunehmend dominierend: „Finanzmarkt-Kapitalismus" (Windolf 2005). Dieses neue globale Steuerungsregime beruht auf einer seit den 1970er Jahren betriebenen Öffnung und Liberalisierung der Produkt-, Kapital- und Arbeitsmärkte. Die Finanzmärkte sind hierbei nicht nur Vorreiter der Globalisierung, sondern entwickeln sich zum eigentlichen Bezugspunkt und Steuerungszentrum aller gesellschaftlichen Aktivitäten. Die Leitidee hinter diesem Regime besteht darin, tendenziell alle Vermögensgegenstände einer Gesellschaft in marktförmig handelbare Anteile, d.h. in Wertpapiere zu transformieren (*securitization*), ablesbar an den strategischen Privatisierungen z.B. im Bildungs- und Gesundheitsbereich, mittels derer vormals staatlich bzw. kommunal erbrachte Dienstleistungen marktförmig organisiert und damit in ein Anlageobjekt für Investoren verwandelt werden. Insgesamt resultiert hieraus eine Verschiebung der Kontrolle über gesellschaftliche Prozesse von staatlichen Organen zu privatwirtschaftlichen Akteuren. Der Sozial- und Wohlfahrtsstaat zieht sich aus der direkten Erbringung von Dienstleistungen zurück und setzt sich selbst (über seinen Kredit – ebenso wie seinen Investitionsbedarf) der Kontrolle der Märkte und der Eigentümer der seit dem Zweiten Weltkrieg immens gewachsenen Privatvermögen aus. Diese Vermögen verwalten und kontrollieren einflussreiche Finanzmarktakteure: Pensions- und Investmentfonds ganz unterschiedlicher Provenienz und Rechtsform, Private-Equity Gesellschaften ebenso wie Finanzintermediäre wie Rating-Agenturen, Wirtschaftsprüfungsgesellschaften und Wirtschaftskanzleien, die sich auf

Aktivitäten wie Unternehmensübernahmen spezialisieren. Die in diesem Segment beschäftigten Professionellen bilden die neue „Dienstklasse" des Finanzmarktkapitalismus. Nationale und supranationale Finanzinstitutionen wie die amerikanische Zentralbank FED, die Europäische Zentralbank EZB oder der Baseler Ausschuss für Bankenaufsicht dienen der Regulierung und Stabilisierung dieses, nach Ansicht von Windolf und anderen durch eine hohe strukturelle Krisenanfälligkeit gekennzeichneten Systems.

Krisen gehören schon immer zum kapitalistischen Wirtschaftssystem. Windolf (2009: 187) betont in diesem Sinne unter Bezug auf die historischen Arbeiten Kindlebergers (1978), dass Finanzkrisen nicht etwa „schwarze Schwäne" (also singuläre Ausnahmen; so z.b. Taleb 2008) seien, die nicht vorhergesagt werden können, sondern ganz im Gegenteil regelmäßig, im Zeitraum zwischen 1810 und 1987 beispielsweise im Durchschnitt alle neun Jahre aufgetreten seien. Die Krisenanfälligkeit des Finanzmarktkapitalismus wird durch den Umstand verschärft, dass diejenigen Akteure, die am stärksten von diesem System profitieren, nicht dessen inhärente Risiken tragen. Der „letzte Schuldner" bleibt der Staat und damit die Gesamtheit der Steuerzahler (vgl. Deutschmann 2008a; Streeck 2013). In diesem Sinne wird kritisiert, dass im Finanzmarktkapitalismus „Eigentümer ohne Risiko" (Windolf 2008) eine „finanzkapitalistische Landnahme" (Dörre 2009b: 35) betreiben – mit dem Ergebnis einer seit den späten 1970er Jahren wieder zunehmenden sozialen Ungleichheit (Piketty 2014). Diese Ungleichheit wird sowohl durch Umverteilungen von Vermögen als auch durch die finanzmarktinduzierte Ausweitung prekarisierter Arbeitsverhältnisse befördert. Der Umbau des fordistisch geprägten Wohlfahrtsstaates mit seinen spezifischen Verhandlungs- und Kompromissstrukturen basiert dabei „auf der „Befreiung" der Märkte aus den spezifischen Institutionen, die nach dem Ende des Zweiten Weltkriegs zu einer sozialen Zähmung des Kapitalismus beitrugen" (Vormbusch 2014: 133). Die politische Voraussetzung des Finanzmarktkapitalismus auf der Ebene der Finanzmarktregulation ist dabei ein System flexibler Wechselkurse ohne Kapitalverkehrskontrollen, innerhalb dessen Kapital zwischen den Hauptwährungen der Welt relativ friktionslos zirkulieren kann. Ein Großteil dieser Zirkulation dient dabei nicht der Abwicklung realwirtschaftlicher Investitionen, sondern der Spekulation (vgl. Kamppeter 2011). Tatsächlich ist das Handelsvolumen auf den internationalen Finanzmärkten in den vergangenen Jahrzehnten geradezu explodiert. Es übersteigt den Umfang des Welthandels um ein Vielfaches. So erhöhte sich das nominale Volumen des Derivatehandels zwischen 1987 und 1998 von 1,6 auf 65,9 Billionen US-$. Das ist ein Anstieg auf das Vierzigfache. Da nur ein Teil des Derivatehandels überhaupt an offiziellen Börsen stattfindet, ist der Gesamtumfang dieses Segments noch wesentlich höher.

3.2 Finanzmarktkapitalismus

Deutschmann (2005, 2008a) und Windolf (2005 a/b) gehen von einer endemischen Krisenanfälligkeit des Regimes des Finanzmarktkapitalismus aus. Deutschmann (2008a) führt diese vor allem auf die sich öffnende Schere zwischen dem global verfügbaren, anlagesuchenden Geldvermögen einerseits, den realen Investitionsmöglichkeiten und „guten Schuldnern" andererseits zurück. Er bringt die Durchsetzung des Finanzmarktkapitalismus damit in einen direkten Zusammenhang mit der Vermögensentwicklung insbesondere der Mittelschichten seit dem Ende des Zweiten Weltkriegs. Der von ihm so genannte „Buddenbrooks-Effekt" besteht darin, dass in den prosperierenden Gesellschaften der Nachkriegszeit immer mehr Vermögende („Rentiers") immer weniger „hart arbeitenden Schuldnern" („Schumpetersche Unternehmer") gegenüberstehen (vgl. Nölke 2009 zum Zusammenhang von Finanzmarktkapitalismus und „Finanzialisierung"). So betrug allein das Finanzvermögen der Deutschen im Jahre 2006 4.5 Bio. €. Weltweit wurde es zu jener Zeit auf rund 41 Bio. US-$ geschätzt (Dt. Bundesbank 2007). Diese Vermögen konnten vor allem durch das Ausbleiben großer Kriege in den entwickelten Staaten Europas und Nordamerikas seit dem Zweiten Weltkrieg, später auch der stürmischen ökonomischen Expansion Chinas akkumuliert werden. Eine Vermögenskonzentration hat dabei nicht nur ‚ganz oben', sondern vor allem auch in der oberen Mittelschicht, d.h. den oberen vier Einkommensdezilen stattgefunden. Dabei sind zwischen 1960 und 1990 die Finanzvermögen etwa doppelt so stark gewachsen wie das Volkseinkommen (vgl. die umfängliche statistische Auswertung von Piketty 2014). Hierdurch, und hierin ist Deutschmann sich mit vielen anderen Beobachtern einig, entstehe ein enormer Anlagedruck: Im Weltmaßstab waren im Jahre 2003 etwa 70 Bio. US-$ (1996 erst 36 Bio. US-$) als frei flottierendes Kapital verfügbar, bedingt durch die skizzierte Akkumulation der Vermögen, durch den Aufstieg Asiens (insbesondere Chinas) als Weltfinanzmacht, sowie als Ergebnis eines überwiegend spekulativen Vermögenswachstums an den Finanzmärkten. Hinter diesem vagabundierenden Kapital stehe keine produktive Tätigkeit und damit keine langfristige unternehmerische Investition mit entsprechenden Risiken, sondern eine wachsende Klasse von „Rentiers". Die wachsenden Vermögensungleichgewichte sind in dieser Sichtweise auch bedingt durch die steigende Liquidität sowie die im Durchschnitt höhere Rendite an den Finanzmärkten im Verhältnis zu der relativ sinkenden Investitions- (und damit Wachstums-) rate in der Realwirtschaft (vgl. Piketty 2014). Dem überproportionalen Wachstum der globalen Finanzvermögen korrespondiert dementsprechend kein analoger Zuwachs realwirtschaftlicher Investitionsmöglichkeiten, weshalb der Finanzmarktkapitalismus eine „Tendenz zur Selbstverstärkung von Ungleichgewichten" aufweise (Deutschmann 2008a: 5). Dementsprechend könne gar keine Rede davon sein, dass finanzielles Kapital weiterhin ‚knapp' sei – im Gegenteil. Damit aber entfalle, so Deutschmann, ein im Prinzip nur durch Knappheit legitimierbarer Renditeanspruch auf Kapital. Gleichwohl forderten die Investmentgesellschaften als Vertreter der Eigentümer aufgrund ihrer strukturell angelegten Konkurrenz um Einlagen exorbitant hohe Renditeansprüche – eine ‚Überrendite', die im Durchschnitt realwirtschaftlich nicht zu erzielen ist. Dieser Widerspruch, der auf die Anspruchsinflation der Geldeigentümer zurückgeht (die mit der rationalen Temperierung des Erwerbsmotivs, die Max Weber noch für ein Kennzeichen des okzidentalen Kapitalismus hielt, nichts mehr zu tun hat), führt nach Deutschmann zu einer inhärenten Krisenanfälligkeit des Finanzmarktkapitalismus. Aufgrund der Abwertung der Unternehmerfunktion zugunsten einer passiven, gleichwohl in ihren Renditeerwartungen exzessiven Haltung der Rentiers hält Deutschmann den Finanzmarktkapitalismus für eine Degeneration des Kapitalismus.

3.3 Der Aufstieg einer neuen Finanzdienstklasse

Auch wenn der Finanzmarktkapitalismus auf wissensbasierter Arbeit (Aktienanalysen, Unternehmensbewertungen u.ä.) beruht, so sind seine zentralen Akteure nicht Angehörige des Wissenschaftssystems, wie Daniel Bell (1973) seinerzeit in Hinblick auf die Durchsetzung einer post-industriellen Wissensgesellschaft vermutete. Sie sind ebenso nicht im Kontext des industriellen Kapitalismus sozialisiert, wie die für den Rheinischen Kapitalismus so wichtigen Ingenieure und „vorsichtigen" Banker. Stattdessen sind sie Angehörige einer neuen, global orientierten und rekrutierten Dienstklasse des Finanzmarktkapitalismus[16] (Windolf 2008), die in Rating-Agenturen und Investmentbanken, als Wertpapier- oder Devisenanalysten und als Händler in Renten- und Investmentfonds angestellt sind. Finanzökonomen, Rating-Experten, Wirtschaftsanwälte, Broker und Fonds-Manager,

---

16 Der Begriff der Dienstklasse wird i.d.Z. vor allem von Paul Windolf, und zwar unter Rückgriff auf das Klassenmodell von Erikson, Goldthorpe und Portocarero (EGP-Schema) verwendet. Diesem liegt kein Marx entlehnter Begriff der Klasse zugrunde, sondern eine Vorstellung empirischer Erwerbsklassen, wie sie Max Weber entwickelte. Deutlicher ist m.E. die Definition von Ralf Dahrendorf (1965: 106 ff.), der die Dienstklasse im Sinne einer stellvertretenden Herrschaftsausübung charakterisiert: obwohl formal keine kapitalistischen Eigentümer und keine gewählten Volksvertreter, werden Dienstklassen im Interesse der herrschenden Klasse tätig. Dahrendorf bezog dies allerdings noch auf den bürgerlich-kapitalistischen Staat, die wichtigste Dienstklasse ist in dessen Kontext die Beamtenschaft. Im Falle des Finanzmarktkapitalismus dienen die Fonds-Manager, Analysten und Wirtschaftssozietäten nicht dem Staat, ganz im Gegenteil: Sie organisieren die Interessen privater Vermögensbesitzer, wenn nötig auch gegen staatliche Interessen.

3.3 Der Aufstieg einer neuen Finanzdienstklasse

Analysten, Wertpapier- und Devisenhändler, Anlageberater, Portfoliomanager und Investmentbanker bilden eine neue ökonomische Funktionselite mit großem politischem Einfluss. Die Mitglieder dieser neuen Dienstklasse sind (als Juristen, Finanzmathematiker, Wirtschaftsprüfer etc.) hoch professionalisiert und arbeiten in Organisationen globaler Reichweite: Wirtschaftsprüfungsgesellschaften (PricewaterhouseCoopers, KPMG, Deloitte), Rating-Agenturen (Standard & Poor's, Moody's, Fitch), in Beratungs- und Consultingfirmen (Roland Berger; EY, Stern Stewart & Co.; zusammenfassend Vormbusch 2004). Gleichzeitig sind viele dieser Akteure im Zuge der letzten Finanzkrise massiv kritisiert worden. So hätten die Rating-Agenturen vor Ausbruch der Krise die mangelnde Kreditwürdigkeit einer zunehmenden Zahl der Schuldner nicht zur Kenntnis genommen, obwohl genau dies die ihnen übertragene Funktion im Finanzsystem darstelle. Nach Ausbruch der Krise hätten die schnellen und drastischen Abwertungen des Kreditratings einzelner Staaten (wie beispielsweise Griechenlands) die europäische Wirtschafts- und Finanzkrise nur noch verstärkt. Anstatt also Transparenz und Risikobegrenzung zu erzielen, so der Vorwurf, hätten die Rating-Agenturen zur Verstärkung der Krise beigetragen. Generell verändert sich im Zuge der Ausdehnung des Finanzsektors und der Entwicklung neuer, spekulativer Finanzinstrumente auch das Geschäftsmodell vieler eingesessener Großunternehmen des Finanzsektors. Nicht nur erfahrene angelsächsische Investmentbanken und Hedge-Fonds, auch bislang stärker national aufgestellte ‚Newcomer' wie die Deutschen Landesbanken (WestLB etc.) und die Deutsche Bank versuchten seit den 1990er Jahren mit Wucht in das neue Geschäftsfeld einzudringen und von den dortigen Verdienstmöglichkeiten zu profitieren. Insgesamt bildet sich eine neue Klasse von Akteuren, die das Merkmal teilen, dass ihre „Erwerbschancen von Finanztransaktionen auf globalen Finanzmärkten abhängen" (Windolf 2008: 517). Dies drückt sich deutlich in den im Vergleich zu anderen Wirtschaftssektoren massiv gestiegenen Profiten des Finanzsektors durch Zinserträge, Kapitalgewinne und Transaktionsgebühren während der letzten Jahrzehnte aus (vgl. *Economic Report of the President* 2008: Table B–91; vgl. Krippner 2011). Verschiedene Arten von Investmentgesellschaften bilden das organisatorische Rückgrat des Finanzmarktkapitalismus: klassische Investmentfonds, Private-Equity Gesellschaften, große Versicherungsgesellschaften, Investmentbanken, Hedge-Fonds und Tochtergesellschaften regulärer Banken, die als Zweckgesellschaften (*special purpose vehicles*) operieren und in der Finanzkrise 2007 ff. eine bedeutende Rolle spielten. Letztere kaufen z.B. Forderungen (Kredite) einer Bank an und refinanzieren den Kaufpreis durch die Verbriefung dieser Kredite (in der Immobilienkrise die massenweise Verbriefung von Immobilienhypotheken; Verbriefung bedeutet in diesem Zusammenhang die *Bündelung* einzelner Hypothekenkredite durch eine Bank bzw. die ausgegliederte

Zweckgesellschaft einer Bank, ihre *Zertifizierung* durch eine unabhängige Agentur wie z.B. eine Ratingagentur und schließlich ihre *Platzierung* am Finanzmarkt in Form eines handelbaren Wertpapiers). Hierdurch können Banken Kreditrisiken an den Kapitalmarkt und die dortigen Investoren weitergeben. Die Bank überträgt der Zweckgesellschaft ausfallrisikobehaftete Kredite, muss diese Risiken hierdurch nicht mehr selbst bilanzieren und kann dementsprechend weitere Kredite vergeben. In der Folge blähen sich allerdings die Bilanzen der Banken stark auf, es entstehen gewaltige Kreditpyramiden, deren Basis immer weniger kreditwürdige Schuldner bilden.

Die folgende Grafik zeigt als Beispiel für die wachsende Bedeutung vergleichsweise risikoaffiner Investmentformen das von Hedge-Fonds verwaltete Vermögen in den Jahren 1999 bis 2009:

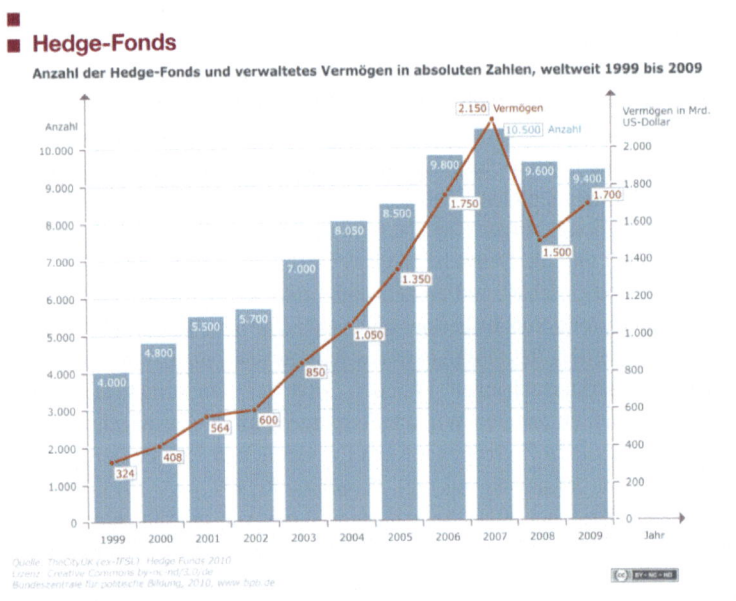

Abbildung 6

Die folgenden beiden Grafiken veranschaulichen das seit den 1990er Jahren steil ansteigende Transaktionsvolumen auf den Finanzmärkten (entnommen aus Schulmeister 2009, S. 9):

3.3 Der Aufstieg einer neuen Finanzdienstklasse

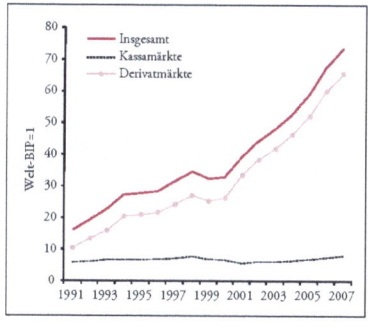 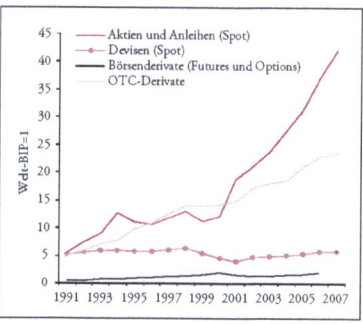

Quelle: Bank for International Settlement (BIS), World Economic Forum (WEF), Austrian Institut of Economic Research (WIFO).

Abbildung 7

In Folge der Steigerung von Frequenz und Volumina von Finanzmarkttransaktionen entstehen für die Mitglieder der neuen Finanzdienstleistungsklasse erhebliche Einkommenschancen außerhalb *kapitalistisch rationaler*, d.h. auf den langfristigen Unternehmenserfolg und eine langfristig haltbare Kapitalrendite bezogener Kriterien. Wie Windolf (2005) zeigt, kontrollieren die Investmentgesellschaften die an den Finanzmärkten gelisteten Unternehmen dabei als *Kollektiv*. Auch wenn in der Regel kein Fonds Mehrheitseigentümer eines Unternehmens wird, bündelt eine überschaubare Gruppe von Investmentgesellschaften einen relevanten Teil des Aktienkapitals und kann hierdurch als strategischer Akteur Interessen gegenüber dem Management artikulieren. Die Fonds haben hierbei sowohl *exit* als auch *voice* als Strategieoption: Sie können in Gesprächen mit dem Management und auf Hauptversammlungen ihre Vorstellungen durchzusetzen versuchen, sie können aber auch jederzeit mit dem *exit* drohen, d.h. mit einem Verkauf ihrer Anteile, der sich dann in einem Kursverlust des Unternehmens (und nicht zuletzt in einem Einkommensverlust des Managements, das einen relevanten Teil seines Gehalts in Form von Optionen erhält) niederschlägt. Investmentfonds konzentrieren also das Eigentum vieler Einzeleigentümer. Sie üben hierdurch Eigentümerfunktionen aus, „übernehmen aber nicht das Risiko, das mit ihren Investitionen (…) verbunden ist" (Windolf 2005: 40). Sie sind dementsprechend „Eigentümer ohne Risiko" (Windolf 2008). Dass die Fonds dabei in der Regel den Blicken einer kritischen Öffentlichkeit verborgen bleiben, weil sie gegenüber weiteren gesellschaftlichen Anspruchsgruppen wie den Beschäftigten, den Gewerkschaften, der Politik und den Regionen, in denen das betreffende Unternehmen tätig ist, nicht auskunftspflichtig sind, erhöht die Intransparenz der auf ihren Druck hin getroffenen Entscheidungen. Im Gegensatz zum Management und auch im Gegensatz zum

Kooperativen Kapitalismus tragen Fonds nicht nur kein Risiko und haften nicht für unternehmerische Entscheidungen, sie sind auch nicht rechenschaftspflichtig gegenüber einer Öffentlichkeit, die selbst die Vertreter der allergrößten Fonds oftmals nicht einmal dem Namen nach kennt. Ihre Strategien sind den Blicken der Öffentlichkeit entzogen. Gleichzeitig konkurrieren die Investmentgesellschaften um Kundeneinlagen und sind deshalb gezwungen, hohe Renditeziele zu erreichen. Diesen Renditedruck, der sich aus der Konkurrenz der Fonds um die Vermögen ergibt, geben die Investmentfonds als neue Eigentümer an die Unternehmen weiter. Eines der wichtigsten Konzepte hierbei ist das Modell des *shareholder value*, das im Kontext des Finanzmarktkapitalismus einen wichtigen Transmissionsriemen zwischen Real- und Finanzwirtschaft darstellt.

3.4 *Shareholder value* als Bindeglied zwischen Real- und Finanzwirtschaft

Kein Einzelbegriff ist im Kontext des Finanzmarktkapitalismus zu solcher Prominenz gelangt wie der des *shareholder value* (vgl. Fligstein 2011). Er drückt die radikale Abkehr der Orientierung von Unternehmen an den unterschiedlichen Interessen verschiedener *stakeholder* (Anspruchsgruppen wie Belegschaft, Kunden, Kommune, Staat, Region, schließlich auch Aktionäre und Kreditgeber) aus, die das kooperative Modell der *corporate governance* in Deutschland beherrschte. *Shareholder value*, so Höpner (2003: 15), „bezeichnet eine Unternehmenspolitik, die auf die Bedienung der Finanzinteressen der Aktionäre und damit auf die Steigerung der Aktienkurse zielt". Höpner (a.a.O.: 23) geht davon aus, dass vor dem Hintergrund des kooperativen Modells des Kapitalismus mit seinen stabilen Aktionärskreisen und der Kontrolle des Netzwerks durch „Insider" anstelle des Kapitalmarkts die „zunehmende *shareholder-value*-Politik einen erklärungsbedürftigen Fremdkörper im deutschen Produktionsregime darstellt"; das *Shareholder-Value* Konzept verdeutlicht in besonderer Weise, dass es sich hier um einen Paradigmenwechsel handelt, in dem ein spezifisches System der Koordination wirtschaftlicher Aktivitäten gegen ein neues ausgetauscht wird. An die Stelle langfristig angelegter und im *Container* des Nationalstaats verbleibender Vernetzungen zwischen Unternehmen und Staat treten die internationalen Kapitalmärkte als Kontroll- und Regulationsinstanz. Zentrale Merkmale des *shareholder value*-Konzeptes und der damit verbundenen wertorientierten Unternehmensführung sind:

- Einführung von Transparenz durch standardisierte Kennzahlen, die Werttreiber im operativen Geschäft und in der gesamten Wertschöpfungskette identifizieren sollen,
- Konzentration auf die Kapitalproduktivität und den Wertzuwachs des Unternehmens,
- Intensive Kommunikation der Unternehmensleitung mit Aktienanalysten und Großanlegern zur Herstellung von Transparenz,
- Koppelung der Managergehälter/-anreize an Profitabilität und Aktienkursentwicklung (z.B. über Optionen), d.h. an die Entwicklung des Unternehmenswerts,
- Feindliche Übernahmen als Instrument zur Durchsetzung radikaler Restrukturierungen; Schaffung eines Marktes für Unternehmenskontrolle,
- Aktienrückkäufe zur Kurssteigerung, Sonderausschüttungen an die Eigentümer.

Das *Shareholder Value* Konzept stellt einen Eckpfeiler der kapitalmarktorientierten Unternehmensführung dar. Im Mittelpunkt des Konzepts steht die Steigerung des Aktionärsnutzens, durch die Steigerung des Aktienkurses ebenso wie durch Jahres- und Sonderausschüttungen an die Anteilseigner. Dividenden, Bezugsrechte und Kurssteigerungen sowie das Vertrauen in das amtierende Management (im Sinne der fortwährenden Erreichung selbst gesteckter Renditeziele) werden dabei zu den Maßstäben für die Investition von Beteiligungsgesellschaften. Auch die seit den 1980er Jahren in Anzahl und Volumina dramatisch angestiegenen Unternehmensübernahmen und anschließenden Zerschlagungen von Unternehmen dienen diesem Ziel, insofern die Zergliederung und der Verkauf einiger oder aller Unternehmensteile die Ausschüttung risikoloser Sonderprämien an die neuen Eigentümer möglich macht. Übernahmen durch *private-equity* Gesellschaften sind dabei in der Regel in beträchtlichem Ausmaß kreditfinanziert – 80 bis 90% des Kaufpreises werden fremdfinanziert. Oftmals werden für eine solch hohe Fremdfinanzierung Anleihen emittiert, zu deren Besicherung die Vermögenswerte des übernommenen Unternehmens selbst dienen, das damit den Schuldendienst für die Kreditfinanzierung seiner eigenen Übernahme sowie die Bedienung der kurzfristigen Interessen der Risikokapitalgeber übernimmt (Stichwort *leveraged buyouts*). Idealtypisch stellt im Rahmen des *shareholder-value* Konzeptes ein Unternehmen nicht mehr dar als ein Portfolio von Unternehmensteilen, die prinzipiell auch veräußert werden können, wenn sich hierdurch ein kurzfristiger Gewinn für die Aktionäre realisieren lässt. Dabei wird der Wertbeitrag einzelner Unternehmensteile über Kennziffern gemessen und verglichen, so z.B. über die bekannte Kenngröße *return on investment*

(ROI)[17.] Eine weitere theoretische Grundlage des *shareholder-value* Ansatzes stellt die aus dem Bereich der Finanzwirtschaft stammende Portfoliotheorie dar (Markowitz 1952; Rappaport 1999 [1986]; Garz, Günther und Moriabendi 2002). Sie basiert zunächst auf der Auffassung, dass ein Unternehmen ein Portfolio unterschiedlicher Geschäfts-, Technologie- und Produktfelder darstellt, die naturgemäß je unterschiedliche Renditen abwerfen. Der Kern des Ansatzes besteht darin, diese Unternehmensbereiche anhand ihrer Renditen sowohl *intern* als auch mit *alternativen* Investitionsmöglichkeiten zu vergleichen, etwaige Quersubventionen zu eliminieren und Teile des Portfolios gegebenenfalls zu veräußern. Quersubventionierungen zwischen den Unternehmensteilen wie in Konzernen alter Art sollen möglichst eliminiert werden, so dass die „wahren" Renditen der Teile sichtbar werden. Zunächst zielt dieses Konzept also auf die Schaffung von Transparenz für Beobachter auf den Finanzmärkten (z.B. Fonds oder sonstige Marktakteure), die nicht über das Insiderwissen verfügen wie die miteinander verflochtenen Akteure des koordinierten Kapitalismus. Die Messlatte für Investitionen ist der Vergleich mit der Rendite anderer Kapitalanlagen, explizit auch der erwarteten Rendite nicht-produktiver Finanzanlagen im globalen Maßstab. Die Konkurrenz der Fonds um Einlagegelder wird so über die Umsetzung des *shareholder value*-Konzeptes auf die Unternehmen der Realwirtschaft übertragen. Nur vor diesem Hintergrund ist das von der Deutschen Bank zunächst auch nach der Finanzkrise 2008 aufrechterhaltene Ziel einer langfristigen Eigenkapitalrendite von 25% zu verstehen.

3.5 Finanzkrisen

Hier kann nur ein sehr kurzer Abriss der letzten Finanzkrise gegeben werden, die im Jahr 2008 zum Zusammenbruch des Interbankenmarktes und zur anschließenden Weltwirtschaftskrise führte. Als direkter Auslöser der Finanzkrise gilt, dass die in den Jahren zuvor stark gestiegenen Immobilienpreise in den USA in der Folge der Leitzinserhöhungen der US-Notenbank seit Juni 2004 zunächst stagnierten und dann zu fallen begannen. Da Hypothekenzinsen in den USA in der Regel nur für zwei Jahre festgeschrieben werden, konnten viele Kreditnehmer ihre Hypo-

---

17   Der *return on investment* wird allgemein als Quotient aus Gewinn durch Gesamtkapital definiert. Als Gewinngröße wird entweder der Jahresüberschuss oder das Gesamtergebnis vor Steuern und Fremdkapitalzinsen herangezogen (vgl. präziser Kaub/Schaefer 2002). Über die Aussagekraft des ROI wie auch verwandter Maßzahlen wie des ROCE (*Return on Capital Employed*) oder des ROE (*Return on Equity*) existiert eine verzweigte Debatte (vgl. Bischoff 1994, Rappaport 1999; Schröder 1999).

theken nicht mehr bedienen. Nicht nur *subprime mortgages*, also solche Kredite, die an Schuldner mit nur geringer oder gar ohne Bonität und ohne Eigenmittel vergeben wurden, waren hiervon betroffen. Selbst solvente Schuldner, die in Zeiten scheinbar immer weiter steigender Immobilienpreise den vermeintlichen Wertgewinn ihrer Häuser (der sich nun als jederzeit revidierbares Ergebnis eines globalen Spekulationsgeschäfts herausstellte) für neue Kredite verpfändet hatten, mussten ihre Immobilie veräußern. Der dramatische Anstieg der Zwangsversteigerungen führte dazu, dass der Immobilienmarkt vollständig zusammenbrach. Globale Auswirkungen konnte das Platzen der US-amerikanischen Immobilienblase deshalb annehmen, weil die vor Ort aufgenommenen Hypothekenkredite zu einem großen Teil in komplexe ('strukturierte') Finanzprodukte umgewandelt und dann an Investoren aus der ganzen Welt als handelbare Wertpapiere verkauft wurden – Investoren, die dringend nach Anlagemöglichkeiten für das von ihnen verwaltete Vermögen gesucht hatten. Um lokale Kredite zu einem an Finanzmärkten handelbaren Produkt zu machen, wurde eine Vielzahl von Einzelhypotheken zu *mortgage backed securities*[18] gebündelt, die von Ratingagenturen als sichere Anlage benotet wurden, um dann von Investmentbanken als Kreditderivat an internationale Investoren verkauft zu werden. Oftmals wurden diese Kreditderivate nochmals nach Risikokategorien in Tranchen aufgeteilt und – wiederum von Ratingagenturen in Risikokategorien aufgeteilt und zertifiziert – als *Collaterized Debt Obligations* (CDO) weiterverkauft[19]. In dieser Weise entstanden globale „Kreditpyramiden" (Kamppeter 2011), bei denen immer mehr und komplexere Schuldverhältnisse auf den Schultern oftmals nicht besonders kreditwürdiger Schuldner errichtet wurden – von der prinzipiellen Struktur her vergleichbar mit Kettenbriefen oder ähnlichen Schneeballsystemen. Paul (2012: 186) problematisiert diese „Geldsurrogate" als Teil einer gigantischen Kreditblase. Aus den eigentlich hochriskanten Hypothekendarlehen an Schuldner ohne Bonität „wurden auf diese Weise anteilig gar erstklassige, von den Ratingagenturen als *triple A* eingestufte Papiere" (a.a.O.:

---

18 Die Bundesbank definiert *mortgage backed securities* als handelbare Wertpapiere, die durch einen Pool an Hypothekendarlehen gedeckt ist. Die Ratenzahlungen der Hypothekenschuldner werden so den Wertpapierkäufern zugeleitet. Die Banken spielen hierbei die Rolle eines Maklers oder Schleusers, der immer neue Schübe an Hypothekenkrediten verbriefen lässt und an Investoren weiterverkauft. Hierdurch verschwinden die Hypotheken aus der Bilanz der Bank – diese kann im Anschluss weitere Kredite vergeben, die dann wieder verbrieft und weiterverkauft werden können und so fort.

19 Diese Pakete konnten dann nochmals entpackt, nach Risikokategorien sortiert, und nochmals weiterverkauft werden (so genannte CDO *squared* oder CDO^2; zur genauen Funktionsweise eines CDO vgl. Heidorn/König 2003).

185). Dieses Verfahren hatte zunächst für alle Beteiligten nur Vorteile: Die Hypothekenbanken konnten die mit den Hypotheken verbundenen Risiken aus ihren Bilanzen entfernen, indem sie diese weiter veräußerten. Die internationalen Investoren fanden in einem Umfeld relativ niedriger Zinsen neue, hoch profitable Anlagemöglichkeiten, die wesentlich höhere Renditen abwarfen als Staatsanleihen. Die diversen Finanzintermediäre wie Rating-Agenturen, Finanzmathematiker und Investmentbanken verdienten erhebliche Provisionen. Und schließlich konnte jeder US-Amerikaner hoffen, auch mit wenig – oder gar keinen – Ersparnissen eine Immobilie erwerben zu können. Die internationalen Verwalter des globalen Geldtopfes – und letztlich jede Privatperson, die Geldeinlagen bei einer Geschäftsbank unterhielt und sie damit ihrer persönlichen Kontrolle entzieht – wurden mittels komplexer Finanzinstrumente zu den Finanziers der US-amerikanischen Immobilienblase.

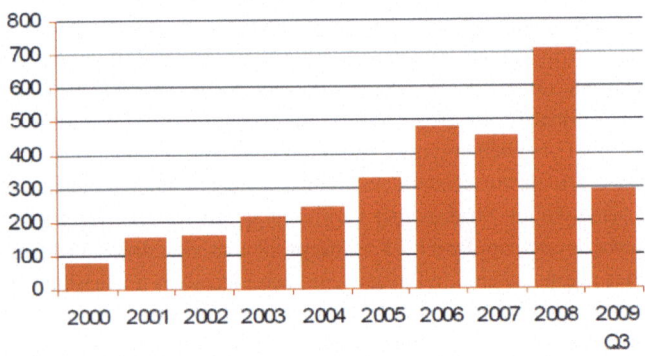

Abbildung 8 Emissionsvolumen verbriefter Wertpapiere in Europa 2000 – 2009 Deutsche Vereinigung für Finanzanalyse und Assetmanagement (DVFA) 2010, S. 6

Nach der Zinswende in den USA im Juni 2004 gerieten mit den privaten Schuldnern auch die großen Hypothekenbanken in Zahlungsschwierigkeiten. Viele dieser Banken hatten so genannte *Special Purpose Vehicles* gegründet, Zweckgesellschaften, die außerhalb ihrer eigentlichen Bilanz ausschließlich für den Weiterverkauf der hypothekenbesicherten Kreditderivate verantwortlich zeichneten. Diese waren – gesetzlich zum damaligen Zeitpunkt zulässig – mit einer äußerst dünnen Eigenkapitaldecke ausgestattet und mussten nach der ersten Serie von

Ausfällen und im Rahmen weiter steigender Zinsen und Versteigerungen Konkurs anmelden. Noch im September 2007 brachen die Märkte für diese Wertpapiere zusammen, und – schlimmer noch – der gesamte Interbankenmarkt, auf dem sich Kreditinstitute kurzfristig mit Liquidität versorgen können. Die beiden größten US-amerikanischen Hypothekenbanken, Fannie Mae (aka die *Federal National Mortgage Association*, versehen mit dem staatlichen Auftrag, das private Wohneigentum in den USA zu fördern) und Freddie Mac (*Federal Home Loan Mortgage Corporation*), die über besondere Kreditlinien bei der US Treasury verfügten und Hypothekenpapiere im Umfang von 5,2 Bio. US-$ hielten, mussten am 06.09.2008 verstaatlicht werden. Am 15.09.2008 wurde die US-Investmentbank Lehman Brothers insolvent. Die American International Group (AIG), der damals drittgrößte Erstversicherer der Welt, bekommt am 17.09.2008 von der FED einen Notkredit von 85 Mrd. US-$, im Gegenzug übernimmt die FED 79,9% ihrer Anteile. Am 25.09.2008 ist Washington Mutual, die damals sechstgrößte Bank der USA, bankrott und wird von J.P. Morgan Chase gekauft. Am 29.09.2008 wird die Hypo Real Estate (HRE) mit 35 Mrd., später 50 Mrd. € gestützt, um schließlich am 05.10.2009 verstaatlicht zu werden – einschließlich ihrer notleidenden Kredite. Allein die HRE erhielt 124 Mrd. € Ausfallgarantien und 7,7 Mrd. € Direkthilfe durch den Finanzmarktstabilisierungsfonds (SoFFin). Am 13.10.2008 verabschiedet die deutsche Bundesregierung ein erstes Banken-Rettungspaket von 500 Mrd. €, am 25.11.2008 legt die FED ein 800 Mrd. US-$ schweres Notprogramm zum Aufkauf kreditbesicherter Wertpapiere auf. Dennoch mussten viele der größten Unternehmen des amerikanischen Finanzsystems Konkurs anmelden. Bis heute ist das finanzielle Ausmaß der Krise umstritten. Doch allein die angesprochenen Zweckgesellschaften saßen im Juli 2007 auf etwa 1000 Mrd. US-$ an notleidenden Hypothekenkrediten mit geschätzten zukünftigen Ausfällen zwischen 30 und 70% (Kamppeter 2010: 11 f.). Der IWF schätzt die Verluste der Finanzunternehmen auf etwa 2,28 Bio. US-$ (IMF 2010). Die Finanzkrise hat in weiten Teilen der Welt zu merklich abgeschwächten Wirtschaftswachstum und in vielen Staaten zur Rezession geführt. Allein in den OECD-Staaten ist die zusammengefasste Wirtschaftsleistung nach Schätzungen des Internationalen Währungsfonds im Jahr 2009 um 3,2 % zurückgegangen – das erste Mal seit dem Zweiten Weltkrieg.

3.6 Finanzmarktkapitalismus, Krise, Unsicherheit

Der Begriff des Finanzmarktkapitalismus bezeichnet eine neue Phase in der Entwicklung der kapitalistischen Gegenwartsgesellschaften, die sich durch den Zwang zur Vermehrung des globalen Finanzkapitals und die Dominanz finanzwirtschaftlicher Akteure gegenüber allen anderen gesellschaftlichen Gruppen und selbst gegenüber dem Nationalstaat auszeichnet. Diese Gegenwartsdiagnose hat auch über die wissenschaftliche Diskussion hinaus starke Beachtung gefunden und fand beispielsweise als „Heuschrecken-Kapitalismus" (so Franz Müntefering im Jahr 2004) Eingang in die politische Rhetorik. Wie kaum ein anderer Begriff bietet er einen kohärenten Erklärungszusammenhang für die ökonomischen Umbrüche unserer Zeit: von den Stellenverlagerungen auch profitabler Betriebe über die Prekarisierung der Arbeit, die Privatisierung öffentlicher Dienstleistungen bis zu den zyklischen Finanz- und Wirtschaftskrisen und der Instabilität des Europäischen Währungssystems. Das Konzept des Finanzmarktkapitalismus ist keine umfassende soziologische Theorie, sondern will die ökonomischen, politischen und institutionellen Umbrüche in einer globalisierten Wirtschaftsordnung auf einen Nenner bringen. Dabei verfolgt der Ansatz eine kritische gesellschaftspolitische Stoßrichtung, die weniger auf Theorie als auf Erklärungen hinsichtlich der zunehmenden globalen Ungleichgewichte, der Aushebelung demokratischer und nationalstaatlicher Institutionen und der zivilgesellschaftlichen Partizipation abzielt. In der Wirtschafts- und Finanzsoziologie ist das Konzept des Finanzmarktkapitalismus breit diskutiert worden, auch wenn seine Verankerung in der kritischen politischen Ökonomie zunächst kaum zum Mainstream der wirtschafts- und finanzsoziologischen Programmatik in Deutschland zu passen scheinen.

Die Diskussion um den Finanzmarktkapitalismus hat darüber hinaus der vergleichenden internationalen Forschung zu Wirtschaftssystemen – den „varieties of capitalism" (Hall/Gingerich 2004; für einen Überblick über die vergleichende Kapitalismusforschung Streeck 2010) – neue Impulse verliehen. Hierbei handelt es sich um einen Ansatz der vergleichenden politischen Ökonomie und der empirisch vergleichenden Kapitalismusforschung, der einen systematischen Vergleich der institutionellen Strukturen von Gesellschaften beabsichtigt. Insbesondere wird nach den institutionellen Komplementaritäten in der makroökonomischen Regulierung gefragt. Ökonomische Institutionen sind dann komplementär, wenn „das Vorhandensein der einen die Erträge steigert, die von den anderen Institutionen zu erwarten sind" (Hall/Gingerich 2004: 6). Komplementäre Institutionen erleichtern es wirtschaftlichen Akteuren, Koordinationsprobleme mit anderen Akteuren der Wirtschaft zu lösen. Der Varieties-Ansatz untersucht hierzu eine Vielzahl von Akteuren, Koordinationsprinzipien und institutionellen Strukturen. Er unterscheidet dabei grundsätzlich liberale und koordinierte Marktwirtschaften: die einen haben stärker marktvermittelte (wie die USA, Kanada, Australien und Großbritannien), die anderen (wie Deutschland, Österreich, die Schweiz, Schweden) relationale Formen der Koordination. Beyer (2009) kritisiert, dass dieser Ansatz die nivellierende Bedeutung des Finanzmarktes übersehen habe, Albo (2005) wiederum, dass dieser Ansatz nicht die tatsächliche Varietät kapitalistischer Regime, sondern lediglich die Unterschiedlichkeit innerhalb eines bestimmten Typus des Kapitalismus, konkret des neoliberalen bzw. ‚neuen' Kapitalismus des späten 20. Jahrhunderts erfasse.

Aus einer solchen Vergleichsperspektive hat der Niedergang der sozialistischen Wirtschafts- und Gesellschaftssysteme in den 1980er Jahren nicht etwa die Konkurrenz zwischen verschiedenartigen Wirtschafts- und Gesellschaftssystemen aufgehoben. Vielmehr ließ er „einen neuen Typ von Systemkonkurrenz entstehen" (Deutschmann 2005: 60). Albert (1992) bezeichnet diese spezifische Konkurrenzsituation als „Kapitalismus contra Kapitalismus", also als die „Rivalität zwischen unterschiedlichen institutionellen Ordnungen des Kapitalismus" (Deutschmann ebd.). Diese wird in der vergleichenden Kapitalismusforschung vor allem als Konkurrenz zwischen ‚liberalen' und ‚koordinierten' Kapitalismen diskutiert (Hall/Gingerich 2004). Die liberalen Marktdemokratien mit ihrer Betonung der Finanzmärkte als Steuerungszentren und der Eigentümer als wichtigste Anspruchsgruppe schienen für viele Jahre nicht nur der Mehrzahl der Wirtschafts-, sondern auch den politischen Akteuren dem auf Risikoeingrenzung und langfristige Veränderung angelegten ‚Rheinischen' Modell überlegen – zumindest in Hinblick auf Kriterien wie Wirtschaftswachstum und Innovationskraft. Das liberale Marktmodell wurde damit immer mehr zur regulativen Idee für *Good Governance*, und einflussreiche gesellschaftliche Akteure werden nicht müde, in allen Gesellschaftsbereichen „marktorientierte" Reformen einzuklagen. Auf der anderen Seite sind die inhärenten Probleme dieses Modells, von der Erosion der Staatsfinanzen über das sozial- und arbeitspolitische *race to the bottom* im Rahmen der Konkurrenz der Nationalstaaten um global mobiles Kapital, die Privatisierung, Unterfinanzierung und Segmentierung öffentlicher Dienstleistungen (Crouch 2013) bis zu dem in den letzten Jahren diskutierten Wiederanstieg sozialer Ungleichheiten (Piketty 2014) nicht mehr zu leugnen, so dass auch über Möglichkeiten eines radikalen Systemwechsels im Sinne einer ‚Post-Wachstumsgesellschaft' nachgedacht wird (so der programmatische Titel der Kolleg-Forschergruppe Postwachstumsgesellschaften an der Universität Jena).

Im Finanzmarktkapitalismus hat der Finanzsektor eine Größe und Selbstbezüglichkeit erreicht, die im Gegensatz zu den ihm zugedachten ökonomischen Funktionen stehen: sein Wachstum orientiert sich nicht länger an den funktionalen Anforderungen der Realwirtschaft (wie z.B. der Kredit- und damit der Investitionsfunktion, der Allokation von knappem Kapital etc.). Der allergrößte Teil des Transaktionsvolumens auf den internationalen Finanzmärkten geht nicht auf realwirtschaftliche Vorgänge zurück (Devisengeschäfte im Falle von Direktinvestitionen, Ausgabe von Schuldverschreibungen, Kreditfinanzierung von Investitionen etc.), sondern stellt Spekulationsgeschäfte dar. Die zumindest phasenweise Entkopplung der Finanzmärkte von der im direkten Vergleich eher ‚trägen' Realökonomie – eine bereits seit den 1980er Jahren diskutierte These – trägt zur Krisenanfälligkeit des Systems bei. Die für die Finanzmärkte typischen Übertreibungen und zyklischen Krisen aber wirken sich durch die Kopplung der Unternehmen und der Sparer an den Finanzsektor unmittelbar auf den produktiven Sektor aus. Vor allem die letzte Finanzkrise hat ein Appropriationsmuster erkennen lassen, das auf der Privatisierung der Gewinne in Boomphasen und der Sozialisierung der Verluste in den anschließenden Krisen basiert. Denn trotz aller Marktrhetorik bleibt der Staat der „letzte Schuldner" und staatliche Institutionen Letztgaranten für den Glauben, dass es schon irgendwie weitergehen wird (vgl. Mario Draghis berühmte Versicherung vom 26. Juli 2012, dass die Europäische Zentralbank alles tun werde („whatever it takes"), um den Euro zu stabilisieren).

Auf die inhärente Krisenanfälligkeit dieses kapitalistischen Regimes haben sowohl Deutschmann als auch Windolf hingewiesen, auch wenn sie diesbezüglich je andere Akzente setzen. Während Deutschmann im Verhältnis von Überliquidität und Unterinvestition in unternehmerische Aktivitäten und damit im Missverhältnis von Rentiers und ‚schumpeterianischen' Unternehmern eine Degeneration des Kapitalismus erblickt, sieht Windolf vor allem das Problem, dass die globale Konkurrenz der neuen Eigentümer untereinander den Akteuren der Realwirtschaft eine Wertschwelle (d.h. ein Minimum an geforderter Rendite) aufzwinge, die auf die Dauer nicht zu realisieren sei. Mit Keynes argumentiert Windolf, dass die "Grenzleistungsfähigkeit des Kapitals unter der Liquiditätsprämie" (Windolf 2008: 522) liege. Damit aber erfüllen Investitionen in die Realwirtschaft im Regelfall nicht die Renditeforderungen der neuen Eigentümer, was diese dazu zwingt, in immer riskantere Anlagen bzw. neue, strukturierte Finanzprodukte zu investieren.

Das Konzept des Finanzmarktkapitalismus hat die selbstzerstörerischen Tendenzen des Kapitalismus, die den Arbeiten von Marx über Sombart bis zu Schumpeter noch ganz selbstverständlich zugrunde lagen (vgl. Streeck 2010: 35), in Erinnerung gerufen. Gleichzeitig war es Impulsgeber oder Erklärungshintergrund zur Analyse angrenzender Phänomene des Gegenwartskapitalismus: der Entwicklung der Mittelschichten, der Vertiefung sozialer Ungleichheiten, der Prekarisierung, des Machtverlusts der Politik in einer globalisierten Wettbewerbsordnung und der Zukunft des Kapitalismus als dem vorherrschenden globalen Wirtschafts- und Gesellschaftssystem überhaupt. So betont Schimank (2007) beispielsweise die ambivalente Stellung der Mittelschichten im Finanzmarktkapitalismus. Es sei offensichtlich, „dass sich die gesellschaftliche Mitte nicht nur hinsichtlich ihrer Anlagerenditen täuscht, sondern […] auch hinsichtlich ihrer Arbeitsmarktchancen und sozialstaatlichen Absicherungen selbst ein Bein stellt" (a.a.O.: 57). Durch

3.6 Finanzmarktkapitalismus, Krise, Unsicherheit

die von ihr selbst forcierte Finanzialisierung würden die Arbeitsverhältnisse der Mittelschichten insgesamt prekärer. Es käme auch in Zeiten des wirtschaftlichen Aufschwungs nicht zu Arbeitsplatzgewinnen und das internationale *race to the bottom* würde die Mittelschichten ihrer sozialstaatlichen Absicherung berauben. „Zusammengefasst: Die gesellschaftliche Mitte sorgt für ihre eigene „Prekarität" …". (a.a.O: 58)

Prekarisierung lautet das Stichwort auch für eine einflussreiche Forschungsrichtung, die sich zur Aufgabe gemacht hat, den gesellschaftlichen Ursachen für die „Wiederkehr der sozialen Unsicherheit" (Castel 2009) auf den Grund zu gehen. Insbesondere Klaus Dörre (2009 a/b) diagnostiziert in diesem Zusammenhang eine „neue Landnahme" des Kapitalismus. Es hätten „sich unsichere Arbeits- und Lebensverhältnisse als Folge eines *funktionierenden* Finanzmarkt-Kapitalismus auch in Kontinentaleuropa wieder verstärkt ausgebreitet" (Dörre 2009b: 35). Dörre bezieht sich sowohl auf Karl Marx wie auf zeitgenössische Theoretiker wie David Harvey, wenn er hervorhebt, dass sich der Finanzmarktkapitalismus bislang nicht kapitalistisch durchgeformte Sozial- und Wirtschaftsbereiche wie das Bildungs- und Gesundheitssystem, vor allem aber auch die Totalität der sozialen Lebensverhältnisse in einer für den Fordismus unbekannten Vehemenz einverleibe. Mit der These einer weiteren kapitalistischen ‚Landnahme' bringt er die Funktionsprinzipien des Finanzmarktkapitalismus in einen systematischen Zusammenhang mit der zunehmenden Unsicherheit in den modernen Gesellschaften, insbesondere mit der ‚Prekarisierung' wachsender Teile der Bevölkerung. Die für den Finanzmkarktkapitalismus konstitutiven Mechanismen werden als Treiber einer fortschreitenden Re-Kommodifizierung von Arbeitskraft betrachtet, Unsicherheit als der soziale Treibstoff, der die Subjekte zu einer permanenten Über-Leistung antreibt. Hierdurch verliere die Erwerbsarbeit ihr gesellschaftliches Integrationspotential, mit der Folge „der Rückkehr einer [neuen] Massenverwundbarkeit, die man schon gebannt glaubte" (Castel 2000: 337).

Die gesellschaftliche Integration über stabile Erwerbsarbeitsverhältnisse ist historisch keine Selbstverständlichkeit. Sie zielte am Anfang des 20. Jahrhunderts auf die Befriedung einer bis dato besitzlosen Arbeiterklasse und in den Jahrzehnten nach dem Zweiten Weltkrieg auf die Generalisierung eines allgemeinen „Sozialbürgerstatus für Lohnabhängige" (Dörre a.a.O.: 39 in Anschluss an Robert Castel). Dieses Modell war so erfolgreich, dass es breiteren Gesellschaftsschichten gelang, einen historisch bislang unerreichten Grad des materiellen Wohlstands und der sozialen Teilhabe zu erreichen. Dass hiermit die institutionelle Stabilisierung hierarchischer Geschlechterverhältnisse, u.a. über das ‚male-breadwinner-Modell' einherging, sei hier nur angemerkt.

In der Diagnose eines Zeitenbruchs konvergieren die Ansätze von so unterschiedlichen wissenschaftlichen Autoren wie Wolfgang Streeck, Colin Crouch und

Klaus Dörre. Gemeinsam ist ihnen die Mahnung vor einem ‚postdemokratischen' Zeitalter, in der transnationale Funktionseliten sich von den sozialstaatlichen Kompromissen nationalstaatlicher ‚Container' gelöst haben und diese unter Druck setzen. Quantifizierung, shareholder value, Vermarktlichung und Dekommodifizierung stellen die zentralen Funktionsprinzipien finanzmarktkapitalistischer Landnahmen dar, mittels derer sozialstaatliche Absicherungen und letztlich die Integration über Erwerbsarbeit in den westlichen Demokratien in Frage gestellt werden. Die Integration und soziale Absicherung weiter Teile der Bevölkerung über stabile Erwerbsarbeitsverhältnisse wird in dieser Sichtweise einem neuen globalen Marktregime geopfert.

Wenn seit dem Ende dieses sozial und demokratisch so erfolgreichen Zwanzigsten Jahrhunderts Arbeit, Einkommen und soziale Absicherung unter Druck geraten, wie sieht es mit den über Jahrzente akkumulierten Vermögen aus? Piketty (2014) hat diesbezüglich in seiner Aufsehen erregenden empirischen Langzeitstudie eine Zunahme der gesellschaftlichen Ungleichgewichte, insbesondere derjenigen zwischen Einkommen und Kapitalerträgen, seit den 1970er Jahren festgestellt. Er konstatiert die „Akkumulation und Konzentration von Vermögen in einer Welt [.], die von einem schwachen Wachstum und einer hohen Kapitalrendite gekennzeichnet ist" (2014: 42). Pikettys Thesen haben nicht nur die Debatte über die Situation der Mittelschichten und neue soziale Ungleichheiten befruchtet, sondern auch den Blick auf extreme Ungleichheiten gerichtet (vgl. die Studie von Keeley 2015; Mau 2015). Der gegenwärtig wenig umkämpfte Stand der Debatte lautet: *The rich get richer, the poor get poorer* (vgl. Oxfam International 2014: 6 ff.). Zu ähnlichen Schlüssen gelangt die schweizerische Großbank Credit Suisse in ihrem *Global Wealth Data Book* (Credit Suisse 2015). Das Regime des Finanzmarktkapitalismus ist so gesehen ein Regime der Extreme: extremen Vermögenszuwächsen an der Spitze stehen weiterwachsende Schulden in weiten Teilen der Welt, aber auch innerhalb der entwickelten Volkswirtschaften gegenüber (vgl. Sahr 2017).

Die Finanzmärkte stellen gegenwärtig den globalsten Zusammenhang organisierter menschlicher Interaktion dar, den wir kennen. Daran Hoffnungen an eine Zunahme von Wohlstand zu knüpfen, der möglichst Vielen auf diesem Globus zugutekommt, hat sich allerdings als falsch herausgestellt: Der Aufschwung der Finanzmärkte korreliert historisch mit der Zunahme sozialer Ungleichheiten im Weltmaßstab. Das Konzept des Finanzmarktkapitalismus bietet Erklärungen dafür, warum das so ist. Die Finanzmärkte werden Hoffnungen auf einen Wohlstand für Alle nicht gerecht werden, wenn sie nicht „faire und gerechte Reformen" durchlaufen, an denen grundsätzlich alle, die von ihren Folgen betroffen sind, partizipieren können (so Young 2012: 395 ff.).

Finanzsoziologie und Social Studies of Finance 4

4.1 Die Ursprünge der Finanzsoziologie in Wissenssoziologie, Wissenschafts- und Technikforschung

Seit erst fünfzehn Jahren und damit seit noch kürzerer Zeit als im Fall der ‚neuen' Wirtschaftssoziologie zeichnet sich ein Programm zur Untersuchung der modernen Finanzmärkte ab, das als ‚neue' Finanzsoziologie bezeichnet wird. Man kann darüber streiten, in welcher Weise das Prädikat ‚neu' hier angebracht ist, weil z.B. in Deutschland vor den 1990er Jahren gar keine nennenswerte Finanzsoziologie betrieben worden ist und insofern keine ‚alte' Finanzsoziologie existiert. Institutionell ist die Finanzsoziologie in Deutschland ein Teil der Wirtschaftssoziologie – es gibt keine eigenständige Sektion innerhalb der Deutschen Gesellschaft für Soziologie. Sie unterscheidet sich von ihr jedoch nicht nur thematisch, indem sie offensichtlich einen spezifischen, wenn auch zunehmend wichtiger werdenden Ausschnitt der Wirtschaft untersucht. Sie unterscheidet sich vor allem in theoretischer und methodologischer Hinsicht, insofern sie die Finanzmärkte und das Finanzmarkthandeln unter Rückgriff auf Methoden untersucht, die oftmals den *Social Studies of Science & Technology* entstammen. Im angelsächsischen Sprachraum verfügt sie bereits über einen beeindruckenden Bestand an empirischen Studien, Handbüchern und Sammelbänden. In Deutschland steigt die Verfügbarkeit finanzsoziologischer Arbeiten mit einem Nachlauf von vielleicht zehn Jahren rasant an. Denn erst in den letzten Jahren – auch in der Folge immer kurzzyklischerer Finanzkrisen – hat die Beschäftigung mit den Finanzmärkten deutlich an Intensität gewonnen, wovon drei auf Deutsch erschienene Sammelbände (Langenohl/

Schmidt-Beck 2007; Kraemer/Nessel 2012; Kalthoff/Vormbusch 2012) Zeugnis ablegen. In theoretischer Hinsicht ist das Besondere an der Finanzsoziologie, dass es sich um eine „wissenschaftssoziologisch ausgerichtete Wirtschaftsforschung" handelt (Kalthoff 2009: 266). Das unterscheidet sie von den in Deutschland etablierten Forschungen zum Finanzmarkt*kapitalismus* und der politischen Ökonomie der Finanzmärkte (vgl. Kap. 3). Konzeptionell bedeutet dies, dass viele der in der Wissenssoziologie, der Wissenschaftsforschung und den *Social Studies of Science & Technology* entwickelten Konzepte (vgl. die Überblicksdarstellungen von Weingart 2003; Strübing 2005; Bammé 2009) nun für die Untersuchung der Finanzmärkte fruchtbar gemacht werden.

Die gesellschaftliche Bedeutung der Technik wird seit langem in einer doppelten Weise thematisiert: erstens in Abgrenzung vom Technikdeterminismus als Frage nach der sozialen Gemachtheit von technischen Artefakten und Systemen (Bijker u. a. 1987; Rammert 1994a) und zweitens als die Frage nach den gesellschaftlichen Folgen von Technik und Technisierung (Rammert 1994b; Rip u. a. 1995), wobei beide Aspekte eng miteinander verwoben sind. Dies bedeutet auf eine griffige Formel gebracht, dass Technikentwicklung als Gesellschaftsentwicklung begriffen wird. Sie ist eine für die moderne Gesellschaft zentrale Form der Herstellung sozialer Realität (Hughes 1983, 1991). Im Rahmen einer so verstandenen Technikforschung wurden insbesondere wissenssoziologische Theorieansätze seit den 1970er Jahren im Rahmen der *Social Studies of Science and Technology* weiterentwickelt. Diese sind durch die folgenden Merkmale gekennzeichnet:

Erstens konzentrieren sie sich auf *science in action* (so Bruno Latour 1987), also auf die im Feld der Wissenschaft anzutreffenden Praktiken wissenschaftlichen Arbeitens: Wissenschaft wird weniger als das institutionalisierte Wissenschafts*system* mit spezifischen Normen und Rollen-Sets verstanden, so wie es für die ältere Wissenschaftssoziologie typisch war (vgl. Merton 1973), sondern als wissenschaftliche Praxis im Vollzug, die Teil einer epistemischen Kultur (Knorr Cetina 2002; vgl. Potthast 2010) ist.

Zweitens sind viele zentrale Arbeiten der Wissenschaftssoziologie, insbesondere die das Forschungsfeld prägenden so genannten Laborstudien (Latour/Woolgar 1979; Knorr Cetina 1984) gegenüber den konkreten gesellschaftlichen Voraussetzungen und Folgen wissenschaftlicher Praxis indifferent – durchaus im Gegensatz zu weiten Teilen der deutschsprachigen Innovations- und Technikforschung. Genauer gesagt, wird das kritische Postulat Latours (2006: 123), dass im Labor „die meisten neuen Quellen von Macht geschaffen werden", zwar immer wieder angeführt, um den Zusammenhang von Wissenschaft und Gesellschaft in spezifischer Weise (hier: im Sinne der Akteur-Netzwerk Theorie) hervorzuheben. Dieses Postulat bleibt bislang in Hinblick auf die konkreten Macht- und Herrschaftsverhältnisse, die die Produktion wissenschaftlichen Wissens und seine Verwendung prägen, abstrakt. So wird das Labor als ein für moderne, wissens- und wissenschaftsbasierte Gesellschaften zentraler Ort untersucht, an dem an der Produktion wissenschaftlicher „Fakten" gearbeitet wird, die dann als ‚*black boxes*' in die Gesellschaft entlassen werden. Diese ‚*black boxes*' strukturieren in Form von Technologien, Formeln und Modellen dann die Gesellschaft, beeinflussen und ermöglichen erst unser Handeln in der Welt – zugleich bleibt ihr Entstehungsprozess unsichtbar. Dies ist einer der Grüne, weshalb die Wissenschafts- und Technikforschung darauf hinarbeitet, das ‚*black boxing*' von Technologie zu rekonstruieren. In der Finanzsoziologie äußert sich dies beispielsweise als Versuch eines „opening the black box of global finance" (vgl. MacKenzie 2005b).

Drittens ist die Wissenschaftsforschung im Vergleich zur Innovations- und Technikforschung radikaler, nämlich wenn es um begriffliche und grundlagentheoretische Innovationen geht. Sie ist radikaler in ihrem konstruktivistischen Verständnis der Erzeugung sozialer Realität qua Wissen, radikaler in ihrem Einbezug von Objekten und Materialitäten in den Untersuchungsprozess, und im Falle der Akteur-Netzwerk Theorie auch radikaler in ihrem Versuch, Asymmetrien zwischen menschlichen und nicht-menschlichen Handlungsträgern begrifflich und forschungsstrategisch zu eliminieren. Artefakte werden als ebenso konstitutiv für den Aufbau sozialer Realität betrachtet wie menschliche Handlungsträger. Stärker noch als in der deutschen Techniksoziologie finden sich hier also grundbegriffliche und theoretische Anstrengungen, die um die Fragen von Technik und Wissenschaft als Wissen und als Praxis kreisen und damit im Grunde sehr viele Anknüpfungspunkte für eine kritische Reflexion moderner, durch digitale Medien, den Aufbau weltumspannender technischer Infrastrukturen und Netze geprägter Gesellschaften bieten.

Die generelle Bedeutungszunahme wissenssoziologischer Ansätze seit den 1960er Jahren – nicht nur in den *science & technology studies* – ist Teil eines allgemeinen Aufschwungs „interpretativer und kulturalistischer Positionen, die sich gegen den empirischen Positivismus der quantitativen Sozialforschung einerseits, gegen das systemtheoretische Paradigma von Talcott Parsons andererseits wenden" (Keller 2011: 38). Eines der Hauptwerke im Rahmen dieses Umschwungs ist sicherlich der vom Umfang her schmale Band „Die gesellschaftliche Konstruktion der Wirklichkeit" von Peter L. Berger und Thomas Luckmann, der 1966 zunächst in den USA und bald darauf (1969) in deutscher Übersetzung erschien. Hier wird der doppelte Prozess der individuellen Aneignung wie der interaktiven Objektivierung von Wissensbeständen als ein alltäglicher Konstruktionsprozess, eben als „gesellschaftliche Konstruktion" untersucht. Neben Pierre Bourdieus strukturalistischem Konstruktivismus, der in der Finanzsoziologie allerdings bislang keine Rolle spielt, muss als weitere Säule des Aufschwungs wissenssoziologischer Herangehensweisen die empirische Wissenschaftsforschung genannt werden, die Karin Knorr Cetina in einem ihrer einflussreichsten Aufsätze („Spielarten des Konstruktivismus" von 1989) als „empirischen Konstruktivismus" bezeichnet hat.

In der Finanzsoziologie werden die erkenntnistheoretischen, methodologischen und konzeptionellen Überlegungen dieser von Anfang an transdisziplinären Ansätze weitergeführt, indem diese auf ein neues Feld, die Erforschung der globalen Finanzmärkte, übertragen werden. Die Finanzsoziologie befindet sich damit einerseits in einer vergleichsweise komfortablen Lage: Von Anfang an konnte hier auf einen Korpus erprobter Modelle und Instrumente zurückgegriffen werden. Die Akteur-Netzwerk Theorie ist dabei eine der Brücken, über die erfolgreiche und etablierte Konzepte aus dem Feld der „*Social Studies of Science and Technology*" (SSST) und den *Social Studies of Science* (SSS) in das Feld der „*Social Studies of Finance*" (SSF) übertragen wurden. Die *Social Studies of Finance* haben sich nicht nur ihren Namen in Anlehnung an die zuvor genannten Forschungsfelder gegeben. Auch viele der in diesem Feld etablierten Forscherpersönlichkeiten wie Donald MacKenzie oder Karin Knorr Cetina haben in den 1990er Jahren die Finanzmärkte als relevante Forschungsfelder entdeckt: „... since the late 1990s several known scholars from the social studies of science have refocused their research interests on financial markets" (Preda 2007: 518; vgl. Kalthoff 2009: 266 f.). Für die Einsteigerin in die Erforschung der Finanzmärkte bedeutet dies andererseits ein doppeltes Handicap: Erstens ist sie mit der extremen Komplexität der Finanzmärkte selbst, zweitens mit der bereits erreichten extremen Komplexität des Forschungsstandes in der Wissens-, Wissenschafts- und Techniksoziologie konfrontiert. Ganz abgesehen davon, dass sich das Verhältnis dieser zwei Seiten (des ‚Gegenstandes' und seiner ‚Beschreibungssprache') eher im Sinne einer wechselseitigen Komplexitätssteigerung oder gar – wir kommen darauf zurück – als ‚performativ' verstehen lässt, lässt sich schwer sagen, was hiervon schwerer verdaulich ist!

Die *Social Studies of Finance* übertragen also „die in der Erforschung naturwissenschaftlicher Erkenntnisprozesse gewonnenen theoretischen und methodologischen Einsichten auf den Finanzsektor ..." (Kalthoff 2009: 266). Damit ist die neue Finanzsoziologie als eine Wissens- und Wissenschaftssoziologie zu begreifen, die sich in den 1990er Jahren vor dem Hintergrund gesellschaftlicher Strukturveränderungen einen neuen Erkenntnisgegenstand wählt und diesen in ähnlicher Weise untersucht wie die Produktion wissenschaftlichen Wissens. Was der Wissenschaftssoziologie das Labor als zentraler Ort der „Produktion von Erkenntnis" (Knorr Cetina 1984), das ist der Finanzsoziologie der Markt bzw. der *trading room* als Ort, an dem finanzwissenschaftliches Wissen produziert und angewendet wird, um komplexe, in der Regel nur als Modell und virtueller Datenraum verfügbare Finanzprodukte zu gestalten, zu bewerten und zu handeln. Das mag erstaunen: Was hat das naturwissenschaftliche Labor mit den modernen Finanzmärkten zu tun? Jenseits der generellen Feststellung, dass beide zentrale Orte und Institutionen einer wissensgetriebenen Gesellschaft darstellen, offenbaren sich frappierende Parallelen:

Wissens- und Entscheidungsprozesse erweisen sich sowohl in Laboratorien als auch an den Finanzmärkten als darstellungsabhängig. Was in einer Blasenkammer der Hochenergiephysik vor sich geht, ähnelt den Vorgängen an den Finanzmärkten insofern, als es in beiden Fällen nicht direkt beobachtbar ist. Die Referenzobjekte (Quarks, Neutrinos und andere Teilchen auf der einen, Unternehmen, Erträge, Modellierungen und Finanzprodukte auf der anderen Seite) sind in beiden Fällen nur anhand immaterieller und flüchtiger Spuren (der Kurszeichen auf dem Börsenticker und ähnlicher Visualisierungsmedien beispielsweise) beobachtbar. Sie können nur mittels geeigneter Sensoren und Darstellungsmedien hervorgebracht, medial aufgezeichnet und interpretiert werden. Im Falle des (naturwissenschaftlichen) Labors müssen Modelle, Berechnungen und Visualisierungen angefertigt werden, die abbilden sollen, was vor sich geht, die also das nicht Sichtbare darstellbar, formalisierbar, kalkulierbar und kommunizierbar machen (vgl. die Beiträge in Lynch/Woolgar 1999; Knorr Cetina 1999). Die konstruktivistische Wissenschaftsforschung hat die Rolle solcher formalen Repräsentationen für die Konstruktion und Verbreitung wissenschaftlicher Thesen und Modelle untersucht, als Medien und Produkt der sozialen „Fabrikation von Erkenntnis" (Knorr Cetina 1984) zugleich. Im Falle der Finanzmärkte werden – strukturanalog – Optiken und Modelle entwickelt, die kontinuierliche Repräsentationen des Marktes anfertigen können (vgl. Preda (2005) zum *stock ticker*, Beunza/Muniesa (2005) zum *spread plot*, Vormbusch (2012b/c) zum Portfolio sowie Reichert (2012) stärker kultursoziologisch zum Barometer). Hier liegen dementsprechend Schnittpunkte zur Mediensoziologie und zur Mediatisierung sozialer Welten (vgl. Hepp/Krotz 2013) sowie – insofern es hier um spezifische Visualisierungen ökonomischer Prozesse geht – zur Soziologie visuellen Wissens (Lucht/Schmidt/Tuma 2013). Konkret haben z.B. Knorr Cetina/Bruegger (2002) die Mitvergegenwärtigung (Appräsentation) von Zahlenzeichen im Feld global verteilter Devisenhandelsentscheidungen und Kalthoff (2000, 2004) Kartogramme als ökonomische Visualisierungspraktiken untersucht. Diese bringen auf je eigene Weise hervor, was sie darstellen – und stellen nicht etwa eine zeichen- bzw. repräsentationsexterne Realität schlicht dar. Analog zum Feld der Wissenschaftsforschung werden Darstellungen (in Gestalt von Graphen und Diagrammen) also nicht lediglich als Ergebnis der Wissensproduktion betrachtet, sie sind auch ihr Medium. Sie haben insofern eine performative

Funktion, als die visuelle Präsentation von Bildern von der Herstellung, Aneignung und Neuordnung des Wissens nicht zu trennen ist. Formale Repräsentationen sind also nicht schlicht deskriptiv, vielmehr bringen sie mit hervor, was sie lediglich abzubilden scheinen (auf diesen Aspekt der Performativität kommen wir im Kap. 4.3 ausführlich zurück). Dieser Darstellungsabhängigkeit und Performativität von Kalkulationen und Modellen wird in der Wissenschafts- wie in der Finanzsoziologie eine herausragende Bedeutung zugemessen.

Mit dem Interesse an Darstellungen wächst auch das Interesse an den Darstellungspraktiken, d.h. der Art und Weise, wie Marktakteure im Zusammenspiel mit den verfügbaren materiellen und immateriellen Artefakten den Markt hervorbringen und verändern, wobei hier je nach theoretischer Provenienz unterschiedliche Ansätze verfolgt werden (dieser Aspekt wird in allen Unterkapiteln dieses Abschnitts eine Rolle spielen).

Da Praktiken wiederum – und auch hier profitiert die Finanzsoziologie von den interdisziplinären Forschungen in den *science studies* – nicht im Sinne Webers und der klassischen Soziologie ausschließlich als menschliches Handeln aufgefasst werden, wächst wiederum das Interesse an den Dingen und Materialitäten, mittels derer gehandelt wird. Das gilt sowohl für die materiellen Objekte, mittels derer Finanzmarktakteure handeln (Computer, Bildschirme, Hochfrequenzdatenübertragungsleitungen, ...) als auch für *immaterielle Artefakte*. Denn stärker noch als ihre soliden Kollegen (auf die sich auch die Forschungen Bruno Latours noch – in dieser Hinsicht eher konventionell – beziehen) stehen im Mittelpunkt der finanzsoziologischen Forschung immaterielle Artefakte, die medial hervorgebracht werden: Graphen, Zahlenkolonnen, Excel-Sheets und Formeln, die den Markt nicht nur zeigen, sondern ihn mit hervorbringen sowie hierauf bezogene Handlungen rahmen.

Beide, die Wissenschaft mit ihrem paradigmatischen Ort des Labors als auch die Finanzwirtschaft mit ihrem paradigmatischen Ort des Handelsraums teilen eine konstitutive Orientierung an der Hervorbringung des Neuen. Sie organisieren die Gesamtheit der einschlägigen Praktiken als *Entdeckungsverfahren* (besonders prägnant: Stark 2009). Der Begriff der Innovation scheint mir hierfür als zu eng gefasst und zu sehr mit der Vorstellung von Produktinnovationen verbunden. Insbesondere die Finanzmärkte konstituieren sich durch die beständige Hervorbringung von neuen Perspektiven auf immaterielle und flüchtige Beobachtungsobjekte, mittels derer sie sich immer wieder aufs Neue irritieren und enttautologisieren. Sie stellen also Explorationsmechanismen dar, die wirtschaftlichen Prozessen beständig neue Aspekte abgewinnen und diese in Hinblick auf zu treffende Entscheidungen neu ordnen.

Unter Umständen – das wird sich in den kommenden Jahren zeigen – bieten die *Social Studies of Finance* auch die von der Wirtschaftssoziologie in den letzten Jahren verstärkt gesuchte Brücke zur Allgemeinen Soziologie. Denn der starke Konstruktivismus, welcher die *Science & Technology Studies* auszeichnet, die Integration von Artefakten in die Erforschung von Situationen, die Konzentration auf verteilte Handlungsträgerschaften (gleich ob diese im Sinne der Akteur-Netzwerk Theorie oder im Sinne der *work place studies* konzeptionalisiert werden), zunehmend auch die Rolle des Körpers (Zaloom 2006; Schmidt 2008; Laube 2012,) und von Emotionen (vgl. die Arbeiten von Sighard Neckel und Viviana Zelizer) stärken die Bezüge zur Allgemeinen Soziologie.

Im Kontrast zu diesen bemerkenswerten Schnittstellen der *Social Studies of Science* und der *Social Studies of Finance* mit der allgemeinen Soziologie markiert Kalthoff (2004: 158) drei relevante Differenzen der Finanzsoziologie zur Wirtschaftssoziologie. Diese charakteristischen Unterschiede machen es im Grunde schwierig, in der Finanzsoziologie lediglich eine Spielart der Wirtschaftssoziologie zu sehen; sie ist viel mehr als lediglich eine inhaltliche Spezialisierung, denn sie verfügt wie schon angedeutet über eine ganz spezifische Zugangsweise zu dem von ihr betrachteten Gegenstand. Diese beruhe auf 1) der besonderen Bedeutung ökonomischen Wissens für ökonomische Praxis, 2) der Bedeutung ökonomischer Repräsentationen, sowie 3) der Bedeutung der technischen Infrastruktur ökonomischen Handelns.

Auf der anderen Seite bestehen Ähnlichkeiten zwischen der Finanz- und Wirtschaftssoziologie, aber das wird erst später auszuführen sein, in der weitgehenden Abstinenz von einer gesellschaftstheoretischen, zumal gesellschafts- und kapitalismus*kritischen* Perspektive. Die Verbindung einer gesellschaftstheoretischen und einer praxissoziologischen Rekonstruktion des Ökonomischen bleibt auch hier ein Desiderat.

Kalthoff (2004) unterscheidet des Weiteren zwei Ansätze innerhalb der finanzsoziologischen Forschung, welche diese in besonderer Weise geprägt haben: das „Formatierungsmodell" Michel Callons (vgl. Kap. 4.3) sowie das „Appräsentationsmodell" von Karin Knorr Cetina (vgl. Kap. 4.2). Ich werde hierauf anhand beispielhafter Studien zurückkommen, die These der Formatierung ökonomischer Praxis durch die ökonomische Theorie jedoch unter den Begriff der Performativität subsumieren und das Konzept der Appräsentation von Wissen als Beispiel für den mikrosoziologischen Schwerpunkt der Finanzsoziologie verwenden.

Im Mittelpunkt der neuen Finanzsoziologie stehen damit ein spezifisches Wissen und der in Dingen und Menschen verkörperlichte bzw. situierte Vollzug dieses Wissens. Es geht um Wissens-Praktiken, die nicht nur von ihren personalen Trägern (den Bankern, Portfoliomanagern, Analysten, Beratern und Rating-Spezialisten) hervorgebracht werden, sondern die ohne ihre Rahmung durch die materialen Bedingungen der Finanzmärkte (Bildschirme und Datenleitungen, die räumliche Konzentration des Handelns in *financial districts* und *global cities*, die formalen Repräsentationen und kalkulativen Modelle) gar nicht vonstattengehen könnten. Wie Kalthoff (2009: 271) formuliert: Handeln in der modernen Welt und insbesondere das Handeln in technisch mediatisierten Umwelten „ist eine Praxis, die sich an den Objekten ausrichtet, mit ihnen umgeht und hantiert". In dieser Perspektive stellt Wissen ganz entschieden *nicht* das Wissen eines einzelnen Menschen dar, das gewissermaßen in seinem Gehirn eingeschlossen und damit isoliert von den Wissensbeständen in seiner Umwelt abgerufen wird. Stattdessen hebt eine Minimaldefinition von Wissen, die die Materialität der Dinge und Prozesse, in die die Kognition des einzelnen Menschen immer schon eingebettet ist, hervor, dass Wissen ohne die Beziehung zwischen menschlichen Akteuren und ihrer dinglichen Umwelt gar nicht ‚denkbar' ist. Das gilt vom Kaffee-Kochen über die Schiffsnavigation (Hutchins 1996) und das Fliegen eines Flugzeugs (für einen Überblick über den Ansatz verteilter Kognition Hollan u.a. 2000) und unser alltägliches Eintauchen in die medialen Welten des Internet bis eben zu den global verteilten, objektorientierten (d.h. durch Objekte erst möglichen) Praxisvollzügen von Finanzmarktakteuren. Die Finanzsoziologie weist in dieser Betonung der Materialität des Handelns unübersehbare Schnittstellen zur Techniksoziologie auf. Bernward Joerges hat den Gegenstandsbereich der Techniksoziologie einmal sehr schön, zugleich defensiv wie offensiv umrissen: „Wenn man meint, Aktionen, Ereignisse, Institutionen nicht mehr zureichend beschreiben zu können, ohne auf (die Form) ihre(r) Materialität einzugehen, dann betreibt man Techniksoziologie." (Joerges 1996, zitiert nach Strübing 2005: 16) Eine solch weite Auffassung der Bedeutung von Technik teilen als Minimalverständnis alle im Feld der Finanzsoziologie vertretenen Ansätze.

Die Offenheit gegenüber technischen Materialitäten hat jedoch auch ihre Fallstricke. Sie wirft Fragen danach auf, in welcher Weise denn nun ganz konkret verschiedene Entitäten (also Bildschirme, Telefone, Datenleitungen, aber auch Programme, Formeln etc.) an der Herstellung und Fortführung von Situationen und Entscheidungen beteiligt sind. Zu dieser Frage gibt es noch keine hinreichenden Antworten. Die radikalste Auffassung vertritt diesbezüglich sicherlich die Akteur-Netzwerk Theorie, welche eine Wegscheide wichtiger Entwicklungslinien innerhalb der *Science & Technology Studies* darstellt. Mitte der 1980er Jahre entwickelten die beiden Franzosen Michel Callon und Bruno Latour sowie der Brite John Law ihren provokanten Theorievorschlag einer „symmetrischen Anthropologie". ‚Symmetrie' bedeutet hier vor allem, jede Vorab-Entscheidung über den ontologischen Status einer Entität als ‚sozial' oder ‚nicht-sozial' zu vermeiden" (Strübing a.a.O.: 304). Als Konsequenz umgeht die Akteur-Netzwerk Theorie strikt eine Beschreibungssprache, die a priori zwischen ‚menschlichen' und ‚nicht-menschlichen' Akteuren unterscheidet und spricht als vereinheitlichender Oberbegriff deshalb von „Aktanten". Damit handelt sie sich allerdings durchaus auch neue Probleme ein, vor allem ihre bis heute anhaltenden Schwierigkeiten, in sinnvoller Weise die je spezifische Handlungsträgerschaft verschiedener Klassen von Aktanten (von Menschen über das Internet und vernetzte Steuerungsanlagen bis zu Telefonen und Bildschirmen) zu differenzieren und konzeptionell auszubuchstabieren.

Als Einstieg in die Thematik wollen wir uns zunächst mit der Frage beschäftigen, was überhaupt unter einem Finanzmarkt verstanden werden kann. In ihrem einflussreichen Handbuchartikel zur „Economic Sociology" etablieren Knorr Cetina/Preda (2012: 4 f.) diesbezüglich wichtige Unterscheidungen:

Erstens herrschen in Produkt- bzw. Primärmärkten einerseits, den Finanzmärkten andererseits ihres Erachtens prinzipiell unterschiedliche Handlungsorientierungen. Die einen „have its roots in the running of a household" (ebd.: 5), die anderen seien an eine von den Akteuren positiv besetzte Vorstellung des Risikos („*risk-taking*") gebunden. Im Mittelpunkt der Finanzmärkte stehen demzufolge nicht haushalterische Überlegungen einer langfristigen Balance von Einnahmen und Ausgaben und nicht das langfristige Wirtschaften mit knappen Ressourcen, sondern das angenommene Wertpotential einer Investition im Verhältnis zu ihrem Risiko.

Zweitens steht im Mittelpunkt der Finanzmärkte keinesfalls das, was offensichtlich zu sein scheint: dass auf Märkten der Austausch von Gütern organisiert wird. Die Finanzmärkte seien nicht an der Logik des Tausches, sondern an der Logik der Spekulation orientiert. An anderer Stelle bekräftigt Knorr Cetina diese Kluft: „The main point of this paper is to dissociate financial market activities from the concept with which market actions are most often associated, that of exchange." (Knorr Cetina 2009: 326) Finanzmärkte stellen insofern eine ‚Ökonomie zweiter Ordnung' dar, in der nichts hergestellt und auch nichts distribuiert wird wie auf Primärmärkten, sondern in der Zahlungsversprechen zwischen den Marktteilnehmern zirkulieren (Lütz 2008: 341).

Die Transaktionen in Finanzmärkten verweisen damit auf eine im Knightschen Sinne ungewisse Zukunft (vgl. Knight 1964). Die ‚Spekulation' als die idealtypische Handlungsform in Finanzmärkten ist an unsichere und oftmals gegensätzliche Erwartungen in Hinblick auf die Zukunft gebunden. Die zwei Seiten der Marktbeziehung sind in diesem Fall nicht Produzent und Konsument, sondern ‚Versprechensgeber' und „Versprechensnehmer" (z.B. im Falle eines Kredits). Die Beziehung zwischen diesen beiden Parteien kennzeichnen Knorr Cetina/Preda

(2012: 4) dementsprechend als „promissory engagements". Der Versprechensnehmer verzichtet heute auf die Verfügung über einen Zahlungsanspruch (in der Regel Buchgeld, das als Kredit, in Form des Kaufs eines Unternehmensanteils, einer Anleihe etc. vorhanden ist), geht auf das Versprechen des Versprechensgebers ein und überträgt ihm die zeitweise oder unbefristete (im Falle einer Aktie) Verfügung über seinen Zahlungsanspruch. Der Versprechensgeber verspricht, diesen Zahlungsanspruch mit einer definierten (im Falle von Unternehmens- oder Staatsanleihen beispielsweise) oder undefinierten (im Falle von Aktien, Optionen und anderen Derivaten) Rendite zu einem fixierten oder nicht fixierten Datum zurückzuzahlen. In jedem Fall geht es um Versprechen auf die Zukunft (die im Übrigen auch weiterveräußert werden können; so werden Kredite, wie im Falle der US-Subprime Krise deutlich geworden, gebündelt und in Form eines CDO (*Collateralized Debt Obligation*; vgl. Kapitel 3) an Versprechensnehmer weitergereicht) und nicht um den Austausch von Gütern zwischen Produzent und Konsument. Hieraus lassen sich idealtypisch zwei Handlungslogiken auf Finanzmärkten ableiten, die beide auf unsicheren Zukunftserwartungen basieren: die Spekulation und die Investition.

Wenn sich Produkt- und Finanzmärkte also durch eine Logik des Handels und des Tausches einerseits, einer Logik der Investition und der Spekulation andererseits abgrenzen lassen, in welcher Weise unterscheiden sich dann in der Konsequenz die Finanz- und die Wirtschaftssoziologie (vgl. zum Folgenden Knorr Cetina 2007)?

1. Die Wirtschaftssoziologie hat sich nach Knorr Cetina im Einklang mit der Bedeutung, welche die Produktion und die produzierenden Unternehmen für die Entwicklung der Industriegesellschaft und des Kapitalismus gespielt haben, auf Produktmärkte, die dort engagierten Organisationen sowie die Beziehungen zwischen diesen Organisationen konzentriert. Aufgrund der von ihr in mehreren Beiträgen postulierten Besonderheit der Finanzmärkte stehe insbesondere das Konzept der Einbettung – so wichtig es für die neue Wirtschaftssoziologie im Allgemeinen auch sei – der Entwicklung eines adäquaten Verständnisses der Finanzmärkte entgegen. Und auch Kraemer und Brugger (2017: 11) kritisieren in ihrer Einführung zu den Schlüsselwerken der Wirtschaftssoziologie, dass diese im Grunde „eine Soziologie von Gütermärkten" sei.
2. Die Finanzmärkte stellen ein wichtiges Segment von Märkten ‚zweiter Ordnung' dar. Ökonomische Aktivität ist hier nicht auf die Produktion bzw. Konsumtion von Gütern konzentriert, stattdessen werden abstrakte Finanzprodukte (Kontrakte) gehandelt, deren Wert auf den Finanzmärkten bestimmt wird und der ggf. nur sehr vermittelt mit den Basiswerten verknüpft ist, auf die sie sich

4.1 Die Ursprünge der Finanzsoziologie ...

beziehen (Güter und Dienstleistungen, Unternehmen, Immobilien, aber zunehmend auch zusammengesetzte Basiswerte wie Indizes etc.). Dementsprechend herrschen hier andere Handlungsformen wie die der Spekulation vor. So ist beispielsweise der Großteil der Transaktionen auf den Währungsmärkten rein spekulativ und nicht in Tausch- oder Absicherungsprozessen von Unternehmen begründet (vgl. Wansleben 2012).

3. In Finanzmärkten spielen Wissen und ein dynamischer Fluss von Informationen eine bedeutendere Rolle als in Produktmärkten. Knorr Cetina (a.a.O.: 8) geht sogar so weit zu behaupten „that market reality itself is knowledge-generated, having no existence outside the informational representation of the market on the screen". Denn Finanzmärkte sind „self-reproducing structures in which the key variable is that participants watch each other within a market'" (Knorr Cetina/Bruegger 2002: 914 mit Bezug auf Harrison White 1981: 518). Die Konstruktivität und Wissensabhängigkeit des Marktgeschehens wird in der Finanzsoziologie dementsprechend wesentlich stärker hervorgehoben als in der allgemeinen Wirtschaftssoziologie.

Trotz der gewachsenen Bedeutung der Finanzmärkte für die modernen Gegenwartsgesellschaften und einer in der Folge der Finanzkrisen der vergangenen Jahre erwachten kritischen Beschäftigung hiermit hat die Auseinandersetzung mit der Funktionsweise der Finanzmärkte und ihren gesellschaftlichen Implikationen in der deutschsprachigen Soziologie keine Tradition (abgesehen von den frühen und alsbald unterbrochenen Arbeiten von Rudolf Hilferding (1910) sowie den noch früheren und nur sporadisch rezipierten Arbeiten Max Webers (1894) zur Börse). Darüber hinaus bezieht sich die Finanzsoziologie stärker als die Wirtschaftssoziologie im Allgemeinen auf Arbeiten aus dem Umfeld der Wissenschafts- und Technikforschung sowie der *Social Studies of Science/Science&Technology Studies*. Als eine „Soziologie ökonomischen Wissens" (Kalthoff 2004: 154) verwendet sie sowohl praxissoziologische als auch wissens- und wissenschaftssoziologische Konzepte. Die Finanzsoziologie hat praktische Finanzmarkttätigkeiten wie das Testen von Modellen und Hypothesen, die Herstellung von Bewertungen und Bewertungskonventionen zum Gegenstand. In diesem Sinne einer Betonung der konkreten Handlungspraxen sprechen Muniesa, Millo und Callon (2007: 1) von einem „'pragmatic turn' in the study of markets and economic activities in general". Dieser ‚pragmatic turn' ist jedoch keinesfalls als eine Wende zu einer schlichten Deskription dessen, was in Finanzmärkten vor sich geht, zu verstehen. Vielmehr wird ökonomisches Handeln als eine Praxis ökonomischen Wissens aufgefasst und die Beschäftigung mit der Kategorie des Wissens verbietet bereits allzu oberflächliche Deutungsversuche.

Im Zusammenhang dieses *practice turns* sind in den letzten Jahren eine Vielzahl finanzsoziologischer Arbeiten entstanden. Insbesondere Autoren wie Michel Callon, Yuval Millo und Fabian Muniesa neigen im Anschluss an die Akteur-Netzwerk Theorie dazu, aufgrund der Vielfältigkeit der in ökonomische Prozesse eingebundenen, ja diese mit hervorbringenden *Agencies* (Akteure, Aktanten, Materialitäten und Diskurse) dazu, eine anti-essentialistische (d.h. eine den ontologisch begründeten Vorrang einer bestimmten Klasse von Akteuren ablehnende) Position einzunehmen (vgl. Muniesa/Millo/Callon 2007: 1). Weiterhin lehnt dieser Ansatz Erklärungsansätze, die das Geschehen in Märkten aus Gesetzmäßigkeiten (formale Gleichgewichtsmodelle beispielsweise) abzuleiten versuchen, strikt ab. Sie verstehen Märkte stattdessen als „Assemblagen" von Materialitäten und Diskursen und belegen diese pragmatisch mit dem Begriff der „*market devices*" (so der Titel eines von Callon, Millo und Muniesa 2007 herausgebebenen Sammelbandes). Für diesen Ansatz, der sich ebenso wie die Actor-Network-Theory den „posthumanistischen" Ansätzen zuordnen lässt (d.h. solche, die menschliche Handlungsträger „dezentrieren", indem sie ganz verschiedenen Entitäten *Agency*, also Handlungsträgerschaft zugestehen), ist es entscheidend, gerade nicht von vornherein zwischen menschlichen Akteuren einerseits, technischer Infrastruktur und Materialitäten andererseits kategorial zu unterscheiden. Im Gegenteil: Es ist wichtig, genau diese Unterscheidung zu vermeiden. *Devices*, seien es Telefone, Bildschirme, Excel-Sheets, Marktmodelle und Indikatoren, haben *Agency*. „Devices do things, ... They articulate actions; they act or they make others act." (Muniesa u.a. 2007: 2). Materielle und immaterielle Dinge als Beteiligte des Marktgeschens machen also einen Unterschied und diesen Unterschied könne man nicht sehen, wenn von vornherein die Leitunterscheidung ‚handelnde und entscheidungsfähige Akteure' versus ‚technische Infrastruktur und Mediatoren' benutzt werden. An die Stelle eines solchen Dualismus von Mensch und Maschine setzen sie in der Tradition der Akteur-Netzwerk-Theorie die Vorstellung zusammengesetzter und erst als zusammengesetztes Hybrid handlungsfähiger *agencements*. Was hier allerdings fehlt, ist ein Konzept der Handlung und der *agency*, welches *für verschiedene Klassen von Aktanten* differenziert ausbuchstabiert, was ‚handeln' konzeptionell bedeutet, in welcher Weise verschiedenartige Aktanten auch verschiedenartige *agencies* aufweisen usw. Angesichts der Herausforderungen einer immer stärker durchtechnisierten und mediatisierten Gesellschaft scheint eine solche, differenzierte Auseinandersetzung mit der *agency* von Dingen und Menschen an der Zeit zu sein. Im Anschluss an diese allgemeine Einführung sollen nun für die Finanzsoziologie grundlegende theoretische Ansätze und paradigmatische Studien vorgestellt und diskutiert werden.

4.2 Global Microstructures und die Mikrosoziologie der Finanzmärkte[20]

Der Ausgangspunkt dieser für die Entwicklung der Finanzsoziologie (vor allem in Deutschland) so wichtigen Studie ist eine Defizitanalyse noch Anfang dieses Jahrhunderts: "When studying markets, sociologists have predominantly focused on producer markets, taking the firm as a point of departure – in line with both the distinctive role production has played in the discipline's understanding of capitalism and the focus early economic sociologists placed on the internal workings of organizations ..." (Knorr Cetina/Bruegger 2002: 912). Das hat sich heute im Zuge des Erfolgs der finanzsoziologischen Forschung zwar geändert. Dennoch bilden Studien zu den Finanzmärkten im größeren Feld der Wirtschaftssoziologie immer noch eher eine Minderheit. Dies liegt a) sicherlich an der Komplexität der Finanzmärkte, welche ein Verständnis durch marktexterne Beobachter erschwert, und b) an ihrer nicht allein funktionalen, sondern auch sozialen Schließung. Denn die Finanzmärkte bilden zwar weltumspannende Mechanismen, die unser aller Leben mitbestimmen. Gleichzeitig stellen sie einen der Öffentlichkeit und auch der Forschung kaum zugänglichen Arkanbereich dar: „Die Praktiken, die die Finanzmärkte ausmachen, finden weitgehend in den Handelsräumen von Großbanken, Fondsgesellschaften und Handelshäusern statt; sie sind damit nicht nur den Blicken der Öffentlichkeit entzogen, sondern auch mit Regeln der Geheimhaltung umstellt." (Kalthoff/Vormbusch 2012b: 9) Umso bemerkenswerter ist es, dass die Wissenschaftssoziologin Karin Knorr Cetina und ihr Kollege Urs Bruegger bereits in den späten 1990er Jahren einige der wenigen ForscherInnen waren, die überhaupt Zugang zu den *trading floors* der Marktteilnehmer bekamen. Es ist nicht übertrieben zu sagen, dass die hieraus entstandenen Publikationen, zuallererst der initiale Aufsatz „Global Microstructures" (Knorr Cetina und Bruegger 2002; eine gekürzte und leicht veränderte Version erschien 2005 in dem von Paul Windolf herausgegebenen Sammelband „Finanzmarkt-Kapitalismus") die stärker mikrosoziologische Richtung innerhalb der Finanzsoziologie mitbegründet haben.

Nur wenige Wissenschaftlerinnen haben einen so nachhaltigen Einfluss auf die Finanzsoziologie ausüben können wie Karin Knorr Cetina. Diese hat mit wechselnden Co-Autoren an Fragen der Wissenschafts- und Technikforschung, der Problematik der Erzeugung wissenschaftlichen Wissens sowie an Fragen der Repräsentation und Vermittlung wissenschaftlichen Wissens sowie zu der Thematik „postsozialer Beziehungen" gearbeitet. Sie hat seit den Anfängen des 21. Jahrhunderts eine einflussreiche Interpretation ihrer umfangreichen empirischen

---

20 Vgl. zum Folgenden Vormbusch 2017

Forschungen in den Finanzmärkten entwickelt. Hierin stützt sie sich zum Teil auf Ansätze in der Wirtschaftssoziologie, indem sie z.B. Märkte als eine Form wechselseitiger Beobachtung auffasst und damit direkt an Harrison White anschließt. Die im Folgenden diskutierte Studie von Knorr Cetina und Bruegger zur „Mikrostrukturierung" der Finanzmärkte fasst eine sich über mehrere Jahre erstreckende Feldforschung in den Handelsräumen dreier global operierender Investmentbanken am Standort Zürich zusammen (Knorr Cetina/Bruegger 2002: 916). Konkret handelt es sich um zwei der drei größten Schweizer Banken sowie eine Privatbank. Die Untersuchung des Devisenmarktes stellt für die beiden AutorInnen einen „Testfall" dar: Während die Wirtschaftswissenschaften Märkte als anonyme und durch die Mechanismen von Angebot und Nachfrage strukturierte Tauschmechanismen konzipieren, wollen sie zeigen, in welcher Weise Finanzmärkte eine *Interaktionsordnung* darstellen. Die Analyse dieser Interaktionsordnung wird dabei auf der einen Seite von der orthodoxen These abgegrenzt, Märkte als anonyme Tauschmechanismen aufzufassen, auf der anderen Seite von der in der Wirtschaftssoziologie so prominenten These der Einbettung.

Auf dem Devisenmarkt geht es – in Übereinstimmung mit der oben erfolgten Abgrenzung von Primär- und Finanzmärkten – nicht um die Produktion und auch nicht um die Distribution oder Konsumtion von Gütern. Stattdessen geht es um die Spekulation mit und die Investition in Währungen und hierauf bezogener Finanzinstrumente (Derivate). Es werden mithin keine Produktionsanstrengungen unternommen, der Markt wird stattdessen dominiert von kurzfristigen und oftmals anonymen Transaktionen, die vor allem der Spekulation dienen (zur historischen Veränderung der mit dem globalen Währungshandel verbundenen Unternehmensziele vgl. Wansleben 2012).

Im Gegensatz zu wirtschaftssoziologischen Untersuchungen, die beispielsweise zeigen, wie Unternehmen den Markt strukturieren, um ihn kontrollieren und gegen Mitbewerber abschotten zu können (Fligstein 1996, 2011), nehmen Knorr Cetina und Bruegger eine *Binnenperspektive* des Finanzmarktes ein. Ihnen geht es weniger um die politisch-strategische Gestaltung von Märkten durch mächtige Akteure, sondern um die Entwicklung einer mikrosoziologischen Beobachtungsperspektive.

Wie aber kann derjenige Markt, der vermutlich am stärksten globalisiert ist, aus einer mikrosoziologischen Perspektive verstanden werden, wenn man sich vor Augen führt, dass eine solche Perspektive vor allem an lokal situierten Praktiken von Akteuren in Kopräsenz interessiert ist? An dieser Stelle sind einige kurze methodologische Erläuterungen angebracht. Üblicherweise wird in der Soziologie zwischen makro- und mikrosoziologischen Erklärungsansätzen unterschieden. Diese Unterscheidung kann anhand typischer *Gegenstände* als auch anhand ty-

4.2 Global Microstructures und die Mikrosoziologie der Finanzmärkte

pischer *Methoden* vorgenommen werden. In Hinblick auf typische Gegenstände würde die Mikrosoziologie nach den Mustern und Deutungen sozialen Handelns in alltäglichen Situationen fragen, worunter typischerweise Freundschafts-, Gruppen- und Interaktionsbeziehungen fallen, während die Makrosoziologie nach übergreifenden gesellschaftlichen Strukturen beispielsweise der sozialen Ungleichheit, nach transnationalen Verflechtungen, sozialen Schichten und Klassen fragt. Mit einer solchen, gegenstandsbezogenen Abgrenzung von Mikro- und Makrosoziologie kommen wir hier allerdings kaum weiter, denn die Absicht der Autoren ist es ja gerade, *globale Verhältnisse mikrosozial zu verstehen*. Methodisch unterscheidet sich die Mikro- von der Makrosoziologie grob dadurch, dass hier immer die konkreten sozialen Interaktionen im Mittelpunkt stehen. Eine Grundannahme der hierunter subsumierbaren Theorien (Phänomenologie, Symbolischer Interaktionismus, Ethnomethodologie, neuere Praxistheorien) ist, dass soziale Strukturen immer gebunden sind an konkrete Praxisvollzüge von Akteuren und ohne ein Verstehen derselben nicht erklärbar sind. Die ‚klassische' Mikrosoziologie ist deshalb vor allem an menschlichen Interaktionen in eingrenzbaren Räumen und Sozialräumen (wie eben der Familie, einem Stamm, einer peer-group) interessiert. Offensichtlich ist der Finanzmarkt kein solcher, räumlich, zeitlich und sozial eingehegter Bereich. Wie also nähern sich Knorr Cetina und Bruegger dem Problem, globale Strukturen mikrosoziologisch erklären zu wollen?

Ihr Ansatzpunkt ist, Finanzmärkte als Kreuzungspunkte von Globalität und Interaktion zu betrachten. Sie sind dementsprechend als eine Artikulation globaler Ströme finanzmarktspezifischer Darstellungen und Symbole (wie Kursdaten, Handelsvolumina, Zinssätze usw.) und medial vermittelter Interaktionen zwischen den Marktteilnehmern zu begreifen. Die modernen Finanzmärkte seien in diesem Sinne „global in scope but microsocial in character" (Knorr Cetina/Bruegger 2002: 905). Die Vermittlung dieser scheinbaren Widersprüchlichkeit von Globalität und mikrosozialer Interaktion stellt eine konzeptionelle Leistung dar, die in der Rezeption dieser Studie immer wieder hervorgehoben wird. Hierdurch wird es prinzipiell möglich, der Reichweite nach weltumspannende Mechanismen als das Ergebnis der Interaktionen der diese Mechanismen bevölkernden Teilnehmer zu begreifen (dass die Population solcher Mechanismen/Märkte nicht nur aus Menschen – wie in der klassischen Mikrosoziologie – bestehen muss, werden wir gleich sehen). Es sind dabei spezifische Wissenspraktiken und Interaktionsformen, welche die Finanzmärkte nicht etwa in eine den Märkten vorausgehende Sozialität einbetten (dies entspräche der von den Autoren zurückgewiesenen „Embeddedness"-Perspektive), sondern den Markt im Vollzug dieser Praktiken erst hervorbringen. Diese Praktiken basieren auf der Verbreitung neuer Kommunikationstechnologien und elektronischer Bildschirme, mittels derer die Handelsräume der Marktteilnehmer seit den 1980er Jahren weltweit verbunden werden (den „skopischen Systemen", wie Knorr Cetina in späteren Arbeiten formuliert). Mittels dieser technisch-medialen Infrastruktur werden zum einen finanzmarktrelevante Informationen nahezu *realtime* und für die Marktteilnehmer simultan verfügbar.[21] Zum anderen können die Marktteilnehmer in den Finanzzentren wie London, New York, Tokio, Singapur, Frankfurt und Zürich verteilten Handelsräumen mittels speziell gesicherter Handelssysteme (Reuters) oder via Standleitungen miteinander handeln.

Nichts läge Knorr Cetina und Bruegger allerdings ferner, als die modernen Finanzmärkte als das Ergebnis rein technischer Innovationen zu erklären. Die neuen Technologien ermöglichen lediglich eine besondere Beobachtungs- und Interaktionsordnung, die die Autoren soziologisch analysieren, indem sie eine an Erving Goffman angelehnte Analyse von face-to-face Interaktionen auf globale Verhältnisse anheben. Goffman hat die ‚Situation' bekanntlich definiert als „any physical area anywhere within which two or more persons find themselves in visual or aural range of one another" (Goffman 1983, zitiert nach Knorr Cetina/Bruegger a.a.O.: 908). Knorr Cetina/Bruegger weiten diesen Ansatz nun auf globale, technisch mediatisierte Zusammenhänge aus. Die Annahmen einer relativen Autonomie von Mikroordnungen und ihrer lokalen Konstitution durch kopräsente Andere seien angesichts globaler Märkte und moderner Informations- & Kommunikationstechnologien nicht länger adäquat. Insbesondere die Finanzmärkte stellten Ordnungen dar, in welchen die Teilnehmer zwar räumlich voneinander getrennt, gleichzeitig jedoch wechselseitig aufeinander bezogen seien. Sie seien als eine „globale soziale Form" zu begreifen, die sich über alle Zeitzonen der Erde erstreckt. Diese könne auch deshalb als eine spezifische Interaktionsordnung untersucht werden, weil sie weniger von Organisations- und Machtstrukturen abhänge als vielmehr von den sie tragenden Individuen und den „Mikrostrukturen" (a.a.O.: 909), die diese entwickelten. Die Trader in den großen Handelsräumen der Banken nehmen für diese Auffassung eine Schlüsselposition ein. Sie sind zwar Angestellte der Bank, gleichzeitig jedoch nicht zwingend an die Einschätzungen der Bank in Hinblick auf die Marktentwicklung gebunden. Sie entwickeln stattdessen ihre eigene Marktdeutung und -konzeption durch das Geflecht intensiver, sowohl lokaler (*global cities*) als auch globaler Kommunikationen, in das sie verstrickt sind und dass sie aufrechterhalten: „the ongoing conversation provides the market with social li-

---

21 Neuere Entwicklungen wie *dark pools* und private Datenleitungen, die *speed*, besser noch: differentiellen *speed* (Ungleichzeitigkeiten) zur Grundlage asymmetrischer Profitchancen machen (vgl. das Sonderheft von *Economy and Society*, Heft 2/2016 zum *High Frequency Trading*) waren damals noch nicht bekannt.

quidity" (a.a.O.: 914). Offenkundig wird hier die aus der spezifischen Struktur des Untersuchungsfeldes abgeleitete Strategie der Autoren, Finanzmärkte eben nicht als Ergebnis korporativer Politiken, staatlicher Regulierung oder dem Markt externer Kulturen zu untersuchen, sondern als das Ergebnis von endogenen Praktiken innerhalb des Marktes selbst. Durch die Geschwindigkeit der Datenübermittlung und die globale Verfügbarkeit von Bildschirmen, auf denen die Marktteilnehmer den Markt ‚sehen', werde nämlich etwas im Vergleich zu Goffmans Analysen Neues, werde *globale Interaktion* möglich. Finanzmärkte sind für die Autoren dementsprechend Märkte, die dadurch hervorgebracht werden, dass die Marktteilnehmer sich und ihre Handlungen wechselseitig beobachten, eine Idee, die sie den Arbeiten des amerikanischen Netzwerkforschers Harrison White entlehnen (a.a.O.: 914; vgl. White 1981 sowie Kap. 2.1.2).

Der Markt – und hier lassen sich deutliche Parallelen erkennen zu dem von Knorr Cetina (1984) bereits in den 1980er Jahren untersuchten Feld der Hochenergiephysik – „has no existence independent from the informational presentation of the market on screen" (a.a.O.: 915). Hiermit benennen die Autoren die erste tragende Säule ihres Modells: Finanzmärkte werden als globale Repräsentations- und Beobachtungsräume begriffen, in denen an die Stelle ‚klassischer' face-to-face Interaktionen nunmehr medial vermittelte und global verteilte Interaktionen treten. Diese unterscheiden sich von klassischen interaktionstheoretischen Vorstellungen der face-to-face Beziehung zweitens insofern, als an die Stelle symbolisch vermittelter Kommunikation zwischen ego und alter ego deren gemeinsamer Bezug auf ein beobachtetes Drittes tritt, wie sie unter Rückgriff auf Alfred Schütz herausstellen: „he turned the spotlight form the subject as actor and to the subject as observer of a mediating object; he also emphasized the temporal immediacy and coordination of observation" (a.a.O.: 920). Während sich Schütz hier noch auf die kopräsente Wahrnehmung materialer bzw. körperlicher Dinge (eines „Vogels im Flug") oder medialer Aufführungen (eines Konzerts beispielsweise) bezieht, übertragen Knorr Cetina und Bruegger dieses Konzept auf die Ebene globaler Interaktionen. Was hier von den auf der Welt verteilten Finanzmarktakteuren beobachtet und zum vermittelnden Bezugspunkt ihrer Interaktionen wird, ist der Strom von Zeichen und Darstellungen, der auf den Bildschirmen in den Handelsräumen unaufhörlich dargestellt wird. Der Finanzmarkt ist in diesem Sinne nichts Anderes als eine „screen world", ein global zusammenhängendes Spiegelsystem, in dem Interaktion in Hinblick auf mediatisierende Objekte (Finanzsymbole) stattfindet: „…: traders worldwide who deal in the same financial instrument watch the same screen content, …" (a.a.O.: 924). Diese für die modernen Finanzmärkte ihres Erachtens typische Konfiguration interpretieren die Autoren drittens in einem konzeptionell allerdings wenig ausgearbeiteten Rückgriff auf Alfred Schütz als „Appräsentation". Appräsentation meint bei Schütz ursprünglich ein Modell der menschlichen Wahrnehmung, in dem das Verhältnis von Gegenwärtigem und Mit-Vergegenwärtigtem, von aktuell Präsentem und Nicht-Präsenten im Mittelpunkt steht. So ist es laut Schütz ein Charakteristikum menschlicher Wahrnehmung, dass wir uns beispielsweise die Rückseite eines Hauses aufgrund von Vorerfahrenem auch dann vergegenwärtigen können, wenn wir diese aktuell nicht sehen (vgl. Schütz/Luckmann 1984: 178 ff.). Kalthoff (2004: 170) spricht deshalb von einem von Knorr Cetina und Bruegger verfolgten „Appräsentationsmodell" und stellt es dem Callon zugeschriebenen „Formationsmodell" als den zwei wichtigsten Säulen der finanzsoziologischen Forschung gegenüber.

Die Autoren verschieben dabei jedoch die Bedeutung dieses Konzepts (der Appräsentation) unter der Hand (d.h. ohne die Unterschiede zu den Auffassungen Schützes bzw. Husserls deutlich zu machen), und zwar von der Darstellung eines Charakteristikums menschlicher Wahrnehmung zu einem Charakteristikum der auf den Finanzmärkten verwendeten technischen Beobachtungsapparaturen selbst. Das Konzept der Appräsentation solle hervorheben, „that the screen brings that which is geographically distant or invisible near to participants, thus rendering it interactionally present" (Knorr Cetina/Bruegger 2002: 909). Es geht also um den Transport und die Verdichtung potentiell aller marktrelevanten Informationen, die räumlich und zeitlich verteilt auf der Welt existieren, in die Bildschirmwelt des Marktes, so dass hierauf interaktional Bezug genommen werden kann. Die Trader befinden sich dabei weniger in einer face-to-face als in einer „face-to-screen-situation": „the screen grips the trader's visual attention" (a.a.O.: 923). Sie sehen auf den Bildschirmen einen ihnen gemeinsamen Markt, wobei die Autoren – auch hier Schütz folgend – betonen, dass sie das ihnen gemeine Beobachtungsobjekt nicht in identischer Weise sehen bzw. interpretieren müssen[22]. Sie sehen stattdessen auf ihren Bildschirmen einen Markt, der ein idiosynkratisches *tayloring* „des einen" Marktes ist – z.B., indem Trader ganz bestimmte Bildschirme und Informationen auswählen, bestimmten Informationsquellen mehr vertrauen als anderen etc. Entscheidend ist, dass erst durch diese idiosynkratischen Beobachtungsoptiken, d. h. durch die hierdurch möglichen *Differenzbeobachtungen* der Markt enttautologisiert wird. In ähnlicher Weise betont Preda (2007: 522), dass die „Inkohärenz" der Finanzmärkte strukturell ist: „Incoherence is as much cognitive as it is structural: in their search for informational advantages, market actors modify and adapt perception frames in ways which are not predetermined, hoping to thus get an edge over their competitors." Mit anderen Worten: wenn Alle denselben Markt

---

22 Hieran knüpfen Beunza und Stark (2004, 2005) in ihrer Untersuchung des Arbitragehandels an.

4.2 Global Microstructures und die Mikrosoziologie der Finanzmärkte 147

‚sehen' bzw. mithilfe derselben Repräsentationstechnologien darstellen würden, dann würde dem Markt eben jene dynamische Macht entzogen, die von Knorr und Bruegger so vehement behauptet und mit Händlerzitaten plausibilisiert wird („Der Markt ist alles"; vgl. Knorr Cetina 2012: 41).

Der Markt stellt so gewissermaßen Schützes "Vogel im Flug" unter den Bedingungen einer wissensbasierten und globalen Finanzökonomie dar: „The third object (i.e., the bird), that traders watch around the clock is the market, ..." (Knorr Cetina/Bruegger 2002: 924). Kalthoff weist allerdings darauf hin, dass die Marktteilnehmer hier eben nicht nur beobachten, sondern ebenso handeln: sie sind „Publikum und Akteur zugleich: Sie beobachten die Aufführung einer kognitiv kaum zu verarbeitenden Fülle digitaler Zahlenwelten, die Realität konstatieren, und sie gestalten durch ihre Handlungen auch die Aufführungen mit, die sie auf ihren Bildschirmen zu sehen bekommen" (Kalthoff 2004: 170 f.).

Für die These einer globalen Sozialität entscheidend ist, dass diese Hinwendung zu einem gemeinsamen Beobachtungsobjekt die Basis einer den Markt mit hervorbringenden „Wir-Beziehung" ist („global we relation"; a.a.O.: 920 ff.). Die auf der Welt verteilten und miteinander verbundenen Bildschirme stellen ein „skopisches" Beobachtungssystem dar, ein miteinander gekoppeltes Spiegel- und Reflexsystem, in dem ego beobachtet, wie alter ego beobachtet – und vice versa[23]. Die wechselseitige Beobachtung sowie die korrespondierenden Handlungen („trades") der Marktteilnehmer erzeugen ein Netz wechselseitiger Reziprozitätsverpflichtungen. Darüber hinaus entwickelt sich eine den Markt als Ganzes stützende Solidarität als „solidarity in a common goal, that of sustaining the market, ..." (a.a.O.: 927). Von Marktteilnehmern werde nicht nur im Umgang untereinander ein dem *code of conduct* entsprechendes Verhalten erwartet (schon insofern sind Finanzmärkte nicht jener unpersönliche Mechanismus, als der er in der ökonomischen Standardtheorie erscheint), sondern teilweise – so die Autoren – ein *commitment*, den Markt in Krisensituationen zu stützen, selbst wenn dies gegen die eigenen Interessen arbeiten sollte (a.a.O.: 914).

---

23 Skopische Systeme spielen – dies nur als Hinweis – auch in Hinblick auf gesellschaftliche Überwachung bzw. *Surveillance* eine große Rolle, in den Gesellschaftswissenschaften ebenso wie in der Literatur. So lässt Dave Eggers in seinem Bestseller "The Circle" (2013: 68 f.) einen seiner Protagonisten die Überwachungspotentiale skopischer Technologien wie folgt schildern: „Now, we're making a million of this model, and my prediction is that within a year we'll have a million accessible live streams. Within five years, fifty million. Within ten years, two billion cameras. There will be very few populated areas that we won't be able to access from the screens in our hands." Dies ist gewissermaßen die dystopische Fortführung des von Knorr Cetina auf der Ebene des Finanzmarktes entwickelten Modells.

Trotz aller Unterschiede in der konzeptionellen Ausrichtung berücksichtigen auch MacKenzie/Millo (2003: 117) in ihrer Studie über die Optionspreisberechnung (vgl. das folgende Kapitel) die Entstehung einer moralischen Ordnung des Marktes am Beispiel der *Chicago Board Options Exchange*. Sie interpretieren die Entstehung einer solchen Interaktionsordnung vor allem als Ergebnis einer Geschichte konflikthafter Interaktionen, die in einem öffentlichen Raum (dem Trading-Floor der Börse) und in Kopräsenz stattfinden: „Interactions are remembered, sometimes for decades." (ebd.) Reziprozität entsteht als Ergebnis einer Historie geteilter Konflikte, in denen sich aus Sicht der Marktteilnehmer herauskristallisiere, wer zu den *„good guys"* und wer zu den *„bad guys"* gehört. Dabei gibt es keine neutralen Positionen: „Nobody's on that line" (ebd.). Hieraus sich ergebende Reziprozitätserwartungen werden sogar intergenerational weitergegeben, allerdings sprechen wir hier noch über eine Börse mit einer sehr dichten und lokal überschaubaren Interaktionsordnung, die als Parketthandel vollzogen wird. Dies markiert einen gewichtigen Unterschied zum modernen, global organisierten und teilautomasierten Börsenhandel.

Im Erscheinungsjahr des Aufsatzes von Knorr Cetina und Bruegger war die neue Wirtschaftssoziologie mit ihrem Programm einer Soziologie wirtschaftlichen Handelns bereits sehr erfolgreich. Im Gegensatz hierzu befand sich die Forschung zu den globalen Finanzmärkten zumindest in Deutschland noch am Anfang. Es ist das Verdienst der Autoren, die Analyse der Finanzmärkte an klassische mikrosoziologische Konzepte wie an solche der neueren Wissenschaftssoziologie angeschlossen zu haben. Es gehört zu den Vorzügen ihres Ansatzes, dass auf die Vorstellung einer dem Markt externen Realität, die der Markt lediglich spiegelt, verzichtet werden kann – ja verzichtet werden muss. Denn es ist die technisch mediatisierte Praxis des globalen Devisenhandels, durch deren praktischen Vollzug sich Sozialstrukturen ausbilden, welche global in der Reichweite und mikrosozial in ihrem Charakter sind: „Virtual Societies of Financial Markets". Der Markt ist also keineswegs das Epiphänomen externer Ereignisse (der Politik, der Massenmedien, auch nicht der ‚Real'-Ökonomie), sondern der allzeit bewegliche und multifokale Fokus, an dem sich die Handlungen all derjenigen Akteure orientieren, die ihn hervorbringen. Und hieran sind im Verständnis der Autoren nicht nur menschliche Akteure, sondern ebenso technische Artefakte und „Wissenskulturen" (Knorr Cetina 2002) beteiligt.

Diese Überlegungen verdeutlichen die Distanz zur wirtschaftssoziologisch so einflussreichen These der sozialen Einbettung: Hier geht es eben nicht um die Einbettung ökonomischer Transaktionen in soziale Netzwerke und Institutionen, die dem wirtschaftlichen Handeln vorgängig sind, sondern um globale Mikrostrukturen, die den Markt *selbst hervorbringen*.

4.2 Global Microstructures und die Mikrosoziologie der Finanzmärkte

Knorr Cetina (2007: 8) hat ihr zunehmendes Interesse für die Finanzmärkte mit der Einschätzung begründet, „that financial capitalism was the direction in which postindustrial societies were developing". Die Verwendung des Begriffs „Financial Capitalism" sollte hier nicht in dem Sinne verstanden werden, dass die Finanzsoziologie in eine Gesellschafts- oder Kapitalismustheorie eingebettet wäre. Im Vergleich zu jenen Ansätzen, die unter dem Sammelbegriff des Finanzmarktkapitalismus (vgl. Windolf 2005) die politische Ökonomie finanzmarktorientierter Gesellschaften untersuchen, ist die Finanzsoziologie vor allem an den konkreten Praktiken, dem spezifischen Wissen und den technischen Artefakten interessiert, mittels derer Finanzmärkte hervorgebracht werden. Sie wendet hierzu in direkter Verlängerung der *science studies* Beobachtungsinstrumente an, die sie aus der ethnografischen Forschung und der Mikrosoziologie entnimmt, so z.B. im hier diskutierten Fall die teilnehmende Beobachtung und das qualitative Interview. Die globalen Mikrostrukturen sind in dieser Perspektive das Ergebnis einer technisch mediatisierten Interaktionspraxis. Ihre Verbindungen mit der politischen Ökonomie der Finanzmärkte sind auch heute noch ein Forschungsdesiderat.

Knorr Cetina hat ihren Ansatz einer Mikrosoziologie der Finanzmärkte in verschiedenen Aufsätzen weiterentwickelt, insbesondere in Hinblick auf die idealtypische Unterscheidung zweier Typen von Märkten: eingebettete und Märkte mit „Flussarchitektur", solche also, die in soziale Netzwerke eingebettet sind „... und solche, die entbettet und von Netzwerken entkoppelt sind" (Knorr Cetina 2012: 31). Letztere weisen eine „Flussarchitektur" auf. Sie sind – wie die Finanzmärkte, aber im Gegensatz zu netzwerkbasierten Märkten – mikrostrukturiert und basieren auf skopischen Systemen. Unter skopischen Systemen versteht Knorr Cetina „Beobachtungsapparaturen", „die die Marktwirklichkeit abbilden, während sie zugleich ihr kontinuierliches Prozessieren und ‚Fließen' ermöglichen" (a.a.O.: 32). Den Begriff der Skopik leitet sie von dem griechischen *skopein* ab – ‚sehen', was auf eine Beobachtungsapparatur wie z.B. das Periskop oder das Fernrohr verweist. Ein zentraler Bestandteil der Skopik von Finanzmärkten als Beispiel für Märkte mit Flussarchitektur ist der Bildschirm, weshalb Knorr Cetina an anderer Stelle auch von einer „*screen world*" spricht. Die Computerisierung und der damit einhergehende Einzug eines ubiquitären, medial vermittelten Sehens seit den 1980er Jahren transformierte die Finanzmärkte nicht nur aufgrund der enormen Zunahme an Daten sowie der Beschleunigung von Transaktionen, sondern auch, weil der Markt damit als ein System wechselseitiger Beobachtungen geschaffen wurde. Computerbildschirme projizieren Aktivitäten und Informationen auf eine Oberfläche, auf der sie dann beobachtet werden können, so wie „Kristalle als Linsen fungieren können, die Licht bündeln und es an einem Punkt fokussieren" (a.a.O.: 32). Die Marktteilnehmer orientieren sich auf diese Projektionen und koordinieren ihre Aktivitäten in Hinblick auf diese. Die Bildschirme zeigen dabei nicht Nachbars Garten (im Sinne einer ‚*small world*', die durch Vertrauen, persönliche Bekanntschaft und soziale Nähe gekennzeichnet ist), sie projizieren die verteilten Aktivitäten in einer globalen Welt. Wichtig ist dabei, dass diese globale Welt erst durch diese Projektionen mit hervorgebracht wird, und zwar durch ihre Beobachtung einerseits, sowie durch die Möglichkeiten, in diese zu intervenieren und zu verändern (und damit ‚am Laufen zu halten', zu enttautologisieren) andererseits. Denn die Bildschirme ermöglichen es nicht nur, Preise, Kontextinformationen und Nachrichten in Echtzeit darzustellen, sondern auch zu kaufen oder zu verkaufen, d.h. zu ‚handeln'. Dass sich Charakteristika von Fluss- und Netzmärkten empirisch in vielfältiger Weise durchdringen, ist an vielen Einzelfallstudien ablesbar (vgl. Vormbusch 2012a zum Portfoliomanagement). Die „neue Form der Koordination", von der Knorr Cetina spricht, enthält insofern auch nach ihrer Meinung Aspekte der relationalen Koordination durch Netzwerke, überschreitet diese jedoch systematisch (vgl. Knorr Cetina 2012: 42).

Wir können also festhalten, dass manche modernen Märkte – und die Finanzmärkte sind paradigmatisch hierfür – durch skopische Beobachtungsapparaturen erst hervorgebracht werden, und zwar in global miteinander verbundenen Interaktionsräumen. Das hat zur Konsequenz, dass Goffmans klassische „Interaktionsordnung" (auch wenn sie selbstverständlich weiterhin für face-to-face Interaktionen konstitutiv ist), in globalen und skopisch mediatisierten Beobachtungsräumen transformiert wird in etwas, das Knorr Cetina eine „synthetische Situation" nennt (Knorr Cetina 2009b) – also eine künstlich hergestellte, transsituationale und der Tendenz nach global mögliche Form einer neuartigen und für die modernen Gegenwartsgesellschaften *paradigmatischen* Situation. Skopische Medien sind Beobachtungsapparaturen, die weit entfernte und mittels der körperlichen Sensorien so nicht sichtbare Phänomene situativ präsent machen und hierdurch global verteilte Situationen und deren Teilnehmer miteinander verkoppeln.

4.3 Die Performativität finanzwissenschaftlicher Modelle und ökonomischen Handelns

Die Arbeiten Knorr Cetinas stehen für eine *globale* Erweiterung der mikrosoziologischen Betrachtungsweise in Hinblick auf die spezifischen Koordinationsformen der Finanzmärkte. Hiermit wird die mikrosoziologische Analyse *erstens* von ihrer Gebundenheit an einen begrenzten Raum und kopräsente Akteure auf globale Interaktionsverhältnisse und *zweitens* in Richtung einer Analyse des Zusammenspiels technisch-medialer Rahmungen und menschlicher Akteure ausgedehnt.

4.3 Die Performativität finanzwissenschaftlicher Modelle …

Im folgenden Abschnitt wird es dagegen um einen Ansatz gehen, der die Wirtschafts- und Finanzsoziologie in den vergangenen Jahren ähnlich tiefgreifend, aber in ganz anderer Weise geprägt hat: die These der Performativität wissenschaftlichen Wissens und finanzwissenschaftlicher Modelle (Formeln, Algorithmen, Grafiken, Bewertungsverfahren; vgl. die vertiefende Einführung in Maeße/ Sparsam 2017). Mit dem Begriff der Performativit ist eine spezifische Beziehung zwischen ökonomischem *Wissen* und ökonomischem *Handeln* gemeint. Ganz generell wird davon ausgegangen, dass dieses Wissen wirtschaftliche Vorgänge nicht nur beschreibt, sondern *mit hervorbringt*. So ist die Art und Weise, wie wir in Märkten handeln, durch die Modelle, die wir uns von diesem Markt und den darin handelnden Akteuren machen, beeinflusst. Der Markt ist, mit anderen Worten, ein Produkt der Modelle des Marktes. Wenn Akteure wirtschaftlich handeln, so können sie dies ausschließlich unter Verwendung von und in Hinblick auf ökonomische Modelle. Ohne diese Modelle wären sie blind.

Zunächst soll hier aber eine Ähnlichkeit der beiden Zugangsweisen kurz hervorgehoben werden: denn interessanterweise ist die so genannte Performativitätsthese ebenso wie die Arbeiten Knorr Cetinas durch eine besondere Hinwendung zu der *Materialität der Märkte* charakterisiert. Den Formeln und Modellen, Excel-Sheets und Tabellen, Kalkulationen und kalkulativen Maschinen (Computern) wird eine konstitutive Bedeutung für die Hervorbringung von Märkten zugeschrieben. Es wäre aber falsch, den Begriff der ‚Materialität' hier zu eng auszulegen, denn hiermit sind nicht nur stoffliche Elemente gemeint wie Datenleitungen, Computerhardware oder Excel-Sheets, sondern ganz besonders auch ‚immaterielle' Dinge wie Algorithmen, Modelle und Formeln. In diesem Sinne mag der Begriff der Materialität, der ursprünglich aus der Wissenschafts- und Technikforschung stammt, zunächst irreführend sein. Insofern man ihn von seiner alltagssprachlichen Verwendung trennt, soll er anzeigen, dass die Herstellung sozialer Wirklichkeiten eben nicht nur auf Bewusstseinsleistungen und menschlicher Kommunikation (im Sinne des Austauschs relevanter Symbole bzw. – noch enger – als sprachliche Kommunikation gefasst) beruht, sondern auf einem breiten Spektrum von Materialitäten und materiellen Handlungsträgern[24]: vom menschlichen Körper über die als Hardware materialisierte kommunikative Infrastruktur bis zu den in Software geronnenen Modellen und Annahmen der Finanzökonomie (v.a. der *quantitative finance*).

Und hier kommen wir bereits zu einem gravierenden Unterschied zwischen der Mikrosoziologie der Finanzmärkte und der Akteur-Netzwerk Theorie, in deren

---

24 Vgl. hierzu den einschlägigen Sammelband „Materialitäten", in dem ein weiter Begriff der Materialität stark gemacht wird (Kalthoff u.a. 2016)

Rahmen die eigentlich der Sprachphilosophie entstammende Performativitätsthese vor allem Bedeutung erlangt hat. Denn in letzterer erhalten die nicht-menschlichen Handlungsträger ein so starkes konzeptionelles Gewicht, dass nicht mehr lediglich von einer technischen und medialen *Vermittlung* menschlichen Handelns gesprochen werden kann. Vielmehr versteht die Akteur-Netzwerk Theorie Situationen als ‚Assemblagen' von Techniken, Körpern, Personen, Programmen und Strategien; eine Fokussierung der Analyse auf lediglich einen Aspekt dieser Assemblagen (wie z.B. menschliche Bewusstseinsleistungen oder menschliche Entscheidungen) lehnt sie kategorisch ab – hierin liegt gerade die von ihr betriebene Provokation gegenüber klassischen Struktur- oder Handlungstheorien. Im Gegenteil sollen menschliche und nicht-menschliche Handlungsträger ‚symmetrisch' untersucht werden, ohne dass die wissenschaftliche Beobachterin von sich aus eine (ontologisch begründete) Vorentscheidung in die Beobachtung einführt, welchen Komponenten der Situation nun *agency* (Handlungsträgerschaft) zugesprochen wird und welchen nicht. Anders als die Wirtschaftssoziologie, die Technik in ihrem *mainstream* mehr oder weniger als ein neutrales und allgemein verfügbares Mittel auffasst und kaum je kritisch thematisiert, bilden Artefakte und das, was sie (mit-)bewirken können, also einen besonderen Schwerpunkt beider ‚Schulen' der finanzsoziologischen Forschung: der Mikrosoziologie der Finanzmärkte ebenso wie der Akteur-Netzwerk Theorie, wobei letztere hier eine radikalere Position einnimmt.

Im Feld der Finanzsoziologie wurde die These der Performativität vor allem am Beispiel des Optionshandels untersucht. Beim Optionshandel erwirbt ein Käufer das Recht, eine bestimmte Menge eines Basiswertes (das kann eine Aktie, aber in bestimmten Fällen auch ein nicht materiell lieferbares Produkt wie ein Aktienindex sein) zu einem festgelegten Preis und zu einem definierten Zeitpunkt bzw. innerhalb einer bestimmten Frist zu kaufen (*call*) oder zu verkaufen (*put*). Eine Option kann dabei z.B. zum *hedging* eingegangener Marktpositionen verwandt werden. Sie stellt dann eine Versicherung dar gegen das Risiko, dass die Verluste aus einem zukünftigen Kursverfall des Basistitels über eine gewisse Schwelle hinaus wirksam werden – und damit eine rationale Form der Versicherung gegen ökonomische Risiken. Um auf die anfänglich eingeführte Unterscheidung von Investition und Spekulation als Grundformen des Finanzmarkthandelns zurückzukommen: Optionen stellen in dieser Form die Absicherung einer Investition oder eines realen Geschäfts dar (z.B. sichern sich Fluggesellschaften durch *hedging* gegen Schwankungen des Kerosinpreises ab, Unternehmen gegen Schwankungen von Devisenkursen). Eine Option kann jedoch auch der reinen Spekulation dienen – z.B. dann, wenn ein Marktteilnehmer gar nicht beabsichtigt, den Basistitel zu erwerben oder aber diesen gar nicht hält, gleichwohl aber eine Option auf ihn erwirbt (vgl. MacKenzie 2006: 13). Optionen bilden eine Untermenge von Finanzprodukten, die allgemein als Derivate bezeichnet werden. Bei Derivaten handelt es sich um Termingeschäfte, die sich auf den Börsen- oder Marktpreis von Wertpapieren, Geldmarktinstrumenten, Zinssätzen oder von Waren und Devisen beziehen. Derivate können die Form von *Futures*, Optionen oder *Swaps* annehmen. Der Unterschied zwischen *Futures* und Optionen besteht darin, dass die Option vom Käufer nicht ausgeübt werden muss, während bei einem *Future* das beabsichtigte Geschäft zum Fälligkeitstermin zwangsläufig zum Abschluss gebracht wird. Der Käufer eines *Future* zahlt also unter allen Umständen den vereinbarten Preis und erwirbt (bzw. verkauft) den Basiswert, selbst wenn hieraus aufgrund der konkreten Marktentwicklung ein Verlust resultieren sollte. *Swaps* wiederum sind vertraglich vereinbarte Tauschgeschäfte, die z.B. der Absicherung gegen Zinsrisiken dienen, indem variable Tagesgeldzinsen durch die Zahlung einer Prämie gegen feste Zinssätze getauscht werden können. Bekannt und berüchtigt sind im Rahmen der letzten großen Finanz- und Wirtschaftskrise die so genannten *Credit Default Swaps* geworden, die – obgleich sie überwiegend zu spekulativen Zwecken gekauft werden – zunächst einmal als Instrument zur Absicherung gegen den Zahlungsausfall eines Kreditnehmers (*credit default*) entstanden sind. Ein Grund für die enorme Anziehungskraft von Derivaten liegt darin begründet, dass die Anleger mit einem wesentlich niedrigeren Eigenkapitaleinsatz als beim direkten Kauf oder Verkauf von Basiswerten arbeiten können. Entscheidet der Anleger sich für ein Derivat, so kann er mit einem relativ geringen Kapitalaufwand einen relativ großen Kapitalertrag (aber eben auch einen entsprechend großen Verlust) erzielen. In diesem Zusammenhang spricht man von einer Hebelwirkung oder dem *leverage*. Die weit überdurchschnittlichen Gewinn-, aber auch Verlustmöglichkeiten, gepaart mit dem vergleichsweise niedrigen *relativen* Kapitaleinsatz, hat Optionen Jahrzehnte in den Ruch des Glücksspiels und moralisch bedenklicher Spekulation gerückt (vgl. MacKenzie/Millo 2003: 113; ausführlich MacKenzie 2006).

Die Entwicklung des Optionshandels und die bedeutende Rolle, die Formeln zur Berechnung des Optionspreises hierbei spielten, untersuchen Mackenzie und Millo am Beispiel der *Chicago Board Options Exchange* (CBOE). Diese öffnete im April 1973 und war – wie die benachbarte *Merc* (*Chicago Mercantile Exchange*) eine der ersten modernen Börsen, an der Derivate gehandelt wurden. An der *Merc* wurden dabei zunächst Futures auf Lebensmittel, später auf Finanzprodukte wie Währungen, US-amerikanische Bundesschatzbriefe (*treasury bills*) und auf Eurodollar-Zinsdifferentiale gehandelt. *Merc* „was the first modern financial derivatives exchange. By the mid 1980s, it was central to global finance." (MacKenzie 2006: 2) Wie konnte dieser Aufschwung vom Handel mit Terminkontrakten für Zwiebeln und andere Agrarprodukte zu einer der tragenden Säulen des Weltfinanzgeschehens vor sich gehen? Zur Erklärung verwebt MacKenzies Darstellung des Optionshandels zwei Entwicklungen direkt miteinander: auf der einen Seite „the emergence of organized exchanges that trade not stocks but "derivatives" of stocks and of other financial assets" (a.a.O.: 4), auf der anderen Seite „the emergence of modern economic theories of financial markets" (a.a.O.: 5). Hiermit ist insbesondere der dramatische Aufstieg der Finanzmathematik und hierauf beruhender Modellierungen des Marktes gemeint. Erst beides zusammen – die finanzmathematischen Modelle und die Märkte im Sinne von Institutionen, die aufnahmebereit für neue Modellierungen waren – ermöglichte weitreichende Veränderungen in der Art und Weise, was und wie auf Börsen weltweit gehandelt wurde.

Der Wissenschafts- und Technikforscher Donald MacKenzie hat in diesem Zusammenhang mit wechselnden Ko-Autoren vor allem die Bedeutung finanzökonomischer Modelle untersucht.[25] Diese gewannen seit den 1970er Jahren im Zuge der Deregulierung und der Zulassung neuer Finanzprodukte an Relevanz. Im Zusammenspiel mit den zunehmenden ökonomischen Ungleichgewichten (der Zunahme von Handelsbilanzungleichgewichten zwischen den wichtigsten globalen Handelspartnern und damit der Akkumulation von immer größeren Geldmengen, die global nach Anlagen suchten; vgl. Kapitel 3) stellte der Aufstieg der Finanzmathematik und der strukturierten Finanzprodukte eine der Hauptursachen der letzten Finanzkrise dar, deren Auslöser bekanntlich immobilienbasierte Kreditinstrumente waren. MacKenzie geht dabei von der Beobachtung aus, dass die finanzmathematischen Modelle zur Berechnung des Preises von Optionen zum einen (im Verhältnis zu naturwissenschaftlichen Modellen) relativ einfach konstruiert sind und damit die Komplexität des ökonomischen Geschehens grundsätzlich kaum abzubilden vermögen (vgl. MacKenzie 2006: 9). So sind sie an wenig realistische Vorannahmen gebunden, gehen von der Existenz eines ‚risikolosen' Zinssatzes, zu dem Geld geliehen werden kann, aus, berücksichtigen weder Gebühren noch Transaktionskosten allgemein, sowie beruhen – *last but not least* – auf der Annahme, dass Finanzprodukte ge- und verkauft werden können, ohne dass hierdurch der Marktpreis verändert würde (vgl. MacKenzie/Millo 2003: 120). Auf der anderen Seite hat die Einfachheit dieser Modelle den entscheidenden Vorteil, dass sie in der

---

25 In jüngster Zeit hat sich MacKenzie vor allem mit „High-Frequency Trading" (HFT) und der Entstehung von „Dark Pools" beschäftigt, dunklen Zonen des Finanzmarkts also, in die nicht jeder eingelassen wird. Im Mittelpunkt seiner Untersuchungen stehen dabei immer die „materiellen Praktiken" in Märkten, und im Anschluss an die Akteur-Netzwerk Theorie betrachtet er Algorithmen (HFT ist ein zu beinahe 100% automatisiert ablaufender, algorithmisierter Handel) als tatsächliche ökonomische Akteure mit „agency". (vgl. das folgende Video: http://ssps-kingsbarns.ssps.ed.ac.uk/index.php/extwidget/openGraph/wid/0_w9tzrw6o)

4.3 Die Performativität finanzwissenschaftlicher Modelle ...

alltäglichen Handelspraxis auch von Nicht-Mathematikern praktisch verwendet werden konnten. Vorher bereits vorhandene Modelle der Optionspreisberechnung „contained parameters whose values could not be measured in any straightforward way" (a.a.O.: 120). Dagegen gilt das im Weiteren betrachtete Black-Schole-Merton Modell zur Optionspreisberechnung als simpel und elegant. Vor diesem Hintergrund geht MacKenzie davon aus, dass ökonomische Theorie respektive ökonomische Modelle im Grunde niemals repräsentative Abbilder der komplexen Realität sein können: „...: a theory that incorporates all detail, as if photographically, is clearly as much an impossibility as a map that reproduces exactly every aspect and feature of terrain and landscape" (a.a.O.: 11). Hierin stimmt er interessanterweise mit Milton Friedman, einer der Hauptfiguren der Chicagoer Schule, überein, ohne allerdings seine Auffassungen von Wirtschaftswissenschaft als einer ‚objektiven' Wissenschaft zu teilen. Ganz im Gegenteil: Modelle seien zwar in gewisser Weise Maschinen, mittels dessen sich *auch* etwas untersuchen lasse („engines for inquiry"), aber nicht in Friedmans, sondern in einem *viel stärkeren Sinne*. Denn finanzmathematische Modelle sind für MacKenzie „an *active force transforming its environment*, not a camera passively recording it" (a.a.O.: 12; Hervorhebung u.V.). Wirtschaftliche Modelle und wirtschaftliches Wissen überhaupt betrachtet er in diesem Sinne als ‚performativ'. Sie bringen das hervor, was sie lediglich abzubilden scheinen: "... economics performs the economy, creating the phenomena it describes" (MacKenzie/Millo 2003: 108).

An dieser Stelle ist es wichtig, auf das originäre Konzept hinzuweisen, welches MacKenzies Überlegungen zugrunde liegt: das Callonsche ‚Performativitätsmodell', das wiederum ursprünglich nicht von Michel Callon selbst stammt, sondern von ihm lediglich auf ökonomische Fragestellungen übertragen wurde. Denn Callon wie die meisten anderen Autoren beziehen sich in ihrer Darstellung performativer Effekte von Modellen, ‚doings' und ‚sayings' auf die Arbeiten des englischen Sprachphilosophen John Langshaw Austin. Auf dessen Frühwerk (1979) geht die Unterscheidung zwischen lediglich beschreibenden (*konstativen*) und *performativen* Sprechakten zurück, mittels derer eine Handlung auch vollzogen wird. Bekannte Beispiele hierfür sind die Eheschließung durch den Pfarrer („Hiermit erkläre ich euch zu Mann und Frau ..."), die Schiffstaufe usw. Performative Sprechakte reißen also die kategoriale Unterscheidung zwischen der Welt der beobachtbaren Tatsachen und der Handlungen einerseits, die diese lediglich beschreibenden symbolischen Sprachen andererseits ein, indem sie die Welt, die sie beschreiben, im Vollzug des Sprechaktes selbst verändern. Dies stellt Austins (1979) berühmte Formulierung „How to do things with words" heraus.

Entlang dieser generellen These der Performativität von Wissen und Sprache, vor allem aber auch darstellender Praktiken in den Naturwissenschaften und der

Wirtschaft (wie Formeln, Charts etc.) strebt Michel Callon in seiner Einführung zu den „Marktgesetzen" (Callon 1998) und unter explizitem Rückgriff auf die von ihm mit geprägte Akteur-Netzwerk Theorie danach, das orthodoxe Verständnis von Wirtschaftspraxis und Wirtschafts*wissenschaft*, von *economy* und *economics* gewissermaßen auf den Kopf zu stellen. Denn das wirtschaftswissenschaftliche Wissen, gehärtet durch Modelle und Formeln, mache die konkrete ökonomische Praxis, die sie zu beschreiben vorgibt, erst möglich. Die von ihm pointiert vertretene Sichtweise setzt sich dabei gleichermaßen von der wirtschaftswissenschaftlichen Orthodoxie wie von konventionellen Spielarten der Wirtschaftssoziologie ab: sie versteht sich selbstbewusst als „radically different" (Callon 1998: 2). Genauer gesagt besteht diese Provokation auf dem Folgenden: „It consists in maintaining that economics, in the broad sense of the term, performs, shapes and formats the economy, rather than observing how it functions." (ebd.) Die ökonomische Theorie ist (jetzt in der Formulierung Donald MacKenzies (2006), der diesbezüglich eine ganz ähnliche Stoßrichtung verfolgt) folglich keine „Kamera", die den Markt abbildet, sie ist eine „Maschine", die den Markt *hervorbringt*, ihn *performt („an engine, not a camera")*. Damit will Callon das Verhältnis von Wirtschaft und Wirtschaftswissenschaft vom Kopf auf die Füße stellen: Weder bestehe die Wirtschaft aus Akteuren, die *aufgrund natürlicher Fähigkeiten oder Neigungen* kalkulieren und wirtschaftlich handeln könnten (eine Sichtweise, die bei weiten Teilen der Wirtschaftswissenschaft beliebt sei), noch seien es die *kulturellen Rahmungen*, die ‚Eingebettetheit' der Wirtschaft (eine Sichtweise, die in weiten Teilen der neuen Wirtschaftssoziologie vorherrsche; vgl. Kapitel 2), welche die Ökonomie als ökonomische Praxis möglich machten (eine etwas andere Lesart verfolgen Aspers/Beckert 2008: 240 f.).

Wie aber kann sonst kalkuliert und damit erst ökonomisch gehandelt werden, wenn man dieses Handeln weder auf die Nutzenfunktionen der Marktteilnehmer noch auf die Rahmung durch die Gesellschaft zurückführen kann? In den Worten von Michel Callon: „In order to become calculative, agencies do indeed need to be equipped. But this equipment is neither all in the brains of human beings nor all in their socio-cultural frames or their institutions. What is it then?" (a.a.O.: 6) Für Callon können ökonomische Akteure erst dann ökonomisch handeln, wenn sie wie auch die zu handelnden Dinge von ihren konkreten sozialen Bezügen gelöst werden („disentangled"; vgl. Callon 1998: 19). So wird auf Märkten typischerweise nicht das Korn von Bauer Gerd verkauft, dessen Qualität den Bekannten des Bauern gut bekannt ist, und die es deshalb dem Korn von Bauer Franz vorziehen, sondern eine definierte Menge einer bestimmten, normierten Qualität. Ein Gut wird also in Form einer abstrakten Menge einer normierten Bezugsgröße in einer möglichst standardisierten Quantität gehandelt. In dem Maße, in dem Güter

4.3 Die Performativität finanzwissenschaftlicher Modelle ...

standardisiert und damit kalkulierbar gemacht werden, sind sie der Formatierung durch wirtschaftswissenschaftliches Wissen ausgesetzt, sind sie ein Produkt dieses Wissens (hier ergeben sich Parallelen zu der Betrachtung von ‚Forminvestitionen' im Rahmen der Ökonomie der Konventionen). Aus dem Korn von Bauer Müller wird durch Kategorisierungen, Standardisierungen und Berechnungen ein marktgängiges Gut, das getauscht, aber auch Gegenstand komplexerer, spekulativer Investments (z.B. durch *hedging*) werden kann. In analoger Weise wird aus der konkreten Immobilie eines Büroangestellten in Philadelphia ein strukturiertes Wertpapier, das in Tranchen aufgeteilt werden und an Finanzinvestoren irgendwo auf dem Globus verkauft werden kann. Mit der Herauslösung des Gutes aus seinem konkreten Kontext sind also neue ökonomische Handlungsmöglichkeiten verknüpft – die Voraussetzung ist allerdings, dass das Gut durch ökonomisches Wissen in etwas Anderes verwandelt wird: in ein Objekt ökonomischen Wissens, das auf der Grundlage von Modellen und Formen bewert- und handelbar wird. Für Callon ist deshalb der klassische *homo oeconomicus* der Wirtschaftswissenschaften „pure fiction" (1998: 51). Er existiere zwar („Yes, *homo oeconomicus* really does exist." (ebd.)), aber nicht als ontologische, d.h. aus einem angeblichen Wesen des Menschen ableitbare Vorstellung, sondern als Produkt seiner Ausstattung und Ermöglichung durch ökonomische „Prothesen": Wenn wir im Rahmen der Ökonomie tatsächlich auf Figuren treffen, die sich im Sinne des *homo oeconomicus* beschreiben lassen, dann, so Callon (1998: 22, 51) ebenso provokativ wie ironisch, nicht, weil der *homo oeconomicus* die zeit- und kulturunabhängige Natur des Menschen auf den Punkt bringe, sondern weil dieser durch die ökonomische Theorie hervorgebracht und in seiner Existenz fortlaufend performativ bestätigt werde. *Homo oeconomicus* „is the result of a process of configuration and is formatted, framed and equipped with prostheses which help him in his calculation". Welche Prothesen kommen hierfür in Frage, was brauchen menschliche Akteure also, um tatsächlich und empirisch in die Lage versetzt zu werden, zu kalkulieren und ökonomisch zu handeln?

Mit dieser Frage nach den ‚Prothesen', die aus Menschen erst ökonomische Akteure und aus Dingen mithandelnde Technologien im Sinne der Akteur-Netzwerk Theorie machen, kommen wir auf die Untersuchung von MacKenzie und Millo (2003) zur Optionspreisberechnung zurück. Diese Studie ist die wohl meistzitierte Studie zur Performativität des Wissens im Feld der Finanzmärkte (die finanzsoziologische Cousine des „Microstructure"-Aufsatzes sozusagen). Dabei wird die Optionspreistheorie oftmals als das Kernstück der Finanzökonomie bezeichnet. MacKenzie und Millo behaupten in dieser Studie in Analogie zu der Performativitätsthese Austins: „Option pricing theory – a „crown jewel" of neo-classical economics – succeeded empirically not because it discovered preexisting price patterns but because markets changed in ways that made its assumptions more accurate ..." (MacKenzie/Millo 2003: 107). Damit ist das Marktmodell als auch das Grundmodell gesellschaftlicher Dynamik von MacKenzie und Millo bereits beschrieben: Wissenschaftliches Wissen und Modelle auf der einen, die wirtschaftliche Wirklichkeit auf der anderen Seite passen nicht etwa zusammen, weil die Modelle es verstehen, die Wirklichkeit genau abzubilden (das wäre die Analogie zu Austins *konstativem* Sprechakt), sondern weil sich die Wirklichkeit – einmal den Modellen ausgesetzt, die in sie entlassen werden – in einer Weise ändert, dass sie den Annahmen und Ergebnissen der Modelle entspricht. Dieses Verhältnis bezeichnet MacKenzie als „Barnesche Performativität"[26].

Es ist wichtig, sich die Einführung formal-wissenschaftlicher Verfahren der Berechnung des Preises für Optionen in ihrem historischen Kontext zu vergegenwärtigen. Der Optionshandel galt für Jahrzehnte als eine moralisch zumindest fragwürdige Form des Handels. In den politischen und regulatorischen Nachwehen des ‚Schwarzen Freitags', der Finanzkrise von 1929 und der sich anschließenden ‚Großen Depression' versuchte die US-amerikanische Rechtsprechung, die Grenze zwischen Spekulation und Glücksspiel so klar wie nur möglich zu ziehen. Der *Supreme Court* urteilte hierzu bereits 1905, dass *Futures* nur dann legal seien, wenn die physische Auslieferung des Basiswertes (Getreide beispielsweise) grundsätzlich möglich und tatsächlich intendiert sei. Alles andere sei als eine Wette zu betrachten und damit illegal. Dies schloss über Jahrzehnte den Handel z.B. von Indexfutures aus, da hier offensichtlich keine konkrete Lieferung des Basiswertes (eines Index wie des DAX oder des S&P 500) möglich war. Anders sah die Sache bei Optionen aus, da hier zumindest theoretisch die Lieferung des Basiswertes nicht ausgeschlossen werden kann (die Frage der tatsächlichen Lieferung und der Absicht hierzu ist im Übrigen auch heute noch einer der zentralen Streitpunkte bei der Regulierung des Optionshandels).

Der (Wieder-)Beginn des Optionshandels in den frühen 1970er Jahren an Terminbörsen wie der CBOE und der *Merc* markierte deshalb auch einen Bruch mit der seit der Finanzkrise 1929 etablierten Praxis und Kultur des Börsenhandels. Zum ersten Mal erschien es denkbar (und vielen Akteuen als wünschenswert), die irrationale Dynamik der Finanzmärkte mittels finanzökonomischer Modelle einerseits zu zähmen und in rationale Bahnen zu lenken. Zum anderen eröffnete der Handel mit Optionen aber auch ganz neue Möglichkeiten des ‚Hebelns' von

---

26 In späteren Publikationen unterscheidet MacKenzie vier verschiedene Formen der Performativität: einfache, generische, Barnesische und „Gegenperformativität"; vgl. das Schaubild in MacKenzie (2005: 7).

4.3 Die Performativität finanzwissenschaftlicher Modelle ...

Investitionen, d.h. die Eröffnung gewaltiger Profitchancen in Relation zum eingesetzten Kapital. Zu Beginn der 1970er Jahre spielte der Handel mit Terminkontrakten empirisch noch keine große Rolle. ‚Strukturierte' Finanzprodukte wie *asset backed securities*, die stärker an finanzmathematische Modelle gebunden sind und in der Finanzkrise 2008 eine so wichtige Rolle spielen sollten, waren noch gar nicht ‚erfunden'.

MacKenzie und Millo untersuchen nun eine sehr verbreitete Form des Handels mit Terminkontrakten, und zwar den Optionshandel. In diesem Feld spielten von Anfang an finanzmathematische Modelle eine wichtige Rolle. Man muss sogar noch stärker formulieren: Erst die Verbreitung der so genannten Black-Scholes-Merton Formel zur Berechnung des angemessenen Preises für Optionen führte zu einem explosionsartigen Anstieg des Optionshandels. Dort wo bislang in Hinblick auf die Berechnung des Preises von Optionen Subjektivität und Unkalkulierbarkeit herrschten und dementsprechend Derivatehandel als eine „unmoralische" Veranstaltung im Sinne eines Glücksspiels betrachtet wurde, dort zog nach Ansicht von Millo und MacKenzie aufgrund der Anwendung wissenschaftlicher Modelle nun eine spezifische Berechenbarkeit und Rationalität ein. ‚Spezifisch berechenbar' meint in diesem Zusammenhang aber eben nicht so etwas wie die ‚Kamera-Funktion' der Black/Scholes/Merton-Formel (d.h. die Vorstellung einer mechanischen Abbildung), sondern die Vorstellung einer durch Berechnungsmodelle performativ mit hervorgebrachter Finanzmarktwirklichkeit.

Das formale Modell zur Berechnung von Optionspreisen wurde von Black, Scholes und Merton im Jahre 1973 entwickelt. 1997 erhielten Scholes und Merton für diese Arbeit den Nobelpreis in Ökonomie (Black verstarb allerdings bereits 1995 und der Nobelpreis wird nicht posthum vergeben). Sowohl konzeptionell als auch von ihrem empirischen Erfolg her ist die Black-Scholes-Merton-Formel das wohl wichtigste Modell innerhalb der modernen Finanzökonomie: „When judged by its ability to explain the empirical data, option pricing theory is the most successful theory not only in finance, but in all of economics" (Ross 1987, zitiert nach MacKenzie/Millo a.a.O.: 109). MacKenzie und Millo gehen dabei vor allem der Frage nach, ob die empirische Treffsicherheit der Formel (ihre Fähigkeit, einen guten Preis zu berechnen) als das Ergebnis ihrer Fähigkeit zu betrachten ist, bereits vorhandene Preisstrukturen und ihre Rahmenbedingungen im Markt abzubilden – oder als das Ergebnis von Anpassungsleistungen von Finanzmarktakteuren, die aus dem praktischen Gebrauch der Formel resultiert. MacKenzie und Millo formulieren hier (auch wenn dies in der Rezeption oftmals abgekürzt wird) als Antwort ein entschiedenes ‚sowohl als auch'. Sie nehmen also eine Zwischenposition ein, wie im Folgenden deutlich wird:

Im Kern geht das Modell (neben einigen vereinfachenden Annahmen) davon aus, dass die Kursentwicklung eines Basiswertes einer logarithmischen Zufallsverteilung folgt. Ihr Vorteil auf dem Börsenparkett, auf dem weniger theoretische Physiker und Professoren der Finanzmathematik als vielmehr in der Regel sehr junge und lediglich angelernte Praktiker agieren, war u.a., dass alle Parameter der Gleichung mit der Ausnahme (logischerweise) der zukünftigen Volatilität des Basiswertes empirisch leicht ableitbar sind. Kurz nach der Eröffnung der CBOE wurde die Black-Scholes-Merton-Formel das erste Mal eingesetzt. Aber es kam zu einer Überraschung: das finanzmathematische Modell kam zu signifikant anderen Ergebnissen als die Händler auf dem Parkett auf der Grundlage langjährig eingeübter Schätzungen: Optionen mit Basiswerten hoher Volatilität erschienen (entgegen der errechneten Ergebnisse des Optionspreismodells) als unterpreist, Optionen mit wenig volatilen Basiswerten dagegen als überpreist. Zunächst kann also keineswegs von einer Übereinstimmung zwischen Modell und tatsächlichen Preisen gesprochen werden. „Soon, however, the fit began to increase." (a.a.O.: 122), so dass nur einige Jahre später nur mehr 2% und 1986 nur mehr etwa 1% Abweichung zwischen den tatsächlichen und den entlang der Black-Scholes-Merton-Formel errechneten Preisen festzustellen waren – eine ausgesprochen geringfügige Differenz. Woran lag dies? Offenkundig nicht daran, dass die Formel von Beginn an die Marktrealität abzubilden vermochte. MacKenzie und Millo machen für den Prozess der Anpassung zwischen Formel und Modell zwei miteinander verknüpfte Prozesse verantwortlich: Zum einen veränderten sich die Marktbedingungen in einer Weise, dass sie stärker als zuvor die Annahmen des Modells erfüllten. So sanken z.B. in dem betrachteten Zeitraum die rechtlichen Schranken für kreditfinanzierte Wertpapiergeschäfte. Weiterhin sanken die Gebühren und damit die Transaktionskosten – das Black-Scholes-Merton-Modell sah ja ursprünglich vollständig von Transaktionskosten ab. Damit wurde die Realität in einer Weise verändert, dass sie stärker den Annahmen des Modells entsprach. Zum anderen begannen aber auch immer mehr Händler die Black-Scholes-Merton-Formel tatsächlich zu verwenden.

Händler an der CBOE waren in Hinblick auf die Nützlichkeit der Formel aus verschiedenen Gründen eher skeptisch: erstens aufgrund der Differenz von Modell- und tatsächlichen Preisen, zweitens, weil sich die Vorstellungen von ‚Berechenbarkeit' und ‚Männlichkeit' im Milieu des Optionshandels diametral gegenüberstanden. Den Börsenhandel in Chicago schildern MacKenzie und Millo dementsprechend als ein ‚macho environment'. Händler im Handelsraum

"would laugh at you and try to intimidate you out of the pit, saying, 'You're not a man if you're using those theoretical value sheets.' They'd take your sheets and throw

4.3 Die Performativität finanzwissenschaftlicher Modelle ...

them down on the floor and say, 'Be a man. Trade like a man. [...] You shouldn't be here. You're not a trader. You can't trade without those'" (MacKenzie/Millo 2003: 124)[27].

Die Einführung der Black-Scholes-Merton-Formel an der CBOE hat den Optionshandel von ihrem Stigma des Glücksspiels befreit, indem sie eine spezifische Art der Berechenbarkeit an die Stelle vager Schätzungen und waghalsigen Macho-Gebarens setzte. ‚Berechenbarkeit' umfasst dabei zum einen die Verfeinerung der Formel im Zuge ihrer Anwendung, zum anderen die Anpassung von Erwartungen, Verhaltensweisen und institutionellem Kontext an die Formel. Letzteres bezeichnet MacKenzie als „Barnesische Performativität". „Einfache Performativität" ist für ihn bereits dann gegeben, wenn Akteure sich in ihren Entscheidungen und Legitimationen lediglich auf (wirtschafts-)wissenschaftliche Theorien berufen. Für „effektive Performativität" verlangt MacKenzie bereits, dass nachweisbar sein müsse, dass sich die Theorien auf ökonomische Prozesse tatsächlich auswirken. Die ‚Barnesche Performativität' schließlich ist die stärkste Form der Performativität. MacKenzie verlangt hierfür, dass die Realität nicht nur *irgendwie* durch den praktischen Gebrauch von Modellen und Theorien verändert werden, sondern vielmehr, dass die Realität in einer Weise verändert wird, dass *sie stärker mit den Annahmen und Aussagen der Theorie übereinstimmt als vorher*. Es ist – wie im Falle der Black-Scholes-Merton-Formel – die Theorie, welche durch ihre praktische Anwendung die Realität so umgestaltet, dass diese den Aussagen der Theorie entspricht.

MacKenzie hat in späteren Arbeiten (MacKenzie 2005) noch einen weiteren Performativitätstypus eingeführt, und zwar den der „Gegenperformativität" (*counterperformativity*). Diese gelte für den Fall, dass der praktische Gebrauch von Theorien und Modelle ökonomische Prozesse in einer Weise verändere, dass

---

27 Die andere Seite des kulturellen Konflikts zwischen den traditionsorientierten, oftmals lediglich angelernten Tradern und dem tool- und formelbasierten Handel schildert Zaloom (2006) in ihrer ethnografischen Studie des Chicagoer Terminmarktes. Sie beschreibt die Kultur der in einzelne Arenen („pits") aufgeteilten Börse als eine männlich-aggressive, sexistische, dominante und kompetitive Kultur, in der Trader in einer sexuell und gewaltförmig aufgeladenen Sprache miteinander handeln: „He really took it in the ass on that one" ist nur eines der vielen Zitate der Händler auf dem Börsenparkett (a.a.O.: 123). „Where fucking is the rule, asociality reigns as a principal of action. Fucking and being fucked, both in sexual and financial terms, are shorthand for the use of one person for the pleasure or profit of another." (ebd.) Erst vor diesem Hintergrund einer über Jahrzehnte eingeübten Kultur ist die Missachtung verständlich, die etablierte Trader gegenüber Newcomern äußern, die sexualisierte Handelspraktiken gegen Computer und Formeln tauschen.

sie *weniger* mit der Theorie übereinstimmen, so wie MacKenzie dies für den Zeitraum nach dem Börsencrash des Jahres 1987 zu beobachten können glaubt.

Die These der Performativität ökonomischen Wissens hat die Wirtschafts- und Finanzsoziologie in den letzten zehn Jahren stark beschäftigt. So führen Aspers und Beckert (2008) das Performativitätskonzept als eines der drei für die Wirtschaftssoziologie grundlegenden Marktkonzepte ein – neben „Märkten als Netzwerke" und „Märkten als Institutionen". Aber es gibt auch Kritik hieran. So hält Deutschmann (2012a) MacKenzies Überlegungen einer performativen Wirkung ökonomischer Modelle in den Finanzmärkten zwar für grundsätzlich überzeugend, ist gleichzeitig aber skeptisch gegenüber der generalisierten und zugespitzten Fassung der Performativitätsthese, wie sie Michel Callon vertritt (a.a.O.: 132 f.; vgl. Maeße/Sparsam 2017: 185). Den Performativitätsgedanken aufnehmend und gewissermaßen weiterspielend (und damit auch die Besonderheit der Studien MacKenzies relativierend) geht Deutschmann davon aus, „dass nicht nur Finanzmärkte, sondern soziale Realität überhaupt »performativ« konstituiert ist" (a.a.O.: 133), so wie John Austins ursprüngliche Überlegungen zur Performativität von Sprechakten das nahelegen. Auch wenn man sich das Konzept der Performativität aus den Augen Michel Foucaults ansieht, erscheint Performativität weniger als etwas ganz Besonderes, sondern als etwas Allgemeines: „Denn auch der Diskurs bringt bei Foucault die Dinge, von denen er spricht, erst hervor, anstatt sie einfach nur abzubilden. Weiterhin zeigt Judith Butler (1991), wie spezifische Sprechweisen über das Geschlecht mit bestimmten Praxisformen verbunden sind. Ein spezifisches, gesellschaftlich institutionalisiertes Reden über eine als binär und hierarchisch verstandene Geschlechterordnung reproduziert dieselbe performativ.

Diese kritischen Überlegungen zu einer generell performativen Natur des Sozialen schmälern aber nicht die Produktivität des Konzepts für die Analyse der Finanzmärkte. Im Gegenteil verweisen sie ebenso auf Schnittstellen zwischen den Finanzmärkten und der allgemeinen Sozialtheorie wie sie die feldspezifische Bedeutung ganz bestimmter Finanzinstrumente für die Konstitution der Märkte hervorheben. Damit können sie auch einen Beitrag zur Analyse von Finanzkrisen leisten, die ursächlich auf komplexe Finanzinstrumente wie *Asset Backed Securities* oder *Collateralized Debt Obligations* zurückgeführt werden. An diesem Punkt der Bedeutung von Darstellungen und Materialitäten treffen sich die ansonsten recht verschiedenen Ansätze der Akteur-Netzwerk Theorie und der Mikrosoziologie der Finanzmärkte: Gemeinsam ist ihnen, dass die soziale Praxis ökonomischen Handelns nicht allein, nicht einmal schwerpunktmäßig durch Soziales (Normen, Interessen, Fähigkeiten, strategisches Handeln) erklärt werden könne, sondern durch die konsequente Einbeziehung materieller Objekte, von Darstellungsformen und -medien des Wissens. Die Herstellung des Marktes ist aus beiden Perspektiven

4.3 Die Performativität finanzwissenschaftlicher Modelle ...

an bestimmte Darstellungsmechanismen gebunden: Formeln und Modelle auf der einen, skopischen Medien auf der anderen Seite. Gemeinsam ist beiden, dass diese Medien nicht etwas abbilden, was immer schon da und damit der Darstellung vorgängig ist, sondern dass sie in ihrer praktischen Anwendung etwas hervorbringen, was dann als Markt betrachtet wird. In beiden Marktmodellen existiert keine direkte, von der Beobachtung unabhängige empirische Referenz der Beobachtungspraxis. Die Finanzmärkte sind Orte wissensbasierter Praktiken der symbolischen Darstellung, für die Medien, Artefakte und Modelle ausschlaggebend sind. Im Vergleich zu der politischen Ökonomie der Finanzmärkte bringt diese Hervorhebung der technischen Mediatisierung allerdings eine dramatische Abschattung der institutionellen Rahmenbedingungen und der politischen Praxis der Finanzmärkte in den einschlägigen Untersuchungen mit sich.

Die Materialität finanzmarktspezifischer Darstellungspraktiken steht auch in anderen finanzsoziologischen Studien im Mittelpunkt. So beschäftigen sich sowohl Preda (2005) als auch Beunza und Muniesa (2005) mit einem zentralen Mechanismus der Visualisierung des Marktes: dem *„Stock-Ticker"*, dem (zunächst papiernen, später elektronischen) Laufband also, auf dem Kurse und Kursveränderungen verschiedener Basiswerte kontinuierlich angezeigt werden. Der *Stock-Ticker* erschien im Jahr 1867 auf der Bühne der Finanzmärkte. Seine Erfindung wird dem Ingenieur Edward A. Calahan zugeschrieben, der zuvor als einfacher Laufbursche für Brokerhäuser an der New Yorker Börse gearbeitet hatte. Vor der Einführung des Tickers wurden Preise in den beiden damals bestehenden New Yorker Börsen durch mündliche Absprachen festgelegt. Sie waren Ergebnis einer Aushandlung in Kopräsenz, in der die Reputation, das Auftreten, die Kreditwürdigkeit und unter Umständen einfach auch nur die Stimmgewalt der Handelspartner (so Preda 2005: 623) von Bedeutung waren. Die Preise wurden im so genannten *Open Board* festgestellt, welches teils auf der Straße, teils im Eingangsbereich der Börse, auf jeden Fall aber in einem öffentlich zugänglichen Bereich stattfand, in dem sich die professionellen Broker mit einfachen Passanten mischten. Die Unruhe und Offenheit dieser Situation führte nicht selten dazu, dass unterschiedliche Preise für denselben Titel ausgerufen wurden. Preise wurden zunächst auf Papierstreifen geschrieben und dann von Laufburschen (wie eben Mr. Calahan) zwischen den Handelspartnern hin- und hergetragen – ein zeitaufwändiger und fehleranfälliger Vorgang, der mit dazu beitrug, dass ‚der Markt' ein diskontinuierlicher und intransparenter Markt war, der für die Marktteilnehmer lediglich in kleinen Ausschnitten einsehbar war. Der *Stock-Ticker* löste die Preisbildung einerseits von der Person der Handelnden, andererseits ermöglichte er die Beobachtung eines *kontinuierlichen Preises* und seiner Veränderung in der Zeit. Er brachte das, was bis dato zwischen zwei Parteien ablief, an eine größere Finanzmarktöffentlichkeit, und zwar in einer Weise, dass alle Marktteilnehmer zeitgleich über dieselbe Information verfügten. Damit stellt er einen wichtigen Schritt zur Objektivierung und Verstetigung des Marktgeschehens dar. Anfänglich war dieser neue Mechanismus der Konstitution von Marktpreisen mit allerlei Problemen behaftet: so waren die verwendeten Batterien hochgradig toxisch, was zu einer Reihe von Unfällen führte. Das Signal war zu schwach, um weite Distanzen zu überbrücken und musste durch Relays verstärkt werden – eine gute Möglichkeit, um Informationen abzufangen und zu manipulieren (Preda 2005: 622). Aber einmal verbreitet, trug der *stock ticker* wesentlich zu der kontiunierulichen Verfügbarkeit von Preisinformationen und kleinster Preisänderungen bei, auf deren Grundlage sich die Erwartungen der Marktteilnehmer bilden. Weiterhin machte er Preise für potentiell alle Marktteilnehmer gleichzeitig sichtbar: der Markt fand seinen temporalisierten Ort im kontinuierlichen Erscheinen und Vergehen von Preisinformationen auf großen Laufbändern, die in allen Handelsräumen und in den Börsen gut sichtbar installiert wurden. Er trug zur Objektivierung der Marktinformation bei, indem nur dargestellt wurde, welche Transaktionen tatsächlich stattgefunden hatten. Weiterhin trug der *Stock-Ticker* zu einer selbstreferentiellen Schließung des Marktgeschehens bei: Der *Stock-Ticker* „made it easier for observers to regard prices as separated from information about political and economic events. Prices in themselves were events ..." (Preda 2005: 624). Der Markt war nun mehr oder weniger abgeschlossen von den vielfältigen Informationen und Irritationen, die bislang das Marktgeschehen mit beinflusst hatten. Preise und Preisbewegungen wurden nun unabhängig von politischen und realökonomischen Ereignissen dargestellt. Mehr noch: „In fact, it showed that price variations could happen *without* any substantial changes in the political or economic landscape." (a.a.O.: 626, Hervorhbg. im Orig.) Auf dieser Grundlage einer visuellen Beobachtung der Selbstbeweglichkeit der Preise entstand schließlich eine gänzlich neue Subdisziplin des Börsenhandels: die Chart-Technik. Diese beschäftigt sich allein mit der technischen Interpretation von Preissignalen, weitgehend losgelöst von externen Ereignissen. Sie steht damit für einen weiteren Schub der Selbstreferentialisierung der Finanzmärkte.

Die Ausführungen der bisherigen Abschnitte zusammenfassend können drei Leistungen mathematischer Modellierungen des Marktes unterschieden werden: die Rationalisierung von ‚subjektiven' Entscheidungen, die performative Hervorbringung des Marktes, sowie die Legitimation neuer Segmente des Finanzmarktes, auf denen hoch spekulative und von der Entwicklung der Realwirtschaft vergleichsweise entkoppelte Produkte wie z.B. Derivate gehandelt werden. Die Hervorbringung des Preises ist in den skizzierten Fällen aufs engste mit finanzmathematischen Modellierungen und/oder Darstellungspraktiken verknüpft. Sie ist an Kalkulations- und Visualisierungspraktiken gebunden, mittels derer die fundamentale Ungewissheit über die Entwicklung des Marktes in ein Risiko transformiert werden soll, auf das im Rahmen professionalisierten Handelns und Entscheidens reagiert werden kann.

Viele der mit dem Aufschwung der *mathematical finance* verknüpften Modelle sind durch die Finanzkrise der vergangenen Jahre in Verruf geraten. Dies betrifft ironischerweise insbesondere solche Instrumente, die – ursprünglich als Kreditausfallsicherheiten konzipiert – in den letzten Jahren als Basis von Kreditwetten dienten (*Credit Default Swaps* und *Collateralized Debt Obligations*). Man könnte diese Beobachtung in folgender Weise zuspitzen: Während mathematische Formeln und Modelle noch in den 1970er und 1980er Jahren zur Verwissenschaftlichung und hierdurch zur Legitimation bestimmter Marktinstrumente, insbesondere von Derivaten, beitrugen, sind es heute die Modelle und modellgestützte Bewertungspraktiken (im Falle von CDOs) sowie Risikokalkulationen (im Falle absurd fehlerhafter Kreditratings dieser CDOs durch die Ratingagenturen), welche im Mittelpunkt der Krise und damit der gesellschaftlichen Kritik stehen. In den Nachbeben der Finanzkrise, die auch eine Krise der finanzmathematischen Instrumente ist, wird eine Krise des Glaubens an die Beherrschbarkeit der Märkte sichtbar und damit eine fundamentale Ungewissheit über die Form des Wissens, welches in Zukunft auf diesen Märkten benötigt wird – eingeschlossen der organisatorischen und institutionellen Formen, wie dieses Wissen hervorgebracht und beurteilt werden soll. Diese Beobachtung macht eine vertiefte Auseinandersetzung mit Marktmodellen sowie mit ihrem praktischen Gebrauch durch die Marktakteure umso dringlicher.

4.4 Evaluative Unordnung: Heterarchie im *Trading Room*

Die wichtigen Untersuchungen von Beunza und Stark (2004, 2005) zum Arbitragehandel und die wenige Jahre später erschienene, verschiedene empirische Studien zusammenfassende Monografie von Stark (2009) schließen sowohl an die „globalen Mikrostrukturen" von Knorr Cetina und Bruegger als auch an die Performativitätsthese von MacKenzie und Millo an. Gleichzeitig erweitern sie diese beiden Meilensteine der finanzsoziologischen Forschung um zwei weitere Aspekte: heteroarchische Wissensordnungen und die Sozialräumlichkeit von Finanzmarktpraktiken. Empirisch untersuchen die Autoren einen Ausschnitt der Finanzmärkte, der in Hinblick auf Methoden und Kenntnisse als sehr anspruchsvoll, und in Hinblick auf seine Wirkungen für die Hervorbringung globaler Märkte als besonders wichtig erachtet wird: den Arbitragehandel. Arbitrage meint die Ausnutzung von Preis- und Bewertungsdifferenzen für ein Produkt, indem es an einem

Handelsplatz bzw. einem bestimmten Zeitpunkt gekauft und an einem anderen Handelsplatz bzw. einem anderen Zeitpunkt wiederverkauft wird. Die Autoren gehen dabei von dem aus, was sie das „Kernproblem jedes Händlers" nennen: Wie können überhaupt *Gelegenheiten* zu einer solchen Arbitrage erkannt werden (vgl. Stark 2009: 43)? Insbesondere wenn Informationen global in Echtzeit verfügbar sind und wenn auch die analytischen Instrumentarien (wie die Black-Scholes-Merton Formel) für alle Marktteilnehmer gleichermaßen verfügbar sind, wie können dann Gelegenheiten erkannt werden, *die andere nicht erkennen*? Um diese Frage zu beantworten, gehen Beunza und Stark davon aus, dass in manchen Feldern des Marktes (nicht in allen, z.B. sieht die Situation im algorithmisierten Hochfrequenzhandel anders aus) Formeln und Informationen nicht ausreichen, um erfolgreich handeln zu können. Entscheidend sei stattdessen die Fähigkeit, kontinuierlich neue Sichtweisen auf den Markt zu produzieren, über welche die Konkurrenten (noch) nicht verfügen. Dementsprechend untersuchen sie den *Trading Room* einer Großbank als eine Art Labor, in dem die Hauptaufgabe darin besteht, Innovationen im Sinne neuer und oftmals *konfligierender Interpretationen des Marktes* anzufertigen. Konzeptionell betrachtet, sind kalkulative und visuelle Repräsentationen des Marktes für sie ebenso ein Bestandteil eines verteilten Akteur-Netzwerkes wie die sozialräumliche Anordnung der Tische und der Gruppen von Händlern im *Trading Room* (das ist der zweite eben angesprochene Aspekt: die Herstellung von Innovationen ist an eine bestimmte räumliche Ordnung gebunden).

Beunza und Stark untersuchen diese „tools of the trade" in Form einer dichten ethnografischen Beschreibung eines Handelsraums an der Wall Street (Handelsräume sind für FinanzsoziologInnen in etwa das, was Fabrikhallen für Arbeits- und Industriesoziologen oder jede Art von Cockpit bzw. Kontrollraum für Wissenschafts- und TechnikforscherInnen sind). Computer, Telefone, Bildschirme, Formeln und Modelle stellen in ihrer Analyse Aktanten innerhalb eines *soziotechnischen Netzwerkes der Arbitrage* dar. An die modelltheoretische Stellung von Modellen und Formeln im Performativitätsmodell tritt die sozio-technische Assemblage des Handelsraums selbst, durch welche die analytische bzw. evaluative Blickrichtung der Trader und ihre Interaktionsstrukturen mit hervorgebracht werden: „… the trading room organizes interaction among diverse principles of valuation." (Beunza/Stark 2004: 369) Im Mittelpunkt stehen dabei bestimmte Bewertungs- bzw. Evaluationsprinzipien des Marktes respektive seiner Entwicklung. Diese sind es, die aufgrund ihres innovativen Blickwinkels einen Vorsprung in der Konkurrenz mit anderen Händlern bzw. Banken versprechen.

Wichtig ist in diesem Zusammenhang dreierlei.

Erstens geht es für die Entdeckung von Spekulationsgelegenheiten in der Arbitrage keineswegs darum, möglichst objektive Kennziffern und Modelle für die

4.4 Evaluative Unordnung: Heterarchie im Trading Room

Berechnung des Werts eines Investments anzuwenden und damit Wert objektiv festzuschreiben. Arbitrage beruht nach Beunza und Stark ganz im Gegenteil auf der Rekombination verschiedener und sich durchaus auch widersprechender Modelle des Marktes. Arbitrage und die konkreten technosozialen Arrangements im Handelsraum zielen auf die systematische Ausbeutung *widersprüchlicher* Bewertungsprinzipien, sie *machen Dissonanz produktiv*. Es gibt aus dieser Perspektive keinen ‚angemessenen' oder gar ‚wahren' Preis eines Gutes.

Zweitens erlaubt erst die sozial-räumliche und sozial-technische Konfiguration des Handelsraums den Arbitragehändlern, Assoziationen zwischen divergierenden Bewertungen von Anlageobjekten am Markt zu bilden und Opportunitäten im Markt zu entdecken. Hatten Knorr Cetina und Bruegger noch die Überwindung des Raumes in Gestalt einer globalen *screen world* vor Augen, so kehrt hiermit die Dimension des Raumes und seine konkrete Besonderheit in die finanzsoziologische Analyse zurück.

Drittens wird Finanzhandeln von Beunza und Stark in Analogie zum wissenschaftlichen Labor als ein *Entdeckungsprozess* charakterisiert, der auf der Ausbeutung widersprüchlicher Wissensperspektiven und -modelle beruht. Es geht also nicht um den ‚wahren' (fundamentalen) Wert von Finanzanlagen, sondern um die Aufdeckung und Ausnutzung flüchtiger Handelschancen, die im nächsten Augenblick bereits verschwunden sein können (siehe auch Knorr Cetinas Hinweise zur Spekulation als einer Grundform des Finanzmarkthandelns). Den Handelsraum fassen Beunza und Stark (2005: 85) also in Analogie zu einem Labor auf. Er repräsentiert „a kind of laboratory in which traders are engaged in a process of serarch and experimentation". Das Handlungsproblem, das Händler auf den Finanzmärkten haben, rahmen die beiden nun nicht im Sinne einer *economy of speed* (schneller zu sein als die anderen, so wie im wachsenden Feld des automatisierten Hochfrequenzhandels), sondern im Sinne einer *economy of interpretation*: „how do you recognize an opportunity that your competitors have not already identified?" (ebd.) Finanzhandeln wird analog zu wissenschaftlichem Handeln gerahmt: Die Händler suchen nach etwas „that is not yet named and categorized". Arbitrage ist im Kern ein über verschiedene Kategorien von Aktanten verknüpfter, offener Suchprozess, „when you do not know what you are looking for but will recognize it when you find it" (ebd.).

Beunza und Stark schränken diese Charakterisierung des Finanzhandelns als Suche nach dem Neuen zwar auf ihr empirisches Untersuchungsfeld des Arbitragehandels als eine Art ‚Elite' der Finanzhändler ein, gleichwohl gibt es auch aus anderen Bereichen Hinweise darauf, dass die Suche nach Neuem auf der Grundlage heterogener Bewertungsinstrumente einen der Kristallisationspunkte des modernen Finanzmarkthandelns ausmacht. Arbitrage besteht für Beunza und

Stark aus der Fähigkeit zur "re-cognition", also aus der Fähigkeit, unvorhersehbare Assoziationen anzustellen, „out-of-the-box" zu denken und die Situation aus immer neuen Blickwinkeln zu betrachten. Wenn Weber Kalkulation und Berechenbarkeit als die Eckpfeiler des modernen, rationalen Kapitalismus ansah, dann erschüttern Beunza und Stark das Bild der avanciertesten Institution des modernen Kapitalismus, des Finanzmarktes, indem sie herausarbeiten, dass hier keine „single metric of valuation" zur Anwendung kommt, sondern „multiple metrics of valuation" (a.a.O.: 86). Dem trägt die konkrete räumliche Organisation des Handelsraums Rechnung. Dessen Sinn besteht nämlich nicht darin, Anlagemöglichkeiten in einer Weise berechenbar zu machen, die wir als ‚objektiv' bezeichnen würden. Ganz im Gegenteil stellt er eine *organisierte Heterarchie* dar und zielt auf die „organization of diversity" (a.a.O.: 91): in ihm werden absichtsvoll ganz unterschiedliche Bewertungstraditionen, -prinzipien und -techniken *parallel* eingesetzt, um den Markt gleichzeitig mit ganz heterogenen Optiken beobachten zu können. Bei der Arbitrage geht es um „exploiting opportunities exposed when different evaluative devices yield discrepant pricings ..." (a.a.O.: 87). Arbitragehändler sind in diesem Sinne wie Laborwissenschaftler, aber: sie sind zugleich auch ökonomische Akteure und damit für Beunza und Stark „Entrepreneure", die permanent Ideen und Theorien testen und damit Neues in die Welt bringen, um die hieraus entstehenden ökonomischen Chancen zu nutzen.

Formeln und Modelle sind in diesem Zusammenhang ein flexibler Teil des soziotechnischen Netzwerkes des Handelsraums; Repräsentationen des Marktes werden in Abhängigkeit von dem theoretisch-konzeptionllen Hintergrundwissen und den marktorientieren Leitbildern der einzelnen Händler auf Computerbildschirmen platziert. Die Händler aber sind und bleiben notwendig Spezialisten, die als Einzelne nur einen beschränkten Überblick über die Gesamtheit der evaluativen Prinzipien und damit nur eine bestimmte Perspektive auf den Markt haben (a.a.O.: 88). Die „Organisation von Diversität" lässt sich deshalb auch keineswegs auf die beteiligten Menschen und ihr je selektives professionelles Wissen reduzieren – eine Fixierung auf das menschliche Handlungsvermögen allein würde dem Prozess der Arbitrage nicht gerecht. Erst die Gesamtheit der Assemblage: die professionellen Händler und ihr Wissen, die konkurrierenden Bewertungsmodelle, die räumliche Anordnung der Arbeitsgruppen, die Bildschirme und nicht zuletzt die systematisch erzeugten Friktionen, die durch die permanente Übersetzung widersprüchlicher Modelle und Theorien entsteht, offenbaren den Handelsraum als eine Form der Organisation von Diversität, als *Heterarchie*. „A trading room is an engine for generating equivalences", so David Stark (2009: 125) in Anlehnung an MacKenzie (2006). Die Organisationsprinzipien dieses Raumes lauten: Heterarchie und Dissonanz. Erst die Organisation von dissonanten Wahrnehmungen und

Erfahrungen in einem nicht-hierarchischen Raum bringt Innovationen hervor, die einen temporären Vorteil in einem hochvolatilen Feld des Marktes versprechen. Stark bezieht sich auch in seinen übrigen Arbeiten auf ein breites Spektrum von Ansätzen, die von der Netzwerkanalyse über den soziologischen Neo-Institutionalismus bis zur Soziologie der Kritik reichen. Sophie Mützel (2017: 504) hat darauf hingewiesen, dass Dissonanz damit nicht nur sein Forschungsthema darstellt, sondern dass er sich selbst dissonant zu Teilen der neuen Wirtschaftssoziologie positioniere. Das gilt für seine Kritik an der neo-institutionalistischen Auffassung von Institutionen als unhinterfragte kulturelle Selbstverständlichkeiten, aber auch für die Stoßrichtung seiner Arbeiten zu Dissonanz und Heterarchie allgemein: Während Boltanski und Thévenot (2007; vgl. Kapitel 2.6) hinter dem Aufeinandertreffen unterschiedlicher Bewertungsordnungen noch einen sozialen Zwang zur Einigung vermuten, stellt Stark heraus, wie der im *Trading Room* organisatorisch inszenierte Konflikt solcher Bewertungsprinzipien zur Produktion von Neuem beiträgt, das unternehmerisch genutzt werden kann *und eben nicht in Gestalt eines Bewertungskompromisses aufgelöst werden muss*. Die Perspektive ist also weniger eine, die sich um die Herstellung sozialer Ordnung dreht, als vielmehr eine, die auf Innovation und beständige Veränderung durch die Ausnutzung produktiver Reibungen konzentriert ist. Die konfligierenden Bewertungsordnungen sind nicht – wie in der Ökonomie der Konventionen – ein Ordnungs*problem*, das notwendig in Rechtfertigungen der beteiligten Akteure mündet und gerade dadurch zu neuen Kompromissen und der temporären Herstellung eines Konsenses beiträgt, sondern der Motor von permanenten Innovationen, also eine *Chance* auf ökonomischen Gewinn. Der Wert der Dinge basiert hier offensichtlich nicht auf einer Wertsubstanz, sondern wird als eine flüchtige Differenz begriffen, die sich durch die Anwendung unterschiedlicher Bewertungsverfahren ergibt. Damit wird die Kategorie des Werts stärker abhängig von Verfahren seiner ‚Entdeckung', d.h. der Konstruktion und Darstellung von Wert, ein Aspekt, den wir im folgenden Kapitel aus einer anderen Perspektive weiterverfolgen wollen.

4.5 Praktiken des Repräsentierens im Portfoliomanagement[28]

Es ist schon mehrfach angeklungen, dass die Finanzsoziologie viele Berührungspunkte mit der Wissenschafts- und Technikforschung aufweist. Dies trifft auch auf die Bedeutung zu, die sie den Instrumenten zuweist, mittels derer Preisbewe-

---

28 Das folgende Unterkapitel stützt sich auf Vormbusch (2012b).

gungen, Bewertungen und der Markt kalkulativ und visuell dargestellt werden. Die auf Finanzmärkten gehandelten ‚Güter' zeichnen sich durch ihre Immaterialität, Flüchtigkeit und Vieldeutigkeit aus. Dementsprechend wichtig ist es für Finanzmarktakteure, ihren sich kontinuierlich verändernden Wert darzustellen bzw. überhaupt erst darstellbar zu machen. Hierzu bedienen sie sich bestimmter Theorien, Medien, materieller und immaterieller Techniken (Computer und Bildschirme, Berechnungsverfahren und graphischer Aufbereitungen wie Charts und Tabellen). In dieser Darstellungsabhängigkeit ähneln sich die Wissens- und Entscheidungsprozesse in wissenschaftlichen Laboren und den Finanzmärkten. In beiden Fällen ist das Geschehen nicht direkt, sondern nur anhand seiner immateriellen und flüchtigen Spuren beobachtbar. Der Börsenticker, die Formel zur Optionspreisberechnung und die technik-sozial-räumliche Assemblage des *Trading Room* wurden als generative Mechanismen der Hervorbringung des Marktes bereits skizziert. Im Folgenden soll diskutiert werden, wie in einem anderen Praxisfeld der Finanzmärkte, dem Portfoliomanagement, Evaluations- und Darstellungspraktiken das nicht Sichtbare darstellbar, formalisierbar, kalkulierbar und kommunizierbar machen und damit die Marktstrategien der Akteure bestimmen.

Für viele tagespolitische Beobachter erscheint der Finanzmarkt als ein Ort, an dem die Akteure zwischen Gier und Angst hin und her geworfen werden und hierdurch die bekannten Zyklen von *Boom* und *Bust* erzeugen. In diesem Bild erscheint der Finanzmarkt als eine hoch irrationale und letztlich nicht zu kontrollierende Bühne, auf der die Akteure den von ihnen selbst erzeugten Fiktionen und Trends hinterherlaufen. Berücksichtigt man die ökonomischen Realeffekte des Finanzsystems, so zeichnet sich das Bild eines Systems „strukturierter Verantwortungslosigkeit" (vgl. die Beiträge in Honegger u.a. 2010). Es sind vor allem finanzökonomische Modelle und Instrumente, die „tools of the trade", so Beunza/ Stark (2004), welche die irrationale Dynamik der Finanzmärkte in rationale Bahnen lenken sollen. Analog zum Feld der Wissenschafts- und Technikforschung werden Berechnungen und graphische Visualisierungen nicht lediglich als Ergebnis der Wissensproduktion betrachtet, sondern als das Feld der Finanzmärkte mit hervorbringenden Medien. Gleichzeitig unterscheiden sich die einschlägigen Kalkulationspraktiken innerhalb der Sphäre des Finanzmarktes: das *split-second-trading* am Devisenmarkt (vgl. Knorr Cetina/Bruegger 2002) und der Arbitragehandel (vgl. Beunza/Stark 2005) folgen einer anderen Handlungslogik als das längere Zeiträume in den Blick nehmende und damit ‚trägere' Portfoliomanagement (vgl. Kalthoff/Vormbusch 2010; Vormbusch 2012b). Im Folgenden geht es nun vor allem um die Repräsentations- und Bewertungspraktiken im Portfoliomanagement.

Portfoliomanagement heißt hier zunächst die Verwaltung von Kundeneinlagen durch professionelle Marktakteure wie die Investmentgesellschaften der großen Versicherungen oder andere Kapitalsammelstellen. Ein Portfolio kann dabei prinzipiell – je nach Zielen und Risikoneigung des Investors – alle möglichen Anlagetitel enthalten: von Immobilien und Unternehmensanleihen über Aktien und Währungstitel bis zu hoch spekulativen Termingeschäften und strukturierten Finanzprodukten.

Daten und Modelle bilden im Portfoliomanagement die Grundlage epistemischer Praktiken der Erzeugung von und des Umgangs mit ökonomischem Wissen. Diese Praktiken sind eingebettet in eine feldspezifische Wissensordnung, welche sich historisch variabler und feldspezifischer Darstellungsformate und -medien bedient. Hier ist an erster Stelle das Konzept des Investmentportfolios zu nennen. Harry Markowitz' Artikel „Portfolio Selection" (1952) entwickelt die Grundlagen der modernen Portfoliotheorie und stellt damit die Geburtsstunde der modernen Finanzökonomie dar. Markowitz widerspricht der damals gültigen Lehrmeinung, jeder Investor habe eine monovariable Zielfunktion und strebe allein den höchstmöglichen barwertigen Gewinn an. Wäre dies der Fall, müssten alle rationalen Investoren ihr gesamtes Anlagekapital in eine einzige Aktie, nämlich diejenige mit der höchsten Renditeerwartung investieren (Markowitz 1952: 77 ff.). Empirisch kann jedoch eine erhebliche Diversifikation der Anlagestrategien beobachtet werden.

Angesichts der Vielzahl von Investitionsmöglichkeiten und -praktiken lautet Markowitz' Frage: Wie lässt sich wissenschaftlich für einen rational handelnden Investor ein effizientes Portfolio ermitteln? Markowitz setzte hierzu an die modelltheoretische Stelle einer monovariablen Gewinnmaximierung zwei konfligierende Parameter für die Portfoliooptimierung: das Verhältnis von erwarteter Rendite zu erwartetem Risiko der Anlage, gemessen in Form der Standardabweichung σ (bzw. Varianz σ^2) der erwarteten Rendite μ. Die Varianz σ wird hier als ein statistisches Maß für das spezifische Risiko verwendet, dass die erwartete Rendite *nicht* erzielt wird. Markowitz konnte zeigen, dass das Risiko eines so genannten *effizienten Portfolios* in Abhängigkeit der internen Korrelation der einzelnen Wertpapiere kleiner oder höchstens gleich dem durchschnittlichen Risiko der einzelnen Wertpapiere ist. Das Risiko des Gesamtportfolios nimmt ab, wenn die Kovarianz der einzelnen Investments abnimmt. Eine höhere Renditeerwartung des Portfolios ist jedoch nur auf Kosten einer steigenden Volatilität der Gesamtrendite des Portfolios zu erzielen, d.h. des Risikos der Investition. Auch hier gilt also: *There is no free lunch*. Für die alltägliche Arbeit eines Portfoliomanagers kommen bislang ungelöste Schwierigkeiten hinzu. So geht Markowitz davon aus, dass verschiedene Wertpapierklassen stabile Korrelationen untereinander aufweisen. Tatsächlich aber ändern sich Korrelationen kontinuierlich (was – siehe das vorangehende Kapitel – Möglichkeiten der Arbitrage hervorbringt). Darüber hinaus können die erwarteten Renditen einzelner Wertpapiere nur ungenau geschätzt werden. Die Präzision dieser Schätzungen ist selbst bei längeren Betrachtungszeiträumen gering, so dass ein im Sinne Markowitz' effizientes Portfolio immer nur *ex post* konstruiert werden kann. Offensichtlich gilt auch an den Finanzmärkten: „Wer zu spät kommt, den bestraft das Leben." (Michail Gorbatchow)

Das Investmentportfolio verbindet als ein besonderes Repräsentationsformat – wie die wissenschaftliche Grafik, die Tabelle, die Zeitreihe in anderen Feldern wie der Statistik, der Buchhaltung, der Physik – die *Denk-* und die *Handlungs*formen der Finanzmarktakteure. Das Portfolio macht die unterschiedlichen Gewinnchancen, aber auch die ökonomischen Risiken eines Bündels von Investitionsmöglichkeiten erst sicht- und bearbeitbar – z.B. in Form der Suche nach einem effizienten Portfolio. Das Portfolio bildet in Knorr Cetinas Sinn ein skopisches Instrument, mittels dessen Finanzmarktakteure nicht lediglich abbilden und sehen, was am Markt geschieht, sondern auch diesbezüglich handeln und entscheiden. Damit ist es ebenso ein Instrument der Konstitution des Marktes qua Beobachtung, wie es spezifische Handlungsmuster (systematische Vergleiche und Analysen von Anlagemöglichkeiten, Zeitreihen, Optimierungs- und Selektionsprozesse von Anlageobjekten) durch sein spezifisches Darstellungsformat erst ermöglicht.

Die Studie zeigt, dass Finanzmarktakteure im Feld des Portfoliomanagemtns trotz kalkulativer ‚Prothesen' (Callon) systematisch mit der Unmöglichkeit konfrontiert sind, durch kalkulative Berechnungen radikale Ungewissheit bezüglich der Marktentwicklung in kalkulierbare Risiken zu transformieren. Finanzmarktkennzahlen sind für sie lediglich „schwache Zahlen", die weniger die Berechnung zukünftiger Renditen erlauben, als vielmehr die subjektiven Meinungen und Gefühle ihrer Produzenten widerspiegeln. Portfoliomanager sind auf der einen Seite von der realwirtschaftlichen Umwelt des Finanzsystems abgeschirmt – sie haben in der Regel keine realwirtschaftliche Erfahrung und nur sporadische Kontakte zu Akteuren der Realwirtschaft. Auf der anderen Seite misstrauen sie aber auch den finanzmarktspezifischen Darstellungen und Formeln, die ihre Entscheidungen rahmen, zutiefst: das *Creative Accounting*, die Dehnung und Manipulation von Zahlen durch andere Marktakteure, ist ihrer Erfahrung nach eher die Regel als die Ausnahme. Gleichwohl sind sie angesichts des Zwangs zu entscheiden und zu investieren, gezwungen, *weiter zu machen*. In Abwandlung einer Formulierung Luhmanns gilt für das Portfoliomanagement: Man kann nicht nicht investieren. Auf der einen Seite stellt die Produktion, Interpretation und Zirkulation von Zahlen für die Portfoliomanager die wichtigste und als solche unhintergehbare Grundlage ihrer Arbeit dar. Gleichzeitig werden die hierfür verwendeten Zahlen als wenig tauglich für eben diese Arbeit charakterisiert: als irreführend, gefälscht, unvollständig, beliebig manipulierbar etc. Ähnlich wie im Fall der Verbriefung von Kreditrisiken vollzieht sich auch in diesem Feld eine selbstreferentielle Entkoppelung des Finanzmarktes von seinen realökonomischen Korrelaten. Die finanzmarktspezifischen Zahlenwelten werden von den Portfoliomanagern als immer schon kontingent oder sogar manipulativ beschrieben.

Vor dem Hintergrund, dass Zahlen und Modelle stärker persuasive Werkzeuge der Einflussnahme und der Manipulation als verlässliche Abbilder des Marktes sind, offenbaren die Akteure ein unterbewusstes Beharren darauf, dass am Ende die persönliche Erfahrung und die Intuition des Portfoliomanagers zählen – und nicht die schematische Anwendung von Modellen, an deren Repräsentativität und Validität in erheblichem Maße gezweifelt wird. Was man im Portfoliomanagement beobachten kann, ist ein „post-objektivistischer" Zahlengebrauch (vgl. Vormbusch 2012a). Im Zentrum des Finanzmarktkapitalismus operiert eine ökonomische Elite von Experten, welche den Zahlen sowie ihrem Gebrauch durch andere Experten zutiefst misstraut. Die Portfoliomanager befinden sich in der gleichen Situation wie ein Pilot in einem Flugzeug ohne Fenster: Sie wissen nicht, ob die Instrumente ihnen einen Streich spielen oder sie gar systematisch mit falschen Informationen gefüttert werden – sie wissen aber, dass sie – wie auch immer – weiterhandeln müssen, soll ihr Flugzeug nicht auf dem Boden zerschellen. Zahlen, Formeln und Modelle sind die rationalen Fiktionen, die ihnen genau dies erlauben.

4.6 Fakten und Fiktionen: Erwartungen und Erzählungen auf den Finanzmärkten

In den Finanzmärkten ist die Bewertung von Anlagen mittlerweile hoch problematisch geworden, insofern extreme Wertschwankungen eine rationale Kalkulation des Werts (im Sinne Max Webers) ausschließen. Die sichtbare Entkopplung der Entwicklungen auf Real- und Finanzmärkten und die Aufgabe theoretischer Positionen, die die Berechnung eines fundamentalen Wertes von Anlagegütern und Investitionen beabsichtigen, verdeutlichen die Unsicherheit, die in den Märkten, vor allem aber auch im Finanzmarkt*publikum* (d.h. den politischen und zivilgesellschaftlichen Akteuren, die das Geschehen auf den Märkten beobachten) darüber herrscht, was ein angemessener Wert sein könnte. Das, was in den Finanzmärkten passiert, ist damit hinsichtlich der Bewertungsmaßstäbe und der Wertsubstanz fundamental unsicher geworden. Wenn der Wert von Werten aber nicht rational zu bestimmen (d.h. zu berechnen) ist, dann besteht die Gefahr, dass das Geschehen auf den Finanzmärkt wieder in jene Schmudelecke des Glücksspiels abgleitet, aus der es zum Teil erst durch eben jene finanzmathematischen

Innovationen geholt worden ist, die nun die Kreditwürdigkeit der Finanzmärkte zu zerstören drohen.

Vor diesem Hintergrund einer mit den Mitteln der traditionellen Ökonomie scheinbar nicht lösbaren *Krise des Werts* hat Josepf Vogl (2010) mit großem Erfolg versucht, der finanzökonomischen Orthodoxie mit den Mitteln der neuen Literaturwissenschaft beizukommen. Eine seiner Ausgangsüberlegungen stellt die Beobachtung dar, dass im Zentrum der letzten Finanz- und Wirtschaftskrise komplexe Finanzinstrumente wie die bereits angesprochenen *Collateralized Debt Obligations* standen. Diese und andere strukturierte Finanzprodukte deutet Vogl im Sinne einer systematischen „Dissoziation von ökonomischem Wert und finanziellen Zeichen", d.h. als eine „ruinöse Entreferentialisierung" des Geldes (Vogl 2011: 79). Die einschlägigen Finanzinstrumente verweisen nicht mehr länger auf reale ökonomische Werte, sondern nur mehr auf in der Zeit handelbare, beliebig tranchierbare *Versprechen auf mehr Geld*. Diese literaturwissenschaftlich inspirierte These einer ‚Unlesbarkeit' der Finanzmärkte markiert dabei eine strukturelle Differenz von Finanzmärkten und ‚realer' Wirtschaft. Hiermit schließt sie an die Debatten um die Entkopplung der Finanzmärkte aus den 1990er Jahren an. Werte und Preise sind auch in dieser Perspektive weniger das Produkt rationaler Kalkulationen als vielmehr fiktionaler Erwartungen der Finanzmarktakteure.

Die hierdurch angestoßene Diskussion über die *Fiktionalität* von Werten und des wirtschaftlichen Handelns überhaupt stößt innerhalb der Wirtschaftssoziologie mittlerweile auf einige Resonanz (vgl. Beckert 2011, 2018; die Beiträge in Pahl/Sparsam 2013). Den Ausgangspunkt der Auseinandersetzung mit Fiktionen als Basis des wirtschaftlichen Geschehens bildet dabei die Kritik an einer Vorstellung, die die Sozial- und die Wirtschaftswissenschaften in ungewohnter Eintracht teilen: der kategorialen Gegenüberstellung von *Narration* und *Kalkulation* als zwei Grundkategorien der Formulierung von Erwartungen. Der Begriff der Kalkulation wird regelmäßig demjenigen der Narration (und damit auch demjenigen der Fiktion) gegenübergestellt. Ihre kategoriale Unterscheidung reflektiert eine tief verankerte kulturelle Überzeugung, welche ‚Zählen' und ‚Erzählen' (Hörisch 2002) gegensätzlichen Wissens- und Wissenschaftskulturen sowie unterschiedlichen Handlungssituationen und Handlungszielen (‚strategisch' versus ‚verständigungsorientiert' bzw. ‚kommunikativ') je exklusiv zurechnet.

Für den wirtschaftssoziologischen Kontext hat diese Gegenüberstellung Beckert (2011) aufgenommen, und zwar in seiner Behandlung des Stellenwerts von Fiktionen für das Entscheidungshandeln wirtschaftlicher Akteure. Die Bedeutung fiktionaler Erzählungen in Wirtschaftszusammenhängen (*stories* im finanzsoziologischen Jargon) sei gar nicht zu überschätzen. In Situationen fundamentaler Unsicherheit, wie sie die Finanzmärkte dominierten, gelte: „the decision-making of intentionally rational actors is anchored in fictions" (Beckert 2011: 1). Fiktionen seien, so Beckert unter Rückgriff auf den englischen Dichter Samuel Taylor Coleridge durch eine „willentliche Aussetzung des Zweifels" gekennzeichnet (Beckert 2011: 6). Das konnte bereits an den im vorausgehenden Kapitel besprochenen Portfoliomanagern gezeigt werden, die trotz ihrer fundamentalen Zweifel an der Güte der Zahlen ihre Entscheidungen auf eben diese bauen; der Zweifel wird ‚ausgesetzt', um überhaupt handlungsfähig zu bleiben. Ökonomisches Handeln unter Ungewissheit ist also keineswegs als eine rationale Wahl zwischen bekannten Alternativen konzipierbar. Stattdessen kommt es gerade unter den heutigen Bedingungen einer weitgehenden Abgeschlossenheit des Systems der Finanzmärkte vom Rest des wirtschaftlichen Geschehens ohne ein bestimmtes ‚Glauben wollen' nicht aus. Dieses Glauben wollen kann man sich als eine Art ‚kommunikativen Kontrakt' zwischen Autor und Rezipient von Fiktionen vorstellen (vgl. Burgdorf 2011: 111). Dieser beinhaltet, sich das als wahr vorzustellen, was der Autor (der Produzent bestimmter ökonomischer Kennzahlen und Bewertungsmodelle) dem Leser (dem Investor, Portfoliomanager, dem Kunden der Sparkasse) mittels bestimmter rhetorischer Signale als *fiktionale Wahrheit* präsentiert.

Wenn wir an das vorhergehende Kapitel zurückdenken, dann macht erst die willentliche Aussetzung des Zweifels an der Verlässlichkeit von Daten und Modellen durch die Portfoliomanager ein wirtschaftliches Weiterhandeln für diese möglich. Diese handeln nicht mit bestimmten Daten und Modellen, weil sie von deren Güte überzeugt sind, sondern *obwohl* sie Zweifel an deren Zuverlässigkeit haben. Daten und Modelle sind in diesem Sinne Darstellungsformate ökonomischen Wissens, die fiktionale Wahrheiten verkörpern, die mit anderen Worten ein Glauben-Wollen voraussetzen – gleichviel, worauf dieses beruht. Es ist paradox: je stärker die Wirtschaft mathematisiert wird, desto stärker stellt *die Fiktion der Kalkulierbarkeit* ihre *condition sine qua non* dar. Insbesondere für die Finanzmärkte gilt, „dass die Annahme der Kalkulierbarkeit von Risiken die stärkste Als-ob-Fiktion darstellt, die Finanzmärkte in ihrer heutigen Form erst möglich macht" (Vormbusch 2018: 99).

Schon zu Beginn des 20. Jahrhunderts argumentierte der Wirtschaftswissenschaftler Frank H. Knight (1964[1921]), dass es in einer Wirtschaft mit vollständiger Information keinen unternehmerischen Profit geben könne: Ein vollständig transparenter Markt ziehe so lange neue Produzenten an, bis der erzielbare Preis den Grenzkosten der Produktion entspreche. Die neoklassische Modellwelt beschreibe insofern eine statische Modellwirtschaft ohne reale Möglichkeiten zum Unternehmergewinn. Eine Wirtschaft mit vollständiger Informationen ist dementsprechend eine vollständig durchkalkulierte und mathematisierte Wirtschaft.

In der Vorstellung der Performativitätstheorie entspräche dies einer vollständig durch Modelle hervorgebrachten und sich durch Modelle reproduzierenden Wirtschaft. Um aber reale Märkte zu verstehen, schlägt Knight eine analytische Unterscheidung vor, die auch ein Licht auf das Verhältnis von Kalkulation und Fiktion in Märkten wirft: die Unterscheidung von Risiko und Ungewissheit. ‚Unterhalb' eines undifferenzierten Unsicherheitsbegriffs bezeichnet das Risiko eine *im Rahmen von Modellen quantifizierbare Unsicherheit*, der Begriff der Ungewissheit dagegen eine *nicht messbare und damit auch nicht kalkulierbare* Unsicherheit. Viele empirische Studien der Finanzsoziologie, seien es die skizzierten Arbeiten Starks zur Heterarchie, die von Kalthoff und Vormbusch zum Portfoliomanagement oder die konzeptionellen Überlegungen Beckerts zum Verhältnis von Fiktionalität und Wirtschaften zeigen, dass das Risiko im Sinne einer tatsächlich modelltheoretisch kalkulierbaren Unsicherheit eher die Ausnahme als die Regel darstellt. Ökonomische Akteure auf den Finanzmärkten versuchen zwar, komplexe Umwelten zu formalisieren und zu mathematisieren. Empirisch betrachtet sind Formeln, Modelle und Berechnungen für sie in der Regel jedoch nur Hilfsmittel, „tools of the trade" (Beunza/Stark 2004). Konzeptionell würde eine vollständige Mathematisierung den Verlust der Unternehmerfunktion überhaupt bedeuten, das Ende der Fähigkeit der Märkte, sich zu enttautologisieren und damit auch das Ende wirtschaftlicher Dynamik und wirtschaftlichen Profits. Nur auf (im Sinne Frank Knights) *ungewissen* Märkten „spielt die Schumpeterianische Musik des Unternehmergewinns" (Vormbusch 2018: 96). „Der Glaube der Finanzmärkte", so Deutschmann (2012a), beruhe auf Mythen im Sinne sich selbst bestätigender Leitbilder und Zukunftsvisionen, die den Markt mit einer inhärenten Unruhe versorgen und ihn damit enttautologisieren. Analytisch betrachtet, ist aus Sicht der Finanzsoziologie ein vollständig mathematisierter, ein damit nur mehr ‚riskanter' Markt ein kollabierter Markt, ein toter Markt.

Digitalisierung 5

Im Mittelpunkt dieses Kapitels steht die digitale Transformation von Wirtschaft und Gesellschaft, ihre ‚Digitalisierung'. Es besteht heute nur mehr wenig Zweifel daran, dass die Digitalisierung weit über den Bereich der Ökonomie hinaus wirksam ist und eine der wesentlichen Triebkräfte des gesellschaftlichen Wandels überhaupt darstellt. Als Grundlage der Digitalisierung gelten zunächst vor allem technologische Entwicklungssprünge in den folgenden Bereichen:

- Die Steigerung der Leistungsfähigkeit von Informations- und Kommunikationstechnologien in Hinblick auf Rechenleistung, Datenübertragung und -speicherung (Cloud-Dienste),
- Neuartige Ansätze der Sammlung und Auswertung von Massendaten (Big Data) und datengestützter Prognosen (‚predictive analytics'),
- Die Entwicklung und Verbreitung selbstlernender Maschinen (Künstliche Intelligenz, lernende Algorithmen) und hierdurch veränderte Muster der Mensch-Maschine-Interaktion, sowohl im Bereich der Arbeit als auch der Konsumtion (algorithmische Bewertungs- und Empfehlungssysteme, z.B. bei Streaming-Diensten),
- Die nicht nur theoretische, sondern praktische Integration von Dingen, Prozessen, Daten und Menschen in einem globalen Informationsraum bzw. dem ‚Internet der Dinge',
- schließlich, als im engeren Sinne ökonomische Aspekte: Fortschritte im Bereich der Fertigung (3D-Druck, Aufschichtungsverfahren, Sensorik, Robotik), der Vernetzung so genannter cyber-physischer Systeme und des ‚cloud producing', in Deutschland unter dem Begriff ‚Industrie 4.0' bekannt.

© Springer Fachmedien Wiesbaden GmbH, ein Teil von Springer Nature 2019
U. Vormbusch, *Wirtschafts- und Finanzsoziologie*, Studientexte zur Soziologie, https://doi.org/10.1007/978-3-658-22356-4_5

Es macht aus einer soziologischen Perspektive wenig Sinn, die zweifellos sehr beeindruckenden technischen Innovationen in der Produktionstechnologie und der weltweiten technischen Verknüpfung der Produktionsprozesse isoliert zu betrachten oder sie gar im Sinne eines Technikdeterminismus zu untersuchen. Insbesondere der vorletzte Punkt: die weitreichende Integration von Dingen, Programmen und Menschen in einem globalen Informationsraum verweist auf die veränderten Muster der Lebensführung auf der ganzen Welt – nicht nur in den kapitalistischen Gesellschaften des Westens. Digitale Produkte begleiten unser gesamtes Leben, vernetzen unsere alltäglichen Aktivitäten und machen sie auf digitalen Plattformen für Andere sicht- und u.U. auch bewertbar. Smartsphones, Smart Watches, Tablets, mobile Kameras und andere *wearables* sind zwar durchaus technische Innovationen. Sie sind aber auch distinktive Momente eines zunehmend vernetzten Lebensstils, der gesteigerte Individualität mit gesteigerter Konnektivität verbindet. Nicht nur technische Objekte werden vernetzt, sondern die Menschen ebenso, und die hierdurch erzeugte Flut digitaler Daten bildet die Grundlagen neuer Geschäftsmodelle und neuer Hierarchisierungen (vgl. Mau 2017). Die umfassende Integration ganz verschiedener ‚Wesen' (in der Terminologie der Soziologie der Kritik) und ‚Aktanten' (in der Terminologie der Akteur-Netzwerk-Theorie) in einen im Prinzip durchgehenden Informationsraum sowie die Sammlung, Aufbereitung und Nutzung dieser Daten bildet die Basis des ‚digitalen Kapitalismus'. Neben das ökonomische Kapital tritt das Datenkapital.

Wenn wir also soziologisch von der digitalen Transformation sprechen, dann muss das Verhältnis des technischen und des gesellschaftlichen Wandels in den Mittelpunkt gestellt werden. Diesbezüglich liegen allerdings noch nicht besonders viele Forschungsergebnisse – auch nicht aus der Wirtschafts- und Finanzsoziologie – vor. Insofern weicht das nun folgende Kapitel von den vorhergehenden ab, die basalen Theorieansätze, die Grundzüge der einschlägigen Forschung und paradigmatische Studien darzustellen, um dem Leser einen Überblick über den Stand der Forschung zu bieten. Dies ist beim Thema der Digitalisierung zum gegenwärtigen Zeitpunkt schlicht unmöglich, da noch kein gesicherter Stand der Forschung existiert. Stattdessen werde ich versuchen, bislang veröffentlichte Studien und Diagnosen so wiederzugeben, dass einige wesentliche Dimensionen der Diskussion um die Digitalisierung – von der Plattformökonomie über die Reorganisation der Arbeit und den möglichen Arbeitsmarkteffekten bis zu einer spezifischen Wirtschaftskultur deutlich werden.

Soziologisch betrachtet steht die Digitalisierung im Zentrum einer Dynamik, die sowohl die politische Ökonomie als auch die Lebensweisen in den modernen Gesellschaften radikal verändert. Schon heute sind Politik, Kultur und Ökonomie der Gegenwartsgesellschaften ohne ihre digitale Vermittlung nicht mehr vorstellbar:

"So rather than merely point towards digital technologies as a determining factor for social and cultural change, we need to analyse how both, (digital) technologies and political economies interact and reshape the world." (Wittel 2016: 1) Ebenso wie das *smartphone* unser Alltags- und Kommunikationsverhalten revolutioniert, ohne bestimmte Nutzungsweisen und ohne bestimmte Selbstverhältnisse und Identitäten zu determinieren, revolutionieren digitale Produktionstechnologien und Vernetzungsformen die Formen des Wirtschaftens, ohne sie zu bestimmen. Dass wir über *smartphones*, soziale Medien bzw. Plattformen und damit über eine allgegenwärtige Vernetzung verfügen, hat neue Arbeits- und Dienstleistungsverhältnisse wie bei Amazon oder bei Uber lediglich möglich gemacht. Und dass sich die digitale Ökonomie auf der Ebene ihrer vorherrschenden Organisationsmuster in Form einer Plattformökonomie durchsetzt, die – wie im Falle von Amazon, Apple, Facebook oder auch Ali Baba erhebliche Profitmöglichkeiten durch die künstliche Monopolisierung von Teilmärkten bietet, ist keine Folge eines technologisch bedingten ‚one best way'. Ob und wie sich im Zuge der Digitalisierung unsere Partizipations-, Arbeits- und Lebenschancen verändern, hängt stattdessen von gesellschaftlichen Diskursen, kollektiven Bewertungen und politischen Regulierungsweisen ab. Dementsprechend zählt für die Kommission „Arbeit der Zukunft" (Jürgens u.a. 2017: 10; kursiv im Orig.) zu den Triebkräften des Wandels „neben der Digitalisierung vor allem der demografische Wandel, die veränderten Lebensentwürfe von Frauen und Männern, die Frage der Vereinbarkeit von Beruf und Sorgearbeit und nicht zuletzt die Zuwanderung". Man könnte diesen arbeitsorientierten Blick ergänzen um die auf sozialen Netzwerken stattfindenden Identitätspolitiken, um digital vermittelte Formen der Vergemeinschaftung oder um digital vermittelte Körperpolitiken (Vormbusch 2016; Duttweiler u.a. 2016). All diese Schlagworte machen deutlich, dass es hier nicht um eine deterministische Veränderung bzw. einen neuen Technikdeterminismus geht, sondern um die soziale und politische Gestaltung einer fundamentalen gesellschaftlichen Transformation.

Durch die Digitalisierung fällt uns also nicht urplötzlich „der Himmel auf den Kopf" (so der Comic-Texter und Zeichner Albert Uderzo in seinen berühmten Asterix-Comics). Sie repräsentiert stattdessen einen gesellschaftlichen Entwicklungsschub, der einen langen technischen, kulturellen und sozialen Vorlauf hatte.

5.1 (Krisen-)Szenarien

Aufsehen haben in letzter Zeit vor allem Untersuchungen zu den möglichen Beschäftigungseffekten der Digitalisierung erregt. Die in diesem Zusammenhang vermutlich am häufigsten Studie von Frey und Osborne („The Future of Employment"; University of Oxford 2013) untersucht die Arbeitsmarkteffekte der Digitalisierung im Kontext der USA und kommt zu dramatischen Vorhersagen: „According to our estimates, about 47 percent of total US employment is at risk. We further provide evidence that wages and educational attainment exhibit a strong negative relationship with an occupation's probability of computerisation." (a.a.O.: 1) Nicht nur habe die Digitalisierung massive Folgen für das allgemeine Beschäftigungsniveau, darüber hinaus seien vor allem die gering qualifizierten Beschäftigten von dem Risiko der Substitution durch Computer und Algorithmen betroffen. Diese Studie hat nicht zuletzt auch die Politik aufgerüttelt und eine Reihe von Anschlussuntersuchungen angestoßen. Diese setzen sich zum einen mit der verwendeten Methodologie der Studie von Frey und Osborne bzw. deren Problemen auseinander, zum anderen fragen sie nach der Übertragbarkeit der ursprünglich lediglich für die USA geltenden Ergebnisse auf Finnland (Pajarinen und Rouvinen 2014) und Europa (Bowles 2014). Für Deutschland wiederum untersuchen Bonin u.a. (2015) in einer Studie für das Bundesministerium für Arbeit und Soziales die möglichen Auswirkungen der Digitalisierung. Sie verfolgen dabei eine etwas andere Methodologie als Frey und Osborne. Anstatt nach der Rationalisierungswahrscheinlichkeit ganzer Berufszweige fragen sie nach dem entsprechenden Risiko für spezifische Tätigkeitsgruppen. So kommen sie zu nicht ganz so dramatischen Ergebnissen, die gleichwohl kein besonders positives Bild der Beschäftigungswirkungen der Digitalisierung zulassen: „Demnach weisen in den USA 9 % der Arbeitsplätze Tätigkeitsprofile mit einer relativ hohen Automatisierungswahrscheinlichkeit auf. In Deutschland trifft dies auf 12 % der Arbeitsplätze zu." (a.a.O.: i) Durchgängig bestätigt werden könne jedoch die zweite Generalthese der ursprünglichen Studie, dass die Automatisierungswahrscheinlichkeit für „Geringqualifizierte und Geringverdiener" (ebd.) sehr viel höher liege. Brynjolfsson u.a (2015: 156) vom *Massachusetts Institute of Technology* ziehen hieraus die Schlussfolgerung:

> „Technischer Fortschritt, vor allem bei digitalen Technologien, löst eine beispiellose Umverteilung von Vermögen und Einkommen aus. Digitale Technik kann wertvolle Ideen, Erkenntnisse und Innovationen zu äußerst niedrigen Kosten replizieren. Das schafft Reichtum für die Gesellschaft und Vermögen für Innovatoren, verringert aber die Nachfrage nach zuvor bedeutsamen Arten von Arbeit, was zur Folge haben kann, dass viele Menschen weniger verdienen".

Klaus Dörre (2018) geht vor diesem Hintergrund möglichen Poralisierungstendenzen als Folge der Digitalisierung von Arbeit nach.

Pfeiffer/Suphan (2018) wiederum wählen einen ganz anderen Ausgangspunkt ihrer Analyse: anstatt wie das Kaninchen auf die Schlage auf die möglichen Substitutionseffekte menschlicher Arbeit durch Maschinen, Daten und Algorithmen zu starren, pädieren sie für einen selbstbewussten Umgang mit den Stärken des deutschen Berufsbildungssystems, das „anders als in fast allen Ländern der Welt eine vielfältig qualifizierte ‚Mitte'" hervorbringe, welche in besonderer Weise „Komplexität und Wandel an ihrem Arbeitsplatz" bewältigen könne (a.a.O.: 294). Die an der simplen Leitunterscheidung von routinisierten (und damit formalisier- und algorithmisierbaren) Arbeiten einerseits, hochqualifizierten Gewährleistungs-, Planungs- und Entwicklungstätigkeiten andererseits ansetzenden Krisenszenarien verpassten gerade die für die kommenden Jahre entscheidende Frage: wie das besondere Potential vielfältig gebildeter und mit reichhaltigen praktischen Erfahrungen ausgestatteter Beschäftigter für die Gestaltung des digitalen Wandels *genutzt* werden könne (ebd.).

Gewissermaßen ‚oberhalb' solcher dringend nötiger Differenzierungen ziehen Brynjolfsson u.a. (2015), aber auch viele andere AutorInnen In Hinblick auf Veränderungen der Gesamtgesellschaft Parallelen zum Beginn der ersten Industriellen Revolution vor gut 200 Jahren. Sie sprechen von einem „zweiten Maschinenzeitalter" und nehmen damit einen gesellschaftlichen Formationsbruch an, dessen disruptives Potential der Industriellen Revolution in nichts nachstehe. Ebenso wie die Dampfmaschine, die Elektrizität und der (Personal-)Computer handele es sich bei der digitalen Vernetzung um eine Basistechnologie, die Innovationen in ganz verschiedenen Bereichen miteinander verbinde und damit ihre eigentlichen Wirkungen vervielfältige. Die Diskussion um die Digitalisierung weist dabei einen „technikoptimistischen, ja durchaus technikutopischen Charakter" auf. Damit sei der „Zukunftsentwurf einer „besseren" Gesellschaft angesprochen, der einen engen Technologiebezug aufweist" (Hirsch-Kreinsen 2018: 13 f.).

Die insgesamt positive, wenn nicht gar euphorische Einschätzung der Innovations- und Wachstumspotentiale digitaler Technologie wird dabei in vielen stärker industrie- und arbeitssoziologisch ausgerichteten Studien nicht geteilt. Für Pfeiffer (2015: 35 f.) ist „Industrie 4.0 bestenfalls ein Phänomen im Produktionssystem des digitalen Despotismus", in dem Click- und Crowdworker ohne soziale Absicherung und institutionelle Einbindung um ihr Auskommen kämpfen. Die ‚Industrie 4.0' scheint also entweder „Hype oder Megatrend" zu sein (Pfeiffer 2015b). Brödner (2014) vermisst wiederum eine kritische Reflexion der in den vergangenen Jahrzehnten gesammelten Erfahrungen mit der informationstechnologischen Durchdringung der Produktion und spricht von „verpassten Lernchancen".

Die informatorische Durchdringung und Vernetzung des Arbeits- und Produktionsprozesses manifestiert sich nicht zuletzt in neuen organisatorischen Mustern der Zusammenarbeit. Innerbetrieblich verändert sie die Muster der Interaktion und hergebrachte Vorstellungen ‚guter Arbeit', überbetrieblich bringt sie in Gestalt von ‚click- und crowdworking' neue Muster der Arbeit und der Lebensführung, der Subjektivierung und der sozialen Abhängigkeit hervor. Gegenwärtig spricht vieles dafür, dass die Entwicklungslogik dieser Muster eine weitere Zuspitzung dessen darstellt, was arbeits- und industriesoziologisch als ‚Entgrenzung der Arbeit' (Voswinkel/Kocyba 2005) untersucht wurde.

WiKis, Weblogs, Chats und Microblogging treten durch die Implementation von *Social Media* Plattformen nun auch im Unternehmen neben etablierte Interaktionsformate wie meetings oder Videokonferenzen. An die Stelle eines hierarchischen und in Abteilungen bzw. ‚Silos' organisierten Austausches soll eine stärker hierarchiefreie, spontane und netzwerkartige, zugleich aber auch allgegenwärtige Kommunikationskultur treten. Analog zu dem, was bereits in den 1990er Jahren industrie- und arbeitssoziologisch als „Subjektivierung" der Arbeit (Arbeitsgruppe SubArO 2005) und als „Arbeitskraftunternehmer" (Voß/Pongratz 1998) beschrieben wurde, sind die Beschäftigten in diesem Zusammenhang aufgefordert, nicht nur ‚Dienst nach Vorschrift' zu machen, sondern ihre Ideen, Netzwerke und je eigene, subjektive Ansichten in den Austausch einzubringen. Gefordert ist Offenheit, Transparenz, Aktivität und der Aufbau von Netzwerken sowie ein unternehmerischer, kreativer und an ‚flüssigen' Projekten orientierter Arbeitshabitus (vgl. Kap. 2.7 zur ‚Projektpolis'). Es soll das ‚sharing' anstelle von Abschottung und engstirnigem Bereichsdenken gefördert werden. Dabei soll gerade auch solches Wissen geteilt werden, welches bislang sorgsam gehütetes Experten- oder implizites Wissen und damit die Grundlage für die Kontrolle relevanter Unsicherheitszonen durch die Beschäftigten (Crozier/Friedberg 1979) darstellte.

Dass die Digitalisierung und ‚Industrie 4.0' auch auf der technisch-organisatorischen Ebene nicht vom Himmel gefallen sind, sondern einen langen Vorlauf aufweisen, darauf weist Will-Zocholl (2016: 27) hin: „Die Anfänge der Informatisierung reichen jedoch um Jahrhunderte vor Erfindung des Personal Computers (PC) zurück. Es handelt sich dabei um einen historischen Prozess der Entstehung von Informationstechnologien, in der die Einführung der doppelten Buchführung um 1494 eine wichtige Etappe markiert."

Schon in den 1990er Jahren, lange bevor Digitalisierung zu einem catch-all-Begriff für den wirtschaftlichen und sozialen Wandel avancierte, haben Rudi Schmiede und Kollegen an der TU Darmstadt sowie am ISF München mit dem Konzept der ‚Informatisierung' gezeigt, wie der Prozess der informationstechnologischen Durchdringung von Wirtschaft und Gesellschaft kritisch-historisch untersucht werden kann. Informatisierung meint hier sehr weitreichend den historischen Prozess der gesellschaftlichen Erzeugung und Nutzung von Informationen – von den Anfängen der

Buchführung im 13. Jahrhundert bis zu seiner heutigen gesellschaftlichen Dominanz. Im Gegensatz zu vielen heutigen Beiträgen nehmen Schmiede et al. also einen historischen Prozess ihres Erachtens weltgeschichtlicher Bedeutung in den Blick. Dieser beruhe auf der „Umwandlung von Erfahrung und Wissen in Information, also in durch die Isolierung der Randbedingungen eindeutige konditionale Aussagen." Erfahrung und Wissen der Beschäftigten werden in Information überführt. Erst hierdurch werden sie „der mathematischen Manipulation zugänglich, als Rechenoperationen formalisierbar …" und damit kontrollier- und rationalisierbar (Schmiede 1996a: 25).

Die Informatisierung wird dabei von Schmiede, Boes und anderen als eine Deutungsfolie für zeitlich so weit auseinanderliegende Prozesse wie die ursprüngliche Trennung von Hand- und Kopfarbeit sowie die seit dem 19. Jahrhundert stattfindende ‚Verwissenschaftlichung' der Produktion herangezogen. Die Informatisierung als der Prozess des bewussten, systematischen Umgangs mit Informationen erscheint so als die unhintergehbare Grundlage der Kontrolle und der Rationalisierung der Arbeit bzw. menschlicher Tätigkeit überhaupt. Erst sie ermöglicht es, dass die Arbeit „zum Gegenstand eines Informationsprozesses und *damit* beherrschbar wird" (Schmiede 1996a: 22; Hervorhbg. U.V.). Ihre Bedeutung reicht aber noch viel weiter, denn die Informatisierung ist „der innere Kern eines tief greifenden Wandels der Gesellschaft insgesamt", so Boes und Pfeiffer (2006: 21). Im Zuge dieses Prozesses werden menschliches Wissen und menschliche Erfahrung in abstrakte Daten und Informationssysteme überführt, analytisch aufgelöst und neu verknüpft. Interessanterweise findet sich in den Texten von Schmiede (1996a/b) weit vor Big Data und der Diskussion um algorithmische Kontrolle eine frühe Auseinandersetzung mit der Funktionsweise von Algorithmen und ihrer Bedeutung für die Formierung und Kontrolle von Arbeit und Produktion.

Die Diagnose zur Bedeutung der Informatisierung für die Kontrolle kapitalistischer *Arbeit* lässt sich vor dem Hintergrund der ein Vierteljahrhundert später dominaten datenökonomischen Plattformen – von *facebook* über Reise- und Bewertungsportale bis zu den *Data Mining* Strategien großer Unternehmen – mühelos ausweiten: Informatisierung ist überall, sie durchdringt die Wirtschaft ebenso wie unseren Alltag und unsere Sozialformen.

5.2 Digitalisierung, Disruption und der Geist des digitalen Kapitalismus

An die skizzierte Perspektive der ‚Wirtschaft als Kultur' anknüpfend, soll der folgende Abschnitt verdeutlichen, welche verwickelten kulturellen Verschiebungen historisch in einen Entwicklungspfad einmündeten, den wir heute kurz und bündig als ‚Digitalisierung' apostrophieren. Damit markieren wir eine gesellschaftliche Entwicklung als primär technisch getrieben, obwohl in die ‚Digitalisierung' enorme soziale und kulturelle Innovationen eingeflossen sind – in einem Ausmaß, dass die meisten Beobachter den durch sie ausgelösten Wandel für ‚disruptiv' halten. Die Industrielle Revolution war bekanntlich aufs engste mit den politischen und sozialen Revolutionen ihrer Zeit verknüpft. Ist 'Disruption' dann lediglich als ein neues *wording* für den alten Begriff der Revolution zu begreifen? Nicht ganz, denn der Begriff der Disruption ist frei von dem Beigeschack eines Umsturzes der gesellschaftlichen Herrschaftsverhältnisse. Er drückt stattdessen eine spezifische Vorstellung revolutionären Fortschritts aus: einer radikalen Umwälzung der gesellschaftlichen Verhältnisse *ohne* eine Umwälzung der gesellschaftlichen Herrschaftsverhältnisse. Nichts weniger als eine solche *Disruption ohne Revolution* steht für die zentralen Akteure des Silicon Valley auf dem Programm. Diese agieren laut Nachtwey/Seidl (2017) im Kontext eines nochmals erneuerten Geistes des Kapitalismus, des „digitalkapitalistischen Geistes der Solution". Gegenstand ihrer Untersuchung ist die Frage, „welcher Geist die Avantgarde des digitalen Kapitalismus beseelt" (a.a.O.: 3). Zur Definition des kapitalistischen Geistes beziehen sich die Autoren auf die einschlägigen Arbeiten von Sombart, Weber und Boltanski/Chiapello (s.o.). Auf der Grundlage einer Inhaltsanalyse nach Mayring (2015) stellen sie die These auf, dass wichtige Akteure des digitalen Wandels von einem neuen, einem vierten kapitalitischen Geist angetrieben werden. Dieser berufe sich auf eine neuartige Rechtfertigungsordnung des ‚Solutionismus' und grenze sich sowohl von den erstarrten politischen Institutionen Washingtons als auch der reinen Profitorientierung der Wall Street und dem selbstverliebten Ringen um Aufmerksamkeit Hollywoods ab. In diesem Sinne zeichnet sich der digitalkapitalistische Geist in politischer, wirtschaftlicher und kultureller Hinsicht durch eine sichtbare Gegenposition zu den in den USA vorherrschenden Institutionen ab. Stattdessen propagiere er eine neue, eine spezifische Art des ‚verantwortlichen Kapitalismus'. Im Mittelpunkt der Polis der Solution, das macht der Name bereits überdeutlich, stehen ‚Lösungen' – nicht irgendwelche, sondern Lösungen für die großen Menschheitsprobleme. Die Elite des digitalen Kapitalismus sei von der Idee beseelt, die Welt zu verbessern. Sie kreise um die Vorstellung, dass „alle gesellschaftlichen Probleme als technologische Probleme definierbar sind" (so Nachtwey/Seidl a.a.O.: 22 in direktem Anschluss an Morozov 2013). Nachtwey/Seidl (ebd.) sprechen – hier der Analyse von Fred Turner (2006) folgend – vom Solutionismus als eines „wahlverwandten Zusammenkommens von gegenkulturellem Hipstertum und militärisch-industrieller Forschungskultur, von Entfaltungsidealismus und Technologiegläubigkeit". Dieses sei insofern anti-institutionell, als es sich nach zwei Seiten: sowohl gegen die verkrusteten politischen Institutionen als auch gegen die Uninspiriertheit der funktionalistischen Geldmaschine an der *Wall Street* abgrenzt. Die Gesellschaft, so die Grundüberzeugung, werde durch Technologie revolutioniert, nicht durch Politik oder reines Gewinnstreben. Das schließe keinesfalls aus, dass die Pioniere des Solutionismus selbst erfolgreiche und zum Teil beinharte UnternehmerInnen sind: Denn um die Welt zu verändern, müsse man nicht nur gute Ideen und neue Technologien haben, sondern diese auch verbreiten. Hier grenzt sich der digitalkapitalistische Geist nochmals ab von einem gesellschaftlich isolierten und folgenlosen Erfindertum. Um die großen Menschheitsprobleme lösen zu können, müssten neue Technologien eben nicht nur entwickelt, sondern auch durchgesetzt werden. Die Entrepreneure des Silicon Valley sind also keine weltfremden Idealisten. Inspiration und Geschäft gehen – wie bei den calvinistischen Erfolgsmenschen Max Webers – eine unlösbare Verbindung ein.

Wie bereits skizziert, sehen Boltanski und Chiapello den Kapitalismus generell als ein Akkumulations- und Herrschaftssystem, das auf unsicheren normativen Grundlagen steht. Der Kapitalismus bedarf der normativen Legitimation, und erst die historische Dynmik der veränderlichen Muster der Legitimation des Kapitalismus hält diesen als System unbegrenzter Akkumulation am Leben. Der neue, digitalkapitalistische Geist verspricht den Kreativen und Technikaffinen deshalb nicht nur materiellen Erfolg. Indem er Innovation, Technik, Internet, Disruption und Unternehmertum als Aktivitäten rahmt, die im Prinzip der Optimierung der Welt (mit Morozov: ihrem „Fixing") dienen, propagiert er den solutionistischen Kapitalismus als eine gerecht empfundene Ordnung, für die es lohnt, sich zu engagieren. Steht im Mittelpunkt des digitalkapitalistischen Geistes die Technologie als conditio sine qua non des Solutionismus, so steht im Mittelpunkt der Technologie wiederum das Internet und das Versprechen eines für alle Menschen dieser Erde gleichen Zugangs zu den globalen Kommunikationsprozessen, welche über das Internet organisiert werden. Für die Solutionisten des Silicon Valley ist der Kapitalismus demnach nur dann eine legitime Ordnung, wenn er Lösungen für die gesamte Menschheit produziert. Profit, auch exzessiver Profit, ist dementsprechend nur dann legitim, wenn er genau in diesem Sinne als Beitrag zur Lösung von Menschheitsproblemen verstanden und gerechtfertigt werden kann:

„Den Armen der Industrienationen werden auf digitalen Plattformmärkten neue Möglichkeiten der Selbständigkeit eröffnet (Uber-Fahrer, Clickworker). Den Armen der Entwicklungsländer werden neue Zugangsmöglichkeiten zu den weltweiten Kommunikations- und Informationsströmen eröffnet (Google Loon, Facebook Connectivity Lab). Den gestressten Mittelklassen werden durch vereinfachte Nutzung von Gütern und Dienstleistungen neue, vermeintlich billigere und nachhaltigere Konsummöglichkeiten eröffnet (Sharing Economy)." (Nachtwey/Seidl a.a.O.: 31)

Diese Ziele legitimieren dann gegebenenfalls auch Monopolprofite, denn diese fließen – neben der Bedienung von Shareholder-Interessen (und insofern besteht hier eher eine Koexistenz als eine Systemkonkurrenz mit dem Finanzmarktkapitalismus) in gewagte Projekte immenser Größenordnung wie z.b. die KI-gestützte Revolutionierung des Verkehrs (*GoogleCar* oder Tesla) oder die von Elon Musk bereits für das dritte Jahrzehnt dieses Jahrtausends prophezeiten Flüge ins All und die Besiedlung des Mars – wahrlich kein Kleinkram, sondern der Versuch eines technisch getriebenen Zivilisationssprungs.

Eine hiervon abweichende Interpretation des Silicon Valley und seiner dominanten Akteure legt Lovink (2017) vor. Im „digitalen Zeitalter der Totalen Integration" gebe es zwar tatsächlich „keine alten Industriebarone mehr, die gestürzt werden müssen" (a.a.O.: 18). Die „heutigen Barone" des Silicon Valley ständen jedoch weniger im Geiste der Hippie-Gegenkultur und der „Whole Earth" Bewegung, wie von Fred Turner behauptet und seitdem vielfach aufgenommen wurde. Sie stellten weniger eine Synthese von Gegen- und Cyberkultur als vielmehr eine „Degeneration des libertären Konservatismus" dar. Im Silicon Valley seien „keine gefallenen Hippies mehr zu sehen, die ihre fortschrittlichen Ziele verraten haben". Die Elite des digitalen Kapitalismus sei stattdessen „nur darauf ausgerichtet, die wachsende Macht der konservativen 1 Prozent weiter zu stärken" (a.a.O.: 19). Die Auftritte Mark Zuckerbergs, der zur Einführung der facebook-Aktie an der New Yorker Börse im Hoodie erschien, sind aus dieser Perspektive als ein ideologisch-manipulativer Trick zu verstehen, als symbolische Strategie, die kalte und machthungrige Facebook-Maschinerie mit dem Deckmäntelchen eines an die kalifornische Gegenkultur lediglich erinnernden alternativen outfits zu verbrämen. Die Diskrepanz zwischen dem alten Google-Motto „Don't be Evil" und ihrer heutigen, monopolartigen Geschäftspraktiken wäre eine weitere Stütze für die These, dass die Internet- und Technologiekonzerne des Silicon Valley ihre (gegen-)kulturelle Vergangenheit mittlerweile nur mehr als Camouflage für ihre ökonomischen Expansions- und Machtstrategien benutzen.

Eine ähnliche Stoßrichtung verfolgt Fuchs (2017: 12 f.) in seiner Kritik der „politischen Ökonomie der Massenkommunikation". Er bezieht sich auf die frühen Arbeiten von Murdock und Golding (1973) zur Bedeutung der Medien der Massenkommunikation (und nichts anderes organisieren Unternehmen wie *facebook*, *Google* und Co.). Diese gingen ursprünglich davon aus, „dass die Massenmedien vor allem industrielle und kommerzielle Organisationen sind, die Waren produzieren und distribuieren". Darüber hinaus verbreiten die Massenmedien aber auch Ideen und Deutungsmuster über diejenigen politischen und ökonomischen Strukturen, die Bedingung ihrer Funktionsweise selbst sind. Sie haben also auch ideologische Funktion: „Für Murdock und Golding haben die Medien im Kapitalismus eine doppelte Rolle bei der a) Kommodifizierung und b) Produktion und Verbreitung von Ideologien." (Fuchs a.a.O.: 13)

5.3 Arbeit 4.0, Plattformunternehmen und Datenökonomie

Seit der Hannover-Messe 2011, auf welcher dieser Begriff zum ersten Mal breit kommuniziert und als allgemeines Label für digitalisierte Formen der Produktion verwandt wurde, ist ‚Industrie 4.0' zu einer Chiffre für all jene Reorganisationsprozesse geworden, mittels derer die Digitalisierung industrielle Prozesse verändert. Die Digitalisierung wird hier weniger als Ursache für die Verdrängung ‚alter' Industrien betrachtet, sondern für ihre radikale Umgestaltung und einen weiteren Modernisierungs- und Rationalisierungsschub. Nicht ‚alter Wein in neuen Schläuchen', wie bei so vielen Ankündigungen also, auch keine Verdrängung der so genannten alten Industrien durch internetorientierte Dienstleistungen und start-ups, sondern eine Renaissance hochtechnologischer Fertigung mit neuen Mitteln ist hier gemeint.

Das Bundesministerium für Arbeit und Soziales (BMAS) entwirft in seinem Grünbuch ‚Arbeiten 4.0' (2015: 34 f.) eine Vorstellung des Arbeitens unter digitalisierten Bedingungen:

> „ArbeitEN 4.0 wird vernetzter, digitaler und flexibler sein. Wie die zukünftige Arbeitswelt im Einzelnen aussehen wird, ist noch offen. Seit Beginn des 21. Jahrhundert stehen wir vor einem erneuten grundlegenden Wandel der Produktionsweise. Die wachsende Vernetzung und zunehmende Kooperation von Mensch und Maschine ändert nicht nur die Art, wie wir produzieren, sondern schafft auch ganz neue Produkte und Dienstleistungen. Durch den kulturellen und gesellschaftlichen Wandel entstehen neue Ansprüche an Arbeit, auch die Nachfrage nach Produkten und Dienstleistungen verändert sich. Welche Auswirkungen diese Entwicklungen auf die Organisation von Arbeit und sozialer Sicherung haben, ist zwar offen, aber – wie in den vorhergehenden Phasen auch – durch Gesellschaft und Politik gestaltbar. Wir stehen am Beginn neuer Aushandlungsprozesse zwischen Individuen, Sozialpartnern und dem Staat." (a.a.O.: 35)

Zu der Reorganisation der globalen Wertschöpfungsketten und der Erwerbsarbeit gehört scheinbar zwangsläufig die Erzählung einer Disruption. Diesbezüglich kritisiert die PROKLA (2017: 168), dass der Diskurs über die Digitalisierung „neue Mythen" schaffe, vor allem den Mythos eines neuen Wachstumsschubes, der „in der gegenwärtigen ökonomischen Stagnationsperiode westlicher Gesellschaften nicht mehr herzustellen" war – zumindest nicht auf der Grundlage konventioneller Formen von Arbeit und Produktion. Ganz im Sinne eines neuen, digitalkapitalistischen Geistes versprechen Industrie und Arbeit 4.0 diesen neuen Wachstumsschub auszulösen, damit eines der Grundprobleme entwickelter Volkswirtschaften zu lösen und durch die Zahlung einer „Digitalisierungsdividende" dem Kapitalismus neue Legitimation zu verschaffen (ebd.). Begrüßenswert sei gleichwohl, dass mit dieser Debatte Fiktionen einer weitreichenden Enststofflichung der Ökonomie entgegengewirkt werde: Digitalisierung heißt im Kontext dieser Debatte eben nicht Substitution stofflicher Produktion und produzierender Arbeit durch Software und digitale Angebote. Stattdessen rücken die Produktionsarbeit und die produzierenden Unternehmen wieder in den Fokus der Aufmerksamkeit.

In Deutschland wird Digitalisierung dabei noch stärker als in der angelsächsischen Welt an den Wandel der Produktion geknüpft. Die ‚Industrie 4.0' soll einen Wachstumsschub freisetzen, und das scheint zumindest teilweise auch zu gelingen. So zählt das Bundesministerium für Wirtschaft und Energie (2015: 14) in der Rubrik der ‚digitalen Wirtschaft' bereits 2015 über 92 000 Unternehmen und mehr als eine Million Beschäftigte. Für die Gegenwart dürfte diese Zahl noch weit höher liegen. Und der Branchenverband BITCOM geht von einem durchschnittlichen jährlichen Wachstumsplus von 1,7% aus – allein auf der Grundlage von Produktivitätsgewinnen im Kontext von Industrie 4.0 (vgl. PROKLA 2017: 168). Wichtig ist der Diskurs über Industrie 4.0 vor allem auch deshalb, weil hier im Kern nicht von einer Ablösung materieller Arbeit und der produzierenden Industrie durch internetorientierte start-ups, deren Geschäftsmodell auf digitalen Dienstleistungen beruht, gesprochen wird, sondern weil im Gegenteil von einem Innovationsschub in traditionellen Industrien mit den Mitteln der Digitalisierung ausgegangen wird. Industrie 4.0 ist eine hochtechnologische Vision eines *industry going digital*. Es handelt sich damit auch um ein längst überfälliges Korrektiv industrie- und technologiepolitisch irreführender Annahmen über einen paradigmatischen Wandel der Wirtschaft zu einer ‚Internetökonomie', in der die Dinosaurier des Industriezeitalters anscheinend nicht mehr benötigt werden und Arbeitskonflikte in der schönen neuen Welt von Google und Facebook der Vergangenheit angehören. Damit einher geht eine Renaissance klassischer arbeits- und industriesoziologischer Fragestellungen nach der Kontrolle digitalisierter Arbeitsprozesse und nach ihren Folgen für die Partizipationsmöglichkeiten von Beschäftigten und für die soziale Ungleichheit (vgl. die Beiträge in Hirsch-Kreinsen u.a. 2018). Die mit der Digitalisierung einhergehenden Umbrüche auf der Ebene der Organisation charakterisieren Boes u.a. (2017: 12) wie folgt:

5.3 Arbeit 4.0, Plattformunternehmen und Datenökonomie

„Auf dem Prüfstand steht damit nichts Geringeres als das Konzept des fordistisch-bürokratischen Industrieunternehmens, das als Leitkonzept die Entwicklung der Wirtschaft seit mehr als 100 Jahren geprägt hat. Seine Organisationsprinzipien – wie hierarchische Entscheidungsprozesse, starre Abteilungsgrenzen und organisatorische »Silos«, Führung nach dem Prinzip »Fürst im Reich« oder auch die strikte Trennung von Hand- und Kopfarbeit – stoßen in einer vernetzten Arbeitswelt immer mehr an Grenzen."

Obwohl hier also durchweg von einem revolutionären Wandel ausgegangen wird, bezeichnet die Digitalisierung einen zum gegenwärtigen Zeitpunkt notwendig nur unscharf vorstellbaren Prozess der Durchdringung, Vernetzung und Reorganisation wirtschaftlicher Prozesse mit digitalen Informationstechnologien. Auch wenn bereits seit spätestens den 1980er Jahren die ökonomischen Potentiale der Informations- und Kommunikationstechnologien breit diskutiert und zu Leitbildern wie ‚Computer Integrated Manufacturing', des ‚papierlosen Büros' und der ‚menschenleeren Fabrik' verdichtet worden sind (vgl. Brödner 1985), so scheinen erst heute die realen gesellschaftlichen Bedingungen vorhanden, um das tatsächliche Potential der neuen Technologien umzusetzen. Dementsprechend ist von einer ‚digitalen Revolution' die Rede, welche Unternehmen und Märkte ebenso wie den Alltag umkrempelt und damit gleichermaßen Hoffnungen und Ängste auslöst.

Dass in diesem Zusammenhang von einer Revolution gesprochen wird, sollte nicht verbergen, dass Digitalisierung heute bereits eine lange Geschichte hat. Die Automatisierung und damit auch ‚Digitalisierung' der Fabrik kann spätestens seit den 1980er Jahren beobachtet werden. Zu jener Zeit wurden mit dem Schlagwort des *computer-integrated manufacturing* (CIM) beinahe ebenso viele Hoffnungen, ja Utopien (wie die ‚mannlose Fabrik') verknüpft wie heute mit ‚Industrie 4.0'. CIM hatte damals bereits das Ziel, räumlich und organisatorisch getrennte Produktionsprozesse zeitlich und informatorisch zu integrieren. Die Integration verteilter Produktionsprozesse setzt zum eine ihre informationelle Verdopplung voraus (vgl. die bereits angesprochenen Arbeiten von Schmiede, Boes u.a.). Zum anderen impliziert sie eine veränderte Form der Herrschaft und Kontrolle dieser verteilten Prozesse. Dies veranlasste Altmann u.a. (1986) sowie Sauer/Döhl (1994 a/b) dazu, in Hinblick auf den Arbeitsprozess von ‚kontrollierter Autonomie' und in Hinblick auf die entstehenden Organisationsformen von ‚fokalen Unternehmen' zu sprechen, die ‚Wertschöpfungsketten' beherrschen. Teilprozesse der Produktion werden dabei an Zulieferbetriebe ausgelagert, welche wiederum hierarchisch bzw. pyramidal organisiert werden (ebd.). Es entstehen teilweise globale, in der Regel aber betriebsstätten- und unternehmensübergreifende Wertschöpfungsketten, die den fokalen Unternehmen an ihrer Spitze neue Flexibilitäts- und Rationalisierungspotenziale eröffnen. Die Debatte über CIM, organisatorische Venetzung, den

Aufbau von Wertschöpfungsketten und die Globalisierung der Produktion mithilfe ihrer informatorischen Vernetzung machte einmal mehr deutlich, dass Technik immer sowohl eine Produktions- als auch eine Organisationstechnologie darstellt – deutlich wird dies bereits an dem durch Henry Ford eingeführten Fließband. Die heutige Digitalisierung ruht also auf seit Jahrzehnten etablierten, daten- und informationstechnologisch vermittelten Organisationsformen auf.

Die informationelle Basis der digitalen Wirtschaft bildet die Integration von Dingen, Prozessen, Daten und Menschen in einem globalen Informationsraum bzw. dem ‚Internet der Dinge'. Der „Informationsraum" ist bezeichnenderweise ein Konzept, das Andreas Boes zusammen mit Rudi Schmiede und Andrea Baukrowitz bereits in den 1990er Jahren entwickelte (vgl. Boes/Baukrowitz 1996; Schmiede 1996 a/b). Mit der Digitalisierung greife eine neue Form der Rationalisierung um sich, die „nicht mehr primär an den Maschinensystemen ansetzt, sondern seinen Ausgangspunkt auf der Informationsebene im Fluss digitaler Informationen hat – und so auch die geistigen Tätigkeiten bzw. die Wissensarbeit neu erfasst" (Boes u.a. 2017: 16). Der Informationsraum wird zu dem großen Attraktor, um den alles andere kreist und dem alles andere in der Form sich anschmiegen muss. So werden auch die Wertschöpfungsprozesse im Büro, d.h. die klassische Domäne industrieller Wissensarbeit, „entlang des digitalen Informationsflusses" reorganisiert (a.a.O.: 205). Diese Form der Rationalisierung mache auch vor den hochqualifizierten Experten aus der Software-Entwicklung und des mittleren Managements nicht halt: auch diese müssten ihre Expertise – bislang Basis der Kontrolle relevanter Unsicherheitszonen und damit Quelle erheblicher Verhandlungsmacht und relativer Autonomie im Arbeitsprozess – in digitale Kooperationsplattformen einspeisen und damit gewissermaßen ‚sozialisieren'. Während in den geringer qualifizierten Bereichen Kopfarbeit „wie am Fließband" reorganisiert werde (a.a.O.: 207), sehen Boes u.a. in den hochqualifizierten Bereichen durchaus Ambivalenzen der Digitalisierung: auf der einen Seite der angesprochene Verlust von Einfluss und Exklusivität durch „die Kollektivierung personal gebundenen Expertenwissens" (ebd.), auf der anderen Seite neue kollektive Handlungs- und Strategiefähigkeiten des Teams als Dreh- und Angelpunkt und „als zentrale Ressource zur gegenseitigen Unterstützung und Entlastung etwa bei individuellen Belastungsspitzen oder als Korrektiv und Erfahrungspool bei fachlichen Fragen und Entscheidungen" (ebd.). Wie sich dies konkret gestaltet, müssen zukünftige arbeitspolitische Untersuchungen zeigen.

Durch die Digitalisierung enstehen nicht nur Herausforderungen für die Arbeitsorganisation, die berufliche Bildung und das Beschäftigungssystem. Gewissermaßen ‚oberhalb' der Veränderung der Arbeitsorganisation entstehen neue Produktions- und Marktmodelle. Eine der am intensivsten diskutierten Entwicklungen stellt hierbei die Durchsetzung globaler Unternehmensplattformen dar. Genauer ist eigentlich der Aufschwung *digitaler* Plattformen zu beobachten, denn die Geschäftsidee, Anbieter und Nachfrager von Gütern an bestimmten ‚Marktplätzen' zusammenzubringen und damit als ‚Vermittler' aufzutreten, ist historisch keineswegs neu. Auf den großen Basaren in Damaskus, Kairo und Istanbul werden seit Jahrhunderten Geschäfte vermittelt und die Londoner Börse verdient mit der Vermittlung von Angebot und Nachfrage seit dem späten 17. Jahrhundert ausgezeichnet. Neu an den heutigen Plattformen, an Google (seit 2015 Teil der ‚Alphabet' Holding), Facebook, Apple, Amazon und Microsoft, AirBnB, Uber, ebay, HRS, booking.com und vielen anderen ist, dass sie Interdediäre auf der Basis digitaler Technologie und Venetzung sind. Das ermöglicht einerseits eine wesentliche größere, tendenziell globale Reichweite, andererseits neue Formen der Akkumulation, welche auf der Ausnutzung von Netzeffekten beruht. So erfordern die geschlossenen digitalen Ökosysteme von Apple mit dem Betriebssystem IOS und Google mit dem Betriebssystem Android auch auf der Seite der Nutzer erhebliche (in der Sprache des ökonomischen Institutionalismus) *transaktionsspezifische Investitionen*. Diese umfassen initiale Kosten für den Erwerb der Hardware und der entsprechenden Programme, für den Aufbau und die Pflege eigener Kompetenzen im Umgang mit denselben, für den Aufbau und die Pflege von netzwerkvermittelten Kontakten (whatsapp; facebook; Instagram …) und Bibliotheken (itunes) etc. Hieraus erwachsen hohe, oftmals prohibitive Kosten für Vertragsänderungen bzw. Plattformwechsel (wer einmal von einem Microsoft-Rechner auf ein Macbook gewechselt ist oder von Android zu IOS, weiß, was das bedeutet). Auf der anderen Seite erhöhen die Plattformunternehmen ihre Attraktivität durch solche Netzeffekte: je mehr Nutzer eine Plattform hat, desto höher ist der Nutzen für die einzelnen und desto höher sind die Bindeeffekte bzw. die individuellen Kosten eines Wechsels.

Auf der Basis von Netzeffekten können einzelne Anbieter wie Google u.U. tatsächlich bessere Leistungen für ihre Kunden generieren, z.B. den Suchalgorithmus auf der Grundlage des hohen Datenaufkommens optimieren und damit einen Vorteil gegenüber ihren Mitbewerbern erzielen. Netzeffekte fördern damit den Aufbau von Quasi-Monopolen. Das kommerzielle Internet, so Dolata (2017: 22) "is today dominated by a small number of internationally active companies and is characterized by a strong trend toward market concentration in all major segments." Diese Unternehmensplattformen saugen nicht lediglich einen großen Teil der Nutzeraktivitäten auf, sondern führen auch auf der Anbieterseite des Marktes zu Konzentrationsprozessen. So erzeugen Google und facebook 90% ihrer Umsätze durch Online-Werbung (Dolate 2017: 8) und teilen sich mittlerweile zwei Drittel des US-amerikanischen Online-Werbemarktes. Vor allem gewinnen sie einen großen Teil der neu abgeschlossenen Werbekontrakte in den USA, was zu einer weiteren Konzentration des Marktes beiträgt (Srnicek 2018). Dolata (2017) hat auf der Grundlage der Auswertung von Geschäftsberichten, Literatur und Presseberichten die Geschäftsstrategien der dominanten Internetkonzerne untersucht. Diese fünf Konzerne teilen das Internet zu weiten Teilen unter sich auf und dominieren – bei aller Unsicherheit über das zukünftige Verhalten der Online-Nutzer – auch seine weitere Entwicklung. Die Stärke dieser großen Konzerne beruhe, so Dolata (a.a.O.: 23 f.) erstens auf ihrer ökonomischen Macht, zweitens der Macht über Daten, drittens der Macht über den sozialen Kontext vieler Milliarden Nutzer, sowie viertens der Macht über Infrastruktur und Standards. Hierdurch gewinnen Plattformen „major influence on the constitution of the public in our societies" (a.a.O.: 25).

In einigen Publikationen wird die Dominanz der großen Plattformen bereits mit der Genese einer neuen ökonomischen Formation in Verbindung gebracht. So sprechen Waitz (2017) und Srnicek (2018) von „Plattformkapitalismus", und Nachtwey/Staab (2015) von „digitalem Kapitalismus". Unterhalb dieser These eines Formationsbruchs argumentieren Kirchner/Beyer (2016: 326), dass sich entlang der Plattformlogik ein „neues, digitales Kontrollkonzept" verbreite, „während das Shareholder-Value-Kontrollkonzept (Fligstein & Shin 2007) zunehmend an Wirkmächtigkeit verliert". Im dritten Kapitel wurde das Shareholder-Value Konzept als das zentrale Kontrollkonzept des Finanzmarktkapitalismus und als Transmissionsriemen zwischen Real- und Finanzwirtschaft dargestellt. Ob das Shareholder-Value-Kontrollkonzept tatsächlich an Einfluss verliert und ob die Plattformlogik dafür verantwortlich sein könnte, sei dahingestellt. Dagegen spricht m.E., dass gerade die größten und einflussreichsten Plattformen (facebook, Apple, Google) die Unternehmen mit dem höchsten Börsenwert darstellen. Ganz in Übereinstimmung mit dem finanzmarktkapitalistischen System finanzieren sie sich selbst wie auch ihre gewaltigen Unternehmensübernahmen durch die Bedienung von Kapitalmarktinteressen. Sie können damit eher als ein Beleg für die Kooexistenz digitaler Geschäftsmodelle und eines finanzialisierten Kapitalismus gelten als dessen Totengräber. Es spricht damit m.E. gegenwärtig nichts für die These eines Formationsbruchs im Sinne eines ‚Plattformkapitalismus'. Plattformen sind aber sicherlich ein zentrales Element eines genuinen digitalen Produktionsmodells, das die Finanzströme im finanzialisierten Kapitalismus neu organisiert und bündelt.

Wie sich die mögliche Durchsetzung von Unternehmensplattformen als hegemoniales Produktionsmodell auf der Ebene der Arbeit auswirken wird, ist ungewiss. Hirsch-Kreinsen u.a. (2018: 383) konstatieren, „dass zum gegenwärtigen Zeitpunkt nur wenige verlässliche Trendbestimmungen zur den Perspektiven di-

5.3 Arbeit 4.0, Plattformunternehmen und Datenökonomie

gitalisierter Arbeit vorliegen". Die gegenwärtige Forschung mache jedoch plausibel, dass sich die Digitalisierung in Abhängigkeit von Qualifikation, Branche und Funktion sehr ungleich und auch sehr ungleichzeitig durchsetzen werde (ebd.).

In Hinblick auf Plattformen und insbesondere auf eines der größten Plattformunternehmen, Amazon, kommen Nachtwey und Staab (2016) zu ausgesprochen kritischen Einschätzungen. Die Arbeitsorganisation bei Amazon kennzeichnen sie (2016: 27 ff.) als „digitalen Taylorismus": Die Lagerarbeiter bei Amazon sind mit Handscannern ausgestattet, die nicht nur permanent ihre Bewegungsdaten melden, sondern ihnen darüber hinaus optimierte Wege durch das Lager und eine konkrete Abfolge von Aufgaben vorgeben. Damit gehe eine Dequalifizierung von Arbeit und ihre permanente Kontrolle einher und es würden systematische Leistungsvergleiche auf der Basis von Arbeitskollektiven ermöglicht. Amazon ist jedoch nicht allein direkter Arbeitgeber. Es organisiert die ökonomischen Beziehungen von zigtausenden Anbietern und Milliarden Kunden. Und Amazon unterhält in Gestalt von ‚Amazon Mechanical Turk' (mturk) die größte Plattform zur Arbeitsvermittlung im Netz. Mturk ist nach eigener Darstellung ein Marktplatz für einfache Tätigkeiten im Netz: „work that requires human intelligence", so die offizielle Webseite mturk.com. Auf Mturk sind etwa 500.000 Anbieter registriert, die 24/7 ihre Arbeitskraft anbieten (Waitz 2017: 180; Nachtwey/Staab 2016: 30). Die Mehrzahl dieser Anbieter lebt in Indien und den USA und von den entstehenden Umsätzen behält Amazon eine Marge von mindestens 20% ein (Waitz ebd.). Typische Tätigkeiten umfassen Transkriptionen und Übersetzungen, die Bewertung von Nutzerinnenkommentaren, die Pflege von Produktdatenbanken und die Verschlagwortung von Bildern und Videos im Netz – Einfachtätigkeiten, die zum Teil durchaus automatisierbar sind, aber ggf. zu höheren Kosten. Arbeitspolitisch problematisch seien nicht nur die niedrige effektive Bezahlung und die fehlenden Aufstiegsmöglichkeiten von *crowd workern*, sondern ebenso fehlende Mitbestimmungsmöglichkeiten, fehlende Planbarkeit, fehlender Arbeitsschutz, fehlende Kranken- und Sozialversicherung und die zumindest dem deutschen Recht widersprechenden Möglichkeiten der individualisierten Kontrolle, z.B. über die Registrierung von Nutzungs- und Tätigkeitsprofilen (Anzahl und zeitliche Verteilung von Tastaturanschlägen und Mauseinsatz, Onlinezeiten etc.; vgl. Nachtwey/Staab ebd.).

Das Produktionsmodell der Plattformökonomie beruht dabei auf verschiedenen Arten von Arbeit, die parallel genutzt werden können: erstens die gewissermaßen ‚klassische' Lohnarbeit, die von den gering qualifizierten Jedermannsarbeiten von Pickern bis zu hochqualifizierten Programmier- und Verwaltungstätigkeiten reicht. Auch wenn die Bedeutung technologischer Innovationen wie der algorithmischen Durchdringung und Reorganisation von Arbeit hier deutlich sichtbar sind, folgen diese Arbeiten doch klassischen Entwicklungspfaden der Lohnarbeit. Zweitens die große Menge ausgelagerter Arbeiten, die in der Regel auf der Basis von Werkverträgen organisiert ist: hier stehen einer unorganisierten großen Anzahl von „Click"- bzw. „Crowdworkern" mehr oder weniger große Plattformen gegenüber, die in der Regel in der Lage sind, die Arbeitsbedingungen zu diktieren (Foodora oder Deliveroo wären gute Beispiele). Drittens die große Menge an unbezahlter Arbeit im Netz. An diesem Punkt basiert die Plattformökonomie tatsächlich auf der In-Wert-Setzung alltäglicher und auch intimer Spären der menschlichen Tätigkeit, die bislang nicht ökonomisiert waren. Beispielsweise kann facebook auf einen Nutzerbestand von etwa 1.4 Mrd. Menschen zurückgreifen, die monatlich auf ihren Seiten *aktiv* sind. Etwa 900 Mio. Menschen loggen sich *täglich* in ihren facebook-account ein. Diese Nutzer generieren etwa 4.3 Mrd. likes jeden Tag und etwa 17 Mrd. Posts, die mit Zeit- und Ortsstempel versehen sind, also Aufschluss über die raumzeitlichen Bewegungen der zugehörigen Personen erlauben (vgl. ShareLab 2016). Diese gewaltige Menge an Rohdaten wertet facebook mithilfe der Öffentlichkeit nicht zugänglicher Algorithmen aus, um hieraus Profile zu erstellen und personenbezogene Werbung schalten zu können – die Hauptquelle ihrer Einnahmen. Mithilfe dieses ‚Data Harvesting' werden also die sozialen Nahwelten der Menschen zu Farmen, in denen Daten generiert, gesammelt, ausgewertet und weiterverkauft werden können, und auf denen die Geschäftsstrategien von Drittanbietern aufruhen. Plattformen wie facebook, Google, Apple und Amazon verfügen dabei erstens über die Gesamtheit an Transaktions- und Kommunikationsdaten, die jemals in der jeweiligen ‚Plattformwelt' erzeugt wurden. Zweitens basiert ihr Geschäftsmodell auf einem datengetriebenen Mechanismus, wie Anbieter und Nachfrager auf der Plattform in möglichst effektiver und profitabler Weise zusammengebracht werden können. Hierfür werden spezifische Algorithmen verwendet und permanent optimiert, die in der Regel ebenso geheim gehalten werden wie die Herstellungsformel für CocaCola – nur, dass sie wesentliche gravierendere Auswirkungen auf die Struktur der öffentlichen Kommunikation, auf die Meinungsbildung und auf das Gesamt der sozialen Interaktionen in den Gegenwartsgesellschaften haben. Schließlich werden drittens die unter den beiden ersten Punkten gewonnenen Daten mittels weiterer Algorithmen rekombiniert, so dass sie zweckbezogen weiterverkauft werden können: an den Werbemarkt, aber u.U. auch an interessierte politische Akteure (wie der Skandal um facebook und Cambridge Analytica von Anfang 2018 deutlich macht). Die Plattformökonomie ist eine datengetriebene Ökonomie. Plattformen ebenso wie die dort agierenden Unternehmen entwickeln einen Hunger nach immer mehr Daten, weil Daten die Grundlage ihres Produktionsmodells darstellen und die Plattformen schließlich nicht zuletzt mittels Daten gegeneinander konkurrieren (vgl. Srnicek 2018). Daten sind die ultimative Ware des digitalen Kapitalismus. Übernahmen wie der Kauf des Rauchmelder- und Thermostatherstellers Nest Labs für 3,2 Milliarden Dollar im Jahr 2014 könnten Google im Feld der Alltagsvernetzung und des ‚intelligent home' zu dem machen, was Apple in Gestalt einer geschlossenen Ökologie von Computer, Smartphones und digital vermittelten Lebenswelten bereits ist. Solche und verwandte Übernahmen wie derjenigen von linkedin durch Microsoft im Jahr 2016, von whatsapp und Instagram durch facebook zeigen, dass die großen Plattformen ihren Datenappetit vor allem auch durch Zukäufe stillen und damit zwangsläufig in neue Geschäftsfelder expandieren. Je weiter dieser Expansionsprozess voranschreitet, desto näher kommen sich die großen Plattformen allerdings auch, und desto stärker werden sie zu direkten Konkurrenten. Konkurrenz findet im Kontext von Plattformökonomien also nicht nur *innerhalb* geschlossener Plattformwelten statt, als Konkurrenz vieler kleiner Anbieter, die von einem algorithmischen Leviathan wie Amazon organisiert und ausgetragen wird. Konkurrenz findet in diesem Szenario dann zunehmend zwischen den Plattformen selbst in Form von *Great Platform Wars* (Srnicek 2018) statt.

5.4 Digitalisierung und die Geburt romantischer Märkte

Für den von Beckert (2009) und anderen Vertreterinnen des Faches geforderten engeren Bezug von Wirtschaftssoziologie und Gesellschaftstheorie wurden in dieser Einführung bislang zwei einschlägige Konzepte diskutiert: zum einen die mit einer deutlichen Gesellschaftskritik formulierten Konzepte des Finanzmarktkapitalismus (vgl. Kap. 3) und der Plattformökonomie (vgl. Kap. 5.3), die beide eher mit der kritischen politischen Ökonomie in Verbindung stehen, zum anderen die französiche Soziologie der Kritik und die Ökonomie der Konventionen, welche Wirtschaft als eine moralische und normative Ordnung auffassen, deren Grundlage die Kritik selbst darstellt. Die nun folgende Analyse kapitalistischer Liebesverhältnisse könnte m.E. ebenso geeignet sein, „eine auf gesellschaftliche Entwicklungsprozesse insgesamt gerichtete Perspektive" (so Beckert 2009: 183) einzunehmen. Auf der Grundlage digitaler Vernetzungen entstehen ‚romantische Märkte', auf denen (sexuelle und Liebes-) Beziehungen organisiert und damit Menschen in Hinblick auf ihr ‚sexuelles' oder ‚romantisches' Kapital bewertet und sozial hierarchisiert werden. Romantische Märkte stehen paradigmatisch für die Vermittlung von moderner Lebensweise und einer kulturalisierten Ökonomie. Der Charakter spätmoderner Gesellschaften als Kulturkapitalismen zeigt sich damit besonders deutlich an denjenigen Feldern des Sozialen, in denen die Digitalisierung und das Internet neue Märkte und im gleichen Atemzug auch neue kapitalistische Lebensformen hervorbringen. Mit Online-Märkten für Liebesbeziehungen (oder auch kurzfristige Sexualbeziehungen wie bei Tinder) entwickeln sich neue ökonomische Formen, die die Verschränkung von Warenwirtschaft und subjektivem Begehren auf ein neues, der Digitalisierung entsprechendes Niveau heben.

Die in Jerusalem lehrende Soziologin Eva Illouz ist vermutlich die bekannteste Kritikerin der Metamorphosen des Intimen im kapitalistischen Zeitalter. In Deutschland sind vor allem ihre Werke „Der Konsum der Romantik" (2003) und „Gefühle in Zeiten des Kapitalismus" (2006) über die Fachöffentlichkeit hinaus bekannt geworden – das letztere ist aus den Frankfurter Adorno-Vorlesungen des Jahres 2004 heraus entstanden.

Wirtschaftssoziologisch relevant sind hierbei vor allem ihre Untersuchungen zur Transformation der romantischen Liebesbeziehung und von Heiratsmärkten unter Bedingungen ihrer Digitalisierung. Illouz (2011: 80 f.) geht in Anlehnung an Polanyi von einer „großen Transformation" der Partnerwahl aus, ein Prozess, „durch den der kapitalistische Markt die Wirtschaftstätigkeit aus der Gesellschaft und ihren moralischen/normativen Rahmenbedingungen herauslöste, die Wirtschaft auf selbstregulierende Märkte umstellte und schießlich die Gesellschaft der Wirtschaft unterordnete" (a.a.O.: 81).

Was bedeutet dies für die Partnerwahl in der Spätmoderne? Illouz (2003) geht zunächst von der Geltung eines romantischen Liebesideals in den modernen Gesellschaften aus. Dieses habe sich gegen Ende des 18. Jahrhunderts als ein Konzept durchgesetzt, das die Liebe zweier Menschen als von sachlichen und äußeren Zwängen befreites Intimverhältnis idealisierte. Seit dem Aufkommen der Liebessemantik in der europäischen Moderne (vgl. Luhmann 1982) und ihrer gesellschaftlichen Verallgemeinerung als ‚Romantische Liebe' seit dem 18. Jahrhundert (vgl. Illouz 1997), salopp gesprochen also seit Romeo und Julia, bezeichnet die romantische Liebe die emphatische Vorstellung, dass *allein* die Liebe über die Möglichkeit entscheiden solle, sich dauerhaft zu binden. Die Liebe und die Partnerwahl sollen befreit sein von Fragen des Standes oder des Wohlstandes, der Zugehörigkeit zu einem bestimmten Milieu oder einem bestimmten Geschlecht. Die romantische Liebe markiert als ein spezifisches Handlungsideal einen exklusiven Bereich der Sozialität, der in einem maximalen Gegensatz zu Formen der ökonomischen Koordination über Märkte, der öffentlichen Teilhabe über Staatsbürgerrechte und der instrumentellen Rationalität überhaupt zu stehen scheint. Gleichzeitig konstituiert sich die moderne Individualität laut Illouz vor allem durch die kulturelle Praxis der Wahl, insbesondere der Partnerwahl.

Vor diesem Hintergrund hat Illouz über Jahre hinweg Online-Partnerbörsen in verschiedenen Ländern untersucht, Plattformen also wie Parship und elitepartner sowie – in neuester Zeit – Apps wie Tinder und Blinq. Sie interessiert sich dafür, wie neue, digital vermittelte Partnermärkte entstehen und welche Folgen dies für

5.4 Digitalisierung und die Geburt romantischer Märkte

die Subjekte und schließlich für die Transformation der Liebe hat. Die Partnersuche im Internet, so fasst Illouz (2006: 132) ihre Ergebnisse pointiert zusammen, nehme die Form einer ökonomischen Transaktion, eines Marktes an: „Das Internet strukturiert die Suche nach einem Partner buchstäblich als einen Markt, oder, genauer, es formalisiert die Suche nach einem Partner im Sinne einer ökonomischen Transaktion."

Auch Dröge/Voirol (2017: 165) stellen in ihrer Studie über das Online Dating „Liebe und Markt als zwei sowohl normativ als auch handlungspraktisch voneinander geschiedene Sphären" zunächst grundbegrifflich gegenüber. Im Unterschied zu Illouz vermeiden sie es jedoch, das Bild einer ‚Kolonialisierung' der einen durch die andere Sphäre herauf zu beschwören. Sie gehen stattdessen von einer Logik gesellschaftlicher Entwicklung aus, in der der Rationalisierungsprozess immer schon „systematisch gesellschaftliche Gegenwelten" hervorgebracht habe und weiter hervorbringe (ebd.). In dieser Hinsicht interessiert sie eher das dynamische *Wechselspiel* gesellschaftlicher Sphären als die einschlägige Kritik einer die Gesellschaft formierenden, instrumentellen Rationalität (so Theodor W. Adorno und Max Horkheimer) bzw. der Kolonialisierung der Lebenswelt (so Jürgen Habermas als Vertreter der ‚zweiten' Phase der Kritischen Theorie).

Ökonomie *und* Liebe sind für sie zwei aufeinander verwiesene Aspekte *einer einzigen* „kapitalistischen Lebensform". In diesem Sinne stellen die romantische Liebe und die wirtschaftliche Rationalität „eine grundlegende, aber höchst produktive Spannung der kapitalistischen Lebensform" dar (a.a.O.: 169; im Orig. kursiv). In besonderem Maße gelte dies für den kulturellen Kapitalismus, in dem ökonomische Formen und lebensweltliche Arrangements, in dem Arbeit und Gefühle aufs engste miteinander verwoben sind (vgl. die einschlägigen Studien von Sighard Neckel und von Arlie Hochschild).

Romantische Online-Märkte seien strukturell und in Analogie zu ebay, facebook, Amazon etc. als Plattformen aufzufassen. Diese finanzieren sich vor allem über Abonnements und versprechen ein algorithmisches ‚matching' passender Mitglieder. Wie auf vielen anderen Plattformen auch leisten die Mitglieder die eigentliche ‚digitale Arbeit', indem sie Profile erstellen, Bewertungen abgeben, Kommentare posten, Recherchen anstellen, Kommunikationen anstoßen. Die Mitglieder verschmelzen in ihren Rollen als Produzent und Konsument. Sie konsumieren nicht das Produkt des Anbieters, sie selbst sind das Produkt, das konsumiert wird. Von seiten der Anbieter aus wird wiederum über ‚Flirtstatistiken' und ähnliches ein Wettbewerbs- bzw. Konkurrenzdruck erzeugt. Für Dröge und Voirol stellt dieses Charakteristikum allerdings nicht allein einen äußeren Zwang dar, sondern bildet den produktiven Rahmen, der die Einzelnen zur systematischen Konzentration ihrer romantischen Phantasien und zur bestmöglichen Präsentation ihres Selbst anspornt. Dieser Rahmen dient allerdings auch zur Erzeugung eines gewissermaßen grenzenlosen Begehrens: Die potenziell unendliche Anzahl von Beziehungs- und Sexualkontakten weckt „phantasmagorische" Phantasien (a.a.O.: 179). Auf der Ebene der Subjekte führt dies teilweise zu einer Haltung der maximalen Optionensteigerung. Romantischer Konsum manifestiert sich dann in Form eines digital vermittelten Massenkonsums: NutzerInnen haben entweder eine hohe Wechselfrequenz oder aber mehrere (Online-)Beziehungen gleichzeitig (a.a.O.: 180).

Anstatt ausschließlich die ökonomischen Aspekte der Ausbeutung digitaler Arbeit, einer Konzentration sozialer Macht in den Händen von digitalen ‚gatekeepern' oder einer Durchsetzung instrumentell-strategischen Handelns zu betonen, gehen Dröge und Voirol den *Ambivalenzen der Liebe* im Kontext ditigal vermittelter Kontaktmärkte nach. So stimmen sie zwar einerseits Illouz Analyse zu, dass die Präsentation des Selbst auf Online-Plattformen zunächst etwas mit den Subjekten mache: zunächst müssen diese sich in ein reflexives Verhältnis zu sich selbst setzen, um zu entscheiden, in welcher Weise sie sich in den programmseitig vorgegebenen Kategorien des Online Dating am vorteilhaftesten präsentieren können (Illouz 2006: 117 ff.). Dabei setzen sie sich „einem offenen Markt der Konkurrenz mit anderen aus" (a.a.O.: 120). Illouz verfolgt hierbei die Idee, dass den Subjekten auf Online-Märkten ein Wert, genauer: ein emotionaler Wert zugewiesen werde und damit neue soziale Hierarchien in die Welt gebracht werden, die den Einzelnen besonders erbarmungslos gegenübertreten. Der sexuelle Tauschwert der Einzelnen wird durch ein einfaches Wischen der Hand nach links oder rechts ausgedrückt und in einer Vielzahl anonymer Bewertungen akkumuliert: „hot or not" ist die binäre Logik der ‚snap evaluations' auf Tinder („Hi or Bye" auf Blinq). Dass man sich auf Dating Plattformen jedoch eben nicht einfach ‚objektiv' beschreibt, sondern „die eigenen Ideale (der Liebe, des Partners, des Lebensstils) in der Phantasie wachruft und ausarbeitet" (Illouz a.a.O.: 118), deuten Dröge und Voirol (2017: 173) nicht allein als eine Zurichtung des Selbst, sondern ebenso als die in den Strukturen digitaler Liebesmärkte angelegte Möglichkeit, „das authentische eigene emotionale Begehren zu entdecken". Dies aber sei „eine zutiefst romantische Idee, die beispielsweise schon in den klassischen Briefromanen des 18. und 19. Jahrhunderts gefeiert wurde" (a.a.O.: 173 f.). Vor diesem Hintergrund sprechen sie in Hinblick auf Dating-Märkte von „erstaunlich tiefen Erfahrungen von Intimität und Nähe im Internet" (a.a.O.: 174). Liebe und Emotionen werden nach Ansicht von Dröge und Voirol auf Dating-Plattformen eben „nicht zu „Cold Intimacies" (Illouz 2007), zu strategisch-rational kalkulierten Formen des sozialen Umgangs im Dienste der eigenen Nutzenmaximierung" (a.a.O.: 182). Dating-Plattformen sind stattdessen durch die Koexistenz romantischer und strategischer Handlungsmuster gekennzeichnet. Romantische Online-Märkte „behalten einen Teil ihrer Eigenlogik und ihres Charakters einer ‚Gegenwelt' zur reinen Marktvergesellschaftung – gerade dies ist es, was sie zugleich ökonomisch produktiv macht" (ebd.). Dass das Intime neuen Formen der ökonomischen Bewertung zugeführt wird, dürfte der gemeinsame Nenner der skizzierten Studien sein. In dieser Hinsicht werfen sie im Sinne der ‚valuation studies' durchaus auch die Frage auf, in welcher Weise „objects become amenable to valuation and trade through the market" (Lamont 2012: 203). Während Illouz aber romantische Märkte vor allem in dem Sinne deutet, dass sie den Einzelnen über einen abstrakten Mechanismus einen emotionalen bzw. sexuellen Tauschwert zuweist, sind digital vermittelte Intimitätsmärkte für Voirol und Dröge ambivalente Formen einer gesteigerten Subjektivierung, in denen romantische Liebe und ökonomischer Tausch sich wechselseitig durchdringen.

Erträge, Grenzen und Perspektiven der Wirtschafts- und Finanzsoziologie 6

Die neue Wirtschafts- und Finanzsoziologie hat viel in Bewegung gesetzt. Ihr sind Einsichten in die Funktionsweise von Märkten und Unternehmen verdanken, die wirtschaftliche Praktiken in einer adäquateren Weise abzubilden zu verstehen als die abstrakten Modelle der Wirtschaftswissenschaften. Die ökonomische Orthodoxie mit ihren abstrakten modelltheoretischen Annahmen bildet auch heute noch die Folie, von der sich die Wirtschaftssoziologie als eine Soziologie wirtschaftlicher Praxis abhebt. Auf der anderen Seite resultiert die erfolgreiche Positionierung der Wirtschaftssoziologie gegenüber einer insgesamt stärker gesellschaftskritisch ausgerichteten Arbeits- und Industriesoziologie in einer anhaltenden und wechselseitigen Distanz der beiden Schwesterdisziplinen.

Wenn sich Beobachter und Protagonisten der Wirtschaftssoziologie in einem Punkt einig sind, dann in der Notwendigkeit einer stärkeren Anbindung an die Gesellschaftstheorie. Diese erscheint zwingend, wenn man den Anspruch der Wirtschaftssoziologie, nicht nur die Wirtschaft sozial, sondern die Gesellschaft wirtschaftlich verstehen zu wollen, ernst nimmt. Ob die Wirtschaftssoziologie weiterhin so viel Erfolg haben wird wie in den vergangenen zwei Jahrzehnten, wird sich auch an der Frage entscheiden, ob sie es nicht nur überzeugend versteht, die beschränkte Sichtweise der Wirtschaftswissenschaften zu kritisieren, sondern gesellschaftstheoretisch reflektierte Deutungs- und Erklärungsansätze hervorzubringen, die nicht nur besser zu begreifen erlauben, wie Ökonomie ‚funktioniert', sondern auch die normativen Maßstäbe der Kritik gegenwärtiger Wirtschaftspraktiken mitführen. Ein solches Verständnis aber wird in einer kapitalistisch verfassten Wirtschaft vermutlich eine intensivere Auseinandersetzung mit dem Phänomen der gesellschaftlichen Arbeit und ihrer Organisation in Betrieb und Unternehmen erfordern. Die aktuellen Debatten um Arbeit bzw. Industrie 4.0 und die Digitalisierugn der Wirtschaft bieten genug Anlass, dies zu tun. Die Analyse des Arbeits- und Produktionsprozesses sowie von Produktions- und Organisationstechnologien ist traditionell eine Domäne der Arbeits- und Industriesoziologie. Mit Spannung darf beobachtet werden, ob die aktuellen Herausforderungen zu einer Annäherung der Wirtschafts- und der Arbeitssoziologie beitragen.

Die Wirtschaftssoziologie hat – gewissermaßen unterhalb der Ebene von Sozial- und Gesellschaftstheorie – unser Verständnis wirtschaftlicher Prozesse als soziale Prozesse erheblich verbessert. Dabei hat sie die Wirtschaftswissenschaften sehr erfolgreich auf ihrem ureigenen Terrain herausgefordert und gezeigt, dass ökonomische Praxis aus einer soziologischen Blickrichtung reichhaltigere Sinnbezüge aufweist als lediglich eine eng verstandene Nutzenmaximierung. Sie hat entlang wichtiger Theoriekonzepte wie der Einbettung und des Netzwerks, des institutionalisierten Handels und der Performativität die Grundlagen einer soziologischen Theorie des Ökonomischen sichtbar gemacht.

Diese Erweiterung unserer Sichtweisen des Ökonomischen gilt ebenso in Hinblick auf die Finanzsoziologie. Diese präsentiert eigenständige Modelle des Handelns von Finanzmarktakteuren, welche unser Wissen über das, was auf den Finanzmärkten vor sich geht, erheblich vertiefen. Mit ihrer mikrosoziologischen Orientierung, den Konzepten der Performativität und der heterarchischen Ordnung ermöglicht sie innovative Einblicke in die Selbstbeweglichkeit des Marktes.

Auffällig ist, dass die Behandlung von Technik in der Wirtschaftssoziologie einerseits, der Finanzsoziologie andererseits eine ganz andere ist. Während letztere aufgrund ihrer Wurzeln in den *Science and Technology Studies* über einen sehr elaborierten Technikbegriff verfügt, ist das Thema der Technik in ersterer weitgehend abwesend. Die Wirtschaftssoziologie behandelt Technik mehr oder weniger als eine beliebig verfügbare Externalität und ist hierin den Wirtschaftswissenschaften nicht ganz unähnlich. Technik aber ist in theoretischer Hinsicht sowohl in Hinblick auf die Konstitution von Organisationen und Märkten als auch des ökonomischen Wissens überhaupt einer der zentralen Faktoren. Und empirisch sind wirtschaftliche und soziale Innnovationen überhaupt nicht von der Entwicklung der Technik zu trennen. Gerade die Digitalisierung macht das deutlich und fordert die Wirtschaftssoziologie heraus, einen reichhaltigeren Technikbegriff zu verwenden. Diesbezüglich kann sie auf die *Science and Technologie Studies* zurückgreifen, die bereits für die Finanzsoziologie von so entscheidendem Einfluss waren. Und sie kann von einer intensiven Auseinandersetzung mit Daten und Algorithmen in den angrenzenden Kultur- und Medienwissenschaften nur profitieren. Gerade wenn die Wirtschaftssoziologie einen umfassenden Erkenntnisanspruch wirtschaftlichen Handelns für sich reklamiert, scheint es notwendig, dass sie der Technik konzeptionell-theoretisch als auch empirisch eine wesentlich größere Aufmerksamkeit schenkt als bislang.

Die Wirtschaftssoziologie ist in Hinblick auf die kapitalistische Krisendynamik in ihren Analysen insgesamt sehr zurückhaltend. Die Finanzsoziologie hat einerseits viele innovative Einblicke in das konkrete Finanzmarkthandeln, in die Kultur der Finanzmärkte und in die konstitutive Bedeutung technischer Artefakte hervorgebracht. Die politische Ökonomie der Finanzmärkte hat andererseits die Rolle politischer Akteure in der Krise und die institutionelle Dynamik des Finanzmarktkapitalismus untersucht. Es wurde bereits darauf hingewiesen, dass die Finanzsoziologie mehr an den Praktiken als an den Politiken, die politische Ökonomie der Finanzmärkte stärker an den Politiken als den Praktiken interessiert ist. Das ist im Sinne einer funktionierenden Arbeitsteilung auch gar nicht zu kritisieren. Die Wirtschaftssoziologie könnte gleichwohl an Deutungsmacht gewinnen, würde sie es verstehen, den ökonomischen Prozess von der Ebene des Wissens und der Praktiken der Akteure über die Veränderung der Institutionen bis zu der Dynamik des Gegenwartskapitalismus in den Blick zu nehmen.

Die Wirtschaftssoziologie steht damit gerade durch ihre in den letzten zwei Jahrzehnten erzielten Erfolge vor der Herausforderung, ihre Ziele und ihr soziologisches Selbstverständnis zu bestimmen. Will sie vor allem eine *Wirtschafts*soziologie sein, oder eine Wirtschafts*soziologie*? Will sie wirtschaftliche Prozesse nur besser erklären als die Ökonomie, oder will sie eine stärkere An- und Einbindung in die soziologischen Debatten zur Entwicklung von Gesellschaft, Kapitalismus und Moderne? Es ist auffällig, dass sich sowohl das Theoriedefizit als auch die Perspektiven der Wirtschaftssoziologie mit einem Blick auf ihre Beziehungen zur französischen Soziologie verdeutlichen lassen. So spricht auf der einen Seite die Irrelevanz der Arbeiten von Pierre Bourdieu und (noch deutlicher) von Michel Foucault für die deutschsprachige Wirtschaftssoziologie in Hinblick auf ihre gesellschaftstheoretische Zurückhaltung Bände. Und auf der anderen Seite ist es gerade die gegenwärtige Konjunktur französischer Soziologien, insbesondere der Ökonomie der Konventionen, welche der Wirtschaftssoziologie auch in Deutschland gesellschaftstheoretische Relevanz und einen kritischen ‚Geist' einzuhauchen verspricht. Dass sich die Wirtschaftssoziologie gegenwärtig der soziologischen Theorie zuwendet, ist kein Zufall. Eher ist es das Ergebnis ihrer erfolgreichen Konsolidierung. Auf der Grundlage des Erreichten scheint im Moment so etwas wie eine kritische Bestandsaufnahme und damit eine Erweiterung der Grenzen der Wirtschaftssoziologie möglich.

Literaturverzeichnis

Abolafia, Mitchel Y. (1996): Making Markets: Opportunism and Restraint on Wall Street. Cambridge, MA: Harvard University Press
Adkins, Lisa; Celia Lury (2012): Introduction: special measures, in: The Sociological Review 2013/01, pp.
Adorno, Theodor W./Max Horkheimer (1969)[1944]: Dialektik der Aufklärung, Frankfurt am Main: S. Fischer Verlag
Aglietta, Michel (2000): Shareholder value and corporate governance: some tricky questions, in: Economy and Society, vol. 29, no. 1, pp. 146-159
Akerlof, George A. (1970): The market for "lemons": Quality uncertainty and the market mechanism, in: *The Quarterly Journal of Economics*, pp. 488-500
Akerlof, George A. (1976): The Economies of Caste and the Rat Race and Other Woeful Tales, in: The Quaterly Journal of Economics 84, pp. 599-617
Albert, Michel (1992): Kapitalismus kontra Kapitalismus, Frankfurt: Campus Verlag
Albo, Greg (2005): Contesting the "New Capitalism", in: David Coates (ed.): Varieties of Capitalism, Varieties of Approaches, Basingstoke: Palgrave Macmillan, S. 63-82
Altmann, Norbert; Manfred Deiß; Volker Döhl; Dieter Sauer (1986): Ein "Neuer Rationalisierungstyp" – neue Anforde¬rungen an die Industriesoziologie; in: Soziale Welt, Heft 2/3, S. 191-208
Arbeitsgruppe SubArO (2005): Ökonomie der Subjektivität – Subjektivität der Ökonomie, Berlin: edition sigma
Aspers, Patrik (2015): Märkte. Wiesbaden: Springer VS
Aspers, Patrik, Jens Beckert (2008): Märkte, in: Andrea Maurer (Hg.): Handbuch der Wirtschaftssoziologie, Wiesbaden: VS Verlag, S. 225-246
Austin, John L. (1979): Zur Theorie der Sprechakte (engl. Orig.: „How to do things with words"), bearbeitete und bibliogr. ergänzte Ausgabe, Stuttgart: Reclam Verlag
Bammé, Arno (2009): Science and technology studies. Ein Überblick. Marburg: Metropolis

Bechtle, Günter; Dieter Sauer (2003): Postfordismus als Inkubationszeit einer neuen Herrschaftsform, in: Klaus Dörre und Bernd Röttger (Hg.): Das neue Marktregime. Konturen eines nachfordistischen Produktionsmodells, Hamburg: VSA Verlag, S. 35–54

Beck, Ulrich (1983): Jenseits von Stand und und Klasse? Soziale Ungleichheiten, gesellschaftliche Individualisierungsprozesse und die Entstehung neuer sozialer Formationen und Identitäten, in: Reinhard Kreckel (Hg.): Soziale Ungleichheiten, Sonderband 2 der Sozialen Welt, S. 35-74

Beck, Ulrich (1986): Risikogesellschaft. Auf dem Weg in eine andere Moderne, Frankfurt: Suhrkamp Verlag

Beckert, Jens (1996): Was ist soziologisch an der Wirtschaftssoziologie? Ungewißheit und die Einbettung wirtschaftlichen Handelns, in: Zeitschrift für Soziologie, 25. Jg., Heft 2, S. 125-146

Beckert, Jens (2007a): Die soziale Ordnung von Märkten, in: Jens Beckert/Rainer Diaz-Bone/Heiner Ganßmann (Hg.): Märkte als soziale Strukturen, Frankfurt/New York: Campus Verlag, S. 43-62

Beckert, Jens (2007b): The Great Transformation of Embeddedness. Karl Polanyi and the New Economic Sociology, Köln: MPIfG Discussion Paper 07/1

Beckert, Jens (2009): Wirtschaftssoziologie als Gesellschaftstheorie, in: Zeitschrift für Soziologie, 38. Jg., Heft 3, S. 182-197

Beckert, Jens (2011): Imagined Futures. Fictionality in Economic Action, MPiFG discussion paper 11/8, Köln

Beckert, Jens (2018): Imaginierte Zukunft. Fiktionale Erwartungen und die Dynamik des Kapitalismus, Berlin: Suhrkamp

Beckert, Jens; Natalia Besedovsky (2009): Die Wirtschaft als Thema der Soziologie. Zur Entwicklung wirtschaftssoziologischer Forschung in Deutschland und den USA, Köln: MPifG Discussion Paper 09/1

Beckert, Jens; Christoph Deutschmann (Hg.)(2009): Wirtschaftssoziologie, Sonderheft 49 der Kölner Zeitschrift für Soziologie und Sozialpsychologie (KZfSS)

Beckert, Jens; Rainer Diaz-Bone; Heiner Ganßmann (2007a): Märkte als soziale Strukturen, Frankfurt/Main: Campus Verlag

Beckert, Jens; Rainer Diaz-Bone; Heiner Ganßmann (2007b): Einleitung: Neue Perspektiven für die Marktsoziologie, in: Jens Beckert/Rainer Diaz-Bone/Heiner Ganßmann (Hg.): Märkte als soziale Strukturen, Frankfurt/New York: Campus Verlag, S. 19-39

Beckert, Jens; Frank Wehinger (2013): In the shadow: illegal markets and economic sociology, in: Socio-Economic Review 11(1), Oxford University Press, S. 5-30

Beckert, Jens; Matías Dewey (2017): Introduction. The Social Organization of Illegal Markets, in: dies. (Hg.): The Architecture of Illegal Markets. Towards an Economic Sociology of Illegality in the Economy, Oxford: Oxford University Press, S. 1-34

Bell, Daniel (1973): The Coming of Post-Industrial Society. A Venture in Social Forecasting, New York: Basic Books

Berger, Johannes (2008): Kapitalismusanalyse und Kapitalismuskritik, in: Andrea Maurer (Hrsg.) Handbuch der Wirtschaftssoziologie, Wiesbaden: VS Verlag, S. 363-381

Berger, Peter L.; Thomas Luckmann (1980)[1969]: Die gesellschaftliche Konstruktion der Wirklichkeit. Eine Theorie der Wissenssoziologie, Frankfurt: Fischer Verlag

Berle, Adolf A./Gardiner C. Means (1968)[1932]: The Modern Corporation and Private Property, revised version, New York: Harcourt, Brace, and World

Literaturverzeichnis

Bessy, Christian (2011): Repräsentation, Konvention und Institution. Orientierungspunkte für die Économie des conventions, in: Rainer Diaz-Bone (ed.): Soziologie der Konventionen, Frankfurt/Main: Campus Verlag, S. 167-202

Beunza, Daniel (2005): Listening to the Spread Plot, in: Bruno Latour/Peter Weibel (eds.): Making Things Public. Atmospheres of Democracy, Cambridge u.a.: MIT Press, pp. 628-633

Beunza, Daniel und David Stark (2004): Tools of the trade. The socio-technology of arbitrage in a Wall Street trading room, in: Industrial and Corporate Change, vol. 13, no. 2, pp. 369-400

Beunza, Daniel und David Stark (2005): How to recognize Opportunities: Heterarchical Search in a Trading Room, in: Karin Knorr Cetina und Alex Preda (Hg.): The Sociology of Financial Markets, Oxford: Oxford University Press, 84-101

Beunza, Daniel; Raghu Garud (2007): Calculators, lemmings or frame-makers? The intermediary role of securities analysts, in: The Sociological Review, vol. 55, S. 13-39

Beyer, Jürgen (1998): Managerherrschaft in Deutschland?, Wiesbaden: Westdeutscher Verlag

Beyer, Jürgen (2006): Pfadabhängigkeit. Über institutionelle Kontinuität, anfällige Stabilität und fundamentalen Wandel, Frankfurt/New York: Campus Verlag

Beyer, Jürgen (2009): Varietät verspielt? Zur Nivellierung der nationalen Differenzen des Kapitalismus durch globale Finanzmärkte, in: Jens Beckert/Christoph Deutschmann (Hg.): Wirtschaftssoziologie, Wiesbaden: VS Verlag, S. 305-325

Beyer, Jürgen (2011): Tanzen, solange die Musik spielt – Transnationale Vergemeinschaftungen im Finanzmarktkapitalismus, in: hamburg review of social sciences, vol. 6, issue 1, S. 1-18

Bieber, Daniel; Dieter Sauer (1991): "Kontrolle ist gut! Ist Vertrauen besser?" "Autonomie" und "Beherrschung" in Abnehmer-Zulieferbeziehungen, in: Mendius, Hans Gerhard; Ulrike Wendeling-Schröder (Hg.): Zulieferer im Netz. Neustrukturierung der Logistik am Beispiel der Automobilzulieferung, Köln: Bund-Verlag, S. 228-254

Bijker, W. E.; Th. P. Hughes und T. J. Pinch (1987): The Social Construction of Technological Systems. New Directions in the Sociology and History of Technology, Cambridge/MA und London: MIT Press

Bischoff, Jörg (1994): Das Shareholder Value-Konzept, Wiesbaden: Deutscher Universitäts-Verlag

Blossfeld, Hans-Peter/Timm, Andreas (2003): Who Marries Whom? Dordrecht: Kluwer

Blumberg, Alex; Adam Davidson und Ira Glass (2009): Die Finanzkrise: Teil 1 – Der globale Geldtopf, in: NZZ Folio 01/09 (Beilage der Neuen Zürcher Zeitung)

BMBF (2017): Industrie 4.0. Innovationen für die Produktion von morgen, Berlin: Bundesministerium für Bildung und Forschung, August 2017

Boes, Andreas; Tobias Kämpfer; Barbara Langes; Thomas Lühr (2017): »Lean« und »agil« im Büro. Neue Organisationskonzepte in der digitalen Transformation und ihre Folgen für die Angestellten, Bielefeld: transcript, zugleich ‚Forschung aus der Hans-Böckler-Stiftung' Band 193

Boes, Andreas; Sabine Pfeiffer (2006): Informatisierung der Arbeit – Gesellschaft im Umbruch. Eine Einführung, in: Andrea Baukrowitz, Thomas Berker, Andreas Boes u.a. (Hg.): Infomatisierung der Arbeit – Gesellschaft im Umbruch, Berlin: edition sigma, S. 19-34

Boland, Richard J.; **Ulrike Schultze (1996):** Narrating accountability: cognition and the production of the accountable selft, in: Rolland Munro; Jan Mouritsen (eds.): Accountability. Power, Ethos & the Technologies of Managing, London u.a.: International Thomson Business Press, S. 62-81
Boltanski, Luc (1990): Die Führungskräfte. Die Entstehung einer sozialen Gruppe. Frankfurt: Campus Verlag
Boltanski, Luc; Ève Chiapello (2001): Die Rolle der Kritik in der Dynamik des Kapitalismus und der normative Wandel, in: Berliner Journal für Soziologie, Band 11, Heft 4, S. 459-477
Boltanski, Luc; Ève Chiapello (2003): Der neue Geist des Kapitalismus, Konstanz: UVK Verlagsgesellschaft (frz. Orig. 1999)
Boltanski, Luc; Laurent Thévenot (2007): Über die Rechtfertigung. Eine Soziologie der kritischen Urteilskraft, Hamburg: HIS Verlag. Franz. Orig. 1991 unter dem Titel „De la justification. Les économies de la grandeur." bei Éditions Gallimard
Bonacker, Thorsten; Andreas Reckwitz (2007): Das Problem der Moderne: Modernisierungstheorien und Kulturtheorien, in: dies. (Hg.): Kulturen der Moderne. Soziologische Perspektiven der Gegenwart, Frankfurt/New York: Campus Verlag, S. 7-18
Bonin, Holger; Gregory, Terry; Zierahn, Ulrich (2015): Übertragung der Studie von Frey/Osborne (2013) auf Deutschland. Kurzexpertise Nr. 57 im Auftrag des Bundesministeriums für Arbeit und Soziales, Mannheim: Zentrum für Europäische Wirtschaftsforschung
Bonß, Wolfgang (1982): Die Einübung des Tatsachenblicks. Zur Struktur und Veränderung empirischer Sozialforschung, Frankfurt am Main: Suhrkamp Verlag
Bowles, J. (2014): The computerization of European Jobs. Bruegel, Brussels
Brandt, Gerhard (1990): Organisatorische und technologische Innovation in der Industrie und ihre gesellschaftlichen Implikationen (zusammen mit Daniel Bieber und Gerd Möll), in: ders.: Arbeit, Technik und gesellschaftliche Entwicklung. Transformationsprozesse des modernen Kapitalismus. Aufsätze 1971-1987, Frankfurt/Main: Suhrkamp Verlag, S. 358-370
Bröckling, Ulrich (2002): Jeder könnte, aber nicht alle können. Konturen des unternehmerischen Selbst, in: Mittelweg 36, 11. Jg., August/September, S. 6-26
Brödner, Peter (1985): Fabrik 2000. Alternative Entwicklungspfade in die Zukunft der Fabrik, Berlin: edition sigma
Brödner, Peter (2014): Industrie 4.0 und Big Data. Kritische Reflexion Forschungspolitscher Visionen, Vortrag auf der Tagung „Gute Forschung für gute Arbeit", 31. Oktober 2014, Universität Siegen; https://www.uni-siegen.de/infme/start_ifm/veranstaltungen/vortrag_peter_broedner.pdf zuletzt abgerufen am 18.01.2018
Brugger, Florian (2017): Harrison C. White: Where Do Markets Come From? In: Klaus Kraemer/Florian Brugger (Hg.): Schlüsselwerke der Wirtschaftssoziologie, Wiesbaden: Springer VS, S. 249-255
Brynjolfsson, Erik; McAfee, Andrew; Pyka, Petra (2015): The second machine age. Wie die nächste digitale Revolution unser aller Leben verändern wird. Kulmbach: Börsenmedien AG, 2. Auflage
Bundeszentrale für politische Bildung (2010a): Größere Finanzkrisen seit 1970, online unter: http://www.bpb.de/nachschlagen/zahlen-und-fakten/globalisierung/52625/finanzkrisen-seit-1970, letzter Zugriff am 02. Juni 2016

Literaturverzeichnis

Burgdorf, Anna (2011): Virtualität und Fiktionalität. Überlegungen zur Finanzwelt als »Vorstell ungsraum«, in: Christine Künzel, Dirk Hempel (Hg.): Finanzen und Fiktionen. Grenzgänge zwischen Literatur und Wirtschaft, Frankfurt am Main: Campus Verlag, S. 107-118

Burt, Ronald S. (1992): Structural Holes. The Social Structure of Competition, Cambridge, Mass.: Harvard University Press

Burt, Ronald S. (2001): The Social Capital of Structural Holes, in: Mauro F. Guillén et al. (eds.): New Directions in Economic Sociology, New York: Russel Sage Foundation, S. 201-247

Butler, Judith (1991): Das Unbehagen der Geschlechter, Frankfurt/Main: Suhrkamp

Callon, Michel (1998): Introduction: the embeddedness of economic markets in economics, in: ders. (ed.): The Laws of the Markets, Oxford: Blackwell publishers, S. 1-57

Castel, Robert (2009): Die Wiederkehr der sozialen Unsicherheit, in: Robert Castel; Klaus Dörre (Hg.): Prekarität, Abstieg, Ausgrenzung. Die soziale Frage am Beginn des 21. Jahrhunderts, Frankfurt/New York: Campus Verlag, S. 21-34

Castel, Robert; Klaus Dörre (Hg.)(2009): Prekarität, Abstieg, Ausgrenzung. Die soziale Frage am Beginn des 21. Jahrhunderts, Frankfurt/New York: Campus Verlag

Celikates, Robin (2009): Kritik als soziale Praxis. Gesellschaftliche Selbstverständigung und kritische Theorie, Frankfurt am Main: Campus

Coase, Robert H. (1937): The Nature of the Firm, Wiederabdruck in: Oliver E. Williamson; Sidney G. Winter (eds.): The Nature of the Firm. Origins, Evolution, and Development, New York/Oxford: Oxford University Press 1993, S. 18-33

Credit Suisse (2015): Global Wealth Data Book 2015; https://www.credit-suisse.com/us/en/about-us/research/research-institute/global-wealth-report.html, zuletzt abgerufen am 03.11.2016

Credit Suisse (2017): Global Wealth Data Book 2017; https://www.credit-suisse.com/corporate/en/articles/news-and-expertise/global-wealth-report-2017-201711.html; zuletzt abgerufen am 30.04.2018

Crozier, Michel; Erhard Friedberg (1979): Macht und Organisation. Die Zwänge kollektiven Handelns, Königstein/Ts.: Athenäum-Verlag, französische Originalausgabe: L'Acteur et le Système, Edition du Seuil 1977

Czingon, Claudia; Sighard Neckel (2015): Banking in gesellschaftlicher Verantwortung? Zur Berufsmoral im Finanzwesen, in: WestEnd. Neue Zeitschrift für Sozialforschung, Heft 1/2015, S. 71-84

Dahrendorf, Ralf (1965): Gesellschaft und Demokratie in Deutschland, München: Piper Verlag

Deutschmann, Christoph (2002): The Regime of Shareholders: End of the Regime of Managers? In: Soziale Systeme 8 (2002), Heft 2, S. 178-190

Deutschmann, Christoph (2005): Finanzmarkt-Kapitalismus und Wachstumskrise, in: Paul Windolf (Hg.): Finanzmarktkapitalismus. Analysen zum Wandel von Produktionsregimen, Kölner Zeitschrift für Soziologie und Sozialpsychologie, Sonderheft 45, S. 58-84

Deutschmann, Christoph (2008a): Der kollektive „Buddenbrooks-Effekt": Die Finanzmärkte und die Mittelschichten, Köln: MPIfG Working Paper 08 /5, Oktober 2008

Deutschmann, Christoph (2008b): Kapitalismus, Religion und Unternehmertum – eine unorthodoxe Interpretation, in: ders.: Kapitalistische Dynamik. Eine gesellschaftstheoretische Perspektive, Wiesbaden: Springer VS, S. 13-40

Deutschmann, Christoph (2012a): Der Glaube der Finanzmärkte. Manifeste und latente Performativität in der Wirtschaft, in: Herbert Kalthoff/Uwe Vormbusch (Hg.): Soziologie der Finanzmärkte, Bielefeld: transcript: S. 131-150

Deutschmann, Christoph (2012b): Capitalism, Religion, and the Idea of the Demonic, Köln: Max-Planck-Institut für Gesellschaftsforschung, MPIfG Discussion Paper 12/2

Deutsche Vereinigung für Finanzanalyse und Assetmanagement DVFA (2010): Anforderungen an Structured Finance Ratings, Dreieich, abgerufen am 19.09.2016 unter http://www.dvfa.de/fileadmin/downloads/Publikationen/Standards/finanzschrift_1_10.pdf

Diaz-Bone, Rainer (2010): Märkte als Netzwerke, in: Stegbauer, Christian/Häussling, Roger (Hg.): Handbuch Netzwerkforschung. Wiesbaden: VS-Verlag, S. 615-626

Diaz-Bone, Rainer (2011)(Hg.): Soziologie der Konventionen. Grundlagen einer pragmatistischen Anthropologie, Frankfurt/Main: Campus Verlag,

Diaz-Bone, Rainer (2015): Die „Economie des conventions". Grundlagen und Entwicklungen der neuen französischen Wirtschaftssoziologie, Wiesbaden: Springer VS

Dimaggio, Paul J.; Walter W. Powell (1983): The Iron Cage revisited: Institutional Isomorphism and Collective Rationality in Organizational Fields, in: American Sociological Review, 48. Jg., Heft 2, S. 147-160

Dodier, Nicolas (2011): Konventionen als Stützen der Handlung: Elemente der soziologischen Pragmatik, in: Rainer Diaz-Bone (ed.): Soziologie der Konventionen, Frankfurt/Main: Campus Verlag, S. 69-97

Dolata, Ulrich (2017): Apple, Amazon, Google, Facebook, Microsoft: Market concentration – competition – innovation strategies, Stuttgarter Beiträge zur Organisations- und Innovationsforschung, SOI Discussion Paper, No. 2017-01, Universität Stuttgart

Dörre, Klaus (2001): Das deutsche Produktionsmodell unter dem Druck des Shareholder Value, in: Kölner Zeitschrift für Soziologie und Sozialpsychologie, 53. Jg., S. 675-704

Dörre, Klaus (2009a): Die neue Landnahme. Dynamiken und Grenzen des Finanzmarktkapitalismus, in: Klaus Dörre, Stephan Lessenich und Hartmut Rosa (Hg.): Soziologie – Kapitalismus – Kritik. Eine Debatte, Frankfurt/Main: Suhrkamp, S. 21-86

Dörre, Klaus (2009b): Prekarität im Finanzmarkt-Kapitalismus, in: Robert Castel; Klaus Dörre (Hg.): Prekarität, Abstieg, Ausgrenzung. Die soziale Frage am Beginn des 21. Jahrhunderts, Frankfurt/New York: Campus Verlag, S. 35-64

Dörre, Klaus (2012): Krise des Shareholder Value? Kapitalmarktorientierte Steuerung als Wettkampfsystem, in: Klaus Kraemer; Sebastian Nessel (Hg.): Entfesselte Finanzmärkte: Soziologische Analysen des modernen Kapitalismus, Frankfurt am Main u.a.: Campus Verlag, S.121-143

Dröge, Kai; Olivier Voirol (2017): Kapitalistische Liebesformen. Online Dating und die produktive Spannung zwischen romantischer Liebe und ökonomischer Rationalisierung, in: Patrick Sachweh; Sascha Münnich (Hg.): Kapitalismus als Lebensform? Deutungsmuster, Legitimation und Kritik in der Marktgesellschaft, Wiesbaden: Springer VS

Durkheim Emile (1977): Über die Teilung der sozialen Arbeit, Frankfurt am Main: Suhrkamp Verlag

Durkheim, Emile (1981): Einführung in die Sozialwissenschaft. Eröffnungsvorlesung von 1887-1888, in: Lore Heisterberg (Hg.): Frühe Schriften zur Begründung der Sozialwissenschaft, Darmstadt/Neuwied: Luchterhand Verlag, S. 25-52

Duttweiler, Stefanie; Robert Gugutzer, Jan-Hendrik Passoth & Jörg Strübing (2016) (Hg.): *Leben nach Zahlen. Self-Tracking als Optimierungsprojekt?* Bielefeld: transcript

Economic Report of the President (2008): Table B–91, Profits by Industry; https://www.gpo.gov/fdsys/browse/collection.action;jsessionid=QV2pOq4QfKOr0WkTcr4KNqfrEPjmcDtqLShtcH-2b9_o5mkKrj0k!-943551407!199698199?collectionCode=ERP&browsePath=2008&isCollapsed=false&leafLevelBrowse=false&isDocumentResults=true&ycord=0

Eggers, Dave (2013): The Circle, London: Penguin Books

Elias, Norbert (1997)[1939]: Über den Prozeß der Zivilisation. Zwei Bände, Frankfurt am Main: stw

Esping-Andersen, Gøsta (1990): The Three Worlds of Welfare Capitalism. Cambridge: Polity Press

Eymard-Duvernay, Francois; Olivier Favereau; André Orléan; Robert Salais; Laurent Thévenot (2011): Werte, Koordination und Rationalität: Die Verbindung dreier Themen durch die >>Èconomie des conventions<<, in: Rainer Diaz-Bone (ed.): Soziologie der Konventionen, Frankfurt/Main: Campus Verlag, S. 203-230

Faust, Michael; Lukas Thamm (2015): Wie viel „Finanzmarktkapitalismus" gibt es in Deutschland? Indikatoren der Kontroll-Finanzialisierung von 1990 bis heute, soeb working paper 2015-05, Göttingen: Soziologisches Forschungsinstitut (SOFI)

Fligstein, Neil (1990): The Transformation of Corporate Control, Cambridge/Mass.: Harvard University Press

Fligstein, Neil (1996): Markets as Politics. A Political-Cultural Approach to Market Institutions, in: American Sociological Review 61(4), S. 656-673

Fligstein, Neil (2011): Die Architektur der Märkte, Wiesbaden: Springer VS

Ford, Henry (1923): Mein Leben und Werk, Leipzig: Paul List Verlag

Fourcade, Marion (2011): Cents and Sensibility: Economic Valuation and the Nature of "Nature", in: American Journal of Sociology, vol. 116, no. 6, S. 1721-1777

Frey, Carl Benedikt; Osborne, Michael A. (2013): The future of employment. How susceptible are jobs to computerisation? Oxford: University of Oxford

Fuchs, Christian (2017): Marx lesen im Informationszeitalter. Eine medien- und kommunikationswissenschaftliche Perspektive auf >Das Kapital. Band 1<, Münster: UNRAST Verlag

Fuchs, Christian (2018): Industry 4.0: The Digital German Ideology, in: tripleC 16(1), S. 280-289; http://www.triple-c.at

Funder, Maria (2011): Soziologie der Wirtschaft. Eine Einführung, München: Oldenbourg Verlag

Granovetter, Mark (1973): The Strength of Weak Ties, in: American Journal of Sociology, Volume 78, Number 6, pp. 1360-1380

Granovetter, Mark (1974): Getting a Job. A study of contacts and careers, Cambridge/Mass.: Harvard University Press

Granovetter, Mark (1983): The Strength of Weak Ties: A Network Theory Revisited, in: Sociological Theory, Vol. 1, S. 201-233

Granovetter, Mark (1985): Economic Action and Social Structure: The Problem of Embeddedness, in: American Journal of Sociology, Vol. 91, No. 3, pp. 481-510
Habermas, Jürgen (1981): Theorie des kommunikativen Handelns, Band 2: Zur Kritik der funktionalistischen Vernunft. Frankfurt/Main: Suhrkamp
Haipeter, Thomas; Erich Latniak; Steffen Lehndorff (Hg.)(2016): Arbeit und Arbeitsregulierung im Finanzmarktkapitalismus, Wiesbaden: Springer VS
Hall, Peter A.; Daniel W. Gingerich (2004): „Spielarten des Kapitalismus" und institutionelle Komplementaritäten in der Makroökonomie – Eine empirische Analyse, in: Berliner Journal für Soziologie, Heft 1, S. 5-32
Harvey, David (2005): Der neue Imperialismus, Hamburg: VSA Verlag
Hedtke, Reinhold (2014): Wirtschaftssoziologie. Eine Einführung, Konstanz und München: UVK
Heidorn, Thomas; Lars König (2003): Investitionen in Collateralized Debt Obligations, Hochschule für Bankwirtschaft, Arbeitspapier Nr. 44, Mai 2003
Hepp, Andreas; Friedrich Krotz (Hg.): Mediatisierte Welten. Forschungsfelder und Beschreibungsansätze, Wiesbaden: Springer VS
Herzog, Lisa; Axel Honneth (2014)(Hg.): Der Wert des Marktes – Ein ökonomisch-philosophischer Diskurs vom 18. Jahrhundert bis zur Gegenwart, Frankfurt am Main: stw
Heuts, Frank; Annemarie Mol (2013): What is a good tomato? A Case of Valuing in Practice, in: Valuation Studies 1(2): 125-146
Hilferding, Rudolf (1974)[1910]: Das Finanzkapital. Eine Studie über die jüngste Entwicklung des Kapitalismus, Frankfurt am Main: Europäische Verlags-Anstalt
Hillebrandt, Frank (2016): Ökonomische Praxis. Zur überraschenden Verbindlichkeit des Tauschens, in: Thomas Bedorf; Steffen Hermann (Hg.): Das soziale Band. Geschichte und Gegenwart eines sozialtheoretischen Grundbegriffs, Frankfurt/New York: Campus Verlag, S. 262-292
Hillebrandt, Frank (2014): Soziologische Praxistheorien. Eine Einführung, Wiesbaden: Springer VS
Hirsch-Kreinsen, Hartmut (2018): Einleitung: Digitalisierung industrieller Arbeit, in: Hartmut Hirsch-Kreinsen, Peter Ittermann, Jonathan Niehaus (Hg.): Digitalisierung industrieller Arbeit. Die Vision Industrie 4.0 und ihre sozialen Herausforderungen, Baden-Baden: Nomos, S. 13-32
Hochschild, Arlie Russel (1990): Das gekaufte Herz: zur Kommerzialisierung der Gefühle, Frankfurt/New York: Campus Verlag, engl. Orig. [1983]: "The Managed Heart. Commercialization of Human Feeling"
Hochschild, Arlie Russell (2002): Keine Zeit. Wenn die Firma zum Zuhause wird und zu Hause nur Arbeit wartet, Opladen: Leske + Budrich, engl. Originalfassung: The Time Bind (1997)
Höpner, Martin (2003): Wer beherrscht die Unternehmen? Shareholder Value, Managerherrschaft und Mitbestimmung in Deutschland, Frankfurt/New York: Campus Verlag
Höpner, Martin; Lothar Krempel (2004): Ein Netzwerk in Auflösung: Wie die Deutschland AG zerfällt, in: MPIFG Jahrbuch 2003-2004, S. 9-14
Hörisch, Jochen (2002): Zählen oder Erzählen. Hinweise auf neuere Geld-Literatur, in: Christoph Deutschmann (Hrsg.): Die gesellschaftliche Macht des Geldes, Wiesbaden: Westdeutscher Verlag, S. 316-324

Hollan, James; Edwin Hutchins; David Kirsh (2000): Distributed Cognition: Toward a New Foundation for Human-Computer Interaction Research, in: ACM Transactions on Computer-Human Interaction, Vol. 7, No. 2, June 2000, S. 174–196

Honneth, Axel (2014): Einleitung: Die Kritik des Marktes vom 19. Jahrhundert bis zur Gegenwart, in: Lisa Herzog; Axel Honneth (Hg.): Der Wert des Marktes. Ein ökonomisch-philosophischer Diskurs vom 18. Jahrhundert bis zur Gegenwart, Frankfurt/Main: stw, S. 155-173

Huffschmid, Jörg (2009): Die Krise der Finanzmärkte und die Antwort der Regierungen, in: Krise global, lokal, fundamental. Analysen und Impulse zur Politik = La @crise globale, locale, fundamentale. Zürich: Ed. 8 Jahrbuch/Denknetz, S. 10–21. Online verfügbar unter http://www.denknetz-online.ch/IMG/pdf/Huffschmid.pdf, zuletzt geprüft am 16.01.2016.

Hughes, Thomas P. (1983): Networks of Power. Electrification in Western Society 1880–1930, Baltimore: Johns Hopkins University Press.

Hughes, Thomas P. (1991): Die Erfindung Amerikas. Der technologische Aufstieg der USA seit 1870, München: Verlag C.H. Beck.

Hutchins, Edwin (1996): Cognition in the Wild, Cambridge und London: MIT Press

Illouz, Eva (2003): Der Konsum der Romantik. Liebe und die kulturellen Widersprüche des Kapitalismus, Frankfurt am Main: Suhrkamp Verlag

Illouz, Eva (2006): Gefühle in Zeiten des Kapitalismus, Frankfurt am Main: Suhrkamp VerlagIllouz, Eva (2007): Cold Intimacies. The Making of Emotional Capitalism, Cambridge: Polity Press

Illouz, Eva (2011): Warum Liebe weh tut. Eine soziologische Erklärung, Frankfurt am Main: Suhrkamp Verlag

International Monetary Fund (IMF)(2010): World Economic Outlook, April 2010

Jagd, Soren (2011): Die Économie des conventions und die Neue Wirtschaftssoziologie Wechselseitige Inspirationen und Dialoge, in: Rainer Diaz-Bone (ed.): Soziologie der Konventionen, Frankfurt/Main: Campus Verlag, S. 275-292

Jevons, William St. (1871): Principles of Political Economy, London: MacMillan

Kädtler, Jürgen (2017): Paul Windolf: Was ist Finanzmarktkapitalismus? In: Klaus Kraemer/Florian Brugger (Hg.): Schlüsselwerke der Wirtschaftssoziologie, Wiesbaden: Springer VS, S. 413-419

Kahneman, Daniel; Amos Tversky (1979): Prospect Theory: An Analysis of Decision under Risk, in: Econometrica 47: 263-291

Kalthoff, Herbert (2004): Finanzwirtschaftliche Praxis und Wirtschaftstheorie. Skizze einer Soziologie ökonomischen Wissens, in: Zeitschrift für Soziologie, Jg. 33, Heft 2, S. 154-175

Kalthoff, Herbert (2009): Die Finanzsoziologie: Social Studies of Finance, in: Kölner Zeitschrift für Soziologie und Sozialpsychologie (KZfSS), Sonderheft 49: Wirtschaftssoziologie (hrsg. von Jens Beckert und Christoph Deutschmann), S. 266-287

Kalthoff, Herbert; Uwe Vormbusch (2010): Representing and Modelling: The Case of Portfolio Management, in: Massimo Amato et al. (eds.): Money and Calculation, Houndsmills: Palgrave MacMillan, S. 174-188

Kalthoff, Herbert; Uwe Vormbusch (Hg.)(2012a): Soziologie der Finanzmärkte, Bielefeld: transcript Verlag

Kalthoff, Herbert; Uwe Vormbusch (2012b): Einleitung: Perspektiven der Wirtschafts- und Finanzsoziologie, in: dies. (Hg.): Soziologie der Finanzmärkte, Bielefeld: transcript Verlag, S. 9-28
Kalthoff, Herbert; Torsten Cress; Tobias Röhl (2016)(Hg.): Materialität. Herausforderungen für die Sozial- und Kulturwissenschaften, Paderborn: Wilhelm Fink Verlag
Kamppeter, Werner (2011): Internationale Finanzkrisen im Vergleich. Lehren für das aktuelle Krisenmanagement, Berlin: Friedrich-Ebert-Stiftung
Kappler, Karolin; Uwe Vormbusch (2014): Froh zu sein bedarf es wenig ...? Quantifizierung und der Wert des Glücks, in: Sozialwissenschaften und Berufspraxis 37 (2), S. 267-281
Kaub, Malte; Marc Schaefer (2002): Wertorientierte Unternehmensführung – Eine Einführung in das Konzept -, Hans Böckler Stiftung
Kay, John (2014): The problem of finding fair value in fine art and finance, in: Financial Times, 18. Juni 2014, S. 9
Keeley, Brian (2015), Income Inequality: The Gap between Rich and Poor, OÖkonomie der KonventionenD Publishing, Paris
Keller, Reiner (2011): Wissenssoziologische Diskursanalyse. Grundlegung eines Forschungsprogramms, Wiesbaden: VS Verlag, 3. Auflg.
Keynes, John Maynard [1936](1960): The General Theory of Employment, Interest and Money, New York: St. Martin's Press
KfW (2014): Die Problematik außenwirtschaftlicher Ungleichgewichte, Kreditanstalt für Wiederaufbau KfW Economic Research Nr. 44, 05. Februar 2014
Kirchner, Stefan; Jürgen Beyer (2016): Die Plattformlogik als digitale Marktordnung, in: Zeitschrift für Soziologie, 45. Jg., Heft 5, S. 324–339
Kjellberg, Hans; Alexandre Mallard; Diane-Laure Arjaliês et al. (2013): Valuations Studies? Our collective two cents, in: Valuation Studies 1(1), S. 11-30
Knight, Frank H. (1964)[1921]: Risk, Uncertainty and Profit, New York: Sentry Press
Knoll, Lisa (2012): Wirtschaftliche Rationalitäten, in: Anita Engels; Lisa Knoll (Hg.): Wirtschaftliche Rationalität. Soziologische Perspektiven, Wiesbaden: Springer VS, S. 47-65
Knoll, Lisa (2015): Organisationen und Konventionen. Die Soziologie der Konventionen in der Organisationsforschung, Wiesbaden: Springer VS
Knoll, Lisa (2017): Ökonomie der Konventionen, in: Andrea Maurer (Hg.): Handbuch der Wirtschaftssoziologie, 2., aktualisierte und erweiterte Auflage, Wiesbaden: VS Verlag, S. 151-162
Knorr Cetina, Karin (1984): Die Fabrikation von Erkenntnis. Zur Anthropologie der Naturwissenschaft, Frankfurt am Main: Suhrkamp
Knorr Cetina, Karin (1988): Das naturwissenschaftliche Labor als Ort der „Verdichtung" von Gesellschaft, in: ZfS, Jg. 17, Heft 2, S. 85-101
Knorr Cetina, Karin (1989): Spielarten des Konstruktivismus, in: Soziale Welt, Heft 1/2, S. 86-96
Knorr Cetina, Karin (1999): „Viskurse" der Physik. Wie visuelle Darstellungen ein Wissenschaftsgebiet ordnen, in: Gottfried Boehm u.a. (Hg.): Konstruktionen Sichtbarkeiten, Wien/New York: Springer Verlag, S. 245-263
Knorr Cetina, Karin (2002): Wissenskulturen. Ein Vergleich naturwissenschaftlicher Wissensformen, Frankfurt/Main: stw

Knorr Cetina, Karin (2003): From Pipes to Scopes: The Flow Architecture of Financial Markets, in: Distinktion 7, S. 7-23
Knorr Cetina, Karin (2007): Economic Sociology and the Sociology of Finance, in: economic sociology – the European electronic newsletter, vol. 8, no. 3, S. 4-9
Knorr Cetina, Karin (2009a): What is a Financial Market? In: Jens Beckert/Christoph Deutschmann (Hg.): Wirtschaftssoziologie, Wiesbaden: VS Verlag, S. 326-343
Knorr Cetina, Karin (2009b): The Synthetic Situation: Interactionism for a Global World, in: Symbolic Interaction, vol. 32, no. 1, S. 61-87
Knorr Cetina, Karin (2012): Von Netzwerken zu skopischen Medien. Die Flussarchitektur von Finanzmärkten, in: Herbert Kalthoff/Uwe Vormbusch (Hg.): Soziologie der Finanzmärkte, Bielefeld: transcript Verlag, S. 31-62
Knorr Cetina, Karin; Alex Preda (Hg.)(2005): The Sociology of Financial Markets, Oxford: Oxford University Press
Knorr Cetina, Karin; Urs Bruegger (2002): Global Microstructures: The Virtual Societies of Financial Markets, in: American Journal of Sociology, vol. 107, no. 4, pp. 904-950
Kraemer, Klaus (2010): Propheten der Finanzmärkte. Zur Rolle charismatischer Ideen im Börsengeschehen, in: Berliner Journal für Soziologie, 20. Jg, Nr. 2, S. 179-201
Kraemer, Klaus; Sebastian Nessel (Hg.)(2012): Entfesselte Finanzmärkte: Soziologische Analysen des modernen Kapitalismus, Frankfurt am Main u.a.: Campus Verlag
Kraemer, Klaus; Florian Brugger (Hg.)(2017a): Schlüsselwerke der Wirtschaftssoziologie, Wiesbaden: Springer VS
Kraemer, Klaus; Florian Brugger (2017b): Die Wirtschaft der Gesellschaft. Zum Stand der wirtschaftssoziologischen Forschung, in: Klaus Kraemer/Florian Brugger (Hg.): Schlüsselwerke der Wirtschaftssoziologie, Wiesbaden: Springer VS, S. 1-26
Kratzer, Nick (2005): Vermarktlichung und Individualisierung. Zur Produktion von Ungleichheit in der reflexiven Modernisierung, in: Soziale Welt, Vol. 56, No. 2/3, S. 247–266.
Krause, A.; Dorsemagen, C.; Stadlinger, J.; Baeriswyl, S. (2012): Indirekte Steuerung und interessierte Selbstgefährdung: Ergebnisse aus Befragungen und Fallstudien, in: Badura u.a. (Hg.): Fehlzeiten-Report 2012, Berlin u.a.: Springer Verlag: 191-202
Kreckel, Reinhard (2009): Dimensionen vertikaler Ungleichheit heute, in: Heike Solga/Justin Powell/Peter A. Berger (Hg.): Soziale Ungleichheit. Klassische Texte zur Sozialstrukturanalyse, Frankfurt/New York: Campus Verlag, S. 143-154
Krippner, Greta R. (2011): Capitalizing on Crisis. The Political Origins of the Rise of Finance. Cambridge/MA: Harvard University Press
Kocyba, Hermann; Stephan Voswinkel (2007): Krankheitsverleugnung – Das Janusgesicht sinkender Fehlzeiten, WSI-Mitteilungen 60. Jg., Heft 3: 131-137
Kühl, Stefan (2008): Wirtschaft und Gesellschaft: neomarxistische Theorieansätze, in: Andrea Maurer (Hg.): Handbuch der Wirtschaftssoziologie, Wiesbaden: VS Verlag, S. 124-151
Lamont, Michele (2012): Toward a comparative Sociology of Valuation and Evaluation, in: Annual Review of Sociology 38, pp. 201-221
Langenohl, Andreas/Kerstin Schmidt-Beck (Hg.)(2007): Die Markt-Zeit der Finanzwirtschaft, Marburg: Metropolis Verlag
Latour, Bruno; Steve Woolgar (1979): Laboratory Life: The Social Construction of Scientific Facts, Princeton: Princeton University Press
Latour, Bruno (1987): Science in Action. Cambridge, MA: Harvard University Press

Latour, Bruno (2006 [1983]): Gebt mir ein Laboratorium und ich werde die Welt aus den Angeln heben, in: Andréa Belliger/David J. Krieger (Hg.): ANThology. Ein einführendes Handbuch zur Akteur Netzwerk Theorie, Bielefeld: Transcript, S.103-134

Laube, Stefan (2012): Im Takt des Marktes. Körperliche Praktiken in technologisierten Finanzmärkten, in: Kalthoff, Herbert; Uwe Vormbusch (Hg.): Soziologie der Finanzmärkte, Bielefeld: transcript Verlag, S. 265-284

Lovink, Geert (2017): Im Bann der Plattformen. Die nächste Runde der Netzkritik, Bielefeld: transcript Verlag

Lucht, Petra; Lisa-Marian Schmidt; René Tuma (Hg.)(2013): Visuelles Wissen und Bilder des Sozialen. Aktuelle Entwicklungen in der Soziologie des Visuellen, Wiesbaden: Springer VS

Lütz, Susanne (2008): Finanzmärkte, in: Andrea Maurer (Hg.): Handbuch der Wirtschaftssoziologie, Wiesbaden: VS Verlag, S. 341-360

Luhmann, Niklas (1982): Liebe als Passion. Zur Codierung von Intimität, Frankfurt/Main: Suhrkamp

Luhmann, Niklas (1984): Soziale Systeme. Grundriß einer allgemeinen Theorie. Frankfurt: Suhrkamp Verlag

Luhmann, Niklas (1994): Die Wirtschaft der Gesellschaft, Frankfurt/Main: stw

Lutter, Mark (2017): Ronald S. Burt: Structural Holes, in: Klaus Kraemer/Florian Brugger (Hg.): Schlüsselwerke der Wirtschaftssoziologie, Wiesbaden: Springer VS, S. 271-275

Lynch, Michael; Steve Woolgar (eds.)(1999): Representation in scientific practice, Cambridge & London: MIT Press

MacKenzie, Donald (2003): Long-Term Capital Management and the Sociology of Arbitrage, in: Economy and Society 32, S. 349-380

MacKenzie, Donald (2005a): Is Economics Performative? Option Theory and the Construction of Derivatives Markets, talk presented at the annual meeting of the History of Economics Society, Tacoma, WA, 25. Juni 2005

MacKenzie, Donald (2005b): Opening the Black Boxes of Global Finance, in: Review of International Political Economy, 12. Jg, Heft 4, S. 555-576

MacKenzie, Donald (2006): An Engine, not a Camera. How Financial Models shape markets. Cambridge/Mass.: MIT Press

MacKenzie, Donald; Yuval Millo (2003): Constructing a Market, Performing Theory: The Historical Sociology of a Financial Derivatives Exchange, in: American Journal of Sociology, vol. 109, pp. 107-145

Maeße, Jens; Jan Sparsam (2017): Die Performativität der Wirtschaftswissenschaft, in: Andrea Maurer (Hg.): Handbuch der Wirtschaftssoziologie, 2., aktualisierte und erweiterte Auflage, Wiesbaden: VS Verlag, S. 181-195

March, James G. (1990): Entscheidung und Organisation. Kritische und konstruktive Beiträge, Entwicklungen und Perspektiven, Wiesbaden: Gabler

Markowitz, Harry (1952): Portfolio Selection, in: The Journal of Finance, vol. VII, No. 1, pp. 77-91

Marshall, Thomas H. (1992): Bürgerrechte und soziale Klassen: zur Soziologie des Wohlfahrtsstaates, Frankfurt a.M./New York: Campus Verlag, Orig. "Citizenship and Social Class and Other Essays", London 1950

Marx, Karl, 1961: Zur Kritik der Politischen Ökonomie. Orig. v. 1859. S. 3-160 in: Marx, Karl und Friedrich Engels, MEW 13. Berlin: Dietz Verlag

Matys, Thomas (2014): Macht, Kontrolle und Entscheidungen in Organisationen. Eine Einführung in organisationale Mikro-, Meso- und Makropolitik, 2. Auflage, Wiesbaden: Springer VS
Mau, Steffen (2015): Inequality, Marketization and the Majority Class. Why did the European Middle Classes accept Neoliberalism? Basingstoke: Palgrave Macmillan
Mau, Steffen (2017): Das metrische Wir. Über die Quantifizierung des Sozialen, Berlin: Suhrkamp Verlag
Maurer, Andrea (2008a)(Hg.): Handbuch der Wirtschaftssoziologie, Wiesbaden: VS Verlag
Maurer, Andrea (2008b): Perspektiven der Wirtschaftssoziologie. Von versunkenen Schätzen, Entdeckern und neuen Kontinenten, in: dies. (Hg.): Handbuch der Wirtschaftssoziologie, Wiesbaden: VS Verlag, S. 11-15
Maurer, Andrea; Gertraude Mikl-Horke (2015): Wirtschaftssoziologie, Baden-Baden: Nomos Verlagsgesellschaft
Maurer, Andrea (2017): 30 Jahre neue Wirtschaftssoziologie, in: dies. (Hg.): Handbuch der Wirtschaftssoziologie, 2., aktualisierte und erweiterte Auflage, Wiesbaden: VS Verlag, S. 3-9
Mayntz, Renate (1992): Modernisierung und die Logik von interorganisatorischen Netzwerken, in: Journal für Sozialforschung, 32. JG., Heft 1, S. 19-32
Mayring, Philipp (2015): Qualitative Inhaltsanalyse. Grundlagen und Techniken, Weinheim: Beltz Verlag, 12. Auflage
Merton, Robert K. (1957): The Role-Set: Problems in Sociological Theory, in: British Journal of Sociology VIII, S. 106-120
Merton, Robert K. (1973)[1942]: The Normative Structure of Science, in: Norman W. Storer (Hg.): The Sociology of Science. Theoretical and Empirical Investigations, Chicago: University Press, S. 267-287
Meyer, John W.; Brian Rowan (1977): Institutionalized Organizations: Formal Structure as Myth and Ceremony, in: AJS, Volume 83, Nummer 2, S. 340-363
Mikl-Horke, Gertraude (2008): Klassische Positionen der Ökonomie und Soziologie und ihre Bedeutung für die Wirtschaftssoziologie, in: Andrea Maurer (Hg.): Handbuch der Wirtschaftssoziologie, Wiesbaden: VS Verlag, S. 19-44
Milgram, Stanley (1967): The Small-World Problem, in: Psychology Today, vol. 1, no. 1, May 1967: 61-67
Mirowski, Philip (2015): Untote leben länger. Warum der Neoliberalismus nach der Krise noch stärker ist, Berlin: Matthes & Seitz Verlag
Moebius, Stephan; Clemens Albrecht (Hg.)(2014): Kultur-Soziologie. Klassische Texte der neueren deutschen Kultursoziologie, Wiesbaden: Springer VS
Moldaschl, Manfred (Hg.)(2005): Immaterielle Ressourcen. Nachhaltigkeit von Unternehmensführung und Arbeit I, München und Mering: Rainer Hampp Verlag
Moldaschl, Manfred; G.Günter Voß (Hg.)(2002): Subjektivierung von Arbeit, München und Mering: Rainer Hampp Verlag
Morozov, Evgeny (2013): To Save Everything, Click Here. Technology, Solutionism and the Urge to fix Problems that don't exist, New York: Public Affairs
Müller, Hans-Peter (1993): Soziale Differenzierung und Individualität. Georg Simmels Gesellschafts- und Zeitdiagnose, in: Berliner Journal für Soziologie, Heft 2, S. 127-139

Muniesa, Fabian (2012): A flank movement in the understanding of valuation, in: The Sociological Review, S. 24-38

Muniesa, Fabian; Yuval Millo; Michel Callon (2007): An Introduction to market devices, in: The Sociological Review, Vol. 55, S. 1-12

Mützel, Sophie (2008): Netzwerkperspektiven in der Wirtschaftssoziologie, in: Andrea Maurer (Hg.): Handbuch der Wirtschaftssoziologie, Wiesbaden: VS Verlag, S. 185-206

Mützel, Sophie (2017): David Stark: The Sense of Dissonance, in: Klaus Kraemer/Florian Brugger (Hg.): Schlüsselwerke der Wirtschaftssoziologie, Wiesbaden: Springer VS, S. 499-506

Nachtwey, Oliver; Philipp Staab (2016): Die Digitalisierung der Dienstleistungsarbeit, in: Aus Politik und Zeitgeschichte, 66. Jg., Heft 18-19, S. 24-31

Nachtwey, Oliver; Philipp Staab (2015): Die Avantgarde des digitalen Kapitalismus, in: Mittelweg 36, 24/6, S. 59-84

Nachtwey, Oliver; Timo Seidl (2017): Die Ethik der Solution und der Geist des Digitalen Kapitalismus, Frankfurt/Main: IfS working paper #11, Oktober 2017

Neckel, Sighard (1991): Status und Scham. Zur symbolischen Reproduktion sozialer Ungleichheit, Frankfurt/M./New York: Campus

Neckel, Sighard (2001): »Leistung« und »Erfolg«. Die symbolische Ordnung der Marktgesellschaft, in: E. Barlösius / H.-P. Müller / S. Sigmund (Hg.): Gesellschaftsbilder im Umbruch. Soziologische Perspektiven in Deutschland, Opladen: Leske + Budrich, S. 245-265

Neckel, Sighard (2005): Die Marktgesellschaft als kultureller Kapitalismus. Zum neuen Synkretismus von Ökonomie und Lebensform, in: Kurt Imhof und Thomas Eberle (Hg.): Triumph und Elend des Neoliberalismus. Zürich: Seismo, 198–211

Neckel, Sighard (2011): Der Gefühlskapitalismus der Banken: Vom Ende der Gier als „ruhiger Leidenschaft", in: Leviathan 39, S. 39–53

Neckel, Sighard; Kai Dröge; Irene Somm (2005): Das umkämpfte Leistungsprinzip – Deutungskonflikte um die Legitimationen sozialer Ungleichheit, in: WSI-Mitteilungen, Heft 7, S. 368-374

Neckel, Sighard; Greta Wagner (Hg.) (2013): Leistung und Erschöpfung. Burnout in der Wettbewerbsgesellschaft, Berlin: Suhrkamp

Nessel, Sebastian (2012): Ethisches Investment, Islamic Finance und politische Fonds: eine Analyse multipler Entscheidungsrationalitäten auf Finanzmärkten, in: Klaus Kraemer; Sebastian Nessel (Hg.): Entfesselte Finanzmärkte: Soziologische Analysen des modernen Kapitalismus, Frankfurt am Main u.a.: Campus Verlag, S. 281-308

Nicolae, Stefan; Martin Endreß; Oliver Berli; Daniel Bischur (Hg.)(2018): (Be)Werten. Beiträge zur sozialen Konstruktion von Wertigkeit, Reihe Sociology of Valuation and Evalution/Soziologie des Wertens und Bewertens, Band 1, Springer VS

Nies, Sarah; Dieter Sauer (2010): Was wird aus der Betriebsfallstudie? Forschungsstrategische Herausforderungen durch Entgrenzung von Arbeit und Betrieb, in: Arbeits- und Industriesoziologische Studien, Jg. 3, Heft 1, August 2010, S. 14-23

Noji, Eryk; Uwe Vormbusch (2018): Kalkulative Formen der Selbstthematisierung und das epistemische Selbst, in: Psychosozial, 41. Jg., Heft 2, S. 16-34

Oxfam International (2014): Working for the few. Political capture and economic inequality, Oxford, Januar 2014

Pahl, Hanno; Jan Sparsam (2013): Einleitung: Diskussionen im Anschluss an Joseph Vogls *Das Gespenst des Kapitals*, in: dies. (Hg.): Wirtschaftswissenschaft als Oikodizee? Diskussionen im Anschluss an Joseph Vogls Gespenst des Kapitals, Wiesbaden: Springer VS, S. 7-25

Pahl, Hanno; Jan Sparsam (Hg.)(2013): Wirtschaftswissenschaft als Oikodizee? Diskussionen im Anschluss an Joseph Vogls Gespenst des Kapitals, Wiesbaden: Springer VS

Pajarinen, M. & Rouvinen, P. (2014): Computerization Threatens One Third of Finnish Employment, ETLA Brief 22, 13 January 2014

Parsons, Talcott 1967 [1937]: The Structure of Social Action. A Study in Social Theory with Special Reference to a Group of Recent European Writers. New York und London: The Free Press.

Paul, Axel T. (2012): Crisis? What Crisis? Zur Logik der Spekulation oder Warum die Hypotheken-Krise lehrt, dass die nächste Krise kommt, in: Klaus Kraemer; Sebastian Nessel (Hg.): Entfesselte Finanzmärkte: Soziologische Analysen des modernen Kapitalismus, Frankfurt am Main u.a.: Campus Verlag, S. 181-199

Peetz, Thorsten (2013): Wirtschaftssoziologie als Gesellschaftstheorie, in: Berliner Journal für Soziologie (23): 287–304

Pfeiffer, Sabine (2015): Warum reden wir eigentlich über Industrie 4.0? Auf dem Weg zum digitalen Despotismus, in: Mittelweg 36. Zeitschrift des Hamburger Instituts für Sozialforschung 6/2015, S. 14–36

Pfeiffer, Sabine; Anne Suphan (2018): Industrie 4.0 und Gestaltung – das unterschätzte Innovations- und Gestaltungspotenzial der Beschäftigten im Maschinen- und Automobilbau, in: Hartmut Hirsch-Kreinsen, Peter Ittermann, Jonathan Niehaus (Hg.): Digitalisierung industrieller Arbeit. Die Vision Industrie 4.0 und ihre sozialen Herausforderungen, Baden-Baden: Nomos, S. 275-301

Pflüger, Jessica; Hans Pongratz; Rainer Trinczek (2010): Methodische Herausforderungen arbeits- und industriesoziologischer Fallstudienforschung, in: Arbeits- und Industriesoziologische Studien, Jg. 3, Heft 1, August 2010, S. 5-13

Piketty, Thomas (2014): Das Kapital im 21. Jahrhundert, München: C.H. Beck, franz. Orig. (2013): Le Capital au XXIe siècle, Éditions du Soleil

Piore, Michael J.; Charles F. Sabel (1985): Das Ende der Massenproduktion. Studie über die Requa¬lifizierung von Arbeit und die Rückkehr der Ökono¬mie in die Gesellschaft, Berlin: Verlag Klaus Wagenbach

Polanyi, Karl (1978)[1944]: The Great Transformation. Politische und ökonomische Ursprünge von Gesellschaften und Wirtschaftssystemen, Frankfurt/Main

Polanyi, Karl (1979): Ökonomie und Gesellschaft, Frankfurt am Main: Suhrkamp

Potthast, Jörg (2010): Science and Technology Studies, in: Dagmar Simon/Andreas Knie/Stefan Hornbostel (Hg.): Handbuch Wissenschaftspolitik, Wiesbaden: Springer VS, S. 91-105

Power, Michael (1997): The Audit Society. Rituals of Verification, Oxford: Oxford University Press

Power, Michael (2004): Counting, control and calculation: Reflections on measuring and measurement, in: human relations, vol. 57, no. 6, S. 765-783

Preda, Alex (2005): The Stock Ticker, in: Bruno Latour/Peter Weibel (eds.): Making Things Public. Atmospheres of Democracy, Cambridge u.a.: MIT Press, pp. 622-627

Preda, Alex (2007): The Sociological Approach to Financial Markets, in: Journal of Economic Surveys vol. 21, no. 3, S. 506-528

PROKLA-Redaktion (2017): Editorial, in: Prokla. Zeitschrift für kritische Sozialwissenschaft: Arbeit und Wertschöpfung im digitalen Kapitalismus, 47. Jg., Nr. 2, Heft 187, S. 168-172

Rammert, Werner (1994a): Konstruktion und Evolution von Technik, in: Bechmann, Gerhard; Werner Rammert (Hg.): Technik und Gesellschaft, Jahrbuch 7, Frankfurt/New York: Campus Verlag: S. 7-11

Rammert, Werner (1994b): Modelle der Technikgenese. Von der Macht und der Gemachtheit technischer Sachen in unserer Gesellschaft, in: Jahrbuch Arbeit und Technik, Bonn: Verlag J.H.W. Dietz Nachfolger, S. 3-12

Rammert, Werner; Cornelius Schubert (Hg.)(2006): Technografie. Zur Mikrosoziologie der Technik, Frankfurt u.a.: Campus Verlag

Rappaport, Alfred (1999)[1986]: Shareholer Value. Ein Handbuch für Manager und Investoren, Stuttgart: Schäffer-Poeschel Verlag, 2., vollständig überarbeitete Auflage

Reichertz, Jo (2016): Qualitative und interpretative Sozialforschung. Eine Einladung, Wiesbaden: Springer VS

Rip, Arie; Thomas J. Misa und Johan Schrot (Hg.)(1995): Managing Technology in Society: The Approach of Constructive Technology Assessment. London/New York : Pinter

Ronge, Bastian (2015): Das Adam-Smith-Projekt. Zur Genealogie der liberalen Gouvernementalität, Wiesbaden: Springer VS

Roslender, Robin (1992): Sociological Perspectives On Modern Accountancy, London/ New York: Routledge

Sahr, Aaron (2017): Keystroke-Kapitalismus. Ungleichheit auf Knopfdruck, Hamburg: Hamburger Edition

Sandel, Michael J. (2012): Was man für Geld nicht kaufen kann. Die moralischen Grenzen des Marktes, Berlin: Ullstein Verlag

Satz, Debra (2013): Von Waren und Werten. Die Macht der Märkte und warum manche Dinge nicht zum Verkauf stehen sollten, Hamburg: Hamburger Edition HIS

Sauer, Dieter; Volker Döhl (1994a): Arbeit an der Kette. Systemische Rationalisierung unternehmensübergreifender Produktion, in: Soziale Welt, Heft 2, S. 197-215

Sauer, Dieter; Volker Döhl (1994b): Kontrolle durch Autonomie – Zum Formwandel von Herrschaft bei unternehmensübergreifender Rationalisierung, in: Sydow, Jörg; Arnold Windeler (Hg.): Management interorganisationaler Beziehungen, Opladen: Westdeutscher Verlag, S. 258-274

Schmid, Michael (2008): Soziale Einbettung und ökonomisches Handeln. Mark Granovetters Beitrag zu einer soziologischen Theorie des Unternehmens, in: Andrea Maurer/ Uwe Schimank (Hg.): Die Gesellschaft der Unternehmen – Die Unternehmen der Gesellschaft. Gesellschaftstheoretische Zugänge zum Wirtschaftsgeschehen, Wiesbaden: VS, S. 78–101.

Schmidt, Robert (2008): Praktiken des Programmierens. Zur Morphologie von Wissensarbeit in der Softwareentwicklung, Zeitschrift für Soziologie, 37. Jg., Heft 4, S. 282-300

Schmiede, Rudi (1996a): Informatisierung, Formalisierung und kapitalistische Produktionsweise. Entstehung der Informationstechnik und Wandel der gesellschaftlichen Arbeit, in: ders. (Hg.): Virtuelle Arbeitswelten. Arbeit, Produktion und Subjekt in der »Informationsgesellschaft«. Berlin: edition sigma, S. 15–47

ders. (1996b): Informatisierung und gesellschaftliche Arbeit. Strukturveränderungen von Arbeit und Gesellschaft, in: ders. (Hg.): Virtuelle Arbeitswelten. Arbeit, Produktion und Subjekt in der >>Informationsgesellschaft<<, Berlin: edition sigma, S. 107-128

Schulz-Schaeffer, Ingo (2010): Eigengesetzlichkeit, Spannungsverhältnis, Wahlverwandtschaft und Kausalität. Zum Verhältnis von Religion und Wirtschaft bei Max Weber, in: Andrea Maurer (Hg.): Wirtschaftssoziologie nach Max Weber, Wiesbaden: VS Verlag für Sozialwissenschaften, S. 248-278

Schütz, Alfred; Thomas Luckmann (1984): Strukturen der Lebenswelt, Bd. 2, Frankfurt: stw

Sennett, Richard (1998a): Der flexible Mensch. Die Kultur des neuen Kapitalismus, Berlin: Berlin Verlag. Amerikan. Original „The Corrosion of Charakter", New York 1998

Sennett, Richard (1998b): Der neue Kapitalismus, in: Berliner Journal für Soziologie, Heft 3, S. 305-316

ShareLab (2016): Immaterial Labour and Data Harvesting. Facebook Algorithm Factory (1), online-Ressource, https://labs.rs/en/facebook-algorithmic-factory-immaterial-labour-and-data-harvesting/, letzter Zugriff am 10. Mai 2018

Simon, Herbert A. (1976)[1945]: Administrative Behavior. A Study of Decision-Making Processes in Administrative Organizations, New York

Smelser, Neil J.; Richard Swedberg (eds.)(1994): The Handbook of Economic Sociology, Princeton University Press, Princeton N.J, New York

Smith, Adam (1985)[1759]: Theorie der ethischen Gefühle, Hamburg: Felix Meiner

Smith, Adam (1905)[1776]: Untersuchung über das Wesen und die Ursachen des Volkswohlstandes, zweite Auflage, Berlin: Verlag R.L. Prager

Smith, Adam (2018)[1776]: Der Wohlstand der Nationen. Eine Untersuchung seiner Natur und seiner Ursachen, München: dtv Verlagsgesellschaft

Sohn-Rethel, Alfred (1972): Die ökonomische Doppelnatur des Spätkapitalismus, Darmstadt/Neuwied: Luchterhand Verlag

Sombart, Werner (1987)[1916]: Der moderne Kapitalismus, Band II: Das europäische Wirtschaftsleben im Zeitalter des Frühkapitalismus, unveränderter Nachdruck der zweiten, neugearbeiteten Auflage (Duncker & Humblot 1916), München: Deutscher Taschenbuch Verlag

Sparsam, Jan (2015): Wirtschaft in der *New Economic Sociology*, Wiesbaden: Springer VS

Srnicek, Nick (2018): Plattform-Kapitalismus, Hamburg: hamburger edition

Stäheli, Urs (2004): Der Takt der Börse. Inklusionseffekte von Verbreitungsmedien am Beispiel des Börsen-Tickers, in: Zeitschrift für Soziologie, 33. Jg., Heft 3, S. 245 -263

Stark, David (2009): The Sense of Dissonance. Accounts of Worth in Economic Life, Princeton & Oxford: Princeton University Press

Stark, David (2000): " For a Sociology of Worth," Working Paper Series, Center on Organizational Innovation, Columbia University. Available online at http://www.coi.columbia.edu/pdf/stark_fsw.pdf, originally keynote address for the Meetings of the European Association of Evolutionary Political Economy, Berlin, November 2-4, 2000

Streeck, Wolfgang; Martin Höpner (Hg.)(2003a): Alle Macht dem Markt? Fallstudien zur Abwicklung der Deutschland AG, Frankfurt am Main: Campus Verlag

Streeck, Wolfgang; Martin Höpner (2003b): Einleitung: Alle Macht dem Markt? In: dies. (Hg.): Alle Macht dem Markt? Fallstudien zur Abwicklung der Deutschland AG, Frankfurt am Main: Campus Verlag, S. 11-59
Streeck, Wolfgang (2010): E Pluribus Unum? Varieties and Commonalities of Capitalism, Köln: MPIfG Discussion Paper 10/12
Streeck, Wolfgang (2013): „Gekaufte Zeit. Die vertagte Krise des demokratischen Kapitalismus", Suhrkamp
Strübing, Jörg (2005): Pragmatistische Wissenschafts- und Technikforschung. Theorie und Methode, Frankfurt/New York: Campus Verlag
Swedberg, Richard (1991): Major Traditions in Economic Sociology, in: Annual Review of Sociology 17, S. 251–276
Swedberg, Richard (2008a): Klassiker der Wirtschaftssoziologie, in: ders.: Grundlagen der Wirtschaftssoziologie, herausgegeben von Andrea Maurer, Wiesbaden: VS Verlag, S. 35-63
Swedberg, Richard (2008b): Die neue Wirtschaftssoziologie und das Erbe Max Webers, in: Andrea Maurer (Hg.): Handbuch der Wirtschaftssoziologie, Wiesbaden: VS Verlag, S. 45-61
Swedberg, Richard (2009): Grundlagen der Wirtschaftssoziologie, Wiesbaden: VS Verlag
Thévenot, Laurent (1984): Rules and implements: investment in forms, in: Social Science Information, 23/1, pp.1-45
Thévenot, Laurent (2009): Governing life by standards. A view from engagements, in: Social Studies of Science 39(5): 793-813
Türk, Klaus (1995): "Die Organisation der Welt". Herrschaft durch Organisation in der modernen Gesellschaft, Opladen: Westdeutscher Verlag
Turner, Fred (2006): From Counterculture to Cyberculture. Stewart Brand, the Whole Earth Network, and the Rise of Digital Utopianism, Chicago and London: The University of Chicago Press
Vogl, Joseph (2010): Das Gespenst des Kapitals, Zürich: diaphenes Verlag
Vormbusch, Uwe (2002): Diskussion und Disziplin. Gruppenarbeit als kommunikative und kalkulative Praxis, Frankfurt/New York: Campus Verlag
Vormbusch, Uwe (2004): Accounting. Die Macht der Zahlen im gegenwärtigen Kapitalismus, in: Berliner Journal für Soziologie, Heft 1, S. 33-50
Vormbusch, Uwe (2005): Das neue Alphabet des Kapitalismus. Von A wie Audit bis Z wie Zertifizierung, in: Hilde Wagner (Hg.): >>Rentier<< ich mich noch? Neue Steuerungskonzepte im Betrieb, Hamburg: VSA-Verlag, S. 87-112
Vormbusch, Uwe (2006): Accounting, Informatisierung und der Calculating Man", in: Andrea Baukrowitz u.a. (Hg.): Informatisierung der Arbeit – Gesellschaft im Umbruch, Berlin: edition sigma, Herbst 2006
Vormbusch, Uwe (2007a): Die Kalkulation der Gesellschaft, in: Hendrik Vollmer/Andrea Mennicken (Hg.): Zahlenwerk. Kalkulation, Organisation und Gesellschaft, Wiesbaden: VS Verlag, S. 37-56
Vormbusch, Uwe (2007b): Eine Soziologie der Kalkulation. Werner Sombart und die Kulturbedeutung des Kalkulativen, in: Hanno Pahl und Lars Meyer (Hg.): Kognitiver Kapitalismus. Soziologische Beiträge zur Theorie der Wissensökonomie, Marburg: Metropolis-Verlag, S. 75–96.

Vormbusch, Uwe (2008a): Die Buchhaltung der Dinge und die Kalkulation des Immateriellen. Zur Kalkulationsweise wissensbasierter Gesellschaften, in: WestEnd. Neue Zeitschrift für Sozialforschung", Heft 01/2008, S. 87-101

Vormbusch, Uwe (2008b): Talking Numbers – Governing Immaterial Labour, Economic Sociology Newsletter, vol. 10, no. 1, S. 8-11

Vormbusch, Uwe (2011): Das Portfolio als Wettbewerbstechnologie, in: Kongressband des 35. Soziologiekongresses in Frankfurt am Main, Wiesbaden: VS Verlag

Vormbusch, Uwe (2012a): Die Herrschaft der Zahlen. Zur Kalkulation des Sozialen in der kapitalistischen Moderne, Frankfurt/New York: Campus Verlag

Vormbusch, Uwe (2012b): Zahlenmenschen als Zahlenskeptiker. Daten und Modelle im Portfoliomanagement, in: Herbert Kalthoff/Uwe Vormbusch (Hg.): Soziologie der Finanzmärkte, Bielefeld: Transcript Verlag, S. 313-337

Vormbusch, Uwe (2012c): Taxonomien des Flüchtigen. Das Portfolio als Wettbewerbstechnologie der Marktgesellschaft, in: Jan H. Passoth/Josef Wehner (Hg.): Quoten, Kurven und Profile. Zur Vermessung der Gesellschaft, Wiesbaden: VS Verlag, S. 47-67

Vormbusch, Uwe (2014): Die Krise des demokratischen Kapitalismus: Gibt es eine Logik des stetigen Abstiegs und was hat das mit uns zu tun?" In: Zeitschrift für theoretische Soziologie 3 (1), S. 133-137

Vormbusch, Uwe (2016): Taxonomien des Selbst. Zur Hervorbringung subjektbezogener Bewertungsordnungen im Kontext ökonomischer und kultureller Unsicherheit, in: Stefanie Duttweiler; Robert Gugutzer; Jan-Hendrik Passoth; Jörg Strübing (Hg.): Leben nach Zahlen, Bielefeld: transcript, S. 45-62

Vormbusch, Uwe (2017): Karin Knorr Cetina und Urs Brügger: Global Microstructures: The Virtual Societies of Financial Markets, in: Klaus Kraemer/Florian Brugger (Hg.): Schlüsselwerke der Wirtschaftssoziologie, Wiesbaden: Springer VS, S. 379-384

Vormbusch, Uwe (2018): Performative Entdeckungsverfahren und die Krise von Wert, in: Jürgen Beyer; Konstanze Senge (Hg.): Finanzmarktsoziologie: Entscheidungen, Ungewissheit und Geldordnung, Wiesbaden: Springer VS, S. 93-106

Voß, G. Günter (2007): Entgrenzung, Selbstorganisation und Subjektivierung von Arbeit, in: Eckart Hildebrandt u.a. (Hg.): Arbeitspolitik im Wandel. Entwicklungen und Perspektiven der Arbeitspolitik, Berlin: edition sigma, S. 77-84

Voß, G. Günter; Hans J. Pongratz (1998): Der Arbeitskraftunternehmer. Eine neue Grundform der Ware Arbeitskraft, in: KZfSS, 50. Jg., Heft 1, S. 131-158

Voswinkel, Stephan; Hermann Kocyba (2005): Entgrenzung der Arbeit. Von der Entpersönlichung zum permanenten Selbstmanagement, in: WestEnd. Neue Zeitschrift für Sozialforschung 2 (2): 73-83

Waitz, Thomas (2017): GIG-ECONOMY, UNSICHTBARE ARBEIT UND PLATTFORMKAPITALISMUS. Über «Amazon Mechanical Turk», Zeitschrift für Medienwissenschaft ZfM, Heft 1/2017, S. 178-183

Walgenbach, Peter; Renate Meyer (2008): Neoinstitutionalistische Organisationstheorie, Stuttgart: Verlag W. Kohlhammer

Walker, Gordon; Bruce Kogut; Weijian Shan (1997): Social Capital, Structural Holes and the Formation of an Industry Network, in: Organization Science, vol. 8. No. 2, pp. 109-125

Wansleben, Leon (2012): Was bedeutet >>Research<<? Praktiken von Wissensanalysten im Kontext sich wandelnder Marktstrukturen, in: Herbert Kalthoff/Uwe Vormbusch (Hg.): Soziologie der Finanzmärkte, Bielefeld: Transcript: 235-262
Weber, Max 1963[1906]: Die protestantische Ethik und der Geist des Kapitalismus, in: ders.: Gesammelte Aufsätze zur Religionssoziologie, Band 1. Tübingen: J. C. B. Mohr (Paul Siebeck), S. 17–206
Weber, Max (1966): Gesammelte Aufsätze zur Religionssoziologie, Tübingen
Weber, Max (1980)[1922]: Wirtschaft und Gesellschaft, Studienausgabe, Tübingen: Verlag J.C.B. Mohr (Paul Siebeck)
Weber, Max (1894): Die Börse. Göttingen: Vandenhoeck & Ruprecht
Weingart, Peter (2003): Wissenschaftssoziologie, Bielefeld: transcript
White, Harrison C. (1981): Where Do Markets Come From? American Journal of Sociology vol. 87, no.3, S. 517-547
Williamson, Oliver E. (1975): Markets and Hierarchies. Analysis and Antitrust Implications. A Study in the Economics of Internal Organization, New York: The Free Press
Williamson, Oliver E. (1990)[1985]: Die ökonomischen Institutionen des Kapitalismus. Unternehmen, Märkte, Kooperationen. Tübingen: Verlag J.C.B. Mohr (Paul Siebeck)
Windolf, Paul (1995): Eigentum und Herrschaft in Unternehmensnetzwerken, in: Joachim Fischer; Sabine Gensior (Hg.): Netz-Spannungen. Trends in der sozialen und technischen Vernetzung von Arbeit, Berlin: edition sigma, S. 67-91
Windolf, Paul (2005): Was ist Finanzmarktkapitalismus? In: ders. (Hg.): Finanzmarktkapitalismus. Analysen zum Wandel von Produktionsregimen, Kölner Zeitschrift für Soziologie und Sozialpsychologie, Sonderheft 45, S. 20-57
Windolf, Paul (2008): Eigentümer ohne Risiko. Die Dienstklasse des Finanzmarkt-Kapitalismus, in: Zeitschrift für Soziologie, Jg. 37, Heft 6, S. 516-535
Windolf, Paul; Jürgen Beyer (1995): Kooperativer Kapitalismus. Unternehmensverflechtungen im internationalen Vergleich, in: KZffS, 47. Jg., Heft 1, S. 1-36
Wittel, Andreas (2016): Digital Transitions, Saarbrücken: LAP Lambert Academic Publishing
Womack, James P.; Damiel T. Jones; Daniel Roos (1990): The Machine That Changed The World, New York u.a.: MacMillan
Young, Brigitte (2009): Vom staatlichen zum privatisierten Keynsianismus. Der globale makroökonomische Kontext der Finanzkrise und der Privatverschuldung, in: Zeitschrift für internationale Beziehungen, 16. Jg., Heft 1, S. 141-159
Young, Brigitte (2012): Globale Finanzmärkte: Fairness und Gerechtigkeit, in: Klaus Kraemer; Sebastian Nessel (Hg.): Entfesselte Finanzmärkte: Soziologische Analysen des modernen Kapitalismus, Frankfurt am Main u.a.: Campus Verlag, S. 387-402
Zaloom, Caitlin (2006): Out of the pits: traders and technology from Chicago to London. Chicago und London: University of Chicago Press
Zelizer, Viviana A. (1979): Morals and Markets: The Development of Life Insurance in the United States, New York: Columbia University Press
Zelizer, Viviana A. (1981): The Price and Value of Children: The Case of Children's Insurance, in: American Journal of Sociology, Vol. 86, No. 5, pp. 1036-1056
Zelizer, Viviana A. (2011): Economic Lives: How Culture Shapes the Economy, Princeton: Princeton University Press

The manufacturer's authorised representative in the EU is Springer Nature Customer Service Centre GmbH, Europaplatz 3, 69115 Heidelberg, Germany. If you have any concerns regarding our products, please contact ProductSafety@springernature.com

Printed and bound by CPI Group (UK) Ltd, Croydon, CR0 4YY

23/03/2026

02076738-0001